해방 직후 국사교육 연구

해방 직후 국사교육 연구

김 상 훈

景仁文化社

머리말

역사를 공부하며 역사를 가르치며 살고 싶다는 꿈이 있었다. 그래서 역사 교사가 되었고, 대학원에 진학해서 역사 공부도 시작했다. 역사 공부의 주제는 내가 생활하는 일상과 관련된 역사교육과 역사교과서로 하는 것이 좋을 것 같았다. 최기영 지도교수님으로부터 해방 직후 발행된 이인영의 중등학교 국사교과서 『우리나라 생활(역사)』을 받았고, 이와 관련된 발표를 하면서 해방 직후 국사교과서와 국사교육에 대한 연구는 본격적으로 진행되었다. 그 연구 결과가 「1945~1950년 역사 교수요목과 교과서 연구」라는 박사학위 논문이다. 이 책은 박사학위 논문을 기반으로 박사학위 논문에 싣지 못했던 내용들을 추가해서 해방 직후 국사교육의 방향과 실제 운영 모습들을 살펴볼 수 있도록 구성했다.

총독부의 통제와 감시 아래서 국사교육은 국가를 위해 헌신하고 자신의 생명조차 바칠 수 있는 실천적인 황국신민을 양성하기 위한 도구로 활용되었다. 일제에 의해 계획되고 활용되었던 식민지 국사교육은 반드시 바로잡아야했다. 그래서 해방은 왜곡된 국사교육이 정상화될 수 있는 출발점이 되어야했다. 하지만 역사에서 연속과 단절은 늘 공존하고 있다. 해방 직후 국사교육도 일제시대와 완전히 단절될 수 없고, 미군정의 새로운 교육정책이 남한에 완벽하게 실현될 수도 없었다. 무엇보다 해방 직후의 국사교육도 여전히 당시 최고 권력 기관이었던 미군정의 정책을 실현하는 도구로 이용되었다. 이것은 국사교육에 대한 권력자들의 인식이 연속되고 있었음을 보여준다. 1946년 발표된 중등학교 교육과정에서 국사는 독립 과목이 아니라 사회생활과라는 새로운 교과에 포함되었고, 이는 국사교육의 운영 방법이 일제시대와 단절된 것으로 볼 수 있다.

이 책에서는 해방 직후 남한의 교육정책이 수립되는 과정과, 그 속에서 국사교육의 방향이 어떻게 설정되었는지 살펴보았다. 또한 해방 직후 국사교과서의 편찬기준이 되었던 사회생활과 교수요목의 작성 과정을 추적하고 그 내용을 확인하였다. 이를 바탕으로 해방 직후 발행된 국사교과서의 편찬 과정과 교과서 서술을 비교·검토하였다. 역사 연구는 사료를 찾는 것에서 시작한다. 그래서 지금까지 널리 알려지지 못했거나 직접 인용되지 못했던 해방 직후 국사교과서와 국사교육에 관련된 국내외의 각종 사료들을 확인하고, 이를 책의 본문에 충실히 소개했다. 특히 해방 직후 국사교육에 대해 검토하는데 있어 교육정책을 입안했던 정책 결정자의 시각보다는, 결정된 정책을 교육 현장에서 운영해야하는 교사의 입장에서 접근했다는 것이 이 책의 중요한 특징이다.

아직 여러 가지 부족한 부분이 많지만 이 책을 통해 해방 직후 국사교육이 일제시대의 왜곡된 국사교육에서 벗어날 수 있는 바람직한 길로 방향을 잡았는지, 새롭게 만들어진 국사교육의 길로 교육현장의 학생과 교사들을 친절하게 안내했는지 확인해 볼 수 있었으면 한다. 물론 해방 직후 국사교육에 대한 최종적인 평가는 독자 개인의 몫이다.

각종 시상식에서 수상자들이 끊임없이 누군가의 이름을 부르는 이유를 이제는 알 것 같다. 자신이 상을 받고 수상 소감을 말할 수 있기까지 너무 많은 사람들의 도움이 있었기 때문이다. 이 한 권의 책이 완성될 수 있도록 힘이 되어주신 모든 분들에게 한 줄의 인사말로 감사의 마음을 대신하고자 한다.

제가 잘 할 수 있는 주제를 정하고 관련 자료를 구해주시며 박사학위 논문이 완성될 수 있도록 지도해주신 최기영 선생님과 서강대 사학과 선생님들, 현직 교사의 신분임에도 대학원에서 역사 공부를 할 수 있도록 적극적으로 지원해 주셨던 서준호 숭문고 학원장님과 숭문고 교직원 동료분들, 매일 한 줄이라도 글을 쓰며 학위논문을 마무리하라고 격려해주시고 철학적으로 생각하는 힘을 키워주신 김수영 선생님, 더 늦기 전에 대학원에 진학해서 공부할 것을 진심으로 바라시며 박사과정을 시작할 수 있도록 용기를 주신 백승종 선생님, 한국 현대사 사료를 찾고 사료가 말하는 바를 정확하게 읽을 수 있도록 지도해주신 정병준 선생님, 든든한 후배에서 이제는 믿고 의지할 수 있는 동료가 된 정일영 박사를 비롯한 서강대 대학원 선후배들, 서강대 사학과라는 인연으로 만나 이제는 서로 힘이 되는 친구가 된 사학과 동기들, 20대의 청춘을 불태우며 함께 일했던 LG카드 1004 동기들과 선배님들, 각종 표가 많아서 편집하기 힘들었음에도 멋진 책을 만들어 주신 경인문화사 편집팀, 모두 너무 고맙습니다. 그리고 스무 살이 되던 해부터 지금까지 늘 한 결 같이 서로를 지켜주었고 평생을 함께할 나의 벗 병호, 영석과 이제는 볼 수 없어 더 그리운 승규, 너희들이 있어 여기까지 올 수 있었고, 앞으로도 행복할거다.

무엇보다 대학원 박사과정을 수료하고 학위논문을 쓰는 긴 시간 동안 한 번도 힘들다고 말하지 않고 집안일을 하며 딸들을 잘 키워준 최고의 후원자인 아내 정현주, 현관문을 열면 한꺼번에 달려와 아빠에게 안기며 가장 큰 기쁨을 주는 딸 연아, 수아, 지아 너무 너무 고맙습니다. 끝으로 아들이 박사학위를 받고 책이 출간되면 세상에서 가장 기뻐하셨을 분, 하지만 기뻐하며 웃는 모습을 더 이상 볼 수 없는 나의 어머니, 당신보다 아들의 행복을 먼저 걱정하시며 아들에게 모든 것을 아끼지 않으신 아버지, 두 분께 이 책을 바칩니다.

목 차

표 목차

I. 서 론

1. 연구의 목적

중일전쟁 이후 일제말기의 국사교육은 황국신민화 정책의 수단이자, 일제의 전쟁 동원을 위한 도구로 활용되었다. 국사교육에서 민족의식을 일깨울 수 있는 한국사 교육은 완전히 배제되었고, 중등 국사교과서는 일본 문부성이 편찬한 것을 그대로 사용했다. 총독부의 통제와 감시 아래서 국사교육은 내선일체와 황국신민화를 강화하는 데 중요한 역할을 담당했다. 일제의 정책적 목적에 따라 운영된 식민지 국사교육은 반드시 바로 잡아야 했다. 그래서 해방은 왜곡된 국사교육이 정상화될 수 있는 출발점이 되어야 했다. 이 책에서는 해방 직후[1] 남한의 국사교육이 일제시대의 왜곡된 국사교육에서 벗어나기 위해 어떤 방향으로 길을 잡았는지, 새로 편찬한 국사교과서의 내용과 주안점은 무엇이었는지, 그리고 새롭게 만들어진 국사교육의 길로 교육현장의 학생과 교사들을 어떻게 안내했는지 살펴보는 것을 목적으로 한다.

해방 직후 남한의 교육부분은 일제시대와는 다른 모습이 나타나기 시작했다. "홍익인간의 건국 이념에 기하여 인격이 완전하고 애국정신이 투철한 민주국가의 공민 양성을 조선 교육의 근본 이념"으로 한다는 교육 이념이 수립되었고,[2] 6-6(3-3)-4년의 학제가 만들어졌다.[3] 무엇보다 초·중등 교

---

1) 이 책에서는 1945년 8월 15일 해방 이후부터 1950년 6월 25일 한국전쟁이 발발할 때까지의 시기를 '해방 직후'라고 하였다.
2) 1945년 12월 20일 조선교육심의회 제4회 본회의에서 안재홍이 제안한 안을 약간 수정하여 교육 이념을 토의 결정하였다.(《동아일보》, 1945년 12월 20일.)
3) 1946년 2월 13일 조선교육심의회가 건의하고 미군정 학무국이 승인한 신교육제도가 만들어졌다.(Lockard, 유억겸, 「Structure of New Educational System of korea」,

육과정에 한국인4)들에게는 낯설었던 사회생활과가 도입되었다. 새롭게 만들어진 교육과정에서 역사과는 사회생활과에 포함되었고, 국사교육은 사회생활과의 틀 속에서 새로운 출발을 했다. 따라서 사회생활과는 왜 도입되었고, 그 특징은 무엇인지를 밝히는 작업을 통해 이 책의 토대를 닦았다. 이를 위해 먼저 미군정기 교육정책이 수립되는 과정을 살펴보고, 이 때 한국인의 역할에 대해서 검토했다.

다음으로 해방 직후 문교 당국이 교육 현장의 교사와 학생들에게 새로운 교과인 사회생활과를 소개하고, 새로운 교과의 도입 목적을 실현하기 위해 어떤 활동을 했는지 살펴보았다. 문교부에서는 사회생활과를 소개하고, 교수 방법을 안내하며, 교육 내용의 지침을 만들었다. 이것이 사회생활과 교수요목이다. 따라서 누가, 어떤 과정을 거쳐, 무슨 내용의 사회생활과 교수요목을 만들었는지를 검토했다.

그리고 교육현장의 교사와 학생들이 직접 접하게 될 교과서에 대해 살펴보았다. 이 때 해방 직후 교과서는 어떻게 편찬되었고, 검정 절차는 어땠는지를 우선 확인했다. 이후 중등학교 역사교과서의 목차 구성과 그 내용을 확인하는 것으로 나아갔다. 그리고 해방 직후 한국인들은 국사교육의 목적과 방향을 어떻게 구상하고 있었는지도 알아보았다. 이와 같은 검토를 바탕으로 해방 직후 발행된 국사교과서의 편찬과정과 그 내용에 대해 확인하고 해석하였다.

지금까지 해방 직후 교육부분에 관한 연구들이 미군정기 교육정책의 수립 과정과 그 정책의 의미에 대해 살펴보는 것에서 멈추는 경향이 있었다. 혹은 교육정책과의 관련성을 배제한 채 교육현장의 모습만을 보여주기도

USAMGIK, Bureau of Education, 13 February 1946. (정태수, 『미군정기 한국교육사자료집』상, 홍지원, 1992, 628~633쪽.)

4) 해방 직후 '한국(인)'과 '조선(인)'이라는 용어는 함께 사용되었다. 이 책에서는 한국(인)이라는 용어로 통일해서 사용하고, 당시의 사료를 직접 인용할 때는 사료에 제시된 그대로 표시한다.

했고, 교과서 내용 자체만을 분석하기도 했다. 이 책은 해방 직후 새로운 교육정책이 만들어지는 과정을 살피고 그 의미를 추적하는 것에서 시작해서, 만들어진 정책을 현장에 적용하기 위해 진행된 작업을 검토하고, 마지막으로 교육정책이 교육 현장에서 수용되고 운영되는 모습을 확인하는 데까지 이어진다. 이는 특정 교육정책이 수립되었다는 자체만으로 그 교육정책이 성공했음을 담보하지 않는다는 상식에서 출발했다. 즉, 해방 직후 남한에 설치된 미군정은 자신들의 계획에 따라 교육정책을 수립하는 것은 성공했다. 하지만 그 교육정책이 교육 현장에서 성공적으로 실현되었는지는 다방면의 검토가 필요하다. 해방 직후 사회생활과의 도입과 그 틀에 포함되어 운영되어야 했던 국사교육의 모습들을 통해 해방 직후 교육정책의 수립과 운영의 일면을 확인할 수 있을 것이다.

끝으로 한국전쟁 기간 중에 중등교육은 어떻게 운영되었는지를 숭문고등학교의 사례를 중심으로 분석하였다. 이를 통해 전쟁 중에도 식지 않은 교육열과 상급학교 진학을 위한 입시 교육 등 한국전쟁기 중등교육의 모습들을 엿볼 수 있다.

2. 기존 연구 현황

해방 직후 사회생활과와 관련된 연구는 사회과 교육과정사의 도입부나, 미군정기 교육의 일부분으로 다루어져왔다.[5] 그리고 해방 직후 국사교육

5) 이찬, 「사회과 교육의 도입과 변천과정 및 전망」, 『사회과교육』 5, 1971. 함종규, 『한국교육과정 변천사 연구』, 숙명여자대학교 출판부, 1976. 함종규, 『미군정시대의 교육과 교육과정』, 한국교육개발원, 1984. 최원형, 「미군정기의 교육과정 개혁」, 『교육사회학탐구』 1, 교육과학사, 1987. 김용만, 「한국사회과 교육의 변천과 전망」, 『사회과교육』, 20, 1987. 유봉호, 『한국교육과정사 연구』, 교학연구사, 1992. 교육과정·교과서연구회, 『한국교과교육과정의 변천-중학교』, 대한교과서주식회사, 1990. 이경

과 관련된 연구는 사회생활과 속에 포함된 국사의 모습을 충분히 보여주지 못했다. 그래서 이 책에서는 사회생활과와 국사의 관계를 종합적으로 검토하고, 그 속에서 국사교과서의 특징을 찾아보았다. 해방 직후 사회생활과의 도입을 단독 주제로 한 최초의 논문은 1965년에 발표되었다.6) 그 후 사회생활과 도입에 관한 거의 모든 연구에서 이 논문이 인용되었다.7) 이후 우리나라 교육계에서 사회생활과를 주체적으로 도입했으며 민족주의적인 경향이 강했다는 논문이 발표되었고,8) 사회생활과 도입 과정과 그 의의에 대한 연구가 이어졌다.9) 그 외 해방 후 사회생활과 도입을 해방정국의 정치적 상황과 연계한 연구들이 있었다.10)

사회생활과 교수요목에 대한 연구들이 있었지만 국민학교11) 사회생활과에 대한 연구에 머무를 수밖에 없었다.12) 왜냐하면 중학교13) 사회생활

섭, 『한국현대교육과정사연구(상)』, 교육과학사, 1997. 송춘영, 『역사교육의 이론과 실제』, 형설출판사, 1999. 이명희, 「신국가건설기 교육과정의 성격」, 『역사교육』88, 2003.

6) 박광희, 「한국사회과의 성립 過程과 그 課程 變遷에 관한 一研究」, 서울대학교 석사학위논문, 1965. 이 논문의 지도교수는 한기언이다.

7) 홍웅선, 「최초의 사회생활과 교수요목의 특징」, 『한국교육』19, 1992, 25쪽.(이하 홍웅선, 앞의 논문(b, 1992)로 표기함)

8) 마미화, 「미군정기 사회과의 도입과 성격 연구」, 서울대학교 대학원 사회교육과 석사학위논문, 1991.

9) 홍웅선, 「미군정하 사회생활과 출현의 경위」, 『교육학연구』30권 1호, 1992.(이하 홍웅선, 앞의 논문(a, 1992)로 표기함). 홍웅선, 앞의 논문(1992-b). 정주현, 「미군정기 사회생활과(Social Studies)의 도입과정에 관한 연구」, 이화여자대학교 교육대학원 석사학위논문, 1993.

10) 이진석, 「해방 후 한국 사회과의 성립과정과 그 성격에 관한 연구」, 서울대학교 박사학위 논문, 1992. 이동원, 「한국 초기 사회과 이념 논쟁-해방 직후 교육이념 논쟁을 중심으로」, 『초등사회과교육』13, 2001.

11) 일반적인 학제를 의미하는 문맥에서는 '초등학교', '초등교육'이라는 용어를 사용하고, 그 시대의 구체적인 용어로 사용되는 문맥에서는 '국민학교'라고 표기한다.

12) 전명기, 「미군정기 교수요목 연구」, 『논문집』3, 한국정신문화연구원 대학원, 1988. 송춘영, 「사회생활과 교수요목의 분석적 연구」, 『대구교육대학교 논문집』35, 2000.

13) 일반적인 학제를 의미하는 문맥에서는 '중등학교', '중등교육'이라는 용어를 사용

과 교수요목을 확인할 수 없었기 때문이다. 하지만 역사과 교육과정을 정
리한 일부 책에서는 중등학교 사회생활과 교수요목이 직접 인용되기도 했
었고,[14] 2008년에는 중등학교 사회생활과 교수요목과 <이웃나라 역사> 교
과서를 비교 검토한 논문이 발표되기도 했다.[15] 이후 중학교 사회생활과
교수요목을 분석한 석사논문도 있었다.[16] 하지만 해방 직후 사회생활과
교수요목의 모델이 되었던 콜로라도 주의 교육과정을 직접 확인하고, 관련
논문을 발표한 연구자는 지금까지 단 한 명밖에 없었다.[17]

사회생활과 교수요목과 교과서를 연계한 연구도 있었고,[18] 최근에는 사
회생활과의 도입 자체보다 학교 현장에서 사회생활과가 실천되는 양상을
중심으로 살펴본 공동연구도 있었다.[19] 또한 해방 직후의 중등학교 국사
교과서를 직접 분석한 연구가 있기는 하지만,[20] 중학교 사회생활과 교수

하고, 그 시대의 구체적인 용어로 사용되는 문맥에서는 '중학교'라고 표기한다.

14) 송춘영,『역사교육의 이론과 실제』, 형설출판사, 1999, 86~94쪽. 김한종,『역사교
육과정과 교과서 연구』, 선인, 2006, 25쪽.

15) 박진동「교수요목에 의거한 '이웃나라 역사' 교과서의 발간과 그 구성」,『역사교
육』106, 2008.

16) 박정옥,「교수요목기 '우리나라 생활'의 내용 구성과 국사교육론」, 한국교원대학
교 교육대학원 석사학위논문, 2011.

17) 박남수,「초기 "사회생활과 교수요목"의 편성 논리」,『사회과교육학연구』제3호,
1999, 110쪽.

_____,「초기 사회생활과 교수요목에 영향을 끼친 미국 근대 교육과정의 구조와
특징」,『사회과교육연구』제17권 제1호, 2010.

_____,「초기 사회과에서의 문제해결학습의 수용과 그 한계」,『사회과교육연구』
제17권 제2호, 2010.

18) 이종국,「미군정기 및 교수 요목기의 교과과정과 교과용 도서 편찬」,『한국편수사
연구』1, 한국교과서연구재단, 2000.(한국교과서 연구재단에서 발행한『한국편수사
연구』1에는 이 연구의 연구자가 '정태범'으로 잘못 표기되어 있다. 이후 이 자료
를 인용하는 연구자들의 주의가 필요하다.)

19) 차조일·모경환·강대현,「한국초기 사회과의 교과서 제도 분석-미군정기와 정부수
립기를 중심으로」,『시민교육연구』제44권 1호, 2012.

20) 이승곤,「근현대 국사 교과서 비교-『중등학교 동국사략』,『중등조선역사』,『중등
학교 사회생활과 우리나라의 생활(국사부분)을 중심으로-」,『사회과교육연구』7호,

요목과 중등학교 국사교과서를 비교하거나, 문교부 검정을 전후해서 발행된 국사교과서의 변화를 비교 검토한 연구는 없었다.

사회생활과 도입과 교수요목, 국사교육과 국사교과서에 대한 연구는 계속되고 있다. 하지만 중등학교 사회생활과 교수요목, 콜로라도 주 초·중등학교 사회생활과 교육과정, 해방 직후 편찬된 국사교과서를 직접 확인하고 이를 종합적으로 검토한 연구는 없었다. 또한 기존의 연구들이 해방 직후 교육정책이 만들어지는 과정과 정책 자체에만 주로 관심을 가졌던 것은 한계점으로 지적될 수 있다. 어떤 정책이든 수립되는 것도 중요하지만 실천되는 것은 더 중요하다. 특히 교육정책은 교사와 학생들이 이를 능동적으로 받아들이고, 실천하지 못하면 정책으로써의 의미가 없다. 무엇보다 학생들은 최선의 교육정책이 만들어질 때까지 기다리지 않는다. 교육정책을 입안하는 사람들에게는 여러 번의 수정 기회가 있을 수 있지만, 학생들에게는 그 중 단 하나의 정책만이 적용됨을 잊어서는 안 될 것이다. 이 책에서는 해방 직후 입안된 국사교육과 관련된 교육정책이 당시 남한의 교육 여건 속에서 적절한 시기에 실현 가능한 방법을 제시했는지 짚어보았다. 사회생활과의 도입 과정에 대한 검토와 거기에 포함된 역사부분 교수요목과 교과서에 대한 분석이 해방 직후 국사교육 정책과 운영에 대한 평가의 구체적인 사례가 될 것이다.

이 책이 계기가 되어 관련 연구들이 확대되기 바란다. 나아가 많은 연구자들이 이 책의 잘못된 부분들을 지적하고 보완함으로써, 해방 직후 국사교육을 비롯한 미군정기 교육의 실제 모습들이 보다 선명하게 나타날 수 있기를 바란다. 그래서 연구자들에게 도움이 되기를 희망하며 가능한 많은 자료들을 책에 수록하고, 인용한 자료의 출처를 명확히 밝히려고 노력했다.

2000. 박진동, 「한국의 교원 양성 체제의 성립과 국사교육의 신구성:1945~1954」, 서울대학교 박사학위 논문, 2004.

3. 연구의 범위와 방법

이 책의 중요한 특징 중 하나는 연구 대상인 해방 직후 국사교육 영역에 대해 정책을 입안하는 정책 결정자의 시각보다는, 결정된 정책을 교육 현장에서 운영해야하는 교사의 입장에서 접근했다는 것이다. 이는 고등학교에서 한국사 수업을 담당하고 있는 필자의 위치가 영향을 주었음은 당연하다. 이 책에 있는 연구들은 필자가 대학원 수업에서 해방 직후 발행된 이인영의 중등학교 국사교과서 『우리나라 생활(역사)』에 대한 발표를 하면서 시작되었다.[21] 이인영은 머리말에서 "이 책은 문교부 제정 교수요목에 의거하여 중등학교 사회생활과 교과서로 사용하도록 만든 것이다."라고 했다. 현재 발행되는 중등학교 국사교과서의 집필기준이 있는 것처럼 해방 직후 문교부에서도 국사교과서 편찬 지침을 만들었던 것이다. 그래서 중등학교 국사교과서 편찬의 기준이 되었던 중등학교 사회생활과 교수요목을 검토하기 시작했다. 또한 사회생활과가 무엇인지, 왜 국사가 사회생활과에 포함됐는지 알기위해 사회생활과가 도입된 과정을 살펴보았다. 한국인에게 낯설었던 사회생활과가 여러 논란이 있었음에도 교육과정에 포함될 수 있었던 것은, 미군정의 교육정책과 연관되어 있었기 때문이었다. 결국 미군정 교육정책과 그 근거가 되는 미국의 대한정책을 검토하지 않을 수 없었다. 이 책은 이와 같은 물음들에 답하며 만들어진 것이다.

하지만 이 책은 시간적 순서에 따라, 혹은 인과관계에 따라 재구성하였다. Ⅱ장에서는 먼저 해방 전후 미국의 대한정책을 바탕으로 미군정이 남한에서 추진했던 교육정책을 살펴보았다. 그리고 이 시기 교육부분에 참여했던 한국인들의 사상과 활동을 알아보았다. 이를 통해 미국이 해방된 한

---

21) 1998년 발행된 『학산이인영 전집』에도 『우리나라 생활(역사)』는 수록되지 않았다. 이기백 선생님께서 보관중이시던 이 자료를 찾아서 필자에게 제공하고, 관련 연구를 진행하도록 도와주신 최기영 교수님께 깊은 감사를 드린다.

국에서 추진한 교육의 목적을 확인하고, 미군정 하에서 활동한 한국인 교육자들의 역할에 대해 검토했다. 특히 미군정 문교부의 첫 한국인 관리였던 오천석의 미군정 참여과정과 활동, 교육사상을 통해 미군정 교육정책 수립과 운영에 있어 한국인의 역할을 구체적으로 검증해보았다.

Ⅲ장은 해방 전후 국사교육의 연속성과 단절성을 확인하기 위해 일제말기의 국사교육과 중등교육과정을 확인했다. 이후 미군정기 중등교육과정이 변화되고 정립되는 과정을 추적했다. Ⅲ장은 사회생활과가 도입되는 과정과 교육 현장에서 운영되는 모습을 확인하는 것이 핵심이다. 이를 위해 미군정 교육정책과 사회생활과의 상관관계를 알아보고, 사회생활과 도입에 대한 반대의 의견도 살폈다. 논란 속에서 도입이 결정된 사회생활과의 의미는 무엇인지, 이 교과를 도입한 주체는 누구이며 이를 통해 이루고자한 목적은 무엇인지, 그리고 그 목적은 교육현장에서 어떻게 실천되었는지를 확인해보았다.

Ⅳ장에서는 해방 직후 문교 당국의 교과서 편찬 방침을 먼저 알아보았다. 그리고 교과서 검정의 원칙들과 실제 검정이 이루어지는 과정을 추적했다. 이후 문교부 편수국과 교수요목제정위원회의 구성과 활동 내용을 살펴보고, 해방 직후 국사교육의 지침이 되었던 사회생활과 교수요목에 대해 검토했다. 이 때 해방 직후 사회생활과의 모델이 되었던 미국 콜로라도 주초·중등학교 사회생활과 교육과정과의 비교를 통해 한국 사회생활과의 특징을 파악해보았다. 교수요목은 교수방침과 교육내용을 밝히고 있다. 교사는 이를 바탕으로 가르쳐야 했고, 교과서는 이 기준에 따라 편찬해야 했다. 따라서 중등학교 사회생활과 교수요목에 명시된 중등학교 역사교육의 학년별 편제와 과목별 구성, 역사 학습 내용을 검토했다. 그리고 실제로 중학교 1학년 학생이 공부했던 <이웃나라 생활> 교수요목과 교과서, 2학년 학생이 배웠던 <먼 나라 생활> 교수요목과 교과서의 구성과 내용을 분석해보았다.

Ⅴ장에서는 국사교과서라는 소재를 통해 앞선 검토를 구체적으로 확인하고, 앞으로 국사교육이 나아가야할 방향에 대해 고민해보았다. 그 출발은 중학교 3학년에 배정되었던 <우리나라 생활> 교수요목은 누가 작성했는지를 추적하는 것이다. 이후 일제시대 동안 사라졌던 한국사[22] 교육을 재개하기 위해 발행된 국사교과서에 대해 살폈다. 그리고 <우리나라 생활> 교수요목과 이를 바탕으로 편찬한 교과서를 비교 검토하였다. 끝으로 교수요목이 제정되기 이전에 발행되어 이 기준에 따라 검정을 받지 않은 교과서와 교수요목 발행 이후 검정을 받은 교과서를 비교 분석하였다. 이를 통해 국사를 사회생활과에 포함시켜 달성하고자 했던 목적이 실제로 교과서에 반영되고, 교육 현장에서 실현될 수 있었는지를 구체적으로 확인했다. 즉, 해방 직후 국사교육은 일제시대 국사교육의 틀에서 벗어나 새로운 길로 안내되어, 새로운 방향으로 나아가고 있었는지 검증해보았다.

해방 직후 국사가 포함된 중등학교 사회생활과 교수요목은 1948년 12월 24일에서야 발행되었다. 따라서 이 기준에 맞춘 국사교과서는 1949년 이후부터 발행될 수 있었다. 즉, 미군정기에 만들기 시작한 중등학교 사회생활과 교수요목이 이승만 정부가 수립된 이후 발표되었고, 곧 한국전쟁이 발발하면서 교수요목 본래의 기능을 완벽하게 수행할 수 없었다. 이 책에서는 한국전쟁기 중등교육의 모습을 살펴보기 위한 사례 연구를 Ⅵ장에 추가하였다. 이를 통해 한국전쟁 기간 중등교육과 관련된 교육정책과 교육의 일면을 확인할 수 있을 것이다.

---

22) 일제시대의 '국사'는 일본사를 지칭했기 때문에 이 책에서 일제시대의 경우 '한국사'라고 하였다.

4. 이용 자료

이 책에서는 지금까지 널리 알려지지 못했거나 직접 인용되지 못했던 해방 직후 사회생활과와 국사교육 관련 각종 자료들을 활용하고, 이를 본문에 충실히 소개했다. 미군정 문교부[23]의 공식문서 부족은 해방 이후 남한의 교육부분을 연구하는 데 걸림돌이다. 이는 1947년 초에 있었던 문교부 화재[24]로 인해 보관 중이던 많은 귀중한 자료들이 일시에 소실된 것이 큰 이유다.[25] 현재 국가기록원에 보관되어 있는 미군정 시기 자료 중에 교육 관련 문서는 거의 없다. 특히 이 논문에서 다루고자 하는 사회생활과의 도입과 국사 교수요목, 국사교과서 발행과 관련된 1차 사료는 더욱 찾아보기 힘들었다. 무엇보다 해방 직후 중등학교 국사교과서의 편찬 지침이라고 할 수 있는 중등학교 사회생활과 교수요목을 확인 할 수 없었다. 그래서 교수요목에 대한 검토 없이 진행된 해방 직후 국사교육과 국사교과서에 대한 연구는 무엇인가 부족한 느낌을 지울 수 없었다. 하지만 최근에 1948년 문교부에서 발행한 『교수요목집: 중학교 사회생활과』[26](이하 <중학교

---

23) 1946년 3월 29일 미군정청 군정법령 제64호 「조선 정부 각 부서의 명칭」의 공포에 따라 학무국은 문교부로 그 명칭이 변경되었다.(한국법제연구회, 『미군정법령총람-국문판』, 한국법제연구회, 1971, 179~180쪽.) 따라서 이 책에서는 미군정기 일반적인 문교당국을 의미할 때는 '문교부'로 하고, 특별히 기간의 구분이 필요할 경우 1946년 3월 29일 이전은 학무국으로, 이후는 문교부로 표기한다. 동시에 학무국에서는 편수과로 문교부에서는 편수국으로 표기한다.

24) "1947년 5월 7일 새벽 두시 반 경 문교부 일층에서 발화하여 소방서원의 맹렬한 방화 작업으로 15분 만에 진화되었다. 발화원인은 수위가 심야를 틈타 휘발유를 갈취하다가 라이타의 불이 인화된 것인데 손해는 동청사 1층 총무국과 그 실내에 있는 서류가 전소되고 고등교육과와 사범교육과도 연소되었다."(《동아일보》, 1947년 5월 9일.)
《자유신문》은 화재의 날짜를 5월 8일 새벽 두시 반이라고 보도했다.(《자유신문》, 1947년 5월 9일.)

25) 이길상, 「미군정기 교육연구와 『주한미군사』의 사료적 가치」, 『주한미군정사와 미군정기 연구』, 백산서당, 2002, 193쪽.

사회생활과 교수요목집>으로 표기함)를 확인했고, 이 책을 쓸 수 있는 중요한 계기가 되었다.

또한 해방 직후 사회생활과에 대한 연구에서 사회생활과의 모델이 되었다고 하는 콜로라도 주 사회생활과 교육과정에 대한 직접적인 검토가 없었던 점도 아쉬웠다. 이 책에서는 1942년 콜로라도 주 초등학교 교육과정 (『Course of Study for Elementary School』[27])과 1940년 콜로라도 주 중등학교 사회생활과 교육과정(『Course of Study for Secondary Schools: Social Studies』[28])을 직접 확인하고 비교 검토했다.

해방 직후 교육부분과 관련된 미국 측 자료들이 지속적으로 소개되었고, 교육부분 자료만 따로 모은 자료집도 발간되었다. 이 책을 쓰는데 주로 사용된 자료는 정태수의 『미군정기 한국교육사자료집』[29](이하 각주에서 '정태수, 『자료집-상,하』'로 표기함)과 이길상의 『해방전후사자료집』[30](이하

---

26) 문교부, 『교수요목집: 중학교 사회생활과』, 조선교학도서주식회사, 1948.
   2008년 박진동은 그동안 사라졌다고 알려졌던 이 자료를 직접 보고 연구한 논문을 『역사교육』 106호에 게재하였다. 그는 한국교원대 김한종 교수를 통해 이 자료를 볼 수 있었다고 밝혔다. 필자는 서강대 최기영, 김민정 교수를 통해 박진동 선생님이 가지고 계신 자료를 확인할 수 있었다. 감사드립니다.

27) State of Colorado Department of Education, 『Course of Study for Elementary School』, 1942.(이하 『Course of Study for Elementary School』, 쪽수로 표기함) 이 자료를 읽고 중요한 부분을 함께 번역하고 확인해준 정일영 박사에게 감사의 인사를 전한다.

28) Department of Education The State of Colorado, 『Course of Study for Secondary Schools: Social Studies』, 1940.(이하 『Course of Study for Secondary Schools: Social Studies』, 쪽수로 표기함)
   ※여러 방법으로 이 자료를 찾던 중 박남수 교수의 도움으로 이 자료가 미국 의회 도서관에 있음을 확인했다. 그리고 미국에서 공부 중인 허준 학형이 이 자료를 직접 구해서 보내주었다. 두 분에게 감사드린다. 또한 이 자료의 정확한 해석이 필요했는데, 이는 숭문고 최재호 선생님의 도움으로 가능했다. 그뿐 아니라 이 논문에서 많은 미군정 문서를 활용할 수 있었던 것도 최재호 선생님의 도움이 컸다. 깊은 감사를 드린다.

29) 정태수, 『미군정기 한국교육사자료집』상·하, 홍지원, 1992.

30) 이길상 편, 『해방전후사자료집』 I · II, 원주문화사, 1992.

각주에서 '이길상,『자료집-Ⅰ,Ⅱ』로 표기함)이다. 특히 정태수의『자료집-상』에는 1945년 9월 11일부터 1946년 2월 28일까지의 학무국의 역사를 기록한 자료<History of bureau of education from 11 September 1945 to 28 February 1946>31)(이하 <미군정 학무국사>로 표기함32))가 수록되어 있어 이를 많이 참고하였다.33)

하지만 미국 측의 자료는 미국의 입장에서 작성된 문서라는 점과,34) 이 자료들이 미군정기 교육의 양적 성장과 교육의 민주화 성과를 강조하는 교육계 인사35)들에 의해 주로 활용되었던 점은36) 철저한 사료비판의 과정

---

31) 정태수,『자료집-상』, 36~145쪽.
32) 정태수『자료집-상』에 수록된 쪽수로 표기함.
33) <미군정 학무국사>에는 이 자료의 성격과 범위에 대해 다음과 같이 기록되어있다. 첫째, 이것은 국가 수준의 학무국 역사이며 도 또는 지역 수준의 교육일지가 아니다. 둘째, 이것은 몇 명의 장교들이 쓴 것이다. 셋째, 군정 요원이나 한국인 직원이 계속 교체되었다. 넷째, 다른 군정부서에서와 마찬가지로 교육 분야에 있어서, 미국의 한국 진주 이후 6개월 동안에 해야 할 역할이 많았으며, 많은 문제에 대하여 즉각적인 조치가 필요했으므로 즉석에서 결정을 해야 할 때가 자주 있었다. 다섯째, 학무국사는 미군정 장교들이 쓴 것이지 한국인들이 쓰지 않았다. 여섯째, 여기에 서술된 것의 대부분은 장교들의 개별 증언과 조회하기 번거로운 학무국의 기록에 근거했으므로 공식 서류가 별로 제시되지 못했다.(<미군정 학무국사>, 40~41쪽.)
34) 미군정에서 정보수집 업무를 담당했던 로빈슨은 1947년 판 자신의 책『미국의 배반(Korea: Betrayal of a Nation)』서문에서 다음과 같이 말했다.
"미국이 남한을 점령하고 있던 1945년부터 1947년 사이에 작성된 보고서들 중에서 적어도 75% 이상이 조작된 것이거나 아주 부정확하다는 것을 감히 단언할 수 있다. 의회 자체는 심각할 정도로 왜곡된 이야기만을 접하고 있을 뿐이었다. 필자가 남한을 주제로 이 글을 쓰게 된 것은 바로 이러한 이유 때문이다. 남한에 대한 기본적인 정치적 정책문서조차도 '극비'라는 도장이 찍혀서 심각한 보안대상으로 분류되었다. 왜? 과연 왜 그렇게 했을까? 그 이유는 명백하다. 즉 현재 미국의 행정부나 남한 주재 미군정을 포함한 군부가 국민들에 대해서 심각하게 두려움을 느끼고 있다는 것이 곧 그 이유다."(리차드 D. 로빈슨, 정미옥 옮김,『미국의 배반(Korea: Betrayal of a Nation)』, 과학과 사상, 1988, 12쪽.)
35) 한준상은 "자기의 주장을 정당화시키기 위해 미군정시절 등사물로 간행된 몇 편의 글을 필요에 따라 인용한 오천석의 글은 미군정의 교육정책과 한국교육 간의

을 요구하는 부분이다.

따라서 이 책에서는 해방 직후 교육부분에서 활동했던 한국인들의 사회 생활과 관련 서적37)을 최대한 찾아서 함께 검토했다. 이 자료들을 통해 해 방 직후 미군정이 추구한 교육정책과 한국인 교육자들의 관계를 확인할 수 있다. 단행본 외에도 한국인 교육자들이 잡지와 신문에 게재한 글들도 활용했는데, 이는 미국 측 자료를 보완하고 해방 직후 교육계의 상황을 짐 작할 수 있게 해주는 자료이다. 또한 각종 신문과 잡지 자료들은 해방 이 후 교육정책에 대한 당시 한국인들의 반응을 살필 수 있을 뿐 아니라, 앞 으로의 교육정책 방향에 대한 한국인들의 요구 사항도 확인할 수 있다는 점에서 중요하다. 이 부분에선 이길상·오만석이 정리한 자료집『한국교육 사료집성-미군정기편』38)(이하 각주에서 '이길상·오만석, 『사료집성-Ⅰ,Ⅱ, Ⅲ』'로 표기함)의 도움을 많이 받았다. 그 외 1946년 11월 8일~10일까지 3 일간 미군정 학무국, 경기도 학무과와 서울시 학무과 후원으로 서울대학에

상관성을 체계적으로 분석해내는 데 별다른 도움을 주지 못하고 있다. 왜냐하면 미군정의 교육정책에 대한 교육사적 이해가 편년체적 서술이었을 뿐만 아니라 편 년체적 역사 이해가 갖는 약점이 그대로 종국적으로는 미군정의 교육정책의 정당 성을 입증하는 식으로 미군정자료를 활용하고 있고, 자기의 교육정책에 부정적 평 가를 줄 사항은 필요에 따라 삭제하고 있기 때문이다."고 말하며 미군정기 교육관 련 연구에 오천석의 자료를 이용하는 것에 부정적 의견을 제시했다.(한준상·김학 성, 『현대한국교육의 인식』, 청아출판사, 1990, 21~22쪽.)

36) 이길상, 앞의 논문(2002), 183쪽, 주5.
37) 오천석, 『민주주의 교육의 건설』, 국제문화공회, 1946. 윤재천 역편, 『미국 교육소 개 사회생활과 교육(1945년판)』, 민주교육연구회, 1946.(이하 윤재천 역편, 앞의 책 (1946)로 표기함.) 윤재천, 『신교육서설』, 조선교육연구회, 1946.(이하 윤재천, 앞 의 책(1946)로 표기함.) 이상선, 『사회생활과의 이론과 실제』, 금룡도서문구주식회 사, 1946. 이상선, 『종합교육과 단위교수-사회생활과 교육의 기초이념』, 동심사, 1947. 허현, 『사회생활과 해설』, 제일출판사, 1946. 존 듀이 저·최병칠 역, 『민주주 의와 교육』, 연구사, 1947. 최병칠 외, 『민주주의 민주교육론』, 동심사, 1949. 미국 어린이교육협회 편, 성내운 역, 『사회생활과 교수지침』, 교육문화협회, 1949.
38) 이길상·오만석 공편, 『한국교육사료집성-미군정기편』Ⅰ·Ⅱ·Ⅲ, 한국정신문화연 구원, 1997.

서 개최된 민주교육연구강습회의 강연을 정리하여 발행한 『조선교육』제1
집39)도 미군정 초기 교육계의 상황을 이해하는데 중요한 자료이다.

미군정과 문교부 공식문서의 빈곤 속에서도 1947년 1월 1일 문교부조사
기획과가 발행한 1946년도 『문교행정개황』,40) 1949년까지의 문교부 편수
업무를 정리한 『편수시보』 제1호,41) 1949년까지의 각종 교육통계가 소개된
『대한민국교육개황』42)은 이 논문의 빈곳을 많이 채워주었다. 특히 『편수시
보』는 해방 직후 교과서와 관련된 연구에서는 반드시 참고해야할 중요한
자료이다.

이 책에서 가능한 많은 자료를 검토했지만, 이 자료들을 연결해서 종합
적으로 이해하는 것은 쉽지 않았다. 필자는 아주 운 좋게 미군정 문교부에
서 사회생활과 지리담당 편수관으로 근무했던 최흥준43)을 직접 만나서 해

---

39) 조선교육연구회, 『조선교육-제1회 민주교육연구강습회속기록-』제1집, 문화당, 1946.
　　(이하 『민주교육연구강습회속기록』으로 표기함.)
40) 문교부조사기획과, 『문교행정개황』, 조선교학도서주식회사, 1947.(이하 『1946년
　　문교행정개황』으로 표기함.)
41) 문교부 편수국, 『편수시보』제1호, 조선서적인쇄주식회사, 1950.(이하 『편수시보』
　　로 표기함)
　　※이 자료는 문교부 편수사를 지낸 허강 선생님의 도움으로 구해볼 수 있었다. 허
　　강 선생님께서는 당신께서 수집하신 미군정기 교육관련 자료를 아낌없이 보여주
　　셨다. 이 자리를 통해 감사드린다.
42) 문교부, 『대한민국교육개황』, 1950.(이하 『대한민국교육개황』으로 표기함.)
　　이 문서에는 정확한 발행연도와 발행처 표시 없지만, 1950년 1~2월 사이에 작성되
　　었다고 추정할 수 있다. 왜냐하면 1949년 12월 31일 공포된 교육법의 법제를 소개
　　하고 있기 때문이다. 여기에 소개된 '국민학교 6년, 중학교 4년, 고등학교 3년 대
　　학교 4년 내지 6년'의 학제는 1950년 2월 개정된다. 따라서 1950년 1월~2월경 작
　　성된 문서임을 추측할 수 있다.
43) 최흥준 약력
　　1924년 경주출생. 광주고보 졸업.
　　1942년 4월~1945년 3월 경성제국대학 이과교원양성소 지리과 3년 졸업
　　1947년 2월~1961년 10월 군정청·문교부 편수국 (사회과 지리) 편수사(관)
　　1966년 3월~1970년 8월 주일본국 한국대사관 장학관

방 직후 사회생활과 도입, 교수요목 제정, 교과서 편찬과 검정에 대해 이야기를 들을 수 있었다.[44] 최홍준 편수관의 증언은 단편적인 자료를 연결하는데 큰 도움을 주었다. 한국교육과정·교과서연구회에서 해방이후 편수 관련 업무에 종사했던 사람들의 구술 자료들을 모아 발행한『편수의 뒤안길』(1~3집)[45]과『인물로 본 편수사』[46]도 교과서 편찬과 관련된 당시의 상황을 이해하는데 도움이 되었다. 그리고 해방 이후 많은 교과서를 출판했던 동지사 사장의 회고를 통해 당시 교과서 발행의 실제 모습들을 엿볼 수 있었다.[47]

끝으로 해방 직후 발행된 초·중등학교 역사교과서도 최대한 찾아서 검토하였다. 특히 1948년 12월 사회생활과 교수요목이 발행된 이후 문교부 검인정을 통과한 최초의 국사교과서 7종을 확인하고, 검정 교과서 저자들이 편찬했던 검정 전 교과서도 함께 분석하였다. 이를 통해 해방 직후 국사교육과 국사교과서를 이해하는데 조금 더 다가설 수 있었다.

1973년 6월~1980년 10월 대한민국 국회 전문위원
1978년 1월~1980년 12월 국토종합개발 심의회 심의위원.
최홍준은 해방 이후인 1947년부터 1950년까지 문교부 편수사로 근무하면서 '사회생활' 교과의 교과서 내용 구성 및 체제 개발에 창의력을 발휘하여 '사회생활 1-6년 교과서'를 새롭게 편찬 발행하였다.(<교육인적자원부 감사패 공적조서>, 2007년 9월 15일.)
44) 대담은 허강 선생님의 주선으로 이루어졌다. 2014년 3월 29일 경기도 분당 최홍준의 자택 근처에서 최홍준, 허강, 필자 세 사람이 이야기를 나누었다.(이하 '<최홍준 구술자료> 2014년 3월 29일'로 표기함.)
45) 한국교육과정·교과서연구회,『편수의 뒤안길』1·2·3집, 대한교과서주식회사, 1991, 1995, 2000.
46) 한국교육과정·교과서연구회,『인물로 본 편수사』, 대한교과서주식회사, 1999.
47) 이경훈, 「대담: 교과서 출판 원로들에게 듣는다」,『교과서연구』제9호·10호, 1991.

II. 미군정기 교육정책 수립과
한국인의 역할

해방 직후 남한의 교육정책은 미국의 대한(對韓)정책과 관련해서 살펴
봐야한다. 해방 전후 미국의 대한정책에 관한 많은 선행연구가 있었고, 이
들 연구 결과들이 크게 두 경향을 보이고 있음은 이미 지적되어왔다. 그
첫 번째는 미국의 대한정책 준비의 부재와 한반도 상황에 대한 무지를 강
조하는 '준비부족론' 내지 '선의의 무지론'이다.1) 두 번째는 이에 대한 비

---

1) 미국의 준비부족을 이야기할 때 흔히 인용되는 자료가 트루먼 회고록의 다음 부분
   이다.

   "2차 대전 전, 한국에 대해서 아시아의 먼 끝에 위치한 이상한 나라라는 정도 이상의
   지식이나 관심을 가졌던 미국인은 아마 거의 없었을 것이다. 극소수의 선교사를 제
   외하고는 1945년 늦여름 미국 점령군이 상륙할 때까지 미국인들에게는 이 '조용한
   아침의 나라'를 알 기회가 드물었다."(핸리 S. 트루먼, 손세일 역, 『시련을 극복한 평
   화-트루먼 회고록』, 대림출판사, 1973, 295쪽.)

   이는 미군정의 교육정책에 관한 논의에서도 인용되어 준비부족론의 근거가 되었
   다.(이광호, 「미군정의 교육정책」, 『해방전후사의 인식』2, 한길사, 1985, 497쪽. 손
   정목, 「미 군정기(1945~48) 인사행정의 실제에 관한 연구」, 『한국의 사회와 역사』,
   일지사, 1991, 594쪽.)
   또한 미국인 군정요원이나 미국인 종군기자의 기록이 준비부족론의 근거로 활용
   되기도 했다. 리차드 D. 로빈슨은 "미국의 정책 결정자들은 조선 점령에 대한 그
   어떤 구체적인 준비도 하고 있지 않았다."고 했고, 그란트 미드는 "24군단은 한국
   에서 직면하게 될 문제들에 대한 생각도 전혀 하지 못했다. 한국 임무에 관한 보고
   서는 거의 없거나 아예 없었고 보고서의 기초하에 이용할 만한 정보도 거의 없었
   다."고 했다. 리처드 E. 라우터백도 "일본 항복 당시에 미국에는 육군이나 해군이
   나 혹은 국무성에나 한국에서 점령 행정을 할 만한 지식과 경험을 가진 사람이 하
   나도 없었다. 하지 장군은 한국에 상륙할 때 일본군의 무장해제 이외에 정치적·경
   제적 문제에 관하여 아무런 구체적인 복안도 없었다."고 했다.(리차드 D. 로빈슨,
   정미옥 옮김, 『미국의 배반(Korea: Betrayal of a Nation)』, 과학과 사상, 1988, 20쪽.

판으로 미국이 태평양전쟁 시기 이래 한반도에 관한 정치·군사정책을 입
안해 왔다는 것이다.[2] 미국의 대한정책 준비부족에 관해서는 이미 이길
상,[3] 정병준,[4] 정용욱[5] 등에 의해 문제점이 지적되었다. 그런데 미군정 교

그란트 미드, 안종철 옮김, 『주한미군정 연구』, 공동체, 1993, 73~74쪽. 리처드 E.
라우터백, 국제신문사 출판부 옮김, 『한국미군정사』, 돌베개, 1984, 37~39쪽.)
그 외 미국에서 미군정기 교육정책을 연구했던 남병훈과 김동구, 국내 연구자인
정태수 등도 준비부족론을 전제로 했다.(Byung Hun. Nam, 「Educational
reorganization in South Korea under the United States army military government,
1945-1948」, Thesis(Ph.D.)-Univ.of Pittsburgh, 1962. 김동구, 『미군정기의 교육』, 문
음사, 1995. 정태수, 『광복3년 한국교육법제사』, 예지각, 1995.) 이길상은 미군정의
공식 기록인 『주한미군사』가 '준비부족론'적 시각으로 작성되었고, 따라서 "군정
교육정책 3년의 공과(功過) 중 과에 해당하는 평가의 원천을 미군정의 신식민주의
적 성격에서 찾기보다는 미국의 '준비부족'에서 찾으려는 의도가 다분히 내포 돼
있다."고 지적하기도 했다.(이길상, 「미군정기 교육연구와 『주한미군사』의 사료적
가치」, 『주한미군정사와 미군정기 연구』, 백산서당, 2002, 182~183쪽, 204~205쪽.)
2) 정병준, 「남한진주를 전후한 주한미군의 대한정보와 초기점령정책의 수립」, 『사학
연구』 제51호, 1996, 134~135쪽.
3) 이길상은 "준비부족론의 배경에는 우선 미군정요원들이 현장에서 보여준 한국에
대한 무지를 곧 미국의 한국관계 정보 및 준비부족으로 보는 인식상의 오류가 게
재되어 있고, 다음으로 미국의 점령이전 한국관계 연구 및 준비상황을 보여주는
구체적 자료의 부족을 곧 미국의 준비부족으로 해석하는 자료해석상의 오류가 게
재되어 있다."고 전제하면서 1945년 이전 미국이 한반도에 대한 정보를 수집하고
만들었던 각종 자료들-「The Problem of Constituting an Independent Political Regime
in Korea」(1944년 5월 22일자 대외관계심의회(Council on Foreign Relations)의 보고
서), 「Survey of Korea」(1943년 6월 15일 작성) 「JANIS No.75」(1945년4월 작성)-을
찾아서 제시하였다. 그리고 이 자료들은 1944년 말부터 1945년 초에 걸쳐서 미국
이 한국에 관한 정보를 집중적으로 수집했고, 특히 한국인들이 미국에 대해 갖고
있는 태도와 미국이 한국을 점령했을 경우 예상되는 한국인들의 반응 등에 관해서
매우 세심한 주의를 기울이고 있었음을 보여준다고 했다.(이길상, 「미군정시대 연
구에 있어 "준비부족론"의 문제점」, 『정신문화연구』13권 2호, 1990, 179쪽~188쪽.)
4) 정병준은 "24군단은 남한에 진주했고, 점령과 동시에 군정을 실시했다. 또한 진주
직후 주한미군·미군정은 1945년 말까지 남한의 정체를 규정한 정책적 결정을 독
자적으로 내렸다. 즉, 24군단은 남한의 정세를 판단하고 대처할 수 있었던 정보를
가지고 있었던 것이다."고 하며 1945년 8월 당시 24군단이 획득하였던 정보목록을

육정책과 관련된 기존의 연구는 1945년 8월 해방 당시 미국이 한국의 독립에 대해 충분히 준비하지 못했다는 것을 전제로 검토한 경향이 있었다. 미군정기 교육정책 연구에 있어 미국의 준비부족을 전제한다는 것은 자연스럽게 이 시기 교육정책을 한국인이 주도했고 운영했다는 결론으로 이어지는 근거가 되었다. 따라서 미국이 한국의 독립에 대해 준비하고 있었다면 미군정기 교육정책의 수립과 운영에 대한 분석도 달라질 것이다.

이 장에서는 해방 전후 미국의 대한정책을 바탕으로 미군정이 남한에서 추진했던 교육정책을 살펴보고, 이 시기 교육부분에 참여했던 한국인들의 사상과 활동을 추적했다. 이를 위해 해방 전후 미국의 대한정책을 먼저 살펴보고, 미국이 해방된 한국에서 교육을 통해 이루고자 했던 바를 알아보았다. 또한 미군정은 미국의 대한정책을 어떻게 이해하고 실천했으며, 그 과정에 있어 한국인의 역할에 대해서도 검토했다. 나아가 미군정 문교부의 자문기구 설치와 이에 참여한 한국인들, 연구회와 기관지 발행을 통해 교육부분에 참여했던 한국인들을 살펴보았다. 이를 통해 미군정기 교육주도세력과 교육소외세력이라는 이분법적 분석을 넘어 새로운 시각으로 미군정

다음과 같이 제시했다.

「카이로 선언」(1943년 3월), 「JANIS75(Joint Army-Navy Intelligence Study of Korea : 육군해군연합정보연구-한국, the Joint Intelligence Study Publishing Board」(1945년 4월), 「야전교범 27-5(FM 27-5)」(1940년 6월 30일), 「야전교범 27-10(FM 27-10)」 (1943년 12월2일)(정병준, 앞의 논문(1996), 136~137쪽.)

5) 정용욱은 해방 이전 미국은 한반도 신탁통치안을 수립하면서, 동시에 종전 후 한반도에 적용될 대한정책의 전반적 기조를 마련하였다고 했다. 즉, 미국은 한국 해방 이전 전후 대한정책의 목표를 수립하고 그 실천 방안을 준비했었다는 것이다. 그리고 이 시기 미국은 다양한 한국인 단체·인물과 접촉하였고, 한국인 민족운동 세력의 내부정세와 접촉할 기회를 가졌다고 했다. 또한 해방 전후 미국의 대한정책의 성격이나 정책 전개의 내재적 논리, 정책 변화의 동인을 규명하기 위해서는 한국의 민족운동과 미국 대한정책의 대응관계를 기본적인 대립축으로 파악하고, 한국 내부의 사태전개에 대한 분석을 기본적인 출발점으로 해야 한다고 했다.(정용욱, 『해방 전후 미국의 대한정책-과도정부 구상과 중간파 정책을 중심으로-』, 서울대학교출판부, 2003, 3~9쪽.)

기 한국인의 교육활동을 파악해보았다. 끝으로 한국인 최초로 미군정 문교부 관리가 되었던 오천석6)의 미군정 참여과정과 활동, 교육사상을 통해 미군정 교육정책 수립과 운영에 있어 한국인의 역할을 구체적으로 검증했다.

1. 미군정기 교육정책 수립

1) 해방 전후 미국의 대한정책

해방 직후 남한의 교육정책에 대한 연구들 중에 미국의 준비부족을 전제로 했던 것들이 많았다. 그 전제가 성립했을 때 미군정기 교육정책은 한국인 교육자들이 주도해서 입안했고, 운영했다는 결과로 연결될 수 있었기 때문이다. 이러한 인식은 미군정 당시 문교부 관리로 근무했거나 이들과 관계를 유지했던 사람들에게서 나타나며, 그 대표적인 인물이 미군정기 문교부 차장과 부장을 지낸 오천석이다. 미군정 초대 학무국장 라카드(Capt.

---

6) 오천석은 1901년 11월 2일 평안남도 강서군 함종면에서 아버지 오기선 목사의 장남으로 태어났다. 1914년 아버지가 일본 동경에 목사로 부임하자 동행하여 일본에서 유학했다. 청산학원 중학부를 마치고, 1919년 3월 귀국하여 영화학교 교사로 근무했다. 아버지의 주선으로 1921년 코넬대학에 입학했고, 1925년 졸업했다. 1927년 일리노이 주 노스웨스튼 대학원을 졸업했고, 1929년 콜롬비아 대학에 입학해 1931년 동 대학에서 철학박사 학위를 받았다. 학위 논문은『민족동화 수단으로서의 교육(Education as Instrument of Assimilation』이었고, 지도교수는 킬패트릭(W.H. Kilpatrick)이었다. 오천석이 뉴욕에 있을 때 서재필, 이승만, 김성수를 만났었는데, 특히 김성수의 뉴욕 안내를 맡았었다. 귀국 후 보성전문학교 교수가 되었던 것은 이 인연 때문이었던 것 같다. 1942년부터 상해에 있다가 1944년 귀국하여 황해도에 머물렀고, 1945년 8월 15일 일본 항복 후 곧바로 서울로 와서 활동하였다. 그리고 미군정 학무국의 첫 한국인 관리가 되었다.(오천석,『외로운 성주』, 광명출판사, 1975, 5~80쪽. 허대영,『오천석과 미군정기 교육정책』, 한국학술정보, 2009, 31~36, 301~302쪽. <미군정 학무국사>56~57쪽.)

Earl N. Lockard)[7]대위에 대한 오천석의 평가는 이를 잘 보여준다.

　　라카드가 한국에 대한 지식을 거의 갖고 있지 않았고, 또한 그에게
한 나라의 교육행정을 요리할 만한 지식과 경험이 부족하였다고 하는
사실은 우리에게 대하여는 불행한 일이었는지도 모른다. 불행이라고 하
는 것은, 그에게 좀 더 당시의 복잡다단하였던 한국의 교육을 지도할
만한 능력이 있었더라면, 그는 보다 더 고도의 지도성을 발휘 할 수 있
었을 것이기 때문이다. 반면에 다행이라고 하는 것은, 그의 한국에 대한
지식과 교육적 지도성이 부족하였기 때문에, 그는 처음부터 한국인의
의사를 존중하고, 한국인의 지혜와 판단에 의존하는 도가 높았던 까닭
이다.[8]

　　오천석은 학무국장 라카드가 한국에 대한 지식을 거의 갖고 있지 않았
고,[9] 그래서 한국인에 의존하여 남한의 교육부분을 운영했다고 했다. 그러
나 라카드는 일본 군정요원으로 선발되어 1945년 1월 미국 시카고 대학 민
사훈련학교(Civil Affairs Training School)에서 훈련을 받았다. 이 때 라카드
는 미해군 예비군 소속 에레트 중위(Paul D. Ehret)[10]와 한 조가 되어 일본

---

7) 라카드는 1945년 9월 11일자로 군정청 학무국장에 임명되어 한국 교육관계 업무를
　관장하기 시작했다. 9월 14일 일반명령 제2호에 의거 그는 미군정 학무담당자로 임
　명되었다. 이후 1946년 3월 30일자로 피렌저(Aubrey O. Pirrenger)중좌가 학무국장에
　임명되었고, 라카드는 고등교육국장이 되었다.(정태수, 「미군정기 한국교육행정의
　기구와 요원의 연구-미군측 사료를 중심으로-」, 『교육행정학연구』Vol.6, No.1,1988,
　80쪽. <임명사령> 제82호, 1946년 3월 30일. 《서울신문》, 1946년 4월 26일.)
8) 오천석, 『한국신교육사』하, 광명출판사, 1975, 7쪽.(이하 오천석, 앞의 책(a, 1975)
　로 표기함.)
9) 오천석은 라카드에 대해 다음과 같이 말했다.
　"교육책임자로 선정된 사람은 라카드였는데 그의 교육경험이라야 시카고의 한 초
　급 대학의 영어 교수직밖에 안 되는 것이었다."(오천석, 「군정문교의 증언-①」, 『새
　교육』213, 1972, 109쪽.)
10) 에레트는 1945년 10월 15일에 학무국 부국장에 임명되어 1945년 12월 7일 전출간
　것으로 되어있다.(「Bureau of Education」, 5 October 1945. 정태수, 『자료집-상』,

제국주의 교육문제에 관한 연구보고서를 쓰기도 했다.[11] 그 뿐 아니라 라카드는 오키나와에서 인천으로 오는 배 안에서, 그리고 1945년 9월 11일 업무시작 첫날 하루를 모두 JANIS[12]를 읽으며 보냈다.[13] 보다 중요한 사실은 라카드가 일본뿐 아니라 어느 지역에서도 군정요원[14]으로 활동할 수

34~35쪽.)

11) 연구 제목은 「제국주의의 교육칙서와 수신 교과서에 대한 분석」으로, 제국주의 수신 교과서의 내용을 분석한 것이다.(한준상·김학성, 『현대한국교육의 인식』, 청아출판사, 1990, 90쪽.)

12) 「JANIS No.75」는 2 Volume으로 되어 있는데 Volume 1은 연구보고서이고 Volume 2는 관련 지도묶음이다. Volume 1은 15 Chapter로 구성되어 있다. 그 중 'Chapter 10 - 국민과 정부'에서 한국의 역사, 문화, 인접국과의 관계, 인구 규모 및 분포, 한국인들의 신체적, 사회적 그리고 문화적 특성, 한국인들의 노동력 및 임금구조, 정부조직, 정치집단, 한국인들의 외국에 대한 태도, 한국인들의 자치능력, 치안 및 사회질서 등에 관해 상세히 서술하고 있다.(이길상, 「미군정시대 연구에 있어 "준비부족론"의 문제점」, 『정신문화연구』13권 2호, 1990, 185~186쪽.) 정병준, 정용욱, 이길상, 브루스 커밍스는 「JANIS No.75」가 한국과 관련된 유용한 정보였다고 평가했다.(정병준, 앞의 논문(1996), 138쪽. 정용욱, 앞의 책(2003), 65~69쪽. 브루스 커밍스·김주환 옮김 『한국전쟁의 기원-상』, 청사, 1986, 224~225쪽.) 반면 신복룡, 한준상은 이 자료는 군사적 목적으로 만들어진 것으로 한국의 정치·사회·경제를 이해하는 데는 별 가치가 없다고 평가했다.(신복룡·김원덕, 『한국분단보고서』상, 풀빛, 1992. 88~89쪽. 한준상·김학성, 위의 책(1990), 67쪽.)

13) <미군정 학무국사>, 48~49쪽.

14) Henry H. Em은 이들 군정장교에 대해 다음과 같이 평가했다. "배출된 장교의 1/3 이상이 민간인 출신이었다. 민간에서 차출된 요원들은 모두가 법률, 경제, 정부의 행정, 의학 등의 부분에서 탁월한 이력을 보유한 사람들이었다. 군부에서 차출된 인원들도 역시 해당 분야에서 최고의 추천을 받은 인물들이었으며, 주목할 만한 경력을 보유하고 있었다. 이들 군인들의 계급은 중령에서부터 소위까지였다. 학생장교들의 연령 평균은 40세였다. 극동전구의 경우, 지원자 총수 대 훈련선발자의 비율은 거의 4대 1이었다. 이들 학생-간단히 모집자들-은 업적지향적이었고, 성공한 이들이었다. 육군의 민사처(G-5)로 불린 이 집단은 미군 내 가장 높은 IQ를 보유했다."(Henry H. Em, 「Civil Affairs Training and the U.S. Military Government in Korea」, B. Cumings ed, Chicago Occasional Papers on Korea, select paper volume No.6, The Center for East Asian Studies, 1991, The University of Chicago, Chicago, Illinois, 21~22쪽.(필자는 고지훈이 번역하고, 정병준이 교열한 번역문을 활용했다.)

있도록 훈련받았다는 점이다. 따라서 라카드가 한국어를 배우지 않고, 한
국에 대해 공부하지 않았다는 것이 한국에서 군정을 운영할 능력이 없었
다는 결론으로 귀결되어서는 안 된다.[15]

해방 전 미국의 대한정책 수립과정을 살펴보면 미국이 한국의 해방과
독립에 대해 준비하고 있었음을 확인할 수 있다. 루즈벨트는 국제주의[16]
에 근거해 한국의 신탁통치를 구상했다. 루즈벨트는 '초국가적·통합적·전
세계적'인 범주를 내세우며 국제주의적 논리를 강조했는데, 그 핵심은 공
산주의·반자본주의·반식민지적 민족주의 등 여러 세력을 포용·통합하는
것이었다.[17] 1943년 초 미국무성의 정책입안자들은 "신탁통치를 실시하는
강대국은 대상국이 자치를 할 수 있도록 그 국민들을 교육하고 준비시키
며, 착취적인 제국주의로부터 보호해 주고, 경제발전과 사회정의를 실현하
도록 촉진시켜준다."는 문서를 작성하였다.[18] 1944년 5월 미국 대외관계심
의회(Council on Foreign Relations)는 "우리가 한국에서 정치적 민주주의가

---

15) 정병준은 군정 전문 요원으로 양성된 장교들이 군정 실무자로서 한국 상황에 적
   응할 수 있는 소양을 가질 수 있었던 두 가지 이유를 제시했다. 첫째, 이들은 미국
   의 이해를 군사점령지에서 실현하는 집행자로서, 군정이 요구하는 기본적인 가치
   관을 갖고 있었다. 둘째, 군정학교와 민정 훈련학교에서의 교육 내용은 실전 연습
   을 통해 현지에 적응하는 방향으로 심화 및 구체화되었다. 이들이 모든 훈련 과정
   을 마치고 군정 현장에 투입되었을 때, 그곳이 일본인가 한국인가는 별 차이가 없
   었다.(정병준,『한국전쟁』, 돌베개, 2006, 136~137쪽.)
16) 국제주의의 야망[자본가(Capialist)]은 세계로 확장된 체제의 창출로 인해 완성된
   다. 이런 의미에서 국제주의는 군사력에 전적으로 의존하지는 않는다. 국제주의의
   목표는 영토적인 것이 아니며, 특정한 체제에 대한 단일한 권력에 의한 통제에도
   반대한다. 국제주의자들은 전세계가 고립적인 블록들로 분할되는 것에 반대하며,
   대신에 다국적 접근(multilateral approach)이 허용되는 속에서 창출되는 "하나의 세
   계"를 선호한다. 루즈벨트는 이러한 국제주의에 대한 가장 정열적인 주창자였다.(Henry
   H. Em, 앞의 논문(1991), 5쪽.)
17) 정병준, 앞의 책(2006), 128쪽.
18) 브루스 커밍스, 앞의 책(상, 1986), 186쪽.

발달되는 것을 보기를 희망한다면 우리는 한국에서 장기적인 정치적 교육이 필요함을 알아야만 한다."19)는 내용의 보고서도 작성했다. 이 보고서에는 한국에 독립정부를 수립하기 위해선 군사 정부를 세워야하고, 정치적 교육을 위해 10년 이상의 신탁통치 기간이 필요하다는 내용도 포함되어 있다. 루즈벨트는 "미국이 필리핀에 적용한 바 있는 신탁통치 원칙이 국제적으로 확대되지 못할 이유는 없다."며 미국이 필리핀에게 자치교육을 시켜 독립의 길을 열게 해 주었다고 자랑삼아 말했다.20) 루즈벨트는 필리핀의 사례처럼 한국인들을 교육시켜 자치능력을 함양시키려 했던 것이다. 루즈벨트가 카이로 회담에서 40년간 한국을 보호감독 할 것을 제안하고, 얄타에서 20~30년으로 단축된 신탁통치를 기간을 제시했던21) 이유는 한국인들이 자치능력을 기를 수 있는 교육기간이 그 정도였다고 판단했기 때문일 것이다.

　1945년 4월 루즈벨트가 사망하고 트루먼이 대통령이 된 후 미국의 대한정책은 혼란스러워보였다.22) 하지만 트루먼의 등장 이후에도 한반도 신탁통치에 대한 미국의 공식적인 입장은 변하지 않았다.23) 1945년 11월 20일

---

19) 『Studies of American Interests In The War And Peace』 정치분야 No. P-B 89. David N. Rowe. 「The Problem of Constituting an Independent Political Regime in Korea」, Council on Foreign Relations. May 22, 1944. p.1~6. 한국정신문화연구원 편, 『해방 전후 미국의 「대한인식」자료』, 선인, 2001, 11~16쪽.

20) 브루스 커밍스, 앞의 책(상, 1986), 186, 192쪽.

21) 존 메릴, 「미국의 한국 점령 정책」, 『한국현대사와 미군정』, 한림대학교 아시아문화연구소, 1991, 21~22쪽. 조순승, 『한국분단사』, 형성사, 1982, 37쪽.

22) 남한에 미군이 주둔한 이후 미국의 대한정책이 분명하게 드러나지 않았던 것은 미국이 전후 한반도 문제를 구상하지 않았기 때문이 아니다. 이미 준비하고 있었던 신탁통치안과 봉쇄정책 중 어떤 것을 적용시켜야할지를 명확하게 결정하고 미군정에 지침을 주지 못해서 혼란스러워 보였던 것이다.(정병준, 앞의 논문(1996), 134~135쪽.)

23) 트루먼이 실권을 쥐자 전후 미국 외교정책은 보다 민족주의적인 방향으로 기울어졌으며 루즈벨트의 보좌관 중 민족주의적 입장을 가진 사람들이 중용되었다. 그러나 미국인들은 한국의 신탁통치에 대한 연합국간의 합의를 밀고 나갔다.(브루스

미군정 정치고문 랭던은 자신이 한반도 신탁통치안을 입안했음[24]에도 불구하고 미국무부에 신탁통치 폐기를 요청했다.[25] 하지만 1945년 11월 29일 미 국무장관은 랭던에게 미 국무부의 공식 정책은 신탁통치임을 다시 한 번 통보했다.[26]

트루먼은 자신의 특사로 1946년 5월 북한지역과 남한지역을 시찰했던 폴리 대사의 보고를 받고 다음과 같이 답했다.

> 우리는 한국인들에게 우리 형태의 민주주의를 보급할 목적으로 홍보 및 교육 캠페인을 수행할 것이며, 이들 목적을 위해 미국인 교사를 한국에 파견하여 한국인 학생들 및 교사들을 우리나라에 보내게 할 작정이다. 나는 또한 상당수의 한국인 기술자들이 이곳에서 훈련 받을 수 있으며, 미국인 기술자들이 한국의 산업 재건을 지원하기 위해 그곳으로 갈 수 있게 되기를 희망한다.[27]

트루먼은 한국인에게 미국식 민주주의를 보급할 것이며, 이를 위해 홍보 및 교육 캠페인을 수행할 것이라고 했다. 미국인 교사를 한국에 파견하

커밍스, 앞의 책(상, 1986), 198쪽.)

24) 국무성의 극동국 소속 윌리엄 랭던은 1942년 2월 국무부 내 '전후 대외정책에 관한 자문위원회'의 영토소위원회에 소속되어 한국관련 보고서(「Some Aspects of the Question of Korean Independence」 1942년 2월 20일.)를 제출했다. 여기서 랭던은 "한국이 근대 국가를 이루기 위해 적어도 한 세대 정도는 강대국들에 의해 보호·지도·도움을 받아야 한다."라고 주장했다. 사실상 신탁통치의 구상이었다.(제임스 I. 매트레이, 구대열 옮김, 『한반도의 분단과 미국:미국의 대한정책, 1941~1950』, 을유문화사, 1989, 20~21쪽. 안종철, 『미국 선교사와 한미관계(1931~1948)』, 한국기독교 역사연구소, 2010, 218~219쪽.)

25) 「재한국 정치고문 대리(랭던)가 국무장관에게」, 1945년 11월 20일.(김국태, 『해방 3년과 미국 I-미국의 대한정책 1945~1948』, 돌베개, 1984, 150~151쪽.)

26) 「국무장관이 재한국 정치고문 대리(랭던)에게」, 1945년 11월 29일.(김국태, 위의 책(1984), 159쪽.)

27) 「트루먼 대통령이 파리에 있는 에드윈 W. 포레 대사에게」, 워싱턴, 1946년 7월 16일 오후4시.(김국태, 위의 책(1984), 317~319쪽.)

고, 한국인 학생 및 교사를 미국으로 오게 하는 것이 자신들의 목적을 이루는 중요한 정책임을 밝혔다. 이를 위해 한국 교육제도를 재건할 것이라고 했다. 무엇보다 트루먼은 회고록에서 "우리 측 지역에의 표어는 '교화가 아니라 교육을'이었다."고 밝혔다.[28] 이는 교육을 통한 민주주의의 보급과 확대가 트루먼 정부의 대한정책이었음을 말해준다.

미국은 포츠담 회담을 준비하면서 미국이 한국 문제를 통제해야하며, 그에 필요한 세 가지 수단으로 군사정부의 설치(점령 후), 신탁통치, 미국의 정치적 목표를 달성하기 위해 곧 탄생할 UN의 이용방안을 제시한 계획서를 작성했다. 그리고 미국의 계획은 남한에서 군사점령-신탁통치의 제기-UN으로의 이전이란 순서로 현실화 되었다.[29] 일본의 항복이후 남한에는 하지 중장이 지휘하는 24군단[30]이 주둔하고 미군정이 수립되었음은 주지의 사실이다.

이상의 검토를 통해 미국은 종전부터 구상했던 한반도 신탁통치 방안을 트루먼 정부 이후에도 유지했고, 루즈벨트와 트루먼 모두 남한에서 반공과 미국식 민주주의 국가 건설을 위해 교육을 중요한 수단으로 활용하려 했음을 알 수 있다.

추가적으로 미국이 남한을 점령하면서 가졌던 인식에 대해 살펴보고자한다. 이와 관련해 브루스 커밍스와 헨리 임(Henry H. Em)의 다음과 같은 지적에 주목할 필요가 있다.

---

28) 핸리. S. 트루만, 앞의 책(1973), 300쪽.
29) 정병준, 앞의 책(2006), 130쪽.
30) 24군단은 미 제10군의 통제 하에 있다가 태평양사령부로 소속이 바뀌었는데, 이는 독자적인 한국 점령 작전을 준비하기 위해서였다. 1945년 2월, 24군단은 오키나와의 침공을 위해 재편되었다. 1945년 4월 1일, 이 섬에 상륙하여 6월말에 섬을 장악할 때까지 전투를 벌였다. 24군단은 1945년 10월 31일 총병력 77,645명으로 최대치에 이르렀다. 그러나 1946년 3월 15일 병력수는 최저 수준인 44,252명으로 줄었다. 1946년 6월의 공식 병력수는 10,391명이 증가한 54,643명이었다.(신복룡·김원덕, 앞의 책(1992), 86~87쪽, 160~161쪽.)

미군정에서건 국무성에서건 해방 첫 해의 점령정책의 결과를 바라볼
때 거기에는 미국인들의 사고방식이 그대로 나타나게 된다. 미군정의
제정책들은 한국과 같은 나라들의 국민에 대한 미국인들의 전제들을
반영한다. 그 전제들이란 사회와 선한 생활에 대한 미국인들의 견해가
바로 모든 민족들의 견해이며, 미국인들은 자신들의 이미지대로 한국을
주조할 권리가 있고, 미국인들의 동기는 의심할 바가 전혀 없다는 것
등이다. 이것은 무지나 실수의 문제가 아니라 한국에서 미국이 실패한
가장 근본적인 이유였다.[31]

미국의 남한 점령은 제국주의, 인종차별주의, 그리고 자유주의, 이 세
가지 특징 모두로 이루어져 있다 - 한국을(적어도 남한만은) 미국이 주
도하는 새로운 세계체제에 강제적으로 통합시키고자 했었고, 또한 그러
한 체계에 종속하는 것만이 안정과 진보를 가져다 줄 수 있다는 표면적
인 이유에서였다. 또한 점령은 인종차별적이었는데, 그 이유는 미국은
'미국의 방식'이 보다 우월하다고 믿었고, 그리고 한국인들은 스스로가
만족스럽게 자신의 일을 처리하기 전에 미국의 보호를 원한다고 믿었
다는 점에서 그렇다.[32]

위의 글을 통해 미국이 남한을 점령하며 가졌던 인식 기반을 짐작해 볼
수 있다. 즉, 미국은 한국을 해방시켜주었고, 남한은 미국의 보호를 필요로
한다. 그리고 미국은 자신들의 생각대로 해방된 남한을 만들어갈 것이며,
그렇게 만들어진 남한만이 안정과 발전을 가져올 것이라고 확신하고 있었
다. 이러한 인식을 가졌던 미국이 대한정책을 수립함에 있어 스스로 준비
가 부족했기 때문에 한국인들에게 의지해 교육정책을 수립하고 운영했다
고 볼 수 없다. 미국은 자신들의 정책이 옳고 선한 것이며, 따라서 한반도
에 독립된 국가 건설을 염원했던 한국인들은 당연히 미국의 정책을 충실
히 따라야 한다고 믿었다. 윤치호[33]는 미군이 남한을 점령한 이후 영문 서

31) 브루스 커밍스, 앞의 책(하, 1986), 335~336쪽.
32) Henry H. Em, 앞의 논문(1991), 1쪽.

한34)을 작성해 미군정에 보냈다.35) 거기에는 다음과 같은 내용이 포함되어 있었다.

다가올 미래를 위해 지금 한국이 해야 할 일은 우호적인 신탁통치입니다. 굳센 손과 이타적인 헌신으로 일어설 강한 사람이 필요합니다. 그 사람은 교육받지 못했고 훈련도 안 된 조선 대중을, 미미한 민주주의 형식과 표어를 내세워 선동하는 무리와 공산주의의 잔학하고 불합리한 이념으로부터 조선인을 지켜줄 것입니다. 우리 조선인들은 전형적인 민주주의나 급진적인 공산주의를 받아들일 정치적 준비가 되어 있지 않습니다. 우리는 방종을 자유로, 강탈을 공산주의로 이해하는 심각한 위기에 처해 있습니다.36)

윤치호의 편지를 읽어본 미군정 고위 관리들은 신탁통치를 통해 한국인들을 교육하고 훈련시켜 남한에 전형적인 민주주의를 실현할 강력한 사람이 자신들이라고 믿었을 것이다. 이러한 미국의 인식하에 대한정책은 준비되었고, 미군정의 교육정책은 수립되고 운영되었다.

2) 교육을 통한 민주주의 국가 건설

미군의 한국 주둔에 앞서 1945년 8월 29일 제24군단 참모차장 스트로서

---

33) 1945년 8월 미국 CIC 6개 지대가 공동으로 작성한 "Area Study: Korea"에는 한국의 3대 인물로 조만식, 윤치호, 김성수를 꼽았다.(방선주, 「미 군정기 정보자료: 유형 및 의미」, 『한국현대사와 미군정』, 한림대학교 아시아문화연구소, 1991, 8쪽.
34) 윤치호 지음·윤경남 옮김, 「한 노인의 명상록(An Old-Man's Ruminations)」, 『(국역) 좌옹 윤치호 서한집』, 호산문화, 1995, 229~233쪽.
35) 윤경남, 「세월에 묻혀도 빛나는 별」, 위의 책(1995), 321~322쪽. 김상태 편역, 『윤치호 일기-1916~1943』, 역사비평사, 2001, 628쪽. 윤경남은 이 서한이 이승만과 하지에게 전달되었다고 했다.
36) 윤치호 지음·윤경남 옮김, 앞의 책(1995), 229~230쪽. 김상태, 위의 책(2001), 629쪽.

(Kenneth C. Strother)는 교육 분야에서 군정이 우선 착수해야 할 일들을 다음과 같이 제시했다.

a. 모든 교육행정기관의 관리·통제
b. 초등학교를 제외한 모든 교육기관의 폐쇄
c. 모든 교직관계자의 자격심사
d. 연합군 최고사령관 및 본 사단사령관의 정책 및 지시에 의거한 교육과정의 개정
e. 기독교계 학교·대학의 재개 및 설립에 관한 조사·권고[37]

미군정은 초등학교를 제외한 모든 교육기관을 폐쇄할 계획을 세우고 남한에 진주했다. 그리고 실제로 미군정은 초등학교를 제외한 중등, 고등 교육기관을 미군 주둔지로 활용하였다.[38] 또한 교육과정을 미군정의 정책과 지시에 따라 개정할 것임을 분명히 하였다. 즉, 미군정은 서울 진주 이전부터 자신들의 정책에 따라 남한의 교육과정을 개정할 계획이었다. 그리고 자신들의 계획을 잘 실천하여 다른 학교에 모델이 될 수 있는 기독교계 학교부터 재개하고, 신설하려고 했다.

1945년 9월 1일 초안이 작성된 「한국의 미군 점령지역 내 민간행정업무

---

37) Annex 7 to 55(Military Goverment), 제24군단 K.C.Strother 참모차장으로부터 휘하 각 군사령부 앞으로 보낸 지시, August 29, 1945. 미육군성기록, Civil Affairs Division File.(阿部洋, 「미군정기에 있어서 미국의 대한 교육정책」, 『해방 후 한국의 교육개혁』, 한국연구원, 1987, 43쪽에서 재인용.)

38) 1945년 11월 1일까지의 기간 동안 미군이 1부제로 운영 당시에 45,000명 정도의 수용 능력을 가진 중학교들을 점령했다. 이후 1946년 4월까지 모든 미군이 학교에서 철수할 계획이었다. 하지만 1947년 12월 미군정 문교부 고문 글랜 키퍼는 여전히 일부 중학교는 군대가 점령하고 있다고 보고했다.(<미군정 학무국사>, 94~95쪽. Major Lockhart Report: from 11 Sept, 45 to 28 Feb 46, 「Troops in Schools」. 정태수, 『자료집-상』, 634~635쪽. Capt Glenn S. Kieffer, INF, Asst Advisor to Director, Dept of Educ. 「Report on Educ in South Korea」, 3 Dec 1946. p.3(정태수, 『자료집-상』, 986~987쪽.)

에 대하여 태평양방면 미군최고 사령관에게 보내는 최초 기본훈령」에서는
교육부분에 대해 다음과 같은 지침을 내렸다.

> 교육기관은 그 기능을 계속 수행토록 허용되어야 할 것이며 폐쇄된
> 것도 빠른 시일 내에 재개토록 허용되어야 할 것이다. 과거 일본군국주
> 의와 침략행위의 대변자였거나 계속하여 군사점령의 목적에 적극적으
> 로 반대하고 있는 모든 교사들은 빠른 시일 내에 해임되어 만족할만한
> 유능한 한국인 후임자들로 교체되어야 한다. 본 훈령이 포괄하는 한정
> 된 기간을 고려하여 가능한 한 귀하에게 만족스러운 교육과정이 모든
> 학교에서 채용되고 또한 각급 학교로부터 일본의 영향이 사라지게 할
> 책임을 지게 될 것이다.[39]

위의 지침에서는 교육기관의 재개를 서두른다고 했지만 실제로는 그렇
지 못했다.[40] 미군이 학교를 점령하고 있었기 때문이기도 했지만, 무엇보
다 교사를 구하는 것이 쉽지 않았다.[41] 그럼에도 불구하고 위의 지침에서

---

39) SWNCC 176/8, 「한국의 미군 점령지역 내 민간행정업무에 대하여 태평양방면 미
   군최고 사령관에게 보내는 최초 기본훈령」 (김국태, 앞의 책(1984), 93쪽.)
40) 학무국은 1945년 10월 21일 <학무통첩 352호-학교에 대한 설명과 지시>를 통해
   사립학교의 재개에 대한 방침을 내렸다. 이에 따르면 사립학교는 해당 교육부서에
   서 법인체, 자금 출처, 예산, 교육과정, 건물, 교사 및 학생 등에 대한 통계 자료를
   첨부하여 신청서를 제출하여 허가를 받아야 수업을 재개할 수 있었다. 또한 신설
   할 중등학교는 도 학무과를 통해 학무국에 신청서를 제출해 허가를 받아야 했다.
   더욱이 미군정은 1946년 3월 4일 <무허가 사립학교 폐쇄령>을 발표하여 학무국의
   허가 없이 운영되는 모든 학교의 폐쇄를 명령하기도 했다.(USAFIK, 352(MGEDC),
   「Explanation of and Directive on School」, 21 October 1945.(정태수, 『자료집-상』,
   824~837쪽), 정태수, 앞의 책(1995), 274~277쪽. 《서울신문》, 《동아일보》, 1946년 3
   월 10일.)
41) 해방 직후 교사부족의 원인은 크게 두 가지로 요약할 수 있다. 첫째는 일제시대 한국
   인 교사 수가 절대적으로 적었기 때문이고, 둘째는 기존의 한국인 교사들조차 적은
   보수와 대우 때문에 학교를 떠났기 때문이다.(<미군정 학무국사>, 143~145쪽.
   HUSAFIK, Office of Provincial m.g. Ch'ung Ch'ong Namdo, Taejon, Korea, 「Report on

는 일본의 흔적을 지우고 미국의 대한정책을 실천할 수 있는 교육과정을
모든 학교에 적용하는 것이 미군정의 책임이라는 것을 분명히 하였다. 미
군정이 남한에서 추진할 교육의 방향은 1945년 11월 16일 발표한 군정의
일반 원칙에 잘 나타난다.

> 일본의 제국주의적 압박 하에 다년 신음한 조선민족은 자유행사의
> 책임과 자제에 관한 경험과 훈련을 얻을 기회가 없있고, 그런 고로 그
> 들은 민주주의적 행동과 현명하게 자유를 행사할 모든 남녀의 필연 심
> 각한 개인적 책임에 관한 교육을 받아야 한다. 진실한 민주주의 행사와
> 책임은 학교에서 또는 경험 있는 미국인의 지도하에 대중에게 가르쳐
> 야 한다. 이렇게 하여 비로소 한 시기에 이어 출판의 자유, 언론의 자유,
> 정치의 자유와 집회의 자유가 조선에게 정당히 부여될 수 있는 것이다.
> 최후로 민정을 그 자체가 진실히 민주주의적이 아닌 고로 조선군정에
> 서 전조선인이 진실히 요망하는 민주주의 정치에 이르기까지의 과도기
> 를 한 시기에 있어서 신중히 기획하고 지도하여야 한다.[42]

1945년 11월 미군정은 신탁통치에 반대하는 입장을 미국무부에 전달했
었다. 하지만 교육을 통해 민주주의를 이해시키고 경험시키고자 했던 신탁
통치의 방법까지 폐기하지는 않았다. 미국은 학교와 민주주의를 경험적으
로 알고 있는 자신들에 의해 남한의 교육이 이루어져야 한다고 했다. 한국
인들이 진정한 민주주의 정치 아래 독립 정부를 만들기 위해선 일정 시간
이 필요하고, 이 준비 기간 동안 남한에서 민주주의에 대한 교육을 기획하
고 지도해야 하는 것이 미군정의 임무라고 했다. 미군정은 종전부터 신탁
통치안을 구상하며 계획했던 미국의 대한정책을 교육을 통해 실천하고자

School」, 15 Dec 45.(정태수,『자료집-상』, 974~977쪽. HUSAFIK, APO 235, 「report of
the educational and informational survey mission to korea」, 20 June 1947. (정태수,『자
료집-상』, 1434~1435쪽.)
42)《중앙신문》1945년 11월 17일, 18일.

했던 것이다. 1945년 11월 28일 학무국장 라카드는 미군정의 교육방침은 "한 마디로 말하면 민주주의 원칙에 입각한 조선에 가장 적합한 방침을 채용하는 것이다."라고 했다.[43]

1947년 11월 3일 신임 군정장관 딘은 취임식에서 미군정 정책 목적에 대해 다음과 같이 밝혔다.

> 첫째, 여하한 외부의 지배도 받지 않고 장차 UN의 일원으로서 참가할 수 있는 자주독립된 조선의 건설이요. 둘째, 그러한 기도 하에 수립될 조선정부가 진실로 조선국민의 자유의지를 충분히 대표하는 민주주의적 정부가 되도록 힘쓰는 것이요. 셋째, 조선 사람들이 독립민주국가를 위한 건실한 경제와 충분한 교육제도를 수립하는 것을 원조하는 것입니다. 상술한 세 가지 목적은 지금은 물론 현재까지도 미군정의 불변한 기본 목적이었습니다.[44]

즉, 미군정은 처음부터 남한에 미국식 민주주의 국가를 만드는 것을 목표로 했고, 교육을 통해 이를 달성하고자 했다. 그리고 민주주의 체제로 독립된 조선을 유엔에 가입시키고자 했다. 미군정 수립 직후부터 학무국에서 일했던 키퍼(Glenn s. Kieffer) 대위[45]도 "한국에서 교육 프로그램의 목적은 친미적인 그리고 국제문제를 평화적 방식으로 해결할 수 있는 태도를 가진 독립 한국을 세우기 위해 민주주의 정신의 발전에 도움을 주고자함이다."[46]라고 했다. 이러한 미군정의 국가 수립 구상은 "미국식 자유민주주의 국가를 수립하고 이를 북한에 강제하겠다는 점에서 북한의 '민주기지'

---

43) 《서울신문》 1945년 11월 29일.
44) 《경향신문》, 《동아일보》, 《서울신문》, 1947년 11월 4일.
45) Glenn s. Kieffer는 1945년 9월 30일 고등교육 담당으로 임명되었다. 이후 문교부 고문으로 활동하였다.(<미군정 학무국사>, 135쪽. 阿部洋, 앞의 글(1987), 68, 82쪽.)
46) Glenn s. Kieffer, 「Report on Education in South Korea」, 3 December 1946. (이길상, 『자료집-Ⅱ』, 199쪽.)

노선과 동일했다." 즉, 미국과 소련은 각자가 점령한 지역에서 자신들의 정치체제를 이식하려고 했던 것이다.[47]

해방 직후 남한 교육계에서 중요한 위치에 있었던 오천석과 김성수는 훗날 미군정기 교육정책의 방향에 대해 다음과 같이 자신의 견해를 밝히기도 하였다.

> 제2차 세계대전의 종말은 우리 민족에게 이민속에 대한 식민시 생활로부터의 해방을 의미하는 것은 물론이거니와, 우리에게는 하나의 민족적 과제를 부과하였다. 미국을 지도자로 하는 연합군의 승리는 단지 보다 큰 힘의 보다 작은 힘에 대한 전승만을 의미하는 것이 아니라, 독재주의에 대한 민주주의의 승리를 뜻하는 것이다. 그러나 패배자가 항복서에 조인한 인주가 채 마르기도 전에 또 하나의 독재세력 나타났으니 그것은 곧 공산주의다. 우리를 해방한 미국과 우리 민족은 다시 새로운 적을 맞이하게 된 것이었다. 그러므로 해방 한국에 부과된 지상과제는 이 땅위에 민주국가를 수립하고 이를 키우는 일이었다. 이렇게 함으로써 민주진영이 한국을 해방시킨 보람이 서는 것이었을 뿐만 아니라, 이것이 또한 우리 민족의 염원이기기도 하였다.[48]

> 민주국가군이 냉전에서 승리를 얻으려면 세계의 민주국가가 서로 제휴하고 단결하지 아니하면 불가하다고 생각합니다. (중략) 그런즉 우리는 하루바삐 민주주의를 발전시켜, 안으로는 민주국가의 기초를 튼튼히 하는 동시에 밖으로 세계 민주국가군에 의하여 신뢰를 얻어 서로 협조 단결하도록 힘쓰지 않으면 아니 됩니다.[49]

즉, 오천석과 김성수는 해방된 한반도에 통일된 민족 국가의 수립보다 미국식 민주주의 국가 확립을 우선했던 미군정 정책에 동의하고 이를 지지

---

47) 정병준, 앞의 책(2006), 218~220쪽.
48) 오천석, 앞의 책(a, 1975), 4쪽.
49) 인촌기념회 편, 『인촌김성수의 애족사상과 그 실천』, 동아일보사, 1982, 359쪽.

했다. 위의 두 자료가 미군정기 당시의 기록은 아니지만 적어도 이들이 미
군정 정책과 방향을 같이하고 있었음은 확인할 수 있다. 미군정이 오천석
과 김성수를 미군정 교육부분에 적극 참여시킨 것은 교육부분에 대한 준비
와 정책이 부재했기 때문이 아니라, 그들이 미군정의 정책에 동조하고, 미
군정의 의도와 어긋나지 않게 교육정책을 실행할 수 있었기 때문이다.

하지의 정치고문 베닝호프[50]는 1945년 9월 29일 당시 남한의 정치세력
들을 두 개로 구분하고, 이중 민주주의 세력은 "서구 민주주의를 따르고자
하는 희망을 나타내고 있다."[51]고 국무부에 보고했다. 미군정은 남한에서
자신들의 정책에 따라 이를 실행할 수 있는 한국인 집단을 파악하고 그들
을 미군정에 참여시켰다. 오천석의 다음과 같은 회고는 미군정의 교육정책
과 이에 참여한 한국인들의 관계를 잘 보여준다.

교육의 민주화는 군정을 담당하였던 미행정관들의 소신이었고 이에
협력하는 한국인 직원들의 염원이기도 하였다. 그들은 민주국가의 건설

---

50) 정치적 문제에 익숙치 못했던 하지는 8월 19일 국무부측에 자신의 참모로 국무부
대표를 파견해 달라고 요청했다. 국무부의 토의 결과, 국무부 차관보 던(James C.
Dunn)의 추천으로 베닝호프(H. Merrell Benninghoff)가 연락관 겸 정치고문의 자격
으로 8월 25일 임명되어 9월 3일 오키나와의 24군단에 도착했다. 베닝호프는 하지
와 동행해 9월 9일 서울에 진주했다. 동년 10월 중순 랭던으로 대체되면서 국무부
와 협의차 워싱턴으로 소환되었다가 12월 27일 귀환했다. 1946년 1~2월에 개최된
미소공동위원회 예비회담에 미국측 대표로 활동했으며, 1946년 3월 미국으로 귀
국했다. 베닝호프는 아버지가 일본에 30년간 거주했고, 자신도 와세다 대학 강사
로 일본에 체류한 경험을 가진 극동전문가였다. 베닝호프는 태평양 전쟁기 국무부
내의 '동아시아에 관한 局間委員會(Inter-Divisional Committee on the Far East)' 소
속으로, 전후 대한정책을 입안하는데 참여했다. 이 위원회는 신탁통치안을 중심으
로 한 한국문제 처리방안을 작성한 바 있다. 1943년 이후 베닝호프는 국무부 한국
담당관으로 중요한 역할을 수행했다.(정병준, 앞의 논문(1996), 157쪽. 김국태, 앞
의 책(1984), 45쪽.《자유신문》 1945년 12월 27일.)
51) 「재한국 정치고문(베닝호프)이 국무장관에게」, 1945년 9월 29일, (김국태, 위의 책
(1984), 70쪽.)

은 그 바탕이 되는 민주교육 없이는 불가능하다는 굳은 신념을 가지고 있었다. 교육의 민주화가 선행되지 않는 한 국가의 민주화는 있을 수 없다는 자명한 진리를 인식하고 있었다.[52]

오천석은 미군정이 남한에 민주국가를 건설하려는 정책을 가지고 있었고, 민주교육을 통해 이를 실현하고자 했었다고 밝혔다. 그리고 이러한 미국인 군정 관리들의 소신이 미군정에 참여했던 한국인 직원들의 염원이었다고 증언한 것이다.

미군정이 남한에 건설하려고 했던 민주주의 국가와 교육의 관계에 대해선 미군정기 교육부분에 관계된 많은 사람들이 그 중요성을 지적했다. 먼저 오천석은 "민주주의 국가는 교육 없이는 성립될 수 없으므로 교육을 절대적 전제조건으로 한다. 교육을 토대로 하지 않는 민주주의는 민주주의라는 탈을 쓴 독재국가에 불과한 것이다."[53]고 했고, 허현은 "민본주의[54]는 민본주의적 인민이 없이는 성립치 않으며, 민본주의적 인민은 민본주의적 생활이 없는 곳에서 성립이 안 되며, 민본주의적 생활을 훈련하는 제일 좋은 곳은 학교를 제외하고는 없을 것이다."[55]고 했다. 이상선도 "우리는 현재 민주주의 국가를 세우려고 노력하고 있으며, 그러려면 민주주의 국가를 이룰 수 있는 인민을 길러 내는 것이 기본이 되어야 하고, 그래서 먼저 민주주의 교육에 전심전력으로 노력해야한다."[56]고 했다. 사공환은 보다 구체적으로 "이 땅에 민주주의 국가를 수립하려면 민주국가의 주인이 될 성실유능 한 공민 양성이 시급하다. 그래서 제일착으로 조선 실정에 적응한 민주교육을 실시하기로 단정하였고 '홍익인간의 건국 이념에 기하여 인격

52) 대한교련30년사 편찬위원회, 『대한교련30년사』, 대한교육연합회, 1977, 46쪽.
53) 오천석, 『민주주의 교육의 건설』, 국제문화공회, 1946, 17쪽.
54) 허현은 'Democratic way of living'을 '민본주의적 생활 방법'이라고 해석하였다.(허현, 『사회생활과 해설』, 제일출판사, 1946, 23쪽.)
55) 허현, 위의 책(1946), 53~54쪽.
56) 이상선, 『종합교육과 단위교수: 사회생활과 교육의 기초이념』, 동지사, 1947, 27쪽.

이 완전하고 애국정신이 투철한 민주국가의 공민 양성'이란 큰 이념 하에 교육 사업을 공작하여 왔다."[57]고 했다. 미군정 문교부 한국인 직원들은 "우리의 새 교육은 국가 건설의 제일 원리이며, 새 교육의 충실은 건국의 토대가 되리라 생각한다."[58]고도 했다. 남가주대학교 총장이었던 에버설은 1946년 11월 민주교육연구강습회에서 "교육이라는 것은 결국 학교라 하는 것은 민주주의를 지키는 종(從)(Servant)이다."[59]라고 강연하기도 했다. 미군정 문교부 고문이었던 언더우드는 "미국이 남한에 많은 투자를 했지만, 교육 분야에 더 많이 투자해서 어린이와 여성을 포함한 한국인들에게 교육을 강화하지 않는다면, 미국이 지금까지 쌓아온 모든 것을 잃어버릴 수 있다."[60]고 경고하기도 했다.

즉, 교육을 통해 남한에 민주주의 국가를 건설하겠다는 미군정의 정책적 목적이 있었고, 이에 동의하는 한국인 교육자들이 있었다. 이 한국인들은 새로운 교육이념과 학제, 교육과정을 비롯하여 미군정기 교육체제를 만드는데 참여하였고, 미군정 교육정책을 실현하는데 일정한 역할을 하였다.

---

57) 사공환, 「사회생활과로 본 국사교육」, 『조선교육』제1권 제5호, 1947년 9월.(이길 상·오만석, 『사료집성-Ⅲ』, 328쪽.)
58) 『1946년 문교행정개황』, 39쪽.
59) 에버설, 「민주주의 교육론」, 『민주교육연구강습회속기록』, 1946, 109쪽.
60) Horace H. Underwood, 「Where We Stand in Education Today」19 August 1947. (이길 상·오만석 공편, 『한국교육사료집성-미군정기편』Ⅱ, 한국정신문화연구원, 1997. 429~437쪽. 정태수, 『자료집-상』, 744~745쪽)

2. 한국인의 미군정 참여

1) 미군정 초기 한국인의 참여 과정

1945년 10월부터 미군정 인사과장으로 근무했던 정일형61)은 미군정이 옛 제도를 폐지하고 새롭게 직위제를 창설하였다고 했다. 그리고 1946년 6월 현재 중앙청에만 6천8백여 개의 직위가 생겼고, 이에 충당되는 공무원 수가 약 오천 명에 달한다고 했다.62) 각 직위에 적당한 인재를 배치하려면 필연적으로 시험제도가 요구된다고 했지만, 결국 공무원 임용 시험은 실시되지 않았다.63) 미군정은 1945년 11월, 군정에 재직 중이거나 취직을 지망하는 조선인 중에서 친일파나 이적행위를 하는 자를 가려내기 위해 인사문제조정위원회를 만들기도 했다.64) 이 위원회가 어떤 활동을 했는지는 추가

---

61) 정일형은 연희전문학교를 나온 후 미국 드루대학에서 사회학을 전공했고, 철학박사 학위를 받고 돌아와 모교인 연희전문 및 감리교신학교 등에서 교수·강사를 역임했다. 그가 부과장격인 심천과 더불어 인사과장에 임명된 것은 1945년 10월 18일자 군정청 임명사령 제19호에 의해서였고, 당시 인사과에는 7명의 한인이 근무하고 있었다고 한다.(<임명사령 제19호>, 1945년 10월 18일: 조선 정부 관방인사과 인사과장 대리에 정일형, 이사관에 심천 임명.《매일신보》, 1945년 10월 18일.)

62) 군정청 각부처 공무원 수(1946년 6월 1일 현재)

부서명	인원	부서명	인원	부서명	인원	부서명	인원
인사행정처	70	농무부	1,458	외무처	55	국방부	14
서무처	294	재무부	173	문교부	179	사법부	254
관재처	51	보건후생부	614	경무부	257	상무부	847
계	4,966						

정일형의 글에서는 합계가 4,966명으로 표시되어 있다. 표에서 제시된 인원의 총 합은 4,266명이다.(정일형, 「해방 후 인사행정의 실제」, 『법정』1, 1946, 10~11쪽.)

63) 1946년 11월 인사행정처에서는 관리 등용에 고시제도 확립을 입안중이라고 발표했지만, 관련 제도가 실시되지는 못했다.(《서울신문》, 1946년 11월 30일.)

64) 위원장은 미군정 인사과장 부레조 중좌였고, 위원은 미국무성 A.에먼스, 전 연전 교장 H.언더우드 박사, 실업가 대표 아리크, 전 공주주재 목사 윌리암, 조선 출신 미장교 강윤식 대위, 법률가 크라마 대위였다.(《자유신문》, 1945년 11월 18일.)

적인 검토가 필요하겠지만, 인사 선발 때 이적행위를 하는 자를 배제했던 것은 분명하다. 실제로 인사행정처에서는 통역관65)을 선발할 때 기준이 공산당원이나 범죄경력이 있는 사람은 선발하지 않는 다는 것이었다.66)

　　미군정기 교육계에서 활동했던 성내운67)의 다음 글을 통해 미군정의 인사 방침을 엿볼 수 있다.

　　　　미군정이 인천에 상륙한 이후 맨 먼저 한 일은 한국 사람 중에서 미
　　군정 실시를 도와 줄 사람을 고르는 것이었습니다. 그런데 미군정 당국
　　은 한반도가 분단되느냐 않느냐 하는 처절한 민족의 현실을 놓고, 이러
　　한 상황에 적극적으로 대처해서 통일된 민족사회를 구성하려는 생각이
　　없이, 그저 미국의 이익을 대변해서 분단에 순응할 사람을 고르는 것이
　　었지요. 그러다보니까 일제하에서 식민지 정책에 순응을 잘 했던 사람,
　　그래서 교육도 많이 받은 사람, 해방된 민족 앞에서 민족 반역자로 죄
　　책감을 가져야만 했던 사람들이 골라지게 되었던 것이지요. 또 한편 미
　　군의 입장에서 보면 기독교계 사람들에게 가장 협조를 잘 얻을 수 있다
　　고 생각하게 되었기 때문에, 그런 과정에서 일제시대에 교육을 많이 받
　　았던 사람으로 식민 체제에 순응했던 사대주의자를 골라서 미국이라고
　　하는 또 하나의 엄청난 권력에 순응할 파트너로 정하였습니다.68)

----

65) 1945년 9월 7일 미군태평양방면 육군 총사령부 포고 제1호의 제5조에서는 군정기
　　간에 있어서는 영어를 모든 목적에 사용하는 공용어로 한다고 했다. 따라서 통역과
　　관련된 문제는 미군정 출범과 함께 필연적으로 발생할 수밖에 없었다. 통역과 관련
　　해 많은 문제점들이 지적되고 있었는데, 이는 별도의 주제로 연구가 필요하다.
66) 서울신문사, 『주한미군30년』, 행림출판사, 1979, 68쪽.
67) 심태진은 『조선교육』에 외국의 교육 사조를 소개할만한 적임자를 구하던 중 서울
　　대학교 사범대학 교육과 학생 중에서 정범모, 성내운 두 학생을 찾았다고 했다.
　　두 사람은 『조선교육』에 번역한 원고가 실리면서 교육계에 알려지기 시작했다고
　　한다. 성내운은 「교과통합과 신교수법」(『조선교육』제1권 제7호, 1947.)을 게재했
　　고, 1949년 미국 어린이 교육협회에서 발행한 『사회생활과 교수지침』을 번역하기
　　도 했다.(심태진, 『석운교육론집』, 우성문화사, 1981, 247~248쪽. 미국어린이교육
　　협회 편, 성내운 역, 『사회생활과 교수지침』, 교육문화협회, 1949.)
68) 한국기독교사회문제연구소 편, 「좌담: 민족통일을 위한 교육의 과제」, 『교육과 사

미군정은 한반도에 통일된 정부 수립을 우선했던 사람들보다 남한에 미국식 민주주의 국가를 건설한다는 정책에 동조할 수 있는 사람들을 선택했다. 따라서 식민지 체제에 순응해 고등 교육을 받고, 기독교를 기반으로 하였으며, 민족주의에 빠지지 않은 사람들에게 관심을 가졌다. 정일형은 미군이 남한에 진주하면서 이미 미국 유학생을 중심으로 각료를 구성할 구상을 세웠고,[69] 군정 운영에 협조 받을 수 있는 명단을 가지고 있었다고 했다.[70] 결국 미군정 문교부 관료가 되었던 한국인들은 미군정이 원하는 조건을 갖추었거나, 이러한 조건을 갖춘 사람들의 추천을 받은 사람들이었다. 이러한 인사 선발은 1945년 10월 21일 발표된 <학무통첩 352호>에 근거해서 가능했다. 이 지침에 따르면 칙임관과 고등관은 군정장관이 임명하게 했지만, 교육부분의 경우 학무국장의 추천에 따른다고 했다. 또한 판임관은 군정장관의 승인을 받지 않고 학무국이나 도 학무과에서 임명할 수 있었다.[71]

미군정 교육부분 인사운영의 중심에 이묘묵[72]과 오천석이 있었다. 미 24군단장 하지는 서울 도착 다음날인 1945년 9월 10일 오전 10시쯤 반도호텔에 있는 자신의 사무실로 정일형, 이묘묵, 최순주 등 세 명을 불러 1시간 넘게 이야기를 나누었다. 이후 하지는 "이묘묵은 사령부에서 나를 직접 도

회』, 민중사, 1983, 24~25쪽.

69) 정일형, 『오직 한 길로』, 을지서적, 1991, 149쪽.

70) 정일형은 하지가 가지고 있던 명단 작성에는 윌리엄즈, 윔즈 등 한국을 잘 아는 사람들과 김길준 등 미군에 입대하여 귀국한 유학생들의 조언이 큰 영향을 미친 것 같다고 말했다.(서울신문사, 앞의 책(1979), 65~66쪽.)

71) 3가지 직급이 있는데, 그 첫째가 칙임관(勅任官)(chokuninkan)이며, 두 번째가 주임관(奏任官)(soninkan)이다. 이 두 직급을 합해서 고등관(高等官)(kotokan)이라고 부른다. 세 번째가 판임관(判任官)(hanninkan)이다.(USAFIK, 352(MGEDC), 「Explanation of and Directive on School」, 21 October 1945.(정태수, 『자료집-상』, 824~837쪽)

72) 이묘묵은 미 시라큐스 대학 역사학 박사로 연전에서 서양사와 영문학 강의를 하였다. 그는 '번역에는 백낙준, 회화에는 이묘묵'이라는 말을 들을 정도로 남달리 영어에 뛰어났던 실력파였다.(서울신문사, 앞의 책(1979), 67쪽.)

와주고 정일형은 군정청을, 그리고 최순주는 조선은행을 맡아 경제문제를
담당해 달라"며 일을 나누어 맡겼다고 한다.[73] 그날 저녁 하지는 명월관에
서 한국기자단이 미국 특파원과 군정관계자들에게 베푼 만찬회에 참석했
다. 이묘묵은 이 자리에서 연설했고 남한 상황에 대한 보고서를 제출하기
도 했다.[74] 9월 11일 하지는 시정방침 발표를 끝내면서 "오늘 회견은 코리
아타임스의 주간 이묘묵씨의 통변으로서 시종 여일하게 충분한 의사를 통
할 수 있는 것을 국민에게 심사(深謝)한다."[75]고 하였다. 미군이 서울에 도
착한 그날 아침, 하지에게 이묘묵을 추천한 사람은 아베총독의 1급 보좌관
이었던 오다 야스마(小田安馬)[76]였던 것 같다. 그는 미군정 초기 미군정의
1급 자문의 역할을 수행하며[77] 미국인들에게 통역관을 소개해 주었다.[78]
이묘묵의 등용에는 하지의 보좌관이었던 윌리암스(George Z. Williams)[79]의

---

73) 서울신문사, 위의 책(1979), 65쪽.
74) 이 문서는 'What has taken place since August 15th/ The grave problems facing us/
What the Koreans fear and what the Korean solicit' 등의 제목으로 되어있다. 이는
여운형과 안재홍을 친일파로 비난하며 인공을 공산주의 조직으로 규정하는 8쪽짜
리 보고서였다.(방선주, 앞의 논문(1991), 9쪽.)
75) 《매일신보》 1945년 9월 12일.
76) 미국에서 10년가량 거주한 적이 있던 오다 야스마(小田安馬)는 아베 총독의 1급 보좌
관이자 조선총독부의 공식 영어 통역관이었다. (송남헌, 『해방3년사 Ⅰ:1945-1948』,
까치, 1985, 90쪽.)
77) 9월 6일 미군 선발대의 사절 해리스 준장 이하 31명의 일행이 김포 비행장에 도착
하여 숙소인 조선 호텔에 들었다. 해리스 준장은 전쟁 전 한국에 있던 지면의 어
떤 선교사로부터 영어에 능통하고 성실한 조선총독부 통역관 오다 야스마의 이야
기를 들은 바 있어 비행장에서 조선 호텔로 향하는 도중 자동차 속에서 오다 야스
마 통역을 만나고 싶다고 동승한 일본인 통역에게 이야기를 했다. 그런데 공교롭
게도 그 통역이 오다 야스마 본인이어서 서로가 놀라움을 금치 못했다고 한다.(송
남헌, 위의 책(1985), 90쪽.)
78) 김학준, 「역사는 흐른다」, 《조선일보》, 1985년 1월25일.
79) 로빈슨은 윌리암스에 대해 다음과 같이 평가했다. "조선에서 미국인 선교사들과
밀접한 친분관계를 유지하고 있는 대부분의 조선인들은 호의호식하고 영어실력이
유창하며 부유하고, 또한 극단적으로 보수적인 경영인들로서 선교사업에 이제껏
이바지해 온 자들이었다. 이러한 부류에 속하는 대다수는 일본 제국주의 정권 아

역할도 있었을 것이다. 그는 공주 영명학교 교장이던 윌리암스(Frank Earl Cranston Williams)의 아들인데, 이묘묵은 영명학교 교사였다.

미군정 학무국 첫 한국인 관료인 오천석을 추천한 사람이 바로 이묘묵이었다.[80] 오천석은 1945년 9월 11일 학무국과 처음 인연을 맺을 당시를 다음과 같이 회고했다.

> 내가 미군정청 교육행정부문에서 관계하게 된 것은 1945년 9월 11일의 일로서 1948년 8월 15일 우리 정부수립과 더불어 물러났으니 만 3년여를 몸담아 있은 셈이다.
>
> 당시 우리 사무소(《The Korea Times》)는 중앙청 앞 조그만 빌딩에 있었는데 11일 아침 새로 조직되고 있던 군정청의 교육담당자가 나를 만나고 싶다는 기별이 왔다. 아마도 미군 상륙과 동시에 사령관 하지 장군에 불려갔던 이묘묵 박사의 추천에 의한 것이 아닌가 생각된다.[81]

이상의 검토를 통해 미군정은 미국식 민주주의 국가의 건설이라는 목적을 달성하는데 함께 할 수 있는 한국인에 대해 파악하고 있었고, 서울 도

래서 재물을 축적했고, 따라서 여타의 조선 인민들은 그들을 친일 매국노라고 부르고 있었다. 새로 임명된 정치보좌관인 해군 중령이 가지고 있었던 정치철학이라는 것도 단순했다. 즉 '모든 사람은 현 상태를 바라거나 또는 거부하고 있다. 그 가운데에서 현 상태를 거부하는 자는 모두 공산주의자다'라는 것이 그의 정치철학이다."(리차드 D. 로빈슨, 앞의 책(1988), 21쪽.)

리처드 E. 라우터 백도 "윌리엄스가 한국인 관리 선택의 임무를 맡게 되었다. 윌리엄스는 이들 관리를 주로 조선 기독교 신자 중에 뽑았는데, 그 대부분은 한국민주당에 속한 사람이었다."고 했다.(리처드 E. 라우터 백, 앞의 책(1984), 45쪽.)

80) 이묘묵과 오천석은 1930년 초 뉴욕에서 함께 공부했다. 그리고 1936년 정일형의 결혼식에서 오천석과 이묘묵은 함께 들러리를 할 정도로 가까웠다. 그들은 1945년 8월 해방과 동시에 서울의 오천석 집에 모여 영자 신문《The Korea Times》를 만들 것을 계획하고 발행하였다.《The Korea Times》 발행 위원은 이묘묵·하경덕·백낙준·김영희·유형준이었다.(오천석, 앞의 증언(①, 1972), 108쪽. 정일형, 앞의 책(1991), 106쪽.)

81) 오천석, 위의 증언(①, 1972), 108쪽.

착 후 곧바로 이들을 활용하였음을 알 수 있다. 미군 진주 직후부터 미군정에 참여하였던 한국인들은 한국과 인연이 있었던 미군정 관리나 통역관의 추천을 통해 등용되었다.

2) 자문기구를 통한 교육정책 수립 참여

1945년 9월 11일부터 미군정 학무국에서 근무했던 오천석은 학무국장 라카드에게 한국의 교육계 인사들을 추천했다. 그리고 미군정 교육정책 자문기구인 한국교육위원회(Korean Committee on Education)가 곧바로 구성되었다. 당시 상황에 대해 오천석은 다음과 같이 증언하였다.

> 라카드의 첫째 희망은 될 수 있는 대로 많은 우리 교육계 인사를 만나려는 것이었다. 그래서 나는 김성수, 백낙준, 김활란, 유억겸, 현상윤 씨 등을 비롯하여 많은 교육 지도자들과 면담할 기회를 만들어 주었다. 뒤에 이들이 모체가 되어 7인으로 한국교육위원회가 조직되었고 나는 주로 통역과 연락 사무를 맡아 보았다.[82]

1945년 9월 16일 조직된 한국교육위원회는 여러 경로에서 추천이 있었겠지만, 아래의 <표 Ⅱ-1>에 소개된 위원들을 살펴보면 오천석의 추천이 영향을 끼쳤음을 짐작할 수 있다. 특히 김성수, 유억겸, 백낙준, 김활란은 해방 직후 오천석과 함께 교육문제 해결을 위해 모임을 가졌을 정도로 뜻을 같이 하는 사이였다.[83]

---

82) 오천석, 앞의 증언(①, 1972), 109쪽.

83) '천연동 모임' 혹은 '교육간담회'라고 불리는 모임이 있었다. 이는 미군과 소련군이 진주하기 전에 새로운 교육에 대한 방침을 세워두자는 목적으로, 해방 후 약 2주일이 지날 무렵 서울시 천연동의 모처에서 열렸던 명칭조차 없는 유지들의 모임이었다. 모인 사람들은 김성수, 유억겸, 백낙준, 김활란, 오천석 등 5명이었다. 이후 오천석의 추천으로 4명 모두 미군정 학무국 자문기구인 한국교육위원회 위

〈표 II-1〉 한국교육위원회 위원 명단[84]

분야	이름	미군정이 기록한 당시 직업
초등교육	김성달	공립국민학교 교장
중등교육	현상윤	사립중학 교장
전문교육	유억겸	사립기술학교 교장
교육전반	백낙준	코리아타임즈 관리위원
여성교육	김활란	이화여전 교장, 사립
고등교육	김성수 백남훈	보성전문 교장, 사립. 사립중학 교장
일반교육	최규동	사립중학 교장
의학교육	윤일선	서울의대 학장
농업교육	조백현	수원농전 교장
학계 대표	정인보	무직

〈미군정 학무국사〉에는 한국교육위원회의 출범과 역할에 대해 다음과 같이 기록하였다.

이 위원회는 교육담당관이 미로를 헤쳐나 올 수 있도록 방향타 역할을 해주었다. 즉, 언제 수업을 재개할 것인가? 일본인 직원을 해고해야 할 것인가? 누구를 임명할 것이며 학무국을 어떻게 구성할 것인가? 교과서와 교육과정문제를 어떻게 다룰 것인가? 등에 대하여 자문해주었다. 선출방법은 교육담당관이 초기에 만났던 교육에 관심이 있는 모든

원이 되었다. 오천석은 이 모임이 김성수의 제안으로 이루어진 것이라고 기억했다.(關英子, 앞의 논문(1987), 60~61쪽. 홍웅선,『광복후의 신교육운동』, 대한교과서주식회사, 1991, 26~28쪽. 한준상·김학성, 앞의 책(1990), 83~84쪽. 오천석, 위의 증언(①, 1972), 108쪽. 김성열,『인촌 김성수-인촌 김성수의 사상과 일화』, 동아일보사, 1985, 266쪽.)
84) 김성수가 학무국장 고문으로 임명된 뒤 위원회의 위원 자리는 백남훈이 맡았지만, 김성수는 여전히 학무국장 고문 자격으로 위원회의 모든 모임에 참석했다. 훗날 유억겸이 학무국의 한국인 국장으로 임명되자 김성수는 위원회에 복귀했다. 오천석도 위원회의 모든 회의에 참석했다.(〈미군정 학무국사〉, 56~59쪽.)

한국인들을 1945년 9월 16일의 한 모임에 초청하여 그들에게 7개 교육 분야에 있어서 군정에 자문할 수 있는 최적임자를 선출해주도록 요구한 것이다.[85]

한국교육위원회는 중등학교뿐 아니라 각급 대학교의 책임자들까지 추천했다. 그리고 미군정 학무국은 이 위원회의 추천을 바탕으로 초등학교 수준 이상의 모든 학교들의 교장들을 선발했다.[86] 한국교육위원회가 미군정 교육부분에서 활동할 한국인들을 추천하고, 미군정이 실제로 이들을 등용하였음은 최승만[87]의 다음 회고를 통해서 확인할 수 있다.

> 1945년 9월 17일이 아닌가 한다. 미군정청 라카드 대위로부터 내일 오전 8시 군정청으로 나와 달라는 전화를 받게 되었다. 라카드 대위는 나를 만나자 마자 간단한 한마디를 한다. 교육위원회에서 전원일치로 당신을 문교부 사회교육과장으로 선정하였다고 한다. 그리고 내 의사를 묻는다. 힘껏 해보겠다고 했다. 사령장도 없었고 선서의 형식도 없었다.[88]

최승만은 한국교육위원회의 출범과 동시에 학무국 사회교육과장에 추천되었고, 곧바로 업무를 시작했다. 이는 앞서 살펴본 것처럼 학무국장 라카드는 군정장관의 동의 없이 학무국 내 각 부서의 관리 임명이 가능했기 때문이다. 1945년 10월 경성사범학교 교장으로 임명된 장리욱도 한국교육

---

85) <미군정 학무국사>, 56~57쪽.
86) 「Weekly Report」, USAMGIK, Department of Education, September 29, 1945.(정태수, 『자료집·상』, 280~281쪽)
87) <미군정 학무국사>에는 미군정 초기부터 학무국에서 많은 일을 하고 영향이 컸던 세 사람을 소개했는데, 그 중 한사람이 최승만이다. 그에 대해 "최승만은 일본에서 교육받았으며 10여 년간 동경 한인 YMCA회장으로 있었다. 미군정이 도착하기 전에는 한국에서 사업에 종사하고 있었는데 시작부터 문화과장으로 일하고 있다."고 기록했다.(<미군정 학무국사>, 52~53쪽.)
88) 최승만, 『나의 회고록』, 인하대학교출판부, 1985, 349~350쪽.

위원회의 추천에 따른 것이었다고 회고했다. 물론 한국교육위원회로부터 장리욱의 이력을 들은 라카드가 동의했기 때문이기도 할 것이다.

> 1945년 10월 상순경이라고 기억되는데, 나는 경성사범학교 교장으로 임명되었다. 내가 이 자리에 임명된 것은 한국교육위원회의 추천에 따라서였겠지만 한편 내가 콜롬비아 대학의 사범대학원을 나왔고 10년 동안 신성학교 교장을 했다는 점을 고려했기 때문이었으리라 짐작된다.[89]

그런데 앞선 연구에서는 미군정 교육부분에 참가한 한국인들을 미국 유학을 통해 영어에 능통하고, 정치적으로는 반공의 성향이며, 기독교 신앙을 가진 사람들이었다고 분석했다.[90] 그리고 미군정 교육부분에 참가한 한국인들을 교육주도세력으로 보았고,[91] 직접적으로 참여하지 못했거나 정책 수립에서 배제된 사람들을 교육소외세력으로 구분하였다.[92] 하지만

---

89) 장리욱, 『나의 회고록』, 샘터사출판부, 1975, 214쪽.
90) 성내운, 「좌담: 민족통일을 위한 교육의 과제」, 『교육과 사회』, 민중사, 1983, 24~25쪽. 이진석, 「해방 후 한국 사회과의 성립과정과 그 성격에 관한 연구」, 서울대학교 박사학위 논문, 1992, 83쪽. 김한종, 「신국가건설기 교육계 인맥과 이념적 성향」, 『역사교육』88, 2003, 46쪽. 이강훈, 「신국가건설기 '새교육운동'과 '생활교육'론」, 『역사교육』88, 2003, 101쪽. 關英子, 앞의 논문(1987), 60~61쪽. 홍웅선, 앞의 책(1991), 26~28쪽.
91) 미군정 시기 교육계에 강한 영향을 행사한 사람들을 가리켜 흔히 '교육주도세력'이라고 한다.(김한종, 『역사교육으로 읽는 한국근현대사』, 책과함께, 2013, 62쪽.) '교육주도세력'의 성격을 사회적 기득권 확보와 패권 쟁취를 목적으로 하는 집단으로 보고, '교육패권세력'이라는 용어를 병행하기도 한다.(한준상, 「미국의 문화침투와 한국교육」, 『해방전후사의 인식』3, 한길사, 1987.) 또한 관료·비관료적 신분관계를 떠나 하나의 보편적 계층으로서 교육계에 일정한 영향력을 미치는 위세나 명망 혹은 개인적 능력을 가지고 있는 사람들을 '교육엘리트'라 정의하기도 했다.(한성진, 「미군정기 한국 교육엘리트에 관한 연구」, 연세대학교 교육학과 석사학위논문, 1986, 11쪽.) 김용일은 이들을 정책주도세력과 정책비판세력으로 구분하기도 했다.(김용일, 『미군정하의 교육정책 연구-교육정치학적 접근』, 고려대학교 민족문화연구소, 1999, 151~152쪽.)

이러한 구분에는 문제가 있다. 무엇보다 미국 유학생 전체를 동일한 목적을 가진 하나의 집단으로 묶을 수 없다. 예를 들어 미국 유학생이었던 이묘묵, 오천석, 정일형 등은 동우회 소속이었고, 유억겸은 흥업구락부 소속이었다.[93] 소속 단체의 성격만을 놓고 본다면 이들은 서로 견제의 관계에 있었다.[94] 즉, 미국 유학생들 사이에도 사상의 차이와 의견의 대립이 존재했었음을 간과해선 안 된다.[95] 또한 독일 유학생 안호상은 한민당과 민족청년단을 통해 미군정기 교육계의 주요 인사들과 관계를 맺고 있었다. 따

92) 이진석, 關英子는 미군정 문교부, 한국교육위원회 및 조선교육심의회에서 활동한 사람들을 교육주도세력으로, 안호상을 중심으로 한 일선 교사들의 모임인 조선교육연구회는 교육정책 수립에서 배제된 세력으로 보았다. 또한 한준상·김학성은 군정초기 교육주도세력과 교육소외세력을 구분하여 그 단체와 명단을 제시하기도 했다.(이진석, 앞의 논문(1992), 79~82쪽. 關英子, 앞의 논문(1987), 60~61쪽. 한준상·김학성, 앞의 책(1990), 84~85쪽.)

93) 김상태, 「1920~1930년대 동우회·흥업구락부 연구」, 『한국사론』28, 1992, 212쪽.

94) 흥업구락부는 미주 동지회와 긴밀한 관계를 유지하면서 국내 기독교계와 문화단체를 대상으로 흥사단계와 맞서 자파세력을 부식해나갔다. 이승만계 헤게모니 집단으로서의 성격을 뚜렷이 하고 있었던 셈인데, 그것은 흥업구락부의 인적 구성에도 그대로 나타났다. 흥업구락부는 구성원 모두가 중앙YMCA와 관계를 맺고 있었고, 기호지방 출신에 감리교계 인사들이 다수를 차지하였다. 무엇보다도 사회적으로 유력하고 신망이 있으며, 인격이 고결하고 명문 출신인 자들을 부원 획득의 표준으로 삼은 점은 관서지방의 평민출신이 주축을 이룬 흥사단계의 수양동우회와 대비되는 부분이다.(장규식, 『일제하 한국 기독교민족주의 연구』, 혜안, 2001, 158~161쪽.)

95) 동우회는 서북지방의 자립적 중산층 출신 인물이 대부분으로서 장로교과 밀접한 관련이 있으며, 신민회 등의 자강운동계열인데 반해, 흥업구락부는 기호지방의 상류층 출신이 많고 감리교와 YMCA를 주도기반으로 하였으며 개화운동의 맥을 이었다. 그러나 양자는 모두 근대적 지식인층과 자산가층이 주요 구성원이었고, 기독교세를 주요 배경으로 하였으며, 미국 유학을 통하여 서구지향적인 가치관을 형성하고 있었다는 점에서 공통점을 갖고 있다. 또한 1935년 동우회사건, 1938년 흥업구락부 사건이 발생하였고, 그로 인해 두 단체는 강제 해산되었다. 두 단체의 주요 구성원들은 일제에 포섭되어 총독부의 민족말살정책에 보조세력으로 등용되었다.(김상태, 앞의 글(1992), 261쪽.)

라서 미군정기 교육계 인사들을 소속단체나 특정 위원회의 참여 여부만을 기준으로 교육주도세력과 소외세력으로 구분할 수는 없다.

특히 1945년 10월부터 활동을 시작하여 미군정기 남한의 교육이념과 제도, 방법 등을 포함한 교육제도의 전반에 대해 논의하였던 조선교육심의회 (The Natiomal Committee on Educational Planning)[96]에는 소위 교육주도세력이라 불린 인사들뿐 아니라 교육소외세력이라 구분된 인사들도 포함되어 있다. 지금까지 알려진 조선교육심의회 위원은 다음 <표 II-2>와 같다.

---

[96] 조선교육심의회의 구성은 자료에 따라 그 날자가 11월 14일, 15일, 23일 등으로 서로 다르게 파악되고 있다. 이 중 1945년 11월 16일자《중앙신문》의 기사를 근거로 11월 14일을 그 시작으로 보는 견해가 통설로 받아들여지는 것 같다. 하지만 1945년 11월 12일 G-2 주간보고서에는 "조선교육심의회는 1945년 11월 5일 첫 모임을 가졌다. 47명의 저명한 인사와 교육계 관리로 구성된 이 위원회는 교육제도의 개혁을 통해 전반적인 기획기구의 역할을 할 것이다."라고 기록 되어 있다. 11월 5일 주간보고에 "1945년 11월 5일 교육제도 심의를 위하여 새로 생긴 위원회 (학무국의 관리 및 민간인 25명과 재계 지도자 및 전문가로 구성)는 분과위원회로 나누어질 것이다."고 되어 있다.
미군정기 문교부 편수관이었던 최병칠은 "제1회 총회를 1945년 11월 4일 중앙청 제1회의실에서 개최하였고, 제19회 총회(1946년 3월 2일)에서 각 분과 위원회의 초안을 심의하고, 20회 총회(3월 20일)에서 총보고를 행하여 이를 가결 통과시켰다고 했다. 각 분과 위원회는 도합 105회의 회합을 하였다."고 설명하였다. 그런데 1945년 10월 26일《자유신문》에는 조선교육심의회에서 몇 사람의 편수 관리들에게 교과서 편찬을 맡기고 있는 상황에 대해 대처하기 위해 학술단체들이 모임을 가졌던 기사가 실려 있다. 이를 통해 이미 11월 이전에 조선교육심의회가 활동하고 있었음도 알 수 있다. <미군정 학무국사>에는 11월 15일 조선교육위원회 1차 회의가 개최되었다고 기록되어 있다.
(《자유신문》, 1945년 10월 26일.《중앙신문》, 1946년 11월 16일. 함종규,『미군정 시대의 교육과 교육과정』, 한국교육개발원1984, 14쪽. 김용일,「미군정기 조선교육심의회에 관한 교육정치학적 고찰」,『교육문제연구』6, 1994, 317쪽. 關英子, 앞의 논문(1987), 111쪽.「Weekly Report, Department of Education」-1945.11.5, 11.12-(정태수,『자료집-상』, 286~287쪽). <미군정 학무국사>, 46~47쪽, 최병칠,『새교육 사전』, 홍지사, 1952, 597~598쪽.

<표 II-2> 조선교육심의회 조직과 구성97)

분과위원회	위원장	위원
제1분과위원회 (교육이념)	안재홍	정인보, 하경덕, 김활란, 백낙준, 홍정식, 키퍼(G.S. Kieffer) 대위
제2분과위원회 (교육제도)	유억겸	김준연, 김원규, 이훈구, 이인기, 오천석, 에레트(P.D. Ehret) 소령
제3분과위원회 (교육행정)	최규동	최두선, 현상윤, 이묘묵, 백남훈, 사공환, 그랜트(R.G. Grant) 대위
제4분과위원회 (초등교육)	이극로	이호성, 이규백, 이강원, 이승재, 정석윤, 페처(J.G. Fechter) 소령
제5분과위원회 (중등교육)	조동식	고황경, 이병규, 송석하, 서원출, 이흥종, 비스코(W.S. Biscoe) 중위
제6분과위원회 (직업교육)	정문기	장면, 조백현, 이규재, 박장열, 이교선, 로렌스 중위, 로리드슨(F.P. Lauridsen) 중위
제7분과위원회	장리욱	장덕수, 김애마, 신기범, 손정규, 허현, 팔리(L.E. Farley) 대위

97) 이 표는 「National Committee on Educational Planning: Topics to be discussed」, (정
태수, 『자료집-상』, 506~515쪽.), 《중앙신문》, 1946년 11월 16일. 오천석, 앞의 책(a,
1975), 23~24쪽. 關英子, 앞의 논문(1987), 68쪽. 정태수, 앞의 책(1995), 107~108쪽,
최병칠, 앞의 사전(1952), 597~598쪽을 종합하여 작성하였다.
　조선교육심의회의 위원 수에 대해서는 일치하지 않는다. 오천석은 "100여 명의 인
사들이 모였다"고 했고, Summation No.6(1946.3)에는 "70명의 교육자와 관리"로 보
고하였으며, 미군정 사범교육 고문이었던 Richard Werth는 "72인의 한국인과 10명
의 미국인"으로 기록하였다. 정태수는 위원들이 수시로 위촉·해독되어 증감했기 때
문에 어떤 시점마다 그 인원이 달리 파악되었다고 했다. 1945년 11월 5일 미군정
주간보고에는 학무국의 관리 및 민간인 25명과 재계 지도자 및 전문가로 구성되었
다고 했고, 11월 12일 보고에서는 47명의 저명한 인사와 교육계 관리로 구성되어
있다고 했다. 언더우드는 한국인 위원은 50명이 넘는다고 했다. 『1946년 문교행정
개황』에는 안재홍 외 81명으로 기록하였다.(Horace G. Underwood, 「Education in
South Korea: A Report to Troop Information Program」, June 1947, p.4.(이길상, 『자
료집-II』, 393쪽. 『1946년 문교행정개황』, 60쪽.)
　필자는 지금까지 알려진 인물 외에 '윤재천'이 조선교육심의회에서 활동하였음을
확인하였다. 윤재천은 자신의 저서 『신교육서설』의 「서문」에서 "교육심의회의 일
원으로서 교육안작성에 다소 열정을 풀었습니다."라고 밝혔다.(윤재천, 『신교육서
설』, 조선교육연구회, 1946, 1쪽.)

(사범교육)		
제8분과위원회 (고등교육)	백남운	조병옥, 유진오, 김성수, 박종홍, 크로프트(Alfred Crofts) 소령, 고오든(J. Gordon) 소령
제9분과위원회 (교과서)	최현배	장지영, 조진만, 조윤제, 김성달, 피천득, 황신덕, 웰취(J.E. Welch) 중위
제10분과위원회 (의학교육)	심호섭	유억겸, 이용설, 박병래, 심호섭, 최상채, 고병간, 윤일선, 최동, 정 구충
자문위원		언더우드(Holace H. Underwood), 라카드(Eanl N. Lockard)

<미군정 학무국사>에는 조선교육심의회의 위원 구성 방법에 대해 다음
과 같이 설명하였다.

조선교육심의회는 10개의 분과위원회로 구성되었고, 각분과위원회에
7명 내지 10명의 위원을 두었다. 각 분과위원회에는 학무 당국으로부터
미군장교 한 명과 한국인 직원 한 명이 배치되었으며, 나머지 5명 내지
8명의 위원은 일반인 중에서 선정되었는데 최소한 공립학교에서 1명
사립학교에서 1명을 위촉하도록 했다. 좌익보다 우익의 인사가 훨씬 더
많았지만 급진 정당과 보수정당의 대표도 참석했다.98)

조선교육심의회 각분과위원회는 미군정 학무국에서 마련한 여러 가지
의제를 협의하여 결정하였고, 그 결과를 전체회의에 제출하여 최종 결의를
하였다.99) "홍익인간의 건국 이념에 기하여 인격이 완전하고 애국정신이
투철한 민주국가의 공민 양성을 조선 교육의 근본 이념"으로 한다는 교육
이념과,100) 6-6(3-3)-4년의 학제가 모두 조선교육심의회의 논의를 거쳐 만
들어진 것이다.101) 즉, 해방 후 현재까지 한국 교육에 영향을 끼치고 있는

98) <미군정 학무국사>, 58~61쪽.
99) 오천석, 앞의 책(a, 1975), 23쪽.
100) 1945년 12월 20일 조선교육심의회 제4회 본회의에서 안재홍이 제안한 안을 약간
　　수정하여 교육 이념을 토의 결정하였다.(《동아일보》, 1945년 12월 20일.)
101) 1946년 2월 13일 조선교육심의회가 건의하고 미군정 학무국이 승인한 신교육제도가

교육이념과 제도 도입에 관여했던 조선교육심의회에는 다양한 경력의 한
국인 교육자들이 참여했다.

그런데 한국교육위원회와 조선교육심의회 모두 정책을 수립하고 결정
하는 기관이 아니었음에는 주의해야한다. <미군정 학무국사>에는 한국교
육위원회는 당면 과제에 대한 자문을 위해, 조선교육심의회는 장기 과제에
대한 자문을 목적으로 했음을 분명히 했다. 즉, 이들 조직은 자문기구
(Advisory Committee)였을 뿐[102] 주요 정책은 미국인 관리들에 의해 결정
되었고, 세부 논의 과정도 분과별 위원회에 소속되어있던 교육 담당 미군
장교들의 영향 하에 있었다. 정일형의 다음과 같은 회고는 미군정에 참여
했던 한국인들의 역할을 말해준다.

> 행정경험이 부족한 한국인으로 모든 분야를 짧은 기간 내에 대체하
> 기란 지극히 어려운 일이었다. 더욱이 모든 행정의 중심은 항상 미군이
> 어야 했기 때문에 더욱 어려웠다. 한국 사람의 발언권이나 영향력이 극
> 히 미약했기 때문에 삯꾼처럼 미군정에 봉직하면서 새 나라의 터전을
> 닦는 일이 여간 고역이 아니었다.[103]

미군정 문교부 사범교육 고문이었던 리차드 워스(Richard Werth)의 다음
과 같은 지적을 통해서도 미군정의 미국인과 한국인의 관계를 확인할 수
있다.

> 교육분야의 활동은 공동 계획과 빈번한 공동 협의로 특징지어질 수
> 있다. 기본 정책은 대체로 미국인에게서 영감을 받았고, 단지 한국인 관
> 리들에 의해 실행되었을 뿐이다. 때론 이것이 교육분야에 있어 발표되

만들어졌다.(Lockard, 유억겸, 「Structure of New Educational System of Korea」,
　　USAMGIK, Bureau of Education, 13 February 1946. (정태수, 『자료집-상』, 628~633쪽.)
102) <미군정 학무국사>, 62~63쪽.
103) 정일형, 앞의 책(1991), 150쪽.

는 정책과 실행되는 상황 사이에 심각한 차이를 야기했다.[104]

즉, 미군정에 참여하여 활동했던 한국인들의 역할은 미국인 관리들에 의해 결정된 정책을 실행하는 것이었을 뿐, 한국인들이 정책의 기본 방향을 정하거나 독자적으로 정책을 결정할 수 있는 것은 아니었다.

끝으로 대표적인 교육소외세력으로 분류되는 조선교육연구회에[105] 대해서도 재검토할 필요가 있다. 조선교육연구회 소속 인물들과 활동 내용을 살펴보면, 이들도 미군정의 교육정책과 같은 방향으로 움직이고 있었음을 알 수 있다.

<표 II-3> 조선교육연구회 회원[106]

이름	학력	소속 단체	
		1945년 이전	1945년 이후
안호상	독일 예나 대	보성전문 교수	서울대학 교수
손진태	일본 와세다대	연희전문 교수	진단학회, 서울대학 교수
사공환	일본 광도고등사범	중동학교 교사	조선교육심의회, 문교부 사범교육과장
최현배	일본 경도제대	연희전문 교수	조선교육심의회, 문교부 편수국장
안재홍	일본 와세다대	중앙학교 교감 조선일보 주필	조선교육심의회, 국민당, 조선어학회

104) Richard Werth, 「Educational Development Under the South Korea Interim Government」, 『School and Society』, Vol.69, 1949, p.305. 한국정신문화연구원 편, 앞의 책(2001), 400쪽. 이길상, 「미군정의 국가적 성격과 교육정책」, 『정신문화연구』15권 2호, 1992, 204쪽.
105) 1946년 8월에 안호상을 중심으로 하여 발족된 '민주교육연구회'는 그 해 12월에 '조선교육연구회'라고 이름을 바꾸었다. 1947년 4월부터 기관지 『조선교육』을 창간하여 1949년 10월까지 통권 18권을 발간하고 폐간이 되었다.(홍웅선, 앞의 책(1991), 42쪽.)
   이광호는 "미군정에서 철저히 소외되었던 안호상을 중심으로 일단 중도과 인사들이 참여하여 '새 조선은 교육에서'라는 구호를 내세운 민주교육연구회를 결성했다"고 했다.(이광호, 앞의 논문(1985), 519~521쪽.)
106) 홍웅선, 앞의 책(1991), 48쪽.

최규동	광신 산업 학교	중동학교장	조선교육심의회
조윤제	경성제국대학	경성사범대학	조선교육심의회, 서울대학 교수
허현	일본 동경 고등사범 미국 에모리 대	동래중 교사	조선교육심의회, 서울 사대 강사
이인영	경성제국대학	연희전문 교수 보성전문 교수	진단학회, 서울대학 교수
윤태영	경기 고등학교	동덕국민학교	동덕국민학교장
심태진	경성 사범학교	경성여자사범학교 훈도	서울대 부속 국민학교 교감
이득봉			
이호성		서강국민학교장	조선교육심의회, 문교부 초등교육 과장
심형구	일본 동경 미술학교		이화여자 대학 교수
정건영			교육주보 사장
송홍국			
최병칠	경성 사범학교	국민학교 훈도	문교부 편수사
송근영			『조선교육』 편집인
김기오107)	한학 수업		문화당 경영
김수선			문화당

위의 <표 Ⅱ-3>에서 확인할 수 있듯이 미군정 문교부의 정식 직원이었던 편수국장 최현배108)와 사범교육과장 사공환, 초등교육과장 이호성, 편수사 최병칠을 비롯하여 조선교육심의회 위원들과 서울대학교 교수들이 조선교육연구회의 구성원으로 참여하였다. 이들이 소속되어 활동한 조직

---

107) "김기오씨는 '조선교육연구회'에 소요되는 운영 자금을 혼자서 부담하였다. 문화당인쇄소를 주식회사 문화당으로, 다시 '대한교과서주식회사'로 키웠고, 조선교육연구회에서 1947년부터 발간하기 시작한 우리나라 최초의 교육 월간지 『조선교육』을 발간하였다."(심태진, 앞의 책(1981), 245~248쪽.)

108) <미군정 학무국사>에는 미군이 서울에 도착한 직후 문교부에서 너무 많은 일을 했고, 영향이 컸던 세 명의 한국인을 소개했다. 그 첫 번째가 앞서 살펴본 오천석이었고, 두 번째가 최현배이다. 세 번째 한국인은 최승만이었다.(<미군정 학무국사>, 52~53쪽.) 최현배는 미군정이 시작될 때부터 대한민국 정부가 수립될 때까지 편수국장으로서 사실상 교과서 편찬 업무를 총괄했다. 그래서 미군정기 교육 부분에 있어 가장 중요한 인물 중 한명이다.

이 미군정기 교육부분에서 소외되었다고 볼 수 없다. 기존의 연구에서 "미군정시절 주요 교육정책 결정에서 배제되었던 안호상은 미군정 한국 문교관리들의 교육사상적 기저, 즉 미국식 진보주의 교육사상에의 학문적 견제책으로서 유럽식의 교육사상을 소개했다."는 지적이 있었다.109) 하지만 조선교육연구회 회원 스스로 가장 인상 깊은 활동으로 기억하는 '민주교육연구강습회'의 강습 주제와 참가 인물들을 살펴보면, 조선교육연구회가 미군정에서 소외되었거나 미군정 관리들과 대립적 위치에 있지 않았음을 확인할 수 있다.

〈표 II-4〉 민주교육연구강습회 강습 내용 및 강사110)

날짜	강습 내용	강사
11월 8일	개회사	본회장 안호상 박사
	국문학설	서울대학원 조윤제
	민주주의 교육론	전 남가대학 총장 에버설
11월 9일	교육행정론	전 윌슨대학 교육과장 피쉬 박사
	사조 비판의 교육	의과대학 교수 허현
	실제 지도 참관: 사범대학 부속 성동국민학교	
11월 10일	사회생활과 교육론	사범대학 부속 교수 심태진
	미국의 국어교육론	문교부 편집국 고문 앤더슨
	민주교육철학론	서울대학 교수 안호상

이 강습회는 1946년 11월 8일~10일까지 3일간 서울대학에서 개최되었는데, 미군정 학무국, 경기도 학무과·서울시 학무과의 후원으로 이루어졌다.111) 강습회는 천여 명의 초·중등 교원이 운집한 해방 이후 최대 규모의 강습회였다고 한다.112) 강습회의 내용은 미군정 학무국과 조선교육연구회

---

109) 한준상·김학성, 앞의 책(1990), 123~124쪽.
110) 《동아일보》 1946년 11월 7일. 홍웅선, 앞의 책(1991), 51~52쪽.
111) 《동아일보》 1946년 11월 7일.
112) 심태진, 앞의 책(1981), 245~248쪽. 홍웅선, 앞의 책(1991), 51쪽.

가 함께 민주주의 교육이 무엇인지에 대해 알리는 것이었다.113) 조선교육
연구회 회장 안호상은 강습회에서 다음과 같이 개회사를 했다.

> 우리의 새 국가의 건설은 우리의 새 교육의 건설로부터 될 것입니다.
> 특히 현 계단에 있어서 교육의 중대성이 절대적이므로 민간단체인 조
> 선교육연구회 주최로 문교부와 서울시 학무국과 또 경기도 학무국의
> 특별한 후원으로 제1회 교육강습회를 연 것입니다. 제 의견을 말하기
> 전에 남의 의견을 먼저 들어보면 또 제 것을 만들려면 남의 것을 배워
> 알아야 할 것입니다. 우리의 새 교육을 건설하는데 많은 도움이 될까하
> 고 먼저 외국의 교육자들의 이상과 실제를 들어보기로 하는 의미에서
> 이번에는 특히 외국의 일류 교육가들을 초빙하여 강연을 청하였습니다.
> 우리 국가건설의 맡은 바를 만드시는 교육자 여러분은 외국의 교육을
> 교재와 참고를 삼으셔서 조선의 독특한 새 교육을 건설하시기 마음껏
> 바라는 바입니다.114)

안호상은 새 국가 건설은 새 교육 건설로부터 이루어지는 것이라고 전
제했다. 그리고 남의 것을 먼저 배워 이것을 바탕으로 우리의 새 교육을
만들어야 한다고 했다. 그런데 강습회에서 소개된 우리가 배우고 실천해야
할 교육은 다름 아닌 미국의 민주주의 교육이었다. 이러한 생각을 가지고
연구회를 만들고 활동했던 안호상에 대해 "한민당 소속이었으면서도 미군
정기 교육주도세력에서 철저히 소외되었다."는 주장도 있었다.115) 하지만
안호상은 미군정기 교육부분에서 소외되지 않았다. 안호상은 1945년 10월
31일에 조직된 '한미교육사업협의회' 위원이었다. 당시 신문에는 이 협의
회의 목적과 연구문제, 위원을 다음과 같이 소개하였다.

---

113) 강연 내용은 약 한달 후인 1946년 12월 22일에 '『조선교육: 제1회 민주교육연구
   강습회속기록』제1집'으로 발행되었다. 다만 허헌과 앤더슨의 강연은 여기에 수
   록되지 않았다.(『민주교육연구강습회속기록』, 1946, 편집후기.)
114) 『민주교육연구강습회속기록』, 1946, 「개회사」.
115) 김한종, 앞의 논문(2003), 50~51쪽.

　　일본제국주의 학정에서 배우고 싶어도 배우지 못하였던 우리 삼천만
우리 동포는 해방된 오늘을 맞이하여 연합국으로부터 모든 것을 배워
들여 훌륭한 민주주의 국가를 건설하고자 갖은 힘을 기울이고 있다. 이
에 군정청 학무국에서는 한미교육사업협의회를 조직하여 미국에서 원
조할 조선 사람 교육의 긴급한 문제를 토의케 하였는데 그 연구문제와
위원은 다음과 같다.

　　-연구문제: 미국에 유학생을 파견하는 문제와 조선과 미국 간의 교수
　　교환 문제

　　-위원: 안호상, 오천석, 장덕수, 장리욱, 최규남, 하경덕, 김관식, 김명
　　선, 고희동, 고황경, 이(박)경호, 이훈구, 이묘묵, 이병도, 이원철, 이
　　양하, 이용설.[116]

　　이 협의회에는 하지의 정치고문 베닝호프와 군정장관의 고문인 윌리암
스가 당연직 위원으로 참여하고 있었다.[117] 협의회의 목적은 민주주의 국
가 건설을 위해 미국으로부터 교육부분의 원조를 받는 것이었다. <미군정
학무국사>에는 18개 분야(교육부분만 2명)를 명시하고, 각 분야를 대표하
는 19명의 한국인들로 협의회를 구성했다고 했다.[118] 즉, 안호상은 이묘묵,
오천석 뿐 아니라 미군정 고문들과 함께 남한 교육의 긴급한 문제를 논의
할 한국의 대표 인물 중 한 명으로 인정받고 있었다. 또한 1946년 1월 9일
부터 18일까지 10일간 미군정 학무국과와 경기도 학무과 공동주최로 경기
고등보통여학교에서 국어, 공민, 국사 과목 중등교원강습회를 개최하는데,

---

116) 《중앙신문》, 1945년 11월 4일.
　　　윤종문은 《신조선보》 1945년 11월 10일 기사에 실린 '한미교육사업협의회' 17명
　　　의 명단을 소개했다. 이 명단에는 장덕수, 이묘묵이 빠져있고, 백남훈, 유진오가
　　　포함되어 있다.(윤종문, 「미군정 초기 한국학생의 미국파견 정책과 그 성격」, 『한
　　　국근현대사연구』63, 2012, 181~182쪽.)
117) <미군정 학무국사>, 62~63쪽. 윤종문, 위의 논문(2012), 181쪽.
118) 18개 분야는 '농업, 화학, 기독교, 경제학, 교육(2명), 미술, 역사, 법률, 문학, 수학,
　　　의학, 철학, 물리학, 생리학, 정치, 공보, 사회학, 여성'이다.(<미군정 학무국사>,
　　　62~63쪽)

이 때 공민과 강사가 안호상, 김두헌, 유진오, 최재희였다.[119] 즉, 안호상도 남한에 민주주의 국가를 건설하고자 했던 미군정과 함께 교육부분에서 활동한 한국인이었다.

이상의 검토를 바탕으로 할 때 미군정기 교육부분에서 활동했던 한국인들을 그들이 소속된 단체나 특정 위원회의 소속 여부만을 기준으로 교육 주도세력과 교육소외세력으로 구분하는 것은 무리가 있다. 해방된 한반도에 민주주의 국가를 수립해야 한다는 것에 반대하지 않은 사람이라면 미군정의 교육부분에 참여할 수 있었다. 1946년 12월 기준으로 문교부에는 23개의 위원회가 있었고, 총 1,469명의 위원들이 소속되어 있었다.[120] 그들 모두가 미군정기 교육부분에서 활동한 한국인이었다. 따라서 미군정기 교육부분에서 활동한 한국인들의 구체적인 활동에 대한 연구가 이어져 해방 직후 교육사의 빈 공간이 채워져야 할 것이다.

3. 미군정기 교육부분에 참여한 한국인의 교육사상

이제 미군정기에 입안된 교육정책과 한국인의 교육사상을 비교 검토해 보고자 한다. 여기서는 이 시기 미군정 교육부분에 참여했던 대표적인 한국인이었고, 영향력이 컸던 오천석의 교육사상을 중심으로 살펴볼 것이다. 이를 통해 미군정기 교육정책 수립에 있어 한국인의 역할을 구체적으로 파악할 수 있을 것이다. 다음 <표 Ⅱ-5>는 미군정 초기 문교부가 제시한 초등교육의 방침과 오천석이 민주주의 국가 건설이라는 목적 달성을 위해 교육이 해야 할 바를 제시했던 『민주주의 교육의 건설』[121]에서 밝힌 교육

---

119) 《서울신문》, 1946년 1월 7일.
120) 『1946년 문교행정개항』, 60쪽.
121) 이 책은 오천석이 1946년 하기 대학 교원강습회에서 강연한 내용을 정리하여 1946년 11월 15일 발행한 것이다. 이 책에 대해 홍웅선은 "이 책은 일제의 억압

의 목표를 비교한 것이다.

<표 II-5> 미군정 문교부와 오천석의 교육목표

미군정 문교부[122]		오천석[123]	
교육의 목적	- 개인의 자유스러운 성장과 발전을 도모하여 유능한 자유인을 육성함. - 개인과 사회와의 관계에 대한 이해를 철저히 협조하는 사회인을 양성함.	민주주의 교육의 2대 목표	- 자유민의 교육 - 사회민의 교육
목적달성 방침의 제1목표	- 보건교육에 특히 유의하여 이에 대한 이해와 실천을 강조함. - 순정한 국어를 습득시키어 그 사용을 정확 자재하게 하며, 우리의 어문을 애중하는 기풍을 배양함. - 지적 취미를 함양하여 꾸준한 창조적, 발견적 노력을 하도록 하며, 특히 과학 교육에 치중함. - 심미적 취미를 배양하여 예술을 감상하고 창조하도록 하며, 특히 환경 미화에 유의함. - 여가를 유효하게 활용하도록 지도하여, 인간 생활의 여유와 의의가 있게 함.	자유민의 교육내용	- 보건 교육을 요구한다. - 자기의 사상을 언어와 문자를 통하여 발표하며, 언어와 문자를 통하여 발표되는 남의 사상을 해득할 수 있는 능력의 학습을 요구한다. - 지적 취미의 함양을 요구한다. - 심미적 취미의 배양을 요구한다. - 여가의 유효한 이용에 대한 지도를 요구한다. - 피교육자의 전생을 지휘하는 생활철학을 수립하는데 노력하기를 요구한다.
목적달성 방침의 제2목표	- 자기와 가정과의 관계를 이해시키어 가정인으로서의 도의와 책임을 다하도록 지도함. - 사람과 사람과의 관계, 사회 조직과 그 운영을 이해시키어 사회인으로서의 도의와 책임을 다하도록 지도함. - 국가에 관련된 기초적 지식과 이해를 얻게 하여 공민으로서의 의	사회민의 교육내용	- 가정의 일원으로서 사람의 교육을 요구한다. - 사회의 일원으로서 사람의 교육을 요구한다. - 국가의 한 공민으로서 사람의 교육을 요구한다. - 세계인으로서의 사람의 교육을 요구한다. - 경제인으로서의 사람의 교육

에서 풀려난 우리 교육자들에게 민주주의 교육을 체계적으로 알기 쉽게 풀이해 준 최초의 책이었다."라고 평가했다.(오천석, 앞의 책(1946), 「인사의 말」. 홍웅선, 「미군정 초기의 민주주의 교육」, 『교육혁신의 반성과 진로』, 교육과학사, 1991, 32쪽.)

	무를 원만히 이행하며 권리를 적 당히 행사하도록 지도함. - 독립자존의 기풍을 양성하는 동시 에 세계인으로서 우호 협조하는 정신을 함양함. - 근로의 신성, 생활과 소비에 관한 이해를 시키어 경제적 훈련을 함.		을 요구한다.

미군정 문교부의 교육목적과 오천석의 민주주의 교육의 2대 목표가 동일
하다. 미군정 문교부의 목적달성 방침의 제1목표는 오천석의 '자유민의 교
육'과, 제2목표는 '사회민의 교육'과 일치한다. 이 같은 사실에 대해 오천석
의 교육사상이 미군정기 남한 교육정책의 기준이 되었다는 분석이 있었
다.124) 나아가 "해방 후 한국교육의 방향을 가리는 데 있어 가장 크게 영향
을 끼친 이가 오천석 박사라는데 이의를 말할 사람은 없을 것이다."125)라고
평가하며, 오천석이 미군정기 남한의 교육방향을 결정했다고도 했다. 물론
미군정 문교부의 최고위 한국인 관리였던 오천석이 교육목적과 방침에 대
한 구체적이고 세부적인 안을 작성했던 것은 사실일 것이다. 하지만 오천석
의 활동은 어디까지나 미군정이 남한에서 추구했던 교육정책의 틀 속에서
진행되었다. 다시 말해 오천석은 교육을 통해 민주주의 국가를 건설한다는
미군정의 정책에 대해 잘 알고 있었고, 따라서 그가 내세운 교육 방안은 미
군정이 추구했던 교육정책을 실천하는 것이었다.

미군정은 오천석을 신뢰했고, 그의 교육사상을 믿었다. <미군정 학무국
사>에는 미군정이 업무를 시작한 9월 11일부터 첫 10일 동안 학무국에 큰
도움을 주고 영향을 끼친 3명의 한국인을 소개했는데, 그 첫 번째가 오천
석이었다. 그리고 그에 대해 다음과 같이 말했다.

---

122) 홍웅선, 위의 논문(1991), 40~41쪽.
123) 오천석, 앞의 책(1946), 18~28쪽.
124) 홍웅선, 앞의 논문(1991), 41쪽.
125) 홍웅선, 위의 논문(1991), 32쪽.

오천석은 코넬 대학에서 학무를 마치고 노스웨스턴에서 석사학위, 콜롬비아에서 박사학위를 받았다. 모든 학위가 교육학이다. 미국에서 교육받은 대부분의 한국인들처럼 그도 공립학교의 고위직에 있어본 적이 없고 사립학교에서 교편을 잡았었다. 그는 미군정이 시작된 첫 주 동안 교육담당관의 무보수보좌관으로서 학무국에서 일하기 시작했다. 그는 학교담당과장이 되었고 현재는 학무국 부국장이 되었다.[126]

미군정은 오천석이 미국식 민주주의를 소개하고, 이를 남한 교육에 적용하고 운영할 수 있는 적임자라고 판단했을 것이다. 그리고 그를 미군정 문교부에서 일하게 하는데 망설일 필요가 없었다. 오천석이 미군정의 첫 한국인 직원이었음은 이를 증명해준다.

오천석은 미국 유학에서 돌아온 직후부터 자신이 콜롬비아 대학에서 배운 바에 따라 조선의 교육을 바꿔야한다고 주장했다. 오천석은 1932년 교육의 목표에 대해 다음과 같이 말했다.

개인적으로 사회적으로 보다 더 풍족한 생활, 보다 더 고상한 생활, 보다 더 윤택한 생활, 보다 더 우아한 생활, 보다 더 의미있는 생활을 할 수 있도록 거기에 필요한 지식, 기능, 이상, 태도를 길러 주는 것이야 말로 과연 교육의 사명일 것이다.(중략)
1. 우리는 교육을 통하여 보다 나은 가정의 일원, 사회의 일원이 되어야 할 것이다.
2. 우리의 정서적 생활, 이지적 생활을 보다 더 예민(銳敏)하게, 풍유(豊裕)하게, 심각(深刻)하게, 우미(優美)하고 다방면적이게 하여야 할 것이다.
3. 우리의 경제적 능력을 보다 더 능률 있게, 효과적이게 하여야 할 것이다.[127]

---

126) <미군정 학무국사>, 52~53쪽.
127) 오천석, 「교육의 목표를 무엇에-투자사업으로의 교육」, 『신생』, 1932년 11월, 4~5쪽.

오천석은 교육이 인간 생활 전체에 어떤 변화를 가져올 때 의의가 있다
고 했다. 그리고 교육을 통해 가정의 일원, 사회의 일원이 되게 하고, 정서
적 생활·이지적 생활을 다방면적이게 하며 경제적 능력을 향상시켜야 한
다고 했다. 즉, 교육은 생활중심 교육이어야 한다는 것이다. 그런데 이는
위의 <표 Ⅱ-5>에서 확인할 수 있듯이 '자유민·사회민의 교육내용'에 그대
로 나타나고 있다. 또한 1933년 오천석은 세계 교육사조의 동향을 소개하
면서 교육의 방침을 다음과 같이 밝히기도 했다.

　　교육혁명의 출발점은 아동의 재발견이다. 아동의 의의를 재발견 한
것은 20세기 전후의 일이라 할 수 있다. Darwin과 Wallace의 생장의 원
리는 교육철학자들에게 아동에 대한 새 관념을 주고 새 교육의 기초를
제공하였다.(중략)
　　현세기 초엽을 전후하여 신교육운동이 구주와 미국에서 전통적 교육
에 대한 반기를 들기 비롯하였다. "교육의 출발점과 목표를 사회로부터
아동에게로!"하는 새로운 표어 하에서 이 새로이 인식된 사상에 공명되
는 학교가 족출(簇出)하였다.
　　미국 신교육운동에서 이론적 근거를 준 사람은 심리학자 James다. 이
제임스의 손에서 발아한 신사상은 신교육철학자 Dewey의 품에서 건실
확고하여 지고 콜롬비아 대학의 Kilpatrick 교수에 의하여 정연한 체계
와 방법을 갖게 되었다. 이러한 신교육철학의 기치하에 발생된 학교를
'아동중심학교(Child-Centered School)' 혹은 '진보적 학교(Progressive
School)'이라고 부르며 그 주요 교수법을 '공작법(Project Method)'[128]이

---

128) 오천석은 'Project Method'에 대해 다음과 같이 설명했다.
　　"우리는 재래의 분과적 교수 대신에 종합적 교수법을 실행하여야 할 필요를 느
　　낀다. 아동의 학습은 지식의 인위적 분류 밑에서 시키는 대신에, 자연적·정상적
　　상태에서 시키기 위하여 좀 더 넓은 취미의 분류를 중심으로 하는 교수방법을
　　취하여야 할 필요를 본다. 예를 들면, 아동은 재래식 분류과목을 개별적으로 학
　　습하지 않고, 학반(學班) 전원 공동으로, 교실 내에 모형 동리(洞里)를 만들기로
　　한다. 거기에 거리를 정하고 집을 세우고 전차, 자동차를 만들어 놓고, 시장을 만
　　들고 은행을 두고 학교를 세우고 소방서를 만들어 세운다. 이러한 동리 놀이라는

라고 한다.[129]

계속해서 오천석은 "'듣는 교육에서 일하는 교육으로!' 이것이 신교육운 동의 목표요 온갖 노력의 총화다."라고 전제하며, 신교육운동의 신조를 "자유, 아동중심, 창조적 자아표현, 개성의 발달과 사회적응"으로 정리하였 나.[130] 오천석은 교육혁명의 출발은 아동의 재발견이고, 교육혁명을 일으 키는 신교육운동의 신조는 아동이 중심이 되어 자신을 표현하고, 아동의 실제 생활을 중심으로 교육이 이루어져야 하며, 이를 통해 아동이 자신의 개성을 발달시켜 사회에 적응하는 것이라고 했다. 미국에서 돌아온 오천석 은 생활교육, 아동교육으로 조선의 교육을 새롭게 시작해야 하는데, 이것 을 신교육운동이라고 했다. 무엇보다 오천석이 미국 신교육운동의 정연한 체계와 방법을 제시한 사람이라고 소개한 킬패트릭은 다름 아닌 오천석의 박사논문 지도교수였다.[131]

해방 후 미군정 문교부의 고위 관리가 된 오천석은 아동중심·생활중심 교육을 추구했다. 그리고 이에 대해 다음과 같이 설명했다.

> 교육의 출발점은 아동이다. 교사에게 부여된 교육의 대상은 아동이 다. 그러므로 아동의 천성, 아동의 능력, 아동의 취미, 아동의 경험이 교 육의 내용과 방법을 결정하는 가장 중대한 요인이 되어야 할 것은 물론 이다.
> 교육은 생활을 떠나서 존재할 수도 없고 존재할 이유도 없다. 교육은 생활에서 출발하고 생활을 통하여 생활에로 돌아간다. 다시 말하면 진

> 공동작업을 하는 동안에 아동은 여러 가지 지식을 배운다. 동리조직·공동생활· 교통기관·교육기관·경제생활에 대한 지식을 종합적으로 자연적 배경 안에서 배 우게 되는 것이다. 이러한 방법을 가리켜 프로젝트법(Project Method)이라 한다." (오천석, 앞의 책(1946), 53~54쪽.)

129) 오천석, 「세계교육사조의 동향」, 『신동아』, 1933년 11월, 18~19쪽.
130) 오천석, 위의 글(1933), 19~20쪽.
131) 각주 6. 참조

정한 교육은 생활을 위하여, 생활을 교재로, 생활의 방법을 통하여 행하여졌던 것이다. 생활을 위한 생활에 의한 교육이야말로 참된 교육인 것이다. 원래 교육의 시초는 실생활을 교재로 실생활의 방법에 의하여 행하여졌던 것이다. 아들은 아버지를 따라 산으로 가서, 아버지의 하는 동작을 보고 그것을 모방하여 사냥을 배웠던 것이다. 딸은 어머니를 따라 베틀 옆에서 어머니를 도와 베를 짜며 베짜기를 배웠던 것이다. 그들은 실생활 속에서 실생활을 하여 가면서 교육을 받았던 것이다. 이렇던 교육이 차차 형식화하여짐에 따라 지식을 편중시하게 되고 실생활과 인연이 먼 교육을 하게 된 것이다.132)

즉, 오천석은 현재의 교육이 형식화되고 지식전달을 중심으로 했기 때문에 실생활에서 전혀 도움이 되지 않는다고 지적했다. 그리고 교육은 생활에 필요한 것을 가르쳐하고, 이 때 생활의 주체인 아동을 중심으로 이루어져야한다고 했다. 오천석은 자신이 주창하고 추진했던 교육을 '새교육운동'이라고 명명하고 다음과 같이 정리했다.

첫째, 우리는 전통적 교육의 계급주의, 차별주의를 배격하였다.
둘째, 우리는 인간을 도구화하는 것으로 목적을 삼는 교육에 반항하였던 것이다.
셋째로, 우리는 옛 교육의 특색인 억압주의적 교육에 반기를 들고, 자유에 기반을 둔 교육을 기획한 것이다.
넷째로, 우리는 모든 어린이들을 오뚜기 모양으로 똑같이 다루는 획일주의적 교육을 거부하고, 각 사람의 개인차를 인정하고 그 개성을 살려 북돋는 교육을 내세웠던 것이다.
다섯째로 우리는 과거의 문화적 유산을 전달하는 것으로 목적을 삼는 지식 중심의 교육, 현재의 실생활과 유리된 서적 중심의 교육을 배격하고 사람 전체의 발달 향상을 목표로 하는, 현실과 따뜻한 교섭을 가진 산 교육을 지향하였던 것이다.133)

---

132) 오천석, 앞의 책(1946), 43, 46쪽.

그런데 오천석이 추구했던 아동중심·생활중심 교육은 자신만의 교육사상은 아니었다. 1932년 김활란도 아동의 생활 자체를 기초로 해서 교과서를 개정해야 한다고 했고,[134] 일제말기 황민화 교육을 추진하면서 교육 효과를 높이기 위해 아동중심의 생활체험 교육방법이 활용되었음을 지적한 선행연구도 있었다.[135] 해방 후 사공환도 듀이의 주장에 따라 신교육은 생활교육이어야 한다고 말했다.[136] 미군정기 새교육운동의 주요 활동가였던 윤재천[137]도 아동중심의 학습이 그렇게 새로운 것은 아니라며 다음과 같이 말했다.

---

133) 오천석, 앞의 책(a, 1975), 32~35쪽.
134) 김활란, 「조선 재생과 농촌교육」, 『신동아』, 1932년 2월, 4~5쪽.
135) 구희진, 「일제강점 후반기(1930~1945) '황민화'교육론」, 『한국근현대의 민족문제와 신국가 건설』, 지식산업사, 1997, 437쪽.
136) 사공환, 앞의 글(1947).(이길상·오만석, 『사료집성-Ⅲ』, 329쪽.)
137) 1946년 봄부터 듀이의 교육이념을 기초로 하는 교육방법에 대한 연구와 실천이 서울을 비롯하여 지방에 이르기까지 일선교육자들 사이에 일어났는데, 그 선두에 선 것은 당시 서울효제국민학교의 윤재천과 서울대학교 사범대학 부속국민학교의 김기서 및 심재천 등이었다. 1946년 10월 25일 효제국민학교에서 각 학교 교장 학부형 사범대학생 등 7백여 명이 모인 가운데 윤재천은 신교수법을 발표하였다. 윤재천은 미군정 학무국 초등 교육과 직원이던 진츠(M. Zintz)라는 오리건 주 출신의 젊은 하사관의 도움을 받아 오리건 주의 교육원리와 방법을 교육현장에 적용하는 교수법을 소개했다.
1946년 11월 7일 당시의 문교부장 유억겸은 윤재천의 새 교수법이 전국의 각 학교에서 권장할 만한 것이라는 담화를 발표하였다. 그것이 계기가 되어 윤재천이 자신의 교육에 대한 생각을 정리하여 발표한 것이 『신교육서설』이었다. 홍웅선은 "『신교육서설』은 해방 후 미국의 교육과정과 교수법을 우리나라에 소개한 최초의 책이었다."고 평가했다.(《조선일보》, 1946년 11월 8일. 윤재천, 앞의 책(1946). 홍웅선, 「미군정 초기의 민주주의 교육」, 『교육혁신의 반성과 진로』, 교육과학사, 1991, 48~49쪽. 서울대학교 사범대학 30년사 편찬위원회, 『서울대학교 사범대학 30년사-민주교육의 요람』, 1976, 46쪽. 오천석, 「듀이의 교육사상과 한국의 교육」, 『민주교육을 지향하여』, 광명출판사, 1975, 214쪽. 이하 오천석, 앞의 책(b, 1975)로 표기함.)

학교교육에 있어서 아동본위의 학습법을 주장하는 것은 금시초문의 것이 아니고 구미제국의 교육계에서는 실천하기 이미 오래였고 일본만 하더라도 대전발발 전에는 전국적으로 보급되는 상태였다. 그러나 조선에는 일부 일본인 학교에서 시험적 실시가 있었을 뿐이고 조선아동의 학교에서는 시험적 실시에도 들어가지 못하였기에 우리에게는 대단히 생소하게 보인다. 그러나 그렇게 신기로운 방법은 아니다.138)

즉, 오천석의 교육사상과 교육방법은 그가 박사학위를 받았던 콜롬비아 대학의 듀이와 킬패트릭, 러그(Rugg) 등이 중심이 되어 미국에서 추진하고 있었던 '진보주의 교육'139) 그 자체였다. 그리고 듀이의 교육사상은 이미 1910년대 아시아에서 소개되고 부분적으로 실천되고 있었던 교육방법이었다.140) 이는 오천석이 1946년 발행한 『민주주의 교육의 건설』의 「인사의

---

138) 윤재천, 위의 책(1946), 79~80쪽.
139) "1929년 공황과 사회적 혼란은 위기의 사회적 요구에 부응하기 위해 교육과정 개혁을 요청했다. 이에 대해 교육자들 사이에는 일견 모순 대립하는 두 가지 교육과정 철학이 형성되었다. 보수주의의 입장과 진보주의의 입장이 그것이다. 전자는 중요한 인류의 경험을 다음 세대에게 전달하는 교육과정을 강조하고, 이러한 경험은 주로 조직적인 교재로서 학습자에게 제시할 것을 주장한다. 반면 후자는 교재의 습득보다도 생활경험 중심의 교육과정을 강조하고, 실생활의 다양한 경험을 통해서 학습자의 개성을 신장하고, 개인적·사회적 문제를 잘 해결할 수 있는 인간을 육성할 것을 주장했다.
진보주의 교육과정 연구의 기본적인 관점은 분과 교육과정에서 통합 교육과정으로의 전환이었다. 근대 교육과정은 사회과를 중심으로 하는 통합 교육과정을 지향하고 있으며, 그것은 사회현상을 종합적으로 판단해 생활문제를 해결할 수 있는 통합적인 인간의 육성이라는 민주주의 사회의 요구를 반영한 것이다."(박남수, 「초기 사회생활과 교수요목에 영향을 끼친 미국 근대 교육과정의 구조와 특징」, 『사회과교육연구』 제17권 제1호, 2010, 4쪽.)
140) "미국의 진보주의 교육을 대표하는 듀이는 이전부터 동아시아에서 관심을 끌던 인물이었다. 일본에서는 1910년대부터 1920년대 전반기까지 다이쇼 데모크라시 시기에 듀이의 영향으로 '자유교육론', '자학교육론', '자동교육론' 등 아동 중심 교육이 제창되었다. 듀이는 1919년 5월부터 약 2년 2개월 동안 중국에 머물면서 각 성을 돌아다니며 강연을 했다. 그 영향으로 1920년대 중국에서는 실용주의 교

말」에서 확인할 수 있다.

> 본서에 발표된 교육사상은 그 주조를 필자의 은사 John Dewey,
> E.L.Thorndik, William Kilpatrick, Harold Rugg 등 제교수의 학설에 두었다
> 함을 말하여 둔다. 그들의 강의 목소리를 아직도 듣는 듯 한 심경으로
> 이 글을 초(草)하였다.141)

오천석은 자신의 교육사상이 미국 콜롬비아 대학 은사들의 학설에 근거
하였음을 분명히 밝혔다. 그 뿐 아니라 그들의 강의 목소리를 아직도 듣는
듯 한 심경으로 글을 썼다고 했다. 이는 그들의 가르침을 그대로 따라서 실
천하겠다는 의지의 표현이다. 훗날 한기언도 오천석의 책과 그의 사상에 대
해 "당시 새교육운동의 길잡이가 되었고, 그 내용은 곧 듀이 교육사상이요
진보주의 교육철학이었다."고 평가했다.142) 오천석은 미국에서 진행되고 있
던 새로운 교육에 대해 미군정 요원들보다 더 잘 알고 있었던 것 같다.

지금까지 미군정기 교육정책과 오천석의 관계에 대해 논란이 있기도 했
다. 하지만 이상의 검토를 통해, 그리고 오천석 스스로 밝힌 다음 글을 통
해 이들의 관계를 정리할 수 있다.

> 민주주의 교육을 표방하고 나온 해방 후의 우리 교육은 그 이념·목
> 적·제도·내용 및 방법에 있어 근본적인 변화를 보았는데, 이 변혁의 기
> 초가 된 것은 지난 4분의 1세기 동안 듀이의 교육사상에 지배를 받아온
> 미국의 교육제도이었다. 이러한 변동을 가져 오는데 있어 진주해 온 미
> 군 교육 담당자들의 공적이 많았는데, 듀이의 교육철학을 신봉하는 우

육이 제창되고 아동중심 교육운동이 일어났다. 우리나라에서도 3·1운동 이후 교
육에 대한 관심이 높아지면서 듀이의 교육론이 소개되었다. 방정환의 '어린이운
동'은 그 영향을 받은 것이었다."(김한종, 앞의 책(2013), 64쪽.)

141) 오천석, 앞의 책(1946), 「인사의 말」.

142) 한기언, 「해방 후의 교육」, 『한국교육사』, 교육출판사, 1972, 363쪽.

리 교육자들의 공헌이 그에 못지않게 컸다고 할 수 있다.[143)]

즉, 해방 직후 남한의 교육이념과 교육제도는 듀이의 교육사상에 따른 미국 교육체제를 기반으로 만들어졌다. 이는 미국의 대한정책을 실천하고자 했던 미국인 군정요원들과, 듀이의 교육철학을 신봉했던 한국인 교육자들이 미군정의 교육정책에 동조했기 때문에 가능한 것이었다.

하지만 해방 직후 남한의 교육현장에서는 미군정의 교육정책을 수용하고 실천할 정신적, 물리적 여건이 충분치 않았다. 미국식 민주주의를 이해하고 이를 가르칠 교사가 없었으며, 학생들을 모을 수 있는 학교가 없었고, 학교에 모인 학생들이 볼 새로운 교과서가 없었다. 오천석의 지적처럼 미군정 3년 동안 남한의 교육을 미국식 민주주의 방향으로 틀어 놓았을 뿐,[144)] 이를 실천하기 위한 양적, 질적 준비는 여전히 오랜 시간 많은 노력이 필요했다.

---

143) 오천석, 앞의 책(b, 1975), 213쪽.
144) 오천석, 「『조선교육』에 부치는 글」, 『조선교육』2권 1호, 1948년 1.2월.(이길상·오만석, 『사료집성-Ⅲ』, 389~390쪽.)

Ⅲ. 해방 직후 중등 교육과정의 변화와 사회생활과의 도입

1. 해방 전후 중등 교육과정의 변화

1) 일제 말기 중등 교육과정

1937년 중일전쟁 발발 이후 제3차 조선교육령 시기 중등학교 교육의 목적은 "남자에게 수요(須要)한 고등보통교육을 실시하며, 특히 국민 도덕을 함양함으로써 충량유위한 황국신민을 양성하는데 힘쓰도록 한다."였다.[1] 소위 황국신민화 교육이 본격적으로 시작된 것이다. 황국신민화 교육은 철저한 국체 관념을 갖고 국가를 위해 헌신하고 자신의 생명조차 바칠 수 있는 실천적인 일본 국민, 즉 황국신민을 육성하는 것을 목표로 하였다. 그리고 이를 실천하는 중요한 역할을 한 것이 국사(일본사) 교육이었다. 그리고 이 때 민족의식을 갖게 할 한국사 교육을 폐지하고 일본사 교육만 실시하였다.[2]

1943년 태평양 전쟁의 전세가 불리해 질 때 공포된 제4차 조선교육령 시기 중등학교 교육의 목적은 "황국의 도에 따라 고등보통학교 또는 실업교육을 실시하여 국민의 연성을 목적으로 한다."였다.[3] 이 때 '연성'이라는 단어의 의미는 "조선인을 한 단계 더 높은 수준의 조선인으로 연성·육성한다는 뜻이 아니라, 조선인을 천황을 위해 물자를 비롯해, 신체와 마음을 바칠 수 있는 진정한 황국신민으로 개조한다는 것을 의미했다." 그리고 중등학교 역사는 문부성이 편찬한 교과서를 그대로 도입하여 사용함으로써

---

1) <중학교 규정>, 조선총독부령 제25호, 1938년 3월 15일, 제1장 제1조.
2) 권오현, 「황국신민화 교육정책과 역사교육의 변화」, 『사회과교육연구』제18권 제4호, 2011, 3~5쪽.
3) <중등학교령>, 칙령 제36조, 1943년 1월 20일.

내선일체와 황국신민화를 꾀하였다.4)

결국 일제 말기 황국신민화 교육은 침략전쟁의 수행을 위해 조선인을 철저하게 일본인으로 개조하는 것이었다. 그리고 역사교육 특히 국사교육은 국체 관념,5) 애국심, 국민사상 등을 함양하여 황국신민을 육성하기 위해 중시되었다.6) 이러한 교육정책에 따라 1943년 1월 발표된 <중등학교령>에서는 중등학교 수업 연한을 5년에서 4년으로 단축하였다. 그리고 1943년 3월 공포된 <중학교 규정>에는 4년제 중등학교에 맞는 교육과정과 교수시수가 제시되었다.

〈표 Ⅲ-1〉 1943년 중학교 매주 교수시수표7)

교과8)		학년			
		1학년	2학년	3학년	4학년
국민과	수신	1	1	2	2
	국어	5	5	5	5
	역사	3	3	3	3
	지리				
이수과	수학	4	4	4	5
	생물	4	4	6	5
	물상				

4) 김보림, 「일제하 중등학교 국민과 도입과 '국사'(일본사) 교육」, 『역사교육논집』제50집, 2013, 119~200, 128, 135쪽.
5) "국체란 다른 나라에서는 유례를 찾아 볼 수 없는 만세일계(萬世一系)의 천황이 오랜 역사를 통해 일본을 통치해 왔다는 사실을 가리킨다. 따라서 그러한 사실을 인식시켜 '국체의 본의를 명징'하기 위해서는 일본사 교육이 반드시 필요하였던 것이다."(권오현, 앞의 논문(2011), 4쪽.)
6) 권오현, 「임시 역사교과용도서 조사위원회의 활동과 황국신민화 역사교육」, 『역사교육논집』vol.30, 2003, 24~25쪽.
7) <중학교 규정>, 조선총독부령 제58호, 1943년 3월 27일.(유봉호, 앞의 책(1992), 249쪽. 이혜영 외, 『한국 근대 학교교육 100년사연구(Ⅱ):일제시대의 학교교육』, 한국교육개발원, 1997, 162~164쪽.)
8) '교과'라는 용어는 1894년부터 1943년 제4차 조선교육령 공포 시행 전까지 초등학

체련과	교련	3	3	3	3
	체조	4	4	3	3
	무도				
예능과	음악	1	1		
	서도	1	1	3	3
	도화	2	2		
	공작				
실업과		2	2	2(2)	2(2)
외국어과		4	4	4(4)	4(4)
수련		3	3	3(2)	3(2)
계		37	37	38	38

비고:1. 각 학년에 있어서의 수업일수 중 약 30일을 수시 과하는 수련에 가한다.
　　2. 외국어를 선택하지 않는 자에게는 실업과에 2시간, 수련에 2시간을 가한다.

　그런데 1943년부터 적용된 중등학교 교육과정은 1943년 3월 이전의 5년
제 중등학교 교육과정과 비교했을 때 그 특징을 찾을 수 있다.

〈표 III-2〉 1938년 중학교 각 학과목 매주 교수시수표[9]

교과목	학년				
	1학년	2학년	3학년	4학년	5학년
수신	2	2	2	1	1
공민과				2	2
일본어·한문	7	7	6	5	5
조선어	2	2	1	1	1

교 교육과정에서만 사용하였고, 중등학교 이상의 교육과정에서는 '교과목'이라는
용어를 사용하였으나 1943년 학제 개혁부터는 중등학교 이상의 학교에서도 초등
학교에서의 경우와 같이 '교과'라는 용어를 통일하여 사용하였다. 전일(全一)적 교
육 내용을 대분절로 구분한 것이 교과가 되고, 각 교과가 내포하고 있는 여러 내용
을 목적과 성질에 따라 계통적으로 조직한 것이 과목이 된 것이다.(유봉호, 위의
책(1992), 246~247쪽.)
9) 〈중학교 규정〉, 조선총독부령 제25호, 1938년 3월 15일.

역사·지리	3	3	3	3	3
외국어	5	5	6	5	5
수학	3	3	5	5	4
이과	3	3	3	4	4
실업	2	2	2	2	3
도서	1	1	1	1	1
음악	1	1	1	1	1
체조	5	5	5	5	5
계	34	34	35	35	35

위의 <표 III-1, 2>를 통해 1943년 교육과정은 이전까지 12개로 분리되어 있던 과목을 6개의 교과로 통합했음을 알 수 있다. 특히 '역사'가 '국민과'에 포함되어 있음이 눈에 띈다. 1943년 <중학교 규정>에는 새롭게 신설된 '국민과'를 다음과 같이 규정하였다.[10]

국민과는 우리나라의 문화, 그리고 국내외의 역사 및 지리에 대해서 배우도록 하며, 국체의 본래적 의의를 천명하여 국민정신을 함양하고 황국의 사명을 자각하도록 해서 실천에 배양하는 것을 요지로 한다. 국민과는 이를 나누어서 수신, 국어, 역사, 및 지리 과목으로 한다.[11]

국민과는 황국의 사명을 자각하고 실천하는 것을 목적으로 했다. 역사가 포함된 국민과의 목적은 1941년 <국민학교 규정>에 보다 자세하게 제시되었다.

국민과는 우리나라의 도덕, 언어, 역사, 국토, 국세 등을 습득하도록 하며, 특히 국체의 정화를 바르게 해서 국민정신을 함양하고 황국의 사명을 자각하도록 해서 충군애국의 지기(志氣)를 기르는 것을 요지로 한

---

10) <중학교 규정>, 조선총독부령 제58호, 1943년 3월 27일, 제1장 제2조.
11) <중학교 규정>, 조선총독부령 제58호, 제1장 제3조.

다. 황국에서 생기는 기쁨을 느끼도록 하며, 경신(敬神)·봉공(奉公)·진의(眞意)를 체득하도록 한다. 우리나라의 역사, 국토가 우수한 국민성을 육성시키는 이치를 알도록 하며, 우리나라 문화의 특질을 바르게 하여 그것의 창조·발전에 힘쓰는 정신을 길러야 한다. 다른 교과와 서로 연결시켜 정치, 경제, 국방, 해양 등에 관한 사항을 교수하는데 유의해야 한다.12)

<국민학교 규정>에는 국민과가 다른 교과와 연결하여 정치, 경제, 국방, 해양 등에 관한 사항을 교수하는데 유의해야 한다고 했다. 하지만 이는 교육 방침이었을 뿐 현실에 있어서는 여전히 각 교과목별로 운영되었다. 일제 말기 국민과에 대한 이상선13)의 다음과 같은 평가에서 당시 상황을 확인할 수 있다.

각 분과적 학과목을 종합하는 방법으로는 각 분과적 학과목 중 유사한 학과목 또는 목적이 유사한 학과목들을 더 큰 영역에 포함시키는 그러한 방법도 있다. 왜정 시대 말기에, 국어과, 국사과 등을 합하여 국민과라 하고, 도서, 습자, 수공 등 과목을 합하여 예능과라고 한 것은 그러한 종합을 말하는 것이다. 그러나 이러한 종합은 더 큰 영역으로 포함시켰을 뿐이고, 그 교수 실제에 있어서는 아무런 변화도 없다. 다시 말한다면 종합시킨 과목의 이름을 하나 더 붙여 놓았을 뿐이요, 교수하는 실질에는 아무런 차이도 없는 것이다.14)

---

12) <국민학교 규정>, 조선총독부령 제90호, 1941년 3월 31일. 제1장 제1절 제3조.
13) 이상선은 미군정 학무국 번역사였다가 이후 편수관이 되었다. 그는 1946년 11월 미국 콜로라도 주의 초등학교 사회생활과 교육과정을 번역 소개한『사회생활과의 이론과 실제』를 발행하였다. 1947년에는 사회생활과 교육방법에 대한『종합교육과 단위교수: 사회생활과 교육의 기초이념』도 발행했고, 1948년에는 초등학교 2학년 사회생활과 교과서『고장생활』을 집필하기도 했다.(이상선,『사회생활과의 이론과 실제』, 금룡도서문구주식회사, 1946. 이상선,『종합교육과 단위교수: 사회생활과 교육의 기초이념』, 동지사, 1947. 이상선,『고장생활』, 동지사, 1948. 홍웅선,「편수국의 위상(1945~1955)」,『교과서 연구』제26호, 1996, 37쪽.)

국민과의 도입과 관련해 구희진은 "국민과로 통합교과가 출현했지만 교육현실에서는 기존의 과목이 그대로 교과로 결합되고, 황국신민 양성에 필요한 지식만을 가르치는 것에 불과하였다."[15]고 했다. 즉, 교과 명칭만 통합되었을 뿐 여전히 학교 현장에서는 개별 과목으로 운영되고 있었던 것이다.

2) 미군정기 중등 교육과정의 정립

① 미군정 초기 중등 교육과정

1945년 9월 28일 미군정 학무국은 <중등학교 개교에 관한 운영 방침>을 발표하여 중등학교 이상 관공립학교는 10월 1일부터 수업을 재개할 것을 지시했다. 그리고 수업을 재개하기 하루 전날인 9월 30일에 공사립중학교와 고등여학교의 교과과정을 발표했고, 실업학교는 이 과정표에 적당히 실업과목을 넣어서 실정에 맞도록 교수하라고 했다.[16]

〈표 III-3〉 미군정기 최초의 중등 교육과정(1945년 9월 30일)

교과목·학년	1학년		2학년		3학년		4학년	
	중학교	고등여학교	중학교	고등여학교	중학교	고등여학교	중학교	고등여학교
공민	2	2	2	2	2	2	2	2
국어	7	7	7	7	6	6	5	5
역사·지리	3	3	3	3	4	3	4	3
수학	4	3	4	3	4	2	4	3

---

14) 이상선, 위의 책(1947), 31~32쪽.
15) 구희진, 「일제강점 후반기(1930~1945) '황민화'교육론」, 『한국근현대의 민족문제와 신국가 건설』, 지식산업사, 1997, 426, 437~438쪽.
16) 《매일신보》, 1945년 9월 30일.
17) 1945년 해방 후 발표된 첫 중등학교 교육과정에 관한 논문에서 주로 인용되는

물리·화학·생물	4	3	4	3	5	4	5	4
가사		2		2		4		4
재봉		2		3		3		4
영어	5	4	5	4	5	4	5	4
체육	3	2	3	2	3	2	3	2
음악	1	2	1	2	2	2	2	2
습자	2	2	1					
도화	1	1	1		1	1		1
수예		1		1		1		1
실업	1		1		2	1	3	1
합계18)	32 (33)	34 (34)	32 (32)	34 (32)	34 (34)	35 (35)	34 (33)	35 (36)

이렇게 중등학교 교육과정이 제시되기는 했지만 수업을 재개할 학교에서 무엇을 어떻게 교육해야 할지에 대해선 언급이 없었다. 그런데 1945년 9월 29일 미군정 주간보고에는 한국교육위원회(Korean Committee on Education)가 중등학교 교육과정을 준비하고 있다고 했다.19) 그리고 다음

『한국교육과정사연구』는 1970년 국사편찬위원회에서 발행한 『자료대한민국사 -1』을 그 근거로 했다. 『자료대한민국사-1』는 1945년 9월 30일 《매일신보》 기사를 수록했다. 《매일신보》와 『자료대한민국사-1』의 자료가 동일한데, 『한국교육과정사연구』에는 남녀 중학교 1학년 습자가 1시간으로 제시되었고, 주당 수업 시수를 교육과정표에 제시된 것이 아니라 실제 합을 표시해두었다. 이 책에서는 국가교육과정정보센터에서 소개하고 있는 『자료대한민국사-1』와 《매일신보》의 기록을 따랐다.(국사편찬위원회, 『자료대한민국사-1』, 탐구당, 1970, 173쪽. 유봉호, 앞의 책(1992), 284쪽. 《매일신보》, 1945년 9월 30일. 국가교육과정정보센터 홈페이지 http://ncic.re.kr/mobile.kri.org4.inventoryList.do#)

18) 교육과정표에 제시된 주당수업시수 합을 표시하고, 그 아래 교육과정표에 제시된 과목별 주당 시수의 실제 총시간을 괄호 속에 표시했다. 중학교 1학년, 고등여학교 2학년, 4학년의 주당 수업 시수에 차이가 있다. 단순 표기의 실수인지 시수에 오류가 있었는지는 추가적인 확인이 필요하다.

19) 「Weekly Report」, USAMGIK, Department of Education, September 29, 1945.(정태수, 『자료집-상』, 280~281쪽.)

과 같은 <미군정 학무국사>의 기록을 통해서도 한국교육위원회에서 교육 과정에 대해 논의하고 있었음을 확인할 수 있다.

　　이 위원회는 교육담당관이 미로를 헤쳐나 올 수 있도록 방향타 역할을 해주었다. 즉, 언제 수업을 재개할 것인가? 일본인 직원을 해고해야 할 것 인가? 누구를 임명할 것이며 학무국을 어떻게 구성할 것인가? 교과서와 교육과정문제를 어떻게 다룰 것인가? 등에 대하여 자문해주었다.[20]

　즉, 미군정이 수립된 직후부터 학무국은 한국교육위원회의 자문을 통해 개교할 학교의 교육과정을 준비하고 있었던 것이다. 그리고 한국교육위원 회가 출범한지 한 달여 후인 1945년 10월 21일 <학교에 대한 설명과 지시-학무통첩 352호>에서 "학무국은 모든 공립학교의 교과과정을 정한다."라 고 전제하며 공립 남·여 중등학교 교육과정을 제시하였다.[21] 1945년 9월 30일에 발표된 교육과정과 큰 차이는 없다. 눈에 띄는 것은 여자중학교의 영어 시간이 5시간에서 4시간으로, 1, 2학년 체육이 4시간에서 2시간으로 줄었다는 점과 물리·화학·생물이라는 과목명이 과학·자연사로 변경되었 다는 정도이다.

〈표 Ⅲ-4〉 남자 중학교 매주 시간표(1945년 10월 21일 〈학무통첩 제352호〉)

교과목	1학년	2학년	3학년	4학년	교과서
공민	2	2	2	2	준비중
조선어	7	7	6	5	준비중
역사·지리	3	3	4	4	준비중
수학	4	4	4	4	구(교사만 사용할 것)

20) <미군정 학무국사>, 56~59쪽.
21) USAFIK, 352(MGEDC), 「Explanation of and Directive on School」, 21 October 1945.(정태수, 『자료집-상』, 832~835쪽.) 정태수, 『광복3년 한국교육법제사』, 예지 각, 1995, 274~277쪽.

과학·자연사	4	4	5	5	구(교사만 사용할 것)
영어	5	5	5	5	구(교사만 사용할 것)
체육	3	3	3	3	없음
음악	1	1	2	2	없음
습자	1	1			없음
도화	1	1	1	1	없음
실업	1	1	2	3	없음
합계	32	32	34	34	

〈표 Ⅲ-5〉 여자 중학교 매주 시간표(1945년 10월 21일 〈학무통첩 제352호〉)

교과목	1학년	2학년	3학년	4학년	교과서
공민	2	2	2	2	준비중
조선어	7	7	6	5	준비중
역사·지리	3	3	3	3	준비중
수학	3	3	2	2	구(교사만 사용할 것)
과학·자연사	3	3	4	4	구(교사만 사용할 것)
가정	2	2	4	4	없음
재봉	3	3	3	4	없음
영어	4	4	4	4	구(교사만 사용할 것)
체육	2	2	2	2	없음
음악	2	2	2	2	없음
습자	1	1			없음
도화	1	1	1	1	없음
뜨개질	1	1	1	1	없음
실업			1	1	없음
합계	34	34	35	35	

해방 직전 중등학교 교육과정과 미군정 초기의 중등학교 교육과정을 비교했을 때 몇 가지 특징을 찾을 수 있다. 첫째, 해방 직전 일제에 의해 4년으로 단축된 중등학교 수업연한을 그대로 따르고 있다. 둘째, 국민과·이수과·체련과·예능과의 통합교과가 다시 개별 과목으로 분리되었다. 셋째, 주

당 수업 시수가 37~38시간에서 32~35시간으로 4~5시간 줄었다. 넷째, 교련·무도·수련과 같은 전시체제를 위해 필요했던 과목이 없어졌다. 다섯째, 외국어는 영어로 지정되었다. 여섯째, 1945년 10월말까지 학생들이 사용할 교과서는 전혀 없었다. 끝으로 수신이 없어지고22) 1943년 3월 이전까지 개별 과목이었던 공민 과목이 다시 포함되었다.

미군정이 수립된 이후 한 달 만에 새로운 학제를 도입하고 그에 따른 교육과정을 제시하는 것은 현실적으로 불가능했다. 따라서 해방 직전까지의 중등교육 4년을 그대로 유지하고, 학교현장에서 무의미 했던 통합교과를 개별과목으로 제시하는 것으로 교육과정을 만들었던 것 같다. 그리고 전시체제 유지에 필요했던 과목을 교육과정에서 제외했기 때문에 전체 수업 시수가 줄었던 것이다. 이는 1945년 10월부터 수업을 재개했던 중등학교를 위한 임시적 조치였고, 미군정의 교육정책을 반영한 교육과정은 아니었다.

② 조선교육심의회 중등 교육과정 안(案)과 학제 결정

1945년 10월 21일 미군정 학무국의 법령으로 교육과정이 발표될 때를 전후하여 조선교육심의회(The National Committee on Educational Planning)가 조직되어 활동하고 있었다.23) 그리고 조선교육심의회 중등교육분과위원회에서 '중등교육의 목표, 학과목, 교과과정, 교수법, 수업 편성'에 대해 논의

---

22) 최승만은 수신 과목이 없어지는 과정에 대해 다음과 같이 기억하며 아쉬움을 표시하기도 했다.
　　"국과장회의 때 수신이라는 과목의 불필요설이 나왔었다. 나로서는 반대하였다. 일제 때부터 있었기 때문에 어감이 그리 좋지는 아니하나 이름은 다른 말로 고치더라도 그 과정은 그대로 두는 것이 좋겠다고 하였다. 그러나 이에 대하여 찬성이나 불찬성이나 나 이외에는 말하는 사람이 없었다. 학무국장도 미국에는 이런 과정이 없다는 말도 있어서 그리 찬성하지 않는다는 뜻을 알기 때문에 나로서도 학무국 소관사항을 침범하는 것 같아서 더 말하지 않았다. 그때부터 수신이라는 과목은 없어지고 만셈이다."(최승만, 『나의 회고록』, 인하대학교출판부, 1985, 350쪽.)
23) 이 책 Ⅱ장 각주.96~97 참조.

하였다.24) <미군정 학무국사>에는 일제시대와 미군정, 그리고 조선교육심의회가 제안한 중등학교 교육과정을 비교한 아래의 <표 Ⅲ-6>이 있다.25)

〈표 Ⅲ-6〉 일제시대·미군정·조선교육심의회 중등학교 교육과정

	7학년			8학년			9학년			10학년			11학년	12학년		
	Jap	MG	Pro	Jap	MG	Pro	Jap	MG	Pro	Jap	MG	Pro	Pro	(a)	(b)	(c)
공민	1	2	2	1	2	2	2	2	1	2	2	1	1	1	1	1
역사지리	3	3	4	3	3	4	3	4	3	3	4	3	3	6		3
수학	4	4	4	4	4	4	4	4	4	5	4	4	4		6	3
물리화학	2	2	4	2	2	4	3	3	4	3	3	5	5		6	3
생물		2	2	2	2	2	3	2	2	2	2	2	2		2	1
국어		7	4		7	4		6	5		5	4	4		8	4
한문			2		2	2			2		1					
영어	4	5	4	4	5	4		5	5		5	5	5	7	7	7
일어	5			5			5			5						
체조	4	3	2	4	3	2	3	3	2	3	3	2	2	2	2	2
교련	3			3			3			3						
미술	1	1	1	1	1	1	1	1	1	1	1					
음악	1	1	1	1	1	1	1	2	1	1	2					
실업	2	1	2-6	2	1	2-6	4	2	2-6	4	3					
수신	3			3			5			5						
습자	1	1	1	1	1	1	1			1	1					
선택												6	6	6	6	6

24) 「The National Committee on Educational Planning-Topic to be discussed-」, (정태수, 『자료집-상』, 508~509쪽.)
25) <미군정 학무국사>, 97쪽.

| 과목 | 외국어(중국어, 러시아어, 프랑스어, 독일어): 4
음악(2), 미술(2), 법·경제(2), 실업(4), 사회학(2), 심리학(2), 철학(2), 상식(2) |

주) Jap:일제 식민지 시기 교육과정. MG:미군정의 교육과정(학무통첩352호 교육과정)
　　Pro:조선교육심의회가 건의한 교육과정. (a):인문계, (b): 자연계, (c): 비진학계

　　이처럼 조선교육심의회에서 중등학교 교육과정에 대해 논의하고 구체
적인 안도 만들었지만 1946년 3월 조선교육심의회가 끝날 때까지 교육과
정은 확정되지 못했다. 이는 새로운 교육과정과 관련해 논란이 많았음을
반증하는 것이다. 또한 미군정이 조선교육심의회에서 제안한 교육과정 안
을 승인하지 않았음을 의미한다. 조선교육심의회 위원으로 교육과정 작성
에 직접 참여했던 윤재천은 당시의 조선교육심의회의 활동에 대해 다음과
같이 밝혔다.

　　　　조선교육심의회의 일원으로서 교육안 작성에 다소열정을 풀었습니
　　다. 3월초까지에 성안을 얻었습니다. 그러나 슬픈 일은 우리 두뇌는 장
　　구한 일본적 취향에 화석해서 일보도 새로운 것을 하지 못하였습니다.
　　수개월의 노력은 일본어를 조선어로 번역하는 효과가 다소 있었을 뿐
　　이었고, 더 다른 의미를 첨가하지 못하였습니다.[26]

　　즉, 해방 직후 새로운 교육안을 만들었어야 할 조선교육심의회에서 했
던 작업은 익숙했던 일제시대 교육 내용을 한국어로 번역한 정도였다는
것이다.

　　그런데 조선교육심의회가 제안한 교육과정에 일제시대 때와는 다른 새
로운 부분도 있다. 가장 큰 변화는 6년간의 중등학교 교육과정을 기반으로
한 것이다. 이는 이미 중등학교 학제가 6년으로 결정되었음을 말해준다.
언더우드는 미군 진주 후 학제는 미국의 교육연한과 동등하게 될 때까지

---

26) 윤재천, 『신교육서설』, 조선교육연구회, 1946, 「序」.

점진적으로 수정한다는 관점에서 즉각적으로 연구되었다고 했다.[27]

　1945년 11월 28일 학무국장은 '미국의 교육제도를 그대로 조선에 채용한다는 말이 있는데 이것이 사실인가?'라는 기자들의 질문에 다음과 같이 대답했다.

> 　확실히 말할 수 없으나 그것도 심사위원회에서 연구 중이다. 미국에서는 중등학교와 고등학교의 구별은 없고 소학교가 6년, 중등학교가 6년인데 중등 6년은 다시 초등과가 3년간 고등중등과가 3년간으로 나누어져 있다. 그리고 그 위에 전문이 4년간 있다. 심사위원회에서도 대체로 이 제도가 좋다고 하는 듯 하나 곧 실시되기는 힘들 것이다.[28]

　학무국장은 조선교육심의회 위원들이 당시 미국에서 운영 중인 6-6(3-3)-4제의 학제에 호의적이라고 했다. 하지만 조선교육심의회 중등교육분과위원회 위원들 다수는 미국식 6년제 중등학교 학제에 동의하지 않았던 것 같다. 그럼에도 불구하고 분과위원회 위원들은 조선교육심의회의 여러 조건들에 맞추기 위해 자신들의 의견을 세 번이나 바꾸면서 조선교육심의회의 결정을 받아들이고, 자신들의 제안을 수정했다.[29] 그리고 1946년 2월 13일 남한에 적용될 새로운 교육제도가 발표되었다. 형식적으로는 조선교육심의회가 신제도를 건의하고 학무국이 이를 승인한 것이다. 신제도는 6-6(3-3)-4의 학제를 기본으로 하였고, 일제시대의 1년 3학기제[30]를 1년 2학기제[31]로 바꾸었다.[32]

---

27) Horace G. Underwood, 「Education in South Korea: A Report to Troop Information Program」, June 1947, p.4.(이길상, 『자료집-Ⅱ』, 393쪽.)

28) 《서울신문》, 1945년 11월 29일.

29) <미군정 학무국사>, 94~95쪽.

30) 학년은 4월 1일에 시작해서 다음해 3월 31일에 끝난다.
　학년을 나누어서 다음의 3개 학기로 한다. 제1학기 4월 1일부터 8월 31일까지 한다. 제2학기 9월 1일부터 12월 31일까지 한다. 제3학기 1월 1일부터 3월 31일까지 한다.(<보통학교 규칙>, 조선총독부령 제 100호. 1911년 10월 20일. <국민학교 규정>, 조선총독부령 제90호, 1941년 3월 31일.)

앞선 연구들은 6-6(3-3)-4의 학제는 해방 직후 김성수로부터 나왔고, 이 것이 조선교육심의회에 제출되어 승인되었다고 보는 경우가 많았다.[33] 하 지만 미군정 문교부 사범교육국의 고문이었던 월스(Richard Werth)는 6-6(3-3)-4 학제의 도입이 가능했던 것은, 조선교육심의회의 미국인 위원들 이 학교 시스템의 재건을 위해 실질적인 고려에 있어 가장 적극적이었기 때문이었다고 했다.[34]

새롭게 도입된 학제에 대한 논란과 이에 대한 미군정 문교부의 입장은 오천석의 다음 발언을 통해 알 수 있다.

　　이 제도가 미국 학제를 모방한 것이라는 평에 대해서는 이를 수긍하 지 않으면 안 된다. 그러나 이것을 맹목적 모방이라고 하는 것은 적당 치 않은 정죄(定罪)다. 왜냐하면, 미국의 학제는 주에 따라 상이하여 일 률적인 것이 아니다. 당시 미국 각주에서는 여러 모양의 학제를 쓰고 있었는데, 그 중 가장 광범위하게 채택되고 있던 것은 8-4-4제였고, 6-3-3-4제는 그 뒤를 따르는 새로운 발전이었다. 중등학교 6년을 초급 3 년, 고급 3년으로 나누게 된 데는 상당한 심리학적, 교육적 근거가 있는 것으로서, 여러 학제보다 우월한 점이 있다는 이유로 이것을 채택하게 된 것이다. 그러므로, 새 학제가 미국제도를 모방한 것은 사실이로되, 당시 미국서 가장 널리 쓰여지고 있던 제도를 버리고 6-3-3-4제를 선택 하였다는 것은 심의회가 맹목적으로 미국의 학제를 모방하지 않았다는

31) 1학기는 9월 첫 월요일부터 2월의 마지막 토요일까지, 2학기는 3월의 첫 월요일부 터 7월의 마지막 토요일까지였다.
32) Lockard, 유억겸, 「Structure of New Educational System of korea」, USAMGIK, Bureau of Education, 13 February 1946.(정태수, 『자료집-상』, 628~633쪽.)
33) 오천석, 『한국신교육사』하, 광명출판사, 1975, 28쪽(이하 오천석, 앞의 책(a, 1975) 로 표기함). 關英子, 앞의 논문(1987), 60~61쪽. 김성열, 『인촌 김성수-인촌김성수 의 사상과 일화』, 동아일보사, 1985, 266쪽.
34) Richard Werth, 「Educational Development Under the South Korea Interim Government」, 『School and Society』, Vol.69, 1949, p.306. 한국정신문화연구원 편, 『해방 전후 미국 의 「대한인식」자료』, 선인, 2001, 401쪽.

것을 증명하는 것이라 하겠다.[35]

오천석은 신학제가 미국 학제를 모방했지만 미국에서 가장 광범위하게 쓰이던 8-4-4제를 따르지 않고, 6-6(3-3)-4제를 채택했음을 강조하였다. 오천석은 이것이 조선교육심의회가 심리학적, 교육학적 근거를 바탕으로 논의한 결과라고 했다. 하지만 전후 미군의 점령지대에서는 거의 다 미국식 학제가 실시되었고,[36] 특히 일본에서는 문부성의 반대에도 불구하고 초등학교 6년 중학교 3년의 6-3제를 관철시켰음[37]을 전제한다면, 미군정은 처음부터 6-6(3-3)-4제를 남한에 적용할 계획을 가지고 있었던 것이다.

그런데 1946년 2월 확정된 6-6(3-3)-4의 학제는 미군정이 끝나고 대한민국 정부가 수립된 이후에도 몇 차례 변화를 겪은 후에야 적용되었다. 실제로 1947년 7월 한국교육정보조사단[38]은 미국의 교육제도들이 한국의 상황을 고려하지 않고 한국에 강요된 증거를 발견했는데, 그 첫 번째가 일제 10년의 초·중등 학제를 미국 표준의 12년제로 즉각 연장시킨 것이라고 보고했다.[39]

조선교육심의회 위원이었던 정석윤은 새로운 학제의 장단점을 다음과 같이 정리하기도 했다.

---

35) 오천석, 앞의 책(a, 1975), 28쪽.
36) 최병칠, 앞의 책(1972), 48~49쪽.
37) 강일국, 「미군정기 한국 중등교육 연구」, 서울대학교 석사학위 논문, 1993, 32쪽.
38) 한국교육정보조사단은 남한에서 실시되고 있는 교육 및 공공정보 프로그램의 상태 등을 조사하기 위해 뉴욕대학교 교육학과 교수인 안트(O. O. Arndt)를 단장으로 총 5명으로 구성되었다. 안트 단장은 1947년 4월 9일 한국에 도착하였고 나머지 요원들은 6월 3일 한국에 도착하였다. 이 조사단은 1947년 6월 20일 미국정부에 한국을 시찰한 내용과 문제점 등을 지적한 55페이지 분량의 보고서를 제출하였다. 이 보고서는 정태수의 자료집에 수록되어 있다. (HUSAFIK, APO 235, 「Report of The Educational and Informational Survey Mission to Korea」, 20 June 1947. 정태수, 『자료집-상』, 1414~1471.)
39) *Ibid.* (정태수, 『자료집-상』, 1424~1425쪽.)

◇ 장점 : 1. 민주적 일원제인 것 2. 아동 생도의 심신성장에 적합한 것 3. 고등보통교육의 존중 4. 진학 자유 5. 융통성과 발전성이 풍부 6. 남녀공학이 허용

◇ 단점 : 1. 조선화 못된 점 2. 사회의 성장도에는 부합이다 3. 연한이 과장(過長)하고 내용이 단순하며 비완성적이다 4. 방임적, 자의적 자유에 흐른다 5. 양개(兩個)기능을 발휘치 못하고 있다 6. 시기상조요, 시책이 불철저하다

제도로 말하자면 가장 좋은 것인데 우리 민도의 낙후성과 당국의 운영방책의 불원숙 또는 교육환경의 불완전 등으로 인하여 받지 않아도 좋을 비난까지 자아내고 있는 것이다. 이 제도는 1946년 9월부터 실시된 것이므로 좀 더 시일을 두고 노력하고 인내하여 보아야 그 진실한 장단을 파악할 수 있을 것으로 생각된다.40)

즉, 제도 자체는 좋지만 해방 직후 남한의 현실에서는 이를 이끌어야할 교육당국과, 실천해야할 학교 모두 새로운 학제를 운영할만한 능력을 갖추지 못했다는 것이다. 따라서 학제 개편에 대한 요구가 다방면에서 제기되었다.41) 특히 정부수립 직후인 1948년 8월 18~20일 개최된 전국중등학교장 교육행정강습회에서는 중등학교의 3-3제와 4-2제에 대한 문교 당국의 방침을 직접 묻기도 하였다. 이에 문교 당국에서는 "현재 국회와 함께 연구 중에 있으니 4-2제가 희망이 많다면 여러분의 희망에 따라 고려하여 보겠다."42)고 답했다. 그리고 실제로 1949년 12월 31일 공포된 <교육법>

---

40) 《서울신문》, 1948년 9월 9일.

41) 1948년 2월 서울시내 여자 중등학교 교장들[김의형(한성 여자 중학교장)·이숙종(성신 여자 중학교장)·문남식(숙명 여자 중학교장)·방순경(제2여자 중학교장)·배상명(상명 여자 중학교장)·송금선(덕성 여자 중학교장)·황신덕(중앙 여자 중학교장)]은 신학제는 중학교가 6년제로 되었는데 그것은 우리의 현실에 맞지 않는 것 같다고 했다.(「여자중등학교 교육좌담회」, 『조선교육』2권 3호, 1948.8.(이길상·오만석, 『사료집성-Ⅲ』, 420~428쪽. 홍웅선, 『광복후의 신교육운동』, 대한교과서주식회사, 1991, 77~80쪽.)

42) 《자유신문》, 1949년 8월 23일.

에는 중학교가 4년, 고등학교가 2년 내지 4년으로 되어 있었다.[43] 정부 수립 후 교육법이 공포되기까지의 과정에 대해 심태진은 다음과 같이 회고했다.

> 1948년 대한민국 정부가 수립되면서 문교부가 교육기본법과 학교교육법 초안을 기초하여 1949년 제헌국회에 제출하였으나, 문교부와 국회 문교사회위원회는 법체제와 학제상에 의견이 대립되어 국회는 별도로 교육법심의회를 구성하고 교육기본법과 학교 교육법을 통합한 교육법을 기초하기에 이르렀다. 학제도 문교부가 제출한 중학교 3년 고등학교 3년의 6·3·3제를 기어이 중학교 4년, 고등학교 2년의 6·4·2제로 고치고, 문교부가 제출한 9월 신학기제를 4월 신학기제로 고쳐서 11월 26일 국회를 통과시키자, 정부는 하는 수 없이 이를 12월 31일자로 공포하게 되었다.[44]

하지만 1950년 3월 고등학교를 3년으로 한다는 개정된 <교육법>[45]이 발표되면서 6-4-3의 학제가 되었다. 이후 1951년 3월 중학교도 3년으로 한다는 <교육법>[46]이 개정되고서야 6-3-3의 학제는 법적으로 정리 되었다. 이 때 대학교 학제도 초급 2년, 대학 4년 내지 6년으로 확정되었다. 또한 1946년 2월 신교육법에서 제시된 9월에 시작해서 7월에 끝나는 2학기제는, 1949년 교육법에서는 4월에 시작해서 3월에 끝나는 2학기제로 변경되었다. 1952년 4월에 1학기는 4월부터 9월까지, 2학기는 10월부터 익년 3월까지로 명시하였고,[47] 현재의 3월 시작 학기제는 1961년 11월 개정된 것이다.[48]

---

43) <교육법> 법률 제26호, 1949년 12월 31일.
44) 심태진, 『석운교육론집』, 우성문화사, 1981, 223~224쪽.
45) <교육법> 법률 제118호, 1950년 3월 10일.
46) <교육법> 법률 제178호, 1951년 3월 20일.
47) <교육법 시행령> 대통령령 제633호, 1952년 4월 23일.
48) <교육법 시행령> 각령 제241호, 1961년 11월 1일.

③ 1946년 9월 중등 교육과정

1946년 9월 1일 신학년 신학기가 시작될 때까지 중등학교 교육과정은 발표되지 않았다. 선행연구에서는 발표 시기를 1946년 9월 20일이라고 보고 있다.[49] 1947년 2월 미 육군성이 작성한 보고서에 1946년 9월부터 시작된 새로운 시스템은 "1945년 9월부터 한국인과 미군정요원들에 의해 집중적으로 연구된 것에 기초했고, 1946년 여름 미국을 방문했던 한국교육사절단의 적절한 조사 결과를 받아들인 것이었다."[50]고 했다.

새로운 중등학교 교육과정은 1946년 9월 미군정 월례보고서(<표 Ⅲ-7>, <표 Ⅲ-8>, 이하 <자료A>로 표기), 1946년도 『문교행정개황』(<표 Ⅲ-9>, <표 Ⅲ-10>, 이하 <자료B>로 표기), 그리고 1946년 11월 28일 경상북도 내무부장이 각 학교로 보낸 문서에 포함된 「중학교(초급중학교)학칙 준칙」(<표 Ⅲ-11>, <표 Ⅲ-12>, 이하 <자료C>로 표기)에서 확인할 수 있다. 이 밖에도 1947년 3월에 제정된 <중학교 규정>[51]에서도 중등학교 교육과정

---

49) '함종규, 앞의 책(1984), 29~30쪽, 유봉호, 앞의 책(1992), 303~304쪽, 이경섭, 앞의 책(1997), 34쪽.'이 대표적인 경우이다. 이후 대부분의 연구는 이들 자료를 인용하였다. 하지만 이들 선행 연구는 1946년 9월 20일 발표의 근거를 확실하게 밝히지 않고 있다. 다만 1946년도 『문교행정개황』에는 중등학교 교과 과정표와 곧이어 중학교 실업과 과정표도 제시되어 있다. 여기에 날자가 1946년 9월 20일로 표시되어 있다. 또한 미군정 월례보고서도 9월 1일자로 효력이 발효된다고 보고했다.(『1946년 문교행정개황』, 16쪽.)
    1946년 12월 <중등학교 신제도 실시에 관한 건>은 1946년 9월 20일부 <통첩문보 제71호>에 따라 중등학교의 명칭과 학년을 구분한다고 했다. 아마도 <통첩문보 제71호>를 통해 초·중등학교 교육과정이 공포된 것으로 추측되는데, <통첩문보 제71호>에 대해선 아직 확인하지 못했다.

50) War Department Women's Interests Unit Public Relations Division, 「Educational Advancements In U.S. Occupied Korea」, February 1947.(정태수, 『자료집-상』, 148~149쪽.)

51) 지금까지 정태수의 『자료집-하』의 <개성학교>문서에 있는 <중학교 규정> 표지에 따라 이 규정의 완성일이 1947년 5월 9일로 인용되었다. 하지만 미군정 주간보고

을 확인할 수 있는데, 이것은 경상북도 문서와 동일하다.

에 따르면 <중학교 규정>은 1947년 3월 22일에 완성되어 배포되었다.(「Weekly Summaries」, Dept of Edue, USAMGIK (정태수, 『자료집-상』, 422~423쪽.) 하지만 미군정 학무국에서 이 규정집을 전국의 모든 학교에 직접 배포하지는 못하고, 지역 학무국에 제공하였다. 따라서 대구 학무과에 전달된 <중학교 규정>을 대구의 출판사인 동방출판에서 인쇄하여 헌납(납(納))했던 것이다. 즉, 대구 동방출판에서 <중학교 규정>을 인쇄하여 발행한 날자가 1947년 5월 9일이고, <중학교 규정>이 완성된 것은 1947년 3월 22일이었다. 그리고 이 규정의 부칙에 따르면 이 규정이 시행된 것이 4월 1일부터였다. (<중학교 규정>, 1947년 5월 9일, 동방출판 납(納), (정태수, 『자료집-하』, 382~407쪽.), 국사편찬위원회, 『한국교육정책자료』 1, 극동디엔씨, 2001, 263~276쪽. 정태수, 앞의 책(1995), 315~320쪽.)

〈자료A〉

〈표 Ⅲ-7〉 초급중학교 중심교수진전안(주간시수)
: Core Curriculum[52] for Junior Middle Schools(Class periods/Week)[53]

		7학년	8학년	9학년
필수과목	사회생활	5	5	5
	수학	5	5	0
	일반과학	5	5	5
	국어	5	5	5
	체육 및 보건	5	5	5
	실업 a/	2	2	2
	음악	2	2	2
선택과목	음악	2	2	2
	미술 예술	2	2	2
	미술 수공	2	2	2
	수학 b/	0	0	5
	외국어 b/	5	5	5
	실업	0~10	0~10	0~10
특수과목 c/	과학	1	1	1
	국어	1	1	1

a/ 이 과정을 제공하는 각 학교는 문교부의 승인을 받고 강의와 설비의 국가적 표준을 충족시켜야 한다. 제공된 실업과정은 문교부의 승인에 따른다.
b/ 외국어와 9학년의 수학은 미진학 학생을 제외한 모든 학생들에게 필수다.
c/ 한국어와 과학의 특수과목은 오직 임시적이지만 개요에서 권고된 표준으로 학생들을 향상시키는데 필요하다면 내년에는 정규과목으로 추가될 수도 있다.

---

52) "생활을 중심으로 하는 말하자면 종합 교육을 하는 구미 제국의 여러 실험 학교에 있어서의 교수는 교과목을 중심으로 하는 일 없이 따로 교수진전안을 가지고 있어 그것을 중심으로 하여 교수하는 것이다. 이것이 곧 Core Curriculum(중심교수진전안)이다." 본고에서는 이상선의 번역을 따랐다.(이상선, 앞의 책(1947), 34~35쪽.)
53) 「Summation No.12(1946.9)」, (정태수, 『자료집-하』, 94~95쪽.)

〈표 III-8〉 고급중학교 중심교수진전안(주간시수)
:Core Curriculum for Senior Middle Schools(Class periods/Week)[54]

		10학년	11학년	12학년
필수과목	국어	3	3	3
	사회생활	5	5	5
	과학	5	5	0
	수학	5	0	0
	체육 및 보건	3~5	3~5	3~5
	외국어 a/	0~3	0~3	0~3
선택과목	국어	2	2	2
	사회생활 b/	(5)	(5)	(5)
	과학	0	0	5
	수학	0	5	5
	외국어	5	5	5
	음악	3	3	3
	미술	3	3	3
	심리학	0	0	5
	실업 c/	5~18	5~20	5~25

a/ 이 과목은 같은 이름으로 초급중학교 때 선택된 것의 계속이다.
b/ 특수 경제지리는 1년간 주당 5시간 제공되고 10, 11, 12학년 학생에게 공개된다.
c/ 실업은 다양한 지역에서의 필요에 맞도록 조직될 것이고 강의와 시설의 국가적 기준을 충족시켜야 한다. 실업을 주당 15시간 이상 하는 미진학 학생은 외국어를 듣지 않을 수 있다. 여타의 선택과목 주당 수업 수의 차이는 모든 과목에 요구되는 최소 총 39시간의 한계 내에서 가능하다.

---

54) 「Summation No.12(1946.9)」, (정태수, 『자료집-하』, 95~96쪽.)

〈자료B〉

〈표 III-9〉 중학교 1,2,3학년 교과과정표(1946년)[55]

		1학년	2학년	3학년
필수과목	국어	5	5	5
	사회생활	5	5	5
	수학	5	5	0
	일반과학	5	5	5
	체육보건	5	5	5
	실과	2	2	2
	음악	2	2	2
계		29	29	24
선택과목	수학	0	0	5
	외국어	5	5	5
	음악	1~2	1~2	1~2
	미술	1~2	1~2	1~2
	수공	1~2	1~2	1~2
	실업	0~10	0~10	0~10
특수과목	국어	1	1	1
	과학	1	1	1
합계		39	39	39

<참고>
1. 선택과목 중 수학, 외국어는 3년 수료 후 상급 학교에 진학하려는 생도에게 필수과로 함.
2. 외국어는 영어로 함.
3. 실업은 농업, 상업, 공업, 가정, 자동기관, 인쇄 및 기타 실업에 관한 학과로 함.
4. 선택과목은 문교부장의 허가를 요하며, 그에 대한 설비 및 교수 내용은 국정 표준에 의할 것.

---

55) 『1946년 문교행정개항』, 14쪽.

〈표 III-10〉 중학교 4,5,6학년 교과과정표(1946년)[56]

		4학년	5학년	6학년
필수과목	국어	3	3	3
	사회생활	5	6	5
	수학	5	0	0
	과학	5	5	0
	체육보건	3~5	3~5	3~5
	외국어	0~3	0~3	0~3
계		21~26	16~21	11~16
선택과목	국어	2	2	2
	사회생활	(5)	(5)	(5)
	수학	0	5	5
	과학	0	0	5
	외국어	5	5	5
	음악	1~3	1~3	1~3
	미술	1~3	1~3	1~3
	심리	0	0	5
	실업	5~18	5~20	5~25
합계		39	39	39

<참고>
1. 필수과목 중 외국어는 영어로 하며, 선택과목 중 외국어는 중어, 불어, 노어, 독어로 함.
2. 선택과목 중 사회생활은 특수 경제지리를 과하되, 매주 5시간씩 1년간 4,5,6 어느 학년에서든지 할 수 있으며, 또 어느 생도나 이를 선택할 수 있음.
3. 실업은 농업, 상업, 공업, 가정, 경제, 기타 지방의 실정에 적합한 학과로 함.
4. 선택과목은 문교부장의 허가를 요하며, 그에 대한 설비 및 교수 내용은 국정 표준에 의할 것.
5. 1주 15시간 이상의 실업을 선택하는 자에 한하여 체육보건을 3시간으로 감소할 수 있으며, 외국어를 필수로 아니 할 수도 있음.

---

56) 『1946년 문교행정개항』, 15쪽.

〈자료C〉

〈표 III-11〉 초급중학교 과정표(1946년)[57]

		제1학년	제2학년	제3학년	비고
필수과목	국어	5	5	5	
	사회공부	5	5	5	
	수학	5	5	0	
	일반과학	5	5	5	
	보건	5	5	5	
	실업	2	2	2	
	음악	2	2	2	
	합계	29	29	24	
선택과목	예능 음악	2	2	2	
	예능 미술	2	2	2	
	예능 수공	2	2	2	
	수학	0	0	5	상급학교 진학지원자에 한하여 이를 교수함.
	외국어	5	5	5	
	특수과목 국어	1	1	1	특수과목은 현재 국어와 과학 부족을 보충키 위한 임시조처인데 필요가 있을 때까지 얼마동안 정과로 가르침
	특수과목 과학	1	1	1	
	실업	0~10	0~10	0~10	학교장은 농·공·상·가사·직업 등 중에서 이를 선택하여 문교부의 승인을 받아야하고 교수와 시설은 국정표준에 의하여야함. 기타 선택과목에 있어서도 이에 준함.
	합계	39	39	39	

---

57) 정태수, 『자료집-하』, 367쪽. 국사편찬위원회, 앞의 자료집(2001), 250쪽.

〈표 Ⅲ-12〉 고급중학교 과정표(1946년)[58]

		제1학년	제2학년	제3학년	비고
필수과목	국어	3	3	3	
	사회공부	5	6	5	
	자연과학	5	5		
	수학	5			
	보건	3~5	3~5	3~5	
	외국어	0~3	0~3	0~3	초급중학에서 지체한 외국어를 계속 교수함
	합계	21~26	16~21	11~16	
선택과목	국어	2	2	2	
	사회공부	(5)	(5)	(5)	특수한 경제지리를 매주 5시간씩 1년간 교수한 생도는 동학년이든지 이를 선택할 수 있음
	과학			5	
	수학		5	5	
	외국어	5	5	5	
	음악	1~3	1~3	1~3	
	미술	1~3	1~3	1~3	
	심리			5	
	실업	5~18	5~20	5~25	1. 학교장은 농·공·상·가사·직업 등 중에서 그 지방의 적당한 것을 선택하여 문교부장의 승인을 받아야하고 교수와 시설은 국정표준에 의하여야 함. 2. 일주 15시간 이상 실업과목을 선택하는 학생에게 대하여서는 체육을 3시간으로 감할 수 있고, 외국어를 필수과목으로 아니할 수도 있음.
	합계	39			

---

58) 정태수, 『자료집-하』, 368쪽. 국사편찬위원회, 위의 자료집(2011), 251쪽.

<자료A>와 <자료B>를 비교해 보면 몇 가지 차이점을 발견할 수 있다. 먼저 초급중학교 교육과정에서는 첫째, <자료A>는 학년 구분이 초급중학교 7~9학년으로, <자료B>는 중학교 1~3학년으로 되어 있다. 둘째, <자료A>는 선택과목인 외국어와 실업에 대한 구체적인 제시가 없었는데, <자료B>는 외국어는 영어로 실업은 농업, 상업, 공업, 가정, 자동기관, 인쇄 및 기타 실업에 관한 학과로 명시되었다. 셋째, <자료A>는 음악·미술 부분의 선택과목이 2시간으로 명시되어 있었는데, <자료B>는 1~2시간씩 유동적으로 변경되었다.

고급중학교 과정의 경우 첫째, <자료A>는 학년 구분이 고급중학교 10~12학년으로, <자료B>는 중학교 4~6학년으로 되어 있다. 둘째, <자료A>에서는 11학년 사회생활과 시수가 5시간이고 <자료B>에서는 5학년 사회생활과 시수가 6시간이다. 셋째, <자료A>는 필수과목이 된 외국어는 중학교 때 선택과목을 한 것을 연속해서 한다고 하고, 선택과목 외국어에 대한 설명이 없다. 그런데 <자료B>는 필수과목이 된 외국어는 영어로, 선택과목 외국어는 중국어, 불어, 노어, 독어로 명시하였다.[59] 넷째, <자료A>는 실업

---

59) <외국어 과목의 변천>

시기	외국어 과목	비고
제1차 조선교육령 (1911~1922)	외국어, 한문, 영어	외국어의 구체적 종류는 밝히고 있지 않음. 영어가 독립과목으로 제시되어 있음.
제2차 조선교육령 (1922~1938)	영어, 독어, 불어	
제3차 조선교육령 (1938~1943)	중국어, 독어, 불어, 영어	
제4차 조선교육령 (1943~1945)	영어, 독어, 불어, 중국어, 말레이어, 기타 외국어	
조선교육심의회 제안 (1946)	영어, 외국어(중국어, 러시아어, 프랑스어, 독일어)	영어 독립과목으로 제시
1946년 9월 미군정 월례보고서	외국어	외국어에 대한 구체적인 과목명이 명시되어 있지 않음
1946년 문교행정개항	1.2.3학년 외국어는 영어	

과목에 대해 구체적으로 제시하지 않았다. 그런데 <자료B>는 농업, 상업, 공업, 가정, 경제, 기타 지방의 실정에 적합한 학과로 한다고 명시하였다. 다섯째, <자료A>는 주당 15시간의 실업을 수강하는 학생은 외국어를 수강하지 않아도 된다는 조건만 있었다. 그런데 <자료B>는 체육보건을 3시간으로 감소할 수 있고, 외국어를 필수로 안 할 수도 있다고 했다.

<자료B>와 <자료C>에는 학년구분에 차이가 있다. <자료B>는 중학교 1~3학년, 중학교 4~6학년으로 구분했는데, <자료C>는 초급중학교 1~3학년, 고급중학교 1~3학년으로 구분되어 있다. 그 외 <자료B>는 '사회생활'로, <자료C>는 '사회공부'로 표시된 것이 다르다. 끝으로 <자료B>는 중학교 1~3학년의 선택과목인 음악·미술·수공이 1~2시간으로 유동적이고, <자료C>는 이들 과목이 2시간씩으로 고정되어 있다. 그 밖에 <자료B>와 <자료C>에 제시된 중등학교 교육과정은 동일하다.

<자료A>, <자료B>, <자료C>에서 가장 눈에 띄는 차이는 학년 구분이 모두 다르다는 것이다. 이는 1946년 12월 경상북도 내부부장이 각 중등학교장에게 보낸 <중등학교 신제도 실시에 관한 건>을 통해 그 이유를 짐작할 수 있다. 문서에는 다음과 같이 중등학교의 명칭과 학년을 구분할 것을 지시하고 있다.

> a. 초급중학교와 고급중학교는 학년의 계단을 제1·2·3학년이라고 명칭할 것.
> b. 중학교는 학년의 계단을 제1·2·3·4·5·6학년이라고 명칭할 것(초급·고급을 구별하여 초급1·2·3학년, 고급1·2·3년이라고 명칭할 것)[60]

1947년 중학교 규정	4.5.6학년 외국어 필수는 영어 외국어 선택은 중국어, 불어, 러시아어, 독어

60) 「중등학교 신제도 실시에 관한 건」, 1946년 12월.(정태수, 『자료집-하』, 374쪽.), 국사편찬위원회, 앞의 자료집(2011), 258쪽.

앞에서 살펴본 것처럼 해방 후 중등학교 6년제가 도입되었다. 하지만 지역 사정에 따라 이를 3-3으로 분리하는 것이 가능했다.[61] 따라서 문교부 문서에 수록된 <자료B>에는 6년제 중학교를 기본으로 한 학교 명칭인 '중학교'와 1~6학년까지의 학년 단계를 표시하여 교육과정을 제시했다. <자료C>는 경상북도 내의 각 중학교에 보낸 것이기 때문에 3-3으로 나누어 초급중학교와 고급중학교라 명칭하고 각각 1~3학년으로 학년을 표시했다. <자료A>는 1946년 9월에 미군정 관리에 의해 작성된 것으로 초등학교에서 중등학교를 1~12학년으로 구분하는 미국 방식에 따라 학년 표시를 했을 것이다. <자료A>, <자료B>, <자료C>의 차이점을 정리하면 다음과 같다.

〈표 Ⅲ-13〉 미군정기 중등학교 교육과정 비교

구분	<자료 A>		<자료 B>		<자료 C>	
	<표 Ⅲ-7>	<표 Ⅲ-8>	<표 Ⅲ-9>	<표 Ⅲ-10>	<표 Ⅲ-11>	<표 Ⅲ-12>
학년구분	초급중학교 7·8·9학년	고급중학교 10·11·12학년	중학교 1·2·3학년	중학교 4·5·6학년	초급중학교 1·2·3학년	고급중학교 1·2·3학년
사회생활과 시수[62]	5-5-5	5-5-5	5-5-5	5-6-5	5-5-5	5-6-5
필수과목 :외국어		외국어 :초급중학교 때 선택 연속		영어		외국어 :초급중학교 외국어지속
선택과목 :외국어	외국어	외국어	영어	중어·불어 노어·독어	외국어	외국어
선택과목 :실업	실업	실업	농업·상업 공업·가정 자동기관 인쇄 기타 실업	농업·상업 공업·가정 경제 기타 지방 실정에 적합한 과	농·공·상· 가사·직업	농·공·상· 가사·직업

---

61) Lockard, 유억겸, 「Structure of New Educational System of korea」, USAMGIK, Bureau of Education, 13 February 1946. (정태수, 『자료집-상』, 628~633쪽.)

선택과목 :음악·미술	2	2	1~2	1~3	2	1~3
교과명	Social Studies	Social Studies	사회생활	사회생활	사회공부	사회공부

④ 미군정기 중등 교육과정의 특징

위의 <표 Ⅲ-13>에서 확인할 수 있는 차이점은 1946년 9월부터 적용된 중등학교 교육과정의 본질을 변화시킬만한 것은 아니다. 따라서 이 책에서는 미군정 문교부의 공식 문서에 소개된 <자료B>의 중등학교 교육과정을 기준으로 그 특징을 살펴보고자 한다.

일제시대 말기와 비교했을 때 미군정기에 확정된 중등학교 교육과정의 가장 큰 특징은 '사회생활과(social studies)'의 등장이다. '사회생활과'는 조선교육심의회 논의에서는 빠져있었다. 그럼에도 불구하고 1946년 9월 교육과정에 포함되었다. 사회생활과는 남한에 미국식 민주주의 국가를 만든다는 목표를 달성하고자 했던 미군정과 이에 동의했던 한국인 교육자들에 의해 교육과정에 포함되었다.[63]

둘째, 선택과목의 등장과 확대이다. 일제시대 때는 선택과목이 없었고, 조선교육심의회 안에는 고급중학교 과정인 10~12학년에만 각 6시간의 선택과목이 있었다. 그런데 확정된 교육과정에는 초급중학교 과정인 1~3학년에도 선택과목이 10~15시간 배정되었고, 4~6학년에는 13~28시간으로 대폭 확대되고 학년이 올라갈수록 비중이 증가한다. 이것은 학생들의 졸업 후 진로에 맞춰 관련 교과를 수강할 수 있도록 한 구성으로 볼 수 있다.

---

62) 1947년의 <중학교 규정>과 1948년 12월 발행된 중등학교 사회생활과 교수요목에 중학교 5학년 사회생활과가 5시간으로 명시된 것을 볼 때 <자료 B, C>에서 '6'으로 표시된 것은 단순 오류로 보인다.

63) 사회생활과의 도입 과정과 운영에 대해선 이 책 'Ⅲ.2.1)사회생활과의 도입'에서 자세히 다루었다.

선택과목과 관련된 또 다른 차이는 조선교육심의회의 안에서는 필수과목에 포함되지 않았던 것이 선택과목의 대상이었지만, 확정된 안에는 필수과목도 추가로 선택할 수 있도록 했다는 점이다.

중등학교 교육과정에 있어 선택과목의 확대는 실업교육을 강화하기 위한 것이었다. 1946년 2월 조선교육심의회 교육제도 분과위원회에서는 중등학교에 있어 인문사회과학 분야와 직업교육 또는 기술교육 분야와의 비율을 초급중학교는 4:6, 고급중학교는 3:7로 해 줄 것을 건의했다.64) 즉, 남한의 중등학교 교육이 실업교육을 중심으로 구성되도록 제안한 것이다. 이에 따라 조선교육심의회 전체회의에서는 중등학교 실업 교과와 교수 시간 배정에 관한 문제를 논의했다. 하지만 각 위원들의 다양한 의견이 나와서 결론을 내리지 못했다.65) 이 문제는 조선교육심의회가 해산될 때까지 해결되지 못했다. 이후 1946년 5월 3명의 한국인과 3명의 미군 장교로 구성된 고등교육 교육과정위원회가 구성되었는데, 이 위원회는 학술과 직업지도의 필수요건을 수정하기 위한 권고와 선택과목 분야의 확대를 준비했었다.66)

미군정은 중등교육에 있어 실업교육 확대에 대한 필요성을 인식했다. 언더우드도 실업교육 강화를 중등교육의 과제 중 하나로 지적했다.

> 20만의 중등교육 연령 청소년에게 소위 교양과목으로 불리는 일반교육뿐만 아니라 농업, 상업, 그리고 공업학교 과목의 중등교육을 보급하는 것이 우리의 과제이다. 그들이 할 수 있는 한 많은 필수 직업훈련이 이 수준에서 제공되어야만 한다. 이 학령 수준에서의 실업교육의 상황은 개탄스러울 정도이다. 설비가 열악하거나 모든 것이 부족하고, 교사진이 빈약하고, 교수방법은 대부분이 농업에서조차도 이론적이다. 모든

---

64) 「Summary of activitive for Week Ending 23 February 1946」, (정태수, 『자료집-상』, 296~297쪽.)
65) 《조선일보》, 1946년 2월 9일.
66) 「Summation No.8(1946.5)」, (정태수, 『자료집-하』, 46~47쪽.)

상황은 재조사되어야 하고, 재정비 되어야하며 대부분은 다시 만들어져
야 한다.[67]

언더우드는 남한의 실업교육 상황이 개탄스러울 정도라고 했다. 교사와
교수방법뿐 아니라 설비도 제대로 갖추어지지 않아서, 실업교육과 관련된
모든 사항을 다시 조사하여 새롭게 출발해야 한다고 했다. 미군정은 해방
후 남한에서 실업교육이 적극적이지 못했던 이유를 다음과 같이 파악했다.

　　한국인들은 상인이나 노동을 하는 일보다 관료가 되는 것을 선호하
　는 좋지 못한 전통이 있다. 한국인의 이러한 잘못된 생각은 해방이 되
　면서 강화되어 특히 정치적 독립에 대한 성급한 사고방식을 초래하였
　고, 경제적 복구에는 관심을 주지 않게 되었다. 많은 한국인들은 정치적
　으로 크게 성공하기를 바라는 성향이 있다. 따라서 소수의 사람들만이
　한국의 산업과 경제부분에 대한 재건을 생각하고 있을 뿐이다. 이러한
　사고방식은 이른바 사립대학교를 설립하는데 반영되었다. 또한 이점은
　중학교에서도 마찬가지였다. 해방 후 남한에는 단 1개의 기술교육학교
　도 설립되지 않았다.[68]

즉, 사농공상이라는 전통 질서 속에서 여전히 관료 중심의 국가운영이
한국인들에게 정치적 성공만을 추구하고, 경제부분에 소홀하게 했다는 것
이다. 그래서 실업교육에 관심이 없었고, 그 결과 해방 후 남한에는 단 1개
의 기술학교도 설립될 수 없었다는 것이다.
　선택과목의 등장과 확대는 미군정기 교육정책 수립에 관여했던 교육자
들이 추구했던 아동중심·생활중심 교육을 실현할 수 있는 방법이도 했다.

---

67) Horace H. Underwood, 「Education in Korea: The Situation and Some Problems」
　　1947.8.28(이길상, 『자료집-Ⅱ』, 438~443쪽. 정태수, 『자료집-상』, 752~753쪽.)
68) 「Report on what has been done on Business Education from 21 Nov 1946 to 31 July
　　1947」, 31 July 1947.(정태수, 『자료집-상』, 1038~1039쪽.)

중앙 정부에서 확정한 고정된 교육과정은 아동 각자의 특성뿐 아니라 지역적 특성도 반영할 수 없었다. 즉, 도시에서 상급학교 진학을 목표로 하는 중학생과, 졸업 후 회사 취직을 목표로 하는 학생이 배워야할 과목이 달라야 했다. 농촌에서 농사를 지을 남학생과, 졸업을 해도 사회 진출이 힘들었던 여학생에게 필요한 과목이 같을 수 없었다. 아동중심·생활중심 교육을 표방했던 미군정 문교부가 학생 각자의 특성을 무시한 획일적인 교육과정을 남한의 모든 중등학교에 강제할 수는 없었을 것이다. 그렇다고 각 지역 학무국에서 각자 교육과정을 만들게 할 수도 없었다. 미군정은 중등학교 교육과정은 중앙의 문교부가 만드는 것이라고 규정했다.[69] 따라서 미군정 문교부가 제시한 중등학교 교육과정을 학생별·지역별 특성을 반영하여 운영할 수 있게 하는 방법이 선택과목의 범위와 시간을 확대하는 것이었다. 선택과목의 지정과 관련해 학교장은 선택과목에 대해 "문교부장의 승인을 받아야하고 교수와 시설은 국정표준에 따라야 한다."고 명시한 것도 같은 이유이다. 미 육군성이 작성한 보고서에도 "선택과목은 각각의 지역공동체의 요구에 알맞은 것으로 구성된 심리학과 실업 과정이다. 이러한 것들은 교육과 설비의 국가적 기준에 맞고 문교부에 의해 인정되어진다."[70]는 것이 중등학교 교육 기준 개혁의 사례로 제시되어 있다. 결국 중등학교 교육과정에서 선택과목의 확대는 학생과 지역의 실정에 맞는 실업교육을 중등

---

69) 1945년 8월 29일 미군정은 우선 착수해야할 일 중 하나로 "연합군 최고사령관 및 본 사단사령관의 정책 및 지시에 의거한 교육과정의 개정"을 명시했다. 그리고 1945년 10월 21일 '학교에 대한 설명과 지시-학무통첩 352호'에서도 "학무국은 모든 공립학교의 교과과정을 정한다."라고 규정하였다.
(USAFIK, 352(MGEDC), op. cit, (정태수, 『자료집-상』, 824~837쪽), 정태수, 앞의 책(1995), 274~277쪽. Annex 7 to 55(Military Government), 제24군단 K.C.Strother 참모차장으로부터 휘하 각 군사령부 앞으로 보낸 지시, August 29, 1945. 미육군성기록, Civil Affairs Division File.(阿部洋, 「미군정기에 있어서 미국의 대한 교육정책」, 『해방 후 한국의 교육개혁』, 한국연구원, 1987, 43쪽에서 재인용.)

70) War Department Women's Interests Unit Public Relations Division, op. cit. (정태수, 『자료집-상』, 164~165쪽.)

교육에서 실현하기 위한 것이었다.

그런데 선택과목은 학생이 선택하는 것이 아니었다.[71] 외국어와 실업 등의 과목 선택은 학교가 했다. 따라서 학생들에게는 학교가 선택한 과목이 필수과목이나 다름없었다. 다음은 1949년 숭문중학교의 교육과정표인데, 외국어는 독일어로, 실업은 상업으로, 그 밖에도 윤리, 철학, 심리, 법통이 학년별로 정해져 있었다.

〈표 Ⅲ-14〉 1949년 숭문중학교 매주 교수시간표[72]

구분		1학년		2학년		3학년		4학년		5학년		6학년	
		1부	2부	1부	2부	1부	2부	1부	2부	1부	2부	1부	2부
필수과목	국어	5	4	4	4	4	4	5	4	5	3	4	3
	사회생활	5	5	6	5	6	5	5	4	4	3	2	5
	수학	6	5	5	5	7	5	7	5	8	6	5	5
	과학	6	4	5	4	5	4	6	4	6	8	2	4
	체육	2		3		2		1		1			
	음악	1		1		1							
	외국어(영)	5	4	6	4	6	4	7	4	6	4	5	5
선택과목	외국어(독)							2	2	3	2	3	2
	미술	2		2									
	심리									2	1		
	법통											1	1
	윤리							1	1				
	철학									2	1		
실업	경제							1		1	1		
	상업	2	2	2	2	2	2	2		2			
훈련		2	2	2	2	2	2	2	2	2	2	2	2
계		36	26	36	23	37	26	37	28	38	28	26	28

---

71) 이에 대해선 이미 강일국이 지적한 바 있다.(강일국, 앞의 논문(1993), 53~55쪽.)
72) 숭문중·고등학교 총동문회, 『숭문100년사』, 2007, 345쪽.

미군정기 중등 교육과정의 세 번째 특징은 중등교육을 6년 과정으로 규
정했으면서도, 이를 다시 초급중학교 3년과 고급중학교 3년으로 나누었다
는 것이다. 그 이유에 대해 오천석은 다음과 같이 설명했다.

> 중등학교를 3-3으로 나누어 초급중학교와 고급중학교로 하는 동시에,
> 6년제로 하여 한 학교로 만들어 행정적으로 통일하는 한편, 교육적으로
> 초급과 고급으로 나누어 교육하게 하였다. 이 조치는 중등학교를 한 학
> 교로 만들 수도 있는 한편, 초급중학교 또는 고급중학교를 단설(單設)
> 할 수도 있게 하였다. 전자는 도시에 편리한 조치이며, 후자는 농촌에
> 적합한 제도라 하겠다. 그러므로 이 제도는 뒤에 우리 정부가 수립된
> 이후 중등학교를 3-3제로 단일화하는 데서 오는 단점을 완화할 수 있는
> 융통성 있는 것이라는데 묘미가 있는 것이라고 생각된다. 이렇게 함으
> 로써 도시 학교에서는 중등학교를 중학교와 고등학교로 나누는 데서
> 초래되는 학생이나 학부형의 부담을 덜게 할 수 있는 반면에, 지방에서
> 는 3년제 중학교를 단설함으로써 농촌의 교육적 요구에 응할 수 있게
> 되어 있었다.[73]

농촌에서는 6년간의 중학교 과정이 현실적으로 긴 시간일 수 있었다. 반
면에 도시에서는 초급중학교와 고급중학교 입학을 위한 두 번의 입시는
부담이었을 것이다. 따라서 농촌에서는 중학교 3년만 졸업하고 사회로 나
갈 수 있도록 3-3으로 분리하고, 도시에서는 한 번의 입시로 중등교육 6년
을 마칠 수 있도록 6년제 중학교를 두었다는 것이다. 오천석은 이것이 새
로운 중등학교 학제의 묘미라고 했다. 그런데 "3년제 고급중학교가 제대로
설립되지 않은 농촌의 경우 사실상 중등학교 연한이 3년으로 끝나는 문제
가 있었다."는 지적이 있었다.[74] 오천석의 설명을 따른다면 중등학교 3-3
의 분리는 오히려 당시 농촌의 현실을 반영한 결과였다.

---

73) 오천석, 앞의 책(a, 1975), 30쪽.
74) 강일국, 앞의 논문(1993), 33쪽.

끝으로 일제시대에 비해 과학 과목의 비중이 확대되었다. 새로운 교육 과정에서는 물리·화학·생물을 과학으로 통합하고 국어, 사회생활, 수학과 동일한 주당 5시간을 배정하였다. 이는 앞으로의 시대가 과학 방면의 교육을 절대적으로 요구할 것이라는 인식을 반영한 것이다. 1946년 2월 7일 조선교육심의회 전체회의에서는 경성대학 이공학부장 이태규가 제출한 '과학교육진흥책'을 만장일치로 통과시켰다. 과학교육진흥책은 초·중등학교에 이과(理科) 교수시간을 증가시키고, 특히 초등교육의 5학년에는 이과 실습시간을 배치할 것을 요구했다.[75] 또한 <표 Ⅲ-9·11>에서 초급중학교 과정에 특수과목으로 국어와 과학이 1시간씩 배정되어 있음도 보았다. 이는 국어와 과학 부족을 보충하기 위한 임시조치이지만 필요가 있을 때까지 정식과목이었다.[76]

이상에서 살펴본 미군정기 중등교육과정에 대해 1947년 7월 한국교육정보조사단은 다음과 같이 평가했다.

국민학교의 교과 과정과 마찬가지로 일반 교육을 위한 중학교의 교과과정은 매우 형식화 되어 있다. 지역 사회 혹은 국가 최고 문제들과 관련된 교육은 거의 제공되지 않고 있고, 직업 분야 혹은 실기에 직접 경험이 학생들에게 약간 주어지고 있다.

중등학교 수준에서 계획된 안내 프로그램이 있다는 증거는 없다. 이런 프로그램은 중학교에 진학할 학생수의 증가를 고려하여 특별히 시급하게 필요하다.[77]

미국의 교육전문가들이 볼 때 해방 후 남한의 교육과정은 여전히 실생활과 거리가 먼 형식적인 것이었다. 즉, 미군정기에 만들어진 교육과정은

---

75) 《조선일보》, 1946년 2월 9일.
76) <중학교(초급중학교)학칙 준칙>, 정태수, 『자료집-하』, 368쪽. 국사편찬위원회, 앞의 자료집(2011), 250쪽.
77) HUSAFIK, APO 235, *op. cit.* 정태수, 『자료집-상』, 1434~1435쪽.

미국의 교육을 모델로 형식적인 외형은 갖추었지만, 학생 주변이나 사회에서 발생하고 있는 문제를 해결하는 능력을 기를 수 있는 실질적인 교육 내용과 실천 방안까지 제시하지는 못했다.

2. 해방 직후 사회생활과의 도입과 국사교육의 방향

1) 사회생활과의 도입

① 민주주의 국가 건설의 추진

<미군정 학무국사>에는 1905년 이래 미군정시기까지 교육제도의 급격한 변화는 없었다고 했다.[78] 1946년 6월 미군정 활동요약 보고서에도 '일본어·일본 민족주의·일본인 교사를, 한국어·한국 민족주의·한국인 교사로 대체한 것 이외에는 어떤 급진적인 교육제도의 변화도 없었다.'[79]고 기록하였다. 그런데 미군정기 교육에 외형상 큰 변화가 있었다. 그것은 다름 아닌 '사회생활과(Social Studies)'라는 전혀 새로운 교과목이 1946년 9월부터 시작되는 새 학년, 새 학기 교육과정에 포함된 것이다.[80] 그리고 미군정 문교부는 미국 콜로라도 주 사회생활과 교육과정을 모델로 한국의 사회생활과 교육과정을 만들었다.[81]

---

78) <미군정 학무국사>, 40~41쪽.

79) 「Summation No.9(1946.6)」, (정태수, 『자료집-하』, 54~55쪽.)

80) 1946년 3월 조선교육심의회가 해산될 때까지 위원회에서는 '사회생활과'에 대한 본격적인 논의가 없었던 것으로 보인다. 그런데 1946년 9월 발표된 신 교육과정에는 사회생활과가 포함되어 있다.(<미군정 학무국사>, (정태수, 『자료집-상』, 97쪽. 「Summation No.12(1946.9)」, (정태수, 『자료집-하』, 94~96쪽.)

81) 문교부 편수국 번역사 이상선은 『사회생활과의 이론과 실제』의 머리말에 "신교육제도로서 새로이 등장한 사회생활과를 미국 콜로라도 주의 교수요목을 기본으로

1942년에 발행된 콜로라도 주 초등학교 사회생활과 교육과정에는 '왜 사회생활과를 가르쳐야 하는가?'라고 묻고 다음과 같이 대답했다.

> 학생들이 개인별로 암기하는 것보다 가치 있는 체험을 하는 것이 더 낫다. 사회생활과에서는 우리의 모든 학생들에게 미국적 생활양식을 영속시키고 풍부하게 하려면 단체생활, 협업, 그리고 민주적 생활방식에 대한 경험이 필수적이다.[82]

즉, 미국 학생들에게 미국적 삶의 방식을 강화하고 영속화하기 위해선 학생들이 함께 생활하고, 서로 돕고, 민주적으로 살아야 한다. 이것은 교과서 속에서 암기하는 것으로 실천되는 것이 아니라, 생활 속에서 직접 경험해야 이루어질 수 있다. 학생들에게 직접적인 경험을 통해 미국식 삶을 영속화시키는 교과가 사회생활과이고, 그래서 학생들은 사회생활과를 배워야 한다는 것이다. 이것이 콜로라도 주 교육과정이 제시한 사회생활과의 목적이었다.

이 책 Ⅱ장에서 미국이 종전에 한반도 신탁통치에 대한 계획을 세우고 있었음을 간단하게 살펴보았다. 이는 교육을 통해 자치능력을 향상시키고, 민주주의 국가를 건설하겠다는 미국의 정책을 실현하기 위한 방법이었다. 미국의 계획[83]에 따라 남한에 설치된 미군정은 소련의 확산을 막고 남한

하여 그 성격과 실제교수를 해명하여보고자 하였다."고 밝혔다.(이상선, 『사회생활과의 이론과 실제』, 금룡도서문구주식회사, 1946, 머리말)

심태진은 "조선에서 이번에 제정한 사회생활과 교수요목은 미국의 콜로라도 주 교수요목을 많이 참고하였습니다."고 했다.(심태진, 『민주교육연구강습회속기록』, 130~131쪽.)

최홍준은 "국민학교 사회생활과의 교수요목과 단원은 미국 콜로라도 주의 8년제 초등학교 학습내용을 약간 수정하고 단축해서 6년제인 우리 학제에 맞추다 보니 무리한 단원과 내용이 많았다."고 했다.(최홍준, 「초창기 때의 편수국」, 『편수의 뒤안길』3집, 대한교과서주식회사, 2000, 7쪽.)

82) 『Course of Study for Elementary School』, p.116.

의 혁명적 움직임을 저지해야 했다.[84] 결국 미 국무부와 미군정 모두 반공이라는 동일한 목적으로 남한에 미국식 민주주의 국가를 건설해야했고, 교육은 이 목표를 달성하는 중요한 수단이었다. 미군정 수립 직후부터 학무국에서 일했던 키퍼(Glenn s. Kieffer) 대위는 "한국에서 교육 프로그램의 목적은 친미적인 그리고 국제문제를 평화적 방식으로 해결할 수 있는 태도를 가진 독립 한국을 세우기 위해 민주주의 정신의 발전에 도움을 주고자함이다."라고 했다.[85] 그리고 그 중심에 사회생활과가 있었다. 미군정은 남한의 교육과정에 반드시 사회생활과를 포함시켜야 했다. 그래서 1946년 3월까지 해방 직후 남한의 새로운 교육제도 수립을 위해 활동했던 조선교육심의회에서는 결정하지 못했던 사회생활과가 1946년 9월에 교육과정에 포함될 수 있었다.

1972년, 미군정 문교부 편수관이었던 최병칠[86]은 편수국장 최현배를 찾아가 대담을 가졌다. 최병칠은 사회생활과 도입과 관련된 대담 내용을 다음과 같이 정리했다.

> 최병칠: 사회생활과 창설의 경위를 말씀해 주십시오.
> 최현배: 문교부에 있던 미군정 고문단에서 권고해 왔기에 받아들인
> 것입니다.
> 최병칠: 저는 언더우드 장관 고문, 앤더슨 편수국장 고문의 라인을
> 통해 온 것으로 알고 있었습니다.[87]

---

83) 미국은 "한반도 점령단계-과도적 기간의 다자간 국제신탁 통치단계-국제연합의 보호 하에 독립단계"를 설정했다.(정병준, 「남한진주를 전후한 주한미군의 대한정보와 초기점령정책의 수립」, 『사학연구』제51호, 1996, 134~135쪽.)

84) 리차드 D. 로빈슨·정미옥 옮김, 『미국의 배반(Korea: Betrayal of a Nation)』, 과학과사상, 1988, 98쪽. 브루스 커밍스, 앞의 책(1986-상), 225, 232쪽.

85) Glenn s. Kieffer, 「Report on Education in South Korea」, 3 December 1946.(이길상, 『자료집-Ⅱ』, 199쪽.)

86) 1946년 문교부 편수국 교육담당 편수관이 된 최병칠은 이후 15년간 문교부 편수사로 일했다.(최병칠, 「편수비화」, 『교육과 인생』, 문천사, 1972, 119쪽.)

미군정 당시 문교부에서 교과서 편찬의 중책을 맡았던 최현배와 편수관 최병칠 모두 사회생활과의 도입은 미군정 미국인 고문의 요청에 따른 것임을 밝혔다.

1946년 11월 사회생활과의 모델이 되었던 콜로라도 주 초등학교 교육과정을 소개한 『사회생활과의 이론과 실제』가 발행되었다. 이 책에는 당시 문교부 차장 오천석과 문교부 중등교육과 교학관 김상필이 쓴 2개의 「서(序)」가 있다. 이를 보면 미군정 문교부에서 사회생활과를 도입하고자 했던 의도를 엿볼 수 있다.

오천석의 서(序)

우리 국민학교 교수내용 중에 가장 혁신적인 개선을 요구하는 부면은 사회생활에 관한 것이다. 종래의 “수신”과는 소위 사회도덕을 관념적으로 아동에게 주입시키기에 전력하였고, 지리, 역사 등 학과목은 그들에 대한 성인의 지식을 피교육자에게 전달하는데 주력하여왔다. 이 학과목들처럼 아동의 생활, 심리, 취미, 경험을 무시하고 성인본위로 그 내용이 조직되고, 그 방법이 부자연한 과목이 다시 없었다. 이러한 지나간 날의 과오를 고치고, 사회관계 학과목을 아동의 생활에 접근시키며, 피교육자의 심리에 호흡을 맞추게 하기 위하여 금번 문교부에서는 재래 분산각립하였던 과목들을 합하여 “사회생활”과로 종합교수케 한 것이다.

민주주의가 사회생활과에 부치는 기대는 크고, 그 지우는 짐은 무겁다. 독재사회에서 개인에게 요구하는 모든 국민적 훈련은 복종이다. 교육은 명령에 순종하는 국민을 만들면 그만이다. 그러나 민주사회는 이러한 국민으로써 성립할 수 없다. 가정의 일원으로서, 사회의 일원으로서, 국가의 일원으로서, 세계의 일원으로서 협력하고 공헌하는 공민을 길러야 하는 것이다. 금후 우리 교육은 이 방면의 역사(役事)에 심심(甚深)한 노력을 하지 않을 수 없다.[88](이하 생략)

---

87) 최병칠, 「대담: 나와 교과서」, 『교육과 인생』, 문천사, 1972, 8~12쪽.(대담은 1968년 9월 25일 서울 대흥동 외솔의 자택에서 진행되었다.)

오천석은 사회생활과 도입의 두 가지 목적을 밝혔다. 첫째는 아동에게 지식 주입과 전달만 하는 교육이 아니라 아동중심·생활중심 교육을 실천하는 것이고, 둘째는 민주주의 사회의 공민을 양성하는 것이다. 즉, 해방 후 교육은 독재사회에 복종하는 국민을 만드는 것이 아니라, 가정·사회·국가·세계의 일원으로서 협력하고 공헌하는 공민을 양성해야 한다고 했다. 그리고 그런 공민을 양성하는 교육은 아동의 심리 상태에 따라 아동의 생활을 중심으로 진행되어야하고, 그것을 실천할 수 있는 교과가 사회생활과라는 것이다.

> 김상필의 서(序)
> 신교육제도의 창설과 그 내용 조직에 있어서 일제 잔제 교육을 청산하여 과감한 혁신과 절대한 노력을 보여주었다. 그 중에 특히 보통교육에 있어서 가장 중대한 혁신의 하나로 우리는 "사회생활과"의 창설을 헤일 수 있다.
> 즉, 아동의 정신 발달상 자연성을 무시하고, 교육의 목적을 달성하는데 경험을 경시한 과거의 단편적이며 분과적이었던 역사, 지리, 공민 등의 여러 과목을 종합하여, 인간과 자연 및 사회 환경의 관계를 밝혀 공부와 경험을 통하여 사회화한 인간으로서 단체생활에 있어서 책임감을 가진 인격 도야를 목적으로 한 "사회생활과"로 종합시킨 것이다. 다시 말하면 이것은 사회생활과 학교 교육의 유리(遊離)를 거부하고 "지(知)", "행(行)"이 혼연일치가 된 전인적 교육에의 전향(轉向)이다.[89](이하 생략)

김상필은 일제 교육의 잔재를 청산하고 신교육제도를 만드는데 있어 가장 큰 혁신이 사회생활과의 창설이라고 했다. 사회생활과는 아동의 정신 발달 단계를 고려하고, 아동의 경험을 중시한다고 했다. 그래서 사회생활과

---

88) 이상선, 「序-오천석」, 앞의 책(1946), 3쪽.
89) 이상선, 「序-김상필」, 위의 책(1946), 4쪽.(1946년 11월 18일 작성)

는 알고, 행동하는 것이 하나가 되는 전인적 교육으로 나아간다고 했다. 김
상필은 이런 사회생활과가 "신조선 교육의 건설에 토대가 될 것을 기대한
다."고 했다. 오천석과 김상필 모두 일제에서 해방된 한국에 새로운 교육이
실시되어야 하고, 새로운 교육은 아동중심·생활중심으로 진행되어야 하며,
이것을 실천할 수 있는 교과가 사회생활과라는데 뜻을 같이하고 있다.

『사회생활과의 이론과 실제』의 저자인 문교부 편수국 번역사 이상선은
머리말에서 사회생활과 도입의 목적을 "신교육제도의 뚜렷한 노선으로는
민주주의에 입각한 교육과 종합교육의 두 가지를 요약해 낼 수 있다고 믿
는다. 그리하여 이러한 노선의 실질과 수단을 주는 가장 기본적인 과목이
사회생활과이다."90)라고 명확하게 밝혔다. 또한 이상선은 1947년 5월 '사회
생활과 교육의 기초 이념'이라는 부제를 달고『종합교육과 단위교수』라는
책을 발행하였다. 이 책의 머리말에서도 "교육의 민주주의화와 교육 방법의
개량을 위하여 교육 개혁의 제1보로 등장한 교과목이 사회생활과이다."91)
라고 했다. 즉, 사회생활과를 소개하고 보급하는데 있어 중요한 역할을 했
던 이상선은 해방 후 민주주의 교육과 종합교육이 교육 개혁의 방향이고,
이를 위해 사회생활과라는 새로운 교과가 필요하다고 인식했던 것이다.

그런데 사회생활과의 도입과 관련해 "사회생활과는 친미교과의 상징이
며, 이것을 교과과정에 포함시킨 결정을 할 때 한국인 교육자들은 별다른
교육학적 소양이나 전문성이 없었고, 미군정 학무국 미국인 국장과 부국장
의 교육적 소양과 그들의 이해관계를 건드리지 않는 선에서 추인한 것이
다."는 평가가 있었다.92) 이러한 평가에 일부 동의하지만 재평가 되어야
할 부분도 있다. 즉, 사회생활과 도입에 찬성했던 한국인들이 이 교과에 대
한 교육학적 소양이나 전문성 없이 미군정에 이끌려 이를 추인한 것은 아
니었다. 이 책 Ⅱ장에서 오천석은 미국 콜롬비아 대학에서 듀이와 킬패트

---

90) 이상선, 「머리말」, 위의 책(1946), 1~2쪽.(1946년 10월 작성)
91) 이상선, 「머리말」, 앞의 책(1947), 1쪽.
92) 한준상·김학성, 『현대한국교육의 인식』, 청아출판사, 1990, 103쪽.

릭에게 사회생활과에 대한 이론적 근거를 직접 배웠고, 일제시대부터 조선
교육을 아동중심·생활중심으로 개혁할 것을 주장했음을 살펴보았다. 또한
1946년에 사회생활과를 설명하는 『사회생활과 해설』93)을 출판했던 허현,
『사회생활과의 이론과 실제』를 펴낸 이상선 등도 사회생활과에 대해 알고
있었다. 교육소외세력으로 분류되었던 윤재천, 심태진 등도 사회생활과에
대해 이해하고, 이 교과 도입을 주장하고 실천하려 했었다.94) 그리고 1920
년대부터 듀이의 교육사상을 직접 배우고 이를 실천하고자 했던 한국인들
이 있었다.95) 결국 사회생활과의 도입은 미군정 학무국 고위관리의 일방
적인 요구에 의해 결정된 것이 아니라, 듀이에게 영향을 받은 한국인 교육

---

93) 이 책에 대해 한기언은 "역시 듀이 교육사상에 입각한 것이었고 더욱이 그 요지가
사회과(social studies)의 교육적 성격을 해설한 것이지만 『민주주의와 교육』의 축
소판과 같은 인상을 풍기는 불과 2,30면의 소책자였다. 그러나 당시 새교육=사회
생활과=듀이 교육사상, 이런 관계식에서 볼 때 이 소책자 역시 기념할 만한 교육
문헌이라고 생각된다."고 평가했다.(한기언, 「해방후의 교육」, 『한국교육사』, 교육
출판사, 1972, 363쪽.)

94) 1946년 봄부터는 듀이의 교육이념을 기초로 하는 교육방법에 대한 연구와 실천이
서울을 비롯하여 지방에 이르기까지 일선교육자들 사이에 일어났는데 그 선두에
선 것은 당시 서울효제국민학교의 윤재천과 서울대학교 사범대학 부속국민학교의
김기서 및 심재천 등이었다. 그 결과로 효제국민학교에서는 전국적인 새 교육 모
범 수업회를 열어 교육계에 큰 자극과 충동을 주었다.(오천석, 「듀이의 교육사상
과 한국의 교육」, 앞의 책(b, 1975), 214쪽.)

95) 오천석은 1920~30년대 콜롬비아 대학에서 공부했던 한국인들에 대해 다음과 같이
말했다.
"1926~7년경, 미국 뉴욕시에 있는 콜롬비아 대학 듀이 박사의 교육철학 강의교실
에 모여드는 수많은 학생들 가운데 한국 유학생들이 나타나기 시작했다. 당시 중
등교육을 전공하던 장리욱, 김홍제가 그였으며, 두해를 지나 교육철학을 공부하던
필자가 그였다. 듀이 교수는 은퇴하고 듀이 학설의 가장 탁월한 해설자인 William
Hovard Kilpatrick 교수가 등장하였는데 그의 교육철학교실에는 4,5백 명에 이르는
학도들이 모여들었다. 그 중에는 오늘날 우리 교육계에서 많은 활동을 하고 있는
김활란, 서은숙, 장석영, 윤성순, 노재명 등이 섞여 있었다. 이 교수의 강의를 듣고
있던 우리 유학생들은 한 번 귀국하는 날에는 듀이의 교육이론을 실천에 옮겨 보
려는 결심과 꿈을 가지게 되었던 것이다."(오천석, 위의 책(b, 1975), 212~213쪽.)

자들의 교육사상과 미군정 교육정책이 방향을 같이 했기 때문에 가능했던 것이다.

미군정은 사회생활과를 신속히 남한에 도입하고 학교 현장에 보급해야 했다. 하지만 사회생활과를 알려야할 문교부 담당자들과, 이를 학교에서 실천해야할 교사들에게 사회생활과는 낯설고 이해하기 어려운 교과였다. 미군정기 문교부 지리담당 편수관이었던 최흥준은 초·중등학교 교장, 교감을 상대로 사회생활과를 설명하던 당시의 상황을 다음과 같이 기억했다.

> 사회생활과 하면 지금도 잊지 못하는 부끄럽고 죄송한 추억이 있다. 1947년 8월, 문교부 주최의 전국 초·중등학교 교장 강습회가 정동에 있던 경기여고 강당에서 있었다. 약 130명의 교감, 교장이 참석한 것으로 기억된다. 생소한 교과목인 사회생활과에 대한 관심이 컸으며, 이에 대한 시간도 배당되어 있었다. '이론과 실제' 그리고 '국민학교 사회생활과와 중학교 사회과의 지도요령' 등 해서 2시간씩 6시간이 배당되어 있었다. 그 당시의 편수과에는 지리, 역사, 공민을 담당한 편수사가 여러 명 계셨으나, 모두가 갑자기 편제된 사회생활과에 대해서는 소신 있게 발표할 수 있는 처지가 못 되었다.
> 결국 젊은 나에게 국민학교 사회생활과를 맡으라는 하명이 있었다. 처음부터 무리한 일이었고, 공연히 무더운 여름방학 때, 연로하신 선배님만 고생시킬 뿐 성과는 별로 없을 것이라 생각되었다. 그러나 준비는 해야겠고, 내 자신 사회생활과가 무엇인지 공부해야 했다.
> 당시 편수과에 계신 이상선 선생(번역사, 후에 편수사)이 번역 출판한 『사회생활과의 이론과 실제』라는 책과 사범대 부속 성동국민학교에서 편집한 문화당의 『사회생활과 공부』, 동인사의 사회생활과 연구협회편의 『초등 사회생활과』, 그리고 조선교학도서(주)에서 준비 중에 있는 『사회생활과 교수요목집』의 원고를 얻어 며칠이고 공부하고 강의 교재도 준비하였다.[96]

---

96) 최흥준, 「초창기 때의 편수국」, 『편수의 뒤안길』3집, 대한교과서주식회사, 2000, 7~8쪽

최홍준은 "선생님들 앞에서 사회생활과에 대해 설명하면서도 내 등에 땀이 흘렀다."고 했다.97) 이렇게 몇 시간 설명을 들은 교사들이 사회생활과라는 과목의 특성을 충분히 이해할 수 없었고, 학교로 돌아가서 사회생활과의 목적이 실현될 수 있도록 가르칠 수도 없었다.

② 통합 사회과에 대한 찬반 논의

사회생활과 도입과 관련된 논란의 핵심은 역사 과목, 특히 '국사과'의 포함 여부였던 것 같다. 미군정의 요청과 사회생활과의 필요성을 인식하고 있었던 도입 찬성론자들은 문교부 내에서 사회생활과 도입을 확정하려고 했다. 하지만 해방된 한국에서 우리의 역사를 가르쳐야한다는 당위성을 가지고 있었던 사람들은 국사과가 낯선 사회생활과에 포함되어야 한다는 주장에 쉽게 동의할 수 없었다. 그 대표적 인물이 황의돈98)이다. 사회생활과 도입과 관련된 최초의 논문에는 당시의 상황이 다음과 같이 소개되어 있다.

황의돈은 관계관 연석회의에서, "크게 교육 내용이 달라지는 것도 아니고, 그저 지리, 역사, 공민을 합쳐서 미국식을 본떠 보려고 하는 사회

---

97) <최홍준 구술자료> 2014년 3월 29일.
98) 황의돈은 한말 최초의 근대적 서술의 통사인 『대동청사』를 편찬했다. 이것이 1910년대 이후 한국사학의 기초가 되었다. 1909년을 전후하여 황의돈은 북간도로 망명하였다. 북간도 명동학교에서 망명생활을 하던 황의돈이 국내에 들어와 안흥·오산·대성학교 등 서북 지방의 민립학교에서, 또 1914년부터는 서울의 휘문·중동·보성학교에서 역사를 담당하여 자신이 저술한 『대동청사』를 은밀하게 보급함으로써 국내에서 식민사학에 맞서 민족사학으로서 한국 사학을 새롭게 일으켰다. 황의돈은 1942년에 오대산 월정사로 은거하였다. 해방 후 1945년 11월 6일 학무국 편수과 역사담당 편수관으로 임명되었고, 1946년 1월 각 도 학무과에 배포된 『초등 국사교본』을 집필했다.(조동걸, 『한국근대사학사』, (서울: 역사공간, 2010), 40~42, 274~276쪽. <임명사령 제28호>, 1945년 11월 6일.(『미군정청 관보』2, 원주 문화사, 1991, 48~51쪽. 김봉석, 「『초등 국사교본』의 특징과 역사 인식」, 『사회과 교육』제47권(2008).

생활과라는 과목을 둔다면 이것은 우리의 역사를 팔아먹는 것이나 다름이 없다. 순수한 우리 것이 엄연히 존재하는데 무엇 때문에 외국의 것을 수입해 와서 잡탕을 만들려고 하는 것이냐? 이것은 우리 문화를 매장하려는 것이지 무엇이냐? 나는 국사를 팔아먹지 못하겠다.”고 호통을 치면서 퇴장하기도 하였다.[99]

해방 직후 이러한 분위기 때문에 1946년 3월 조선교육심의회가 끝날 때까지 사회생활과 도입은 확정되지 못했다. 그래서 1946년 4월 25일 개강한 중등교원임시양성소의 모집도 ‘국어, 국사, 지리, 공민, 수학, 이과, 생물, 체육, 가사, 상과, 농과, 공작의 12개 학과 1,850명’으로 학과별로 안내되었다.[100] 그런데 경성사범대학에 설치된 중등교원양성소에서는 1946년 사회생활과에서 56명이 수료한 것으로 기록되어 있다.[101] 이는 입소 당시 국사

99) 박광희, 「한국사회과의 성립 過程과 그 課程 變遷에 관한 一硏究」,서울대학교 석사학위논문, 1965, 50쪽. 박광희는 이 내용을 최병칠과의 면담(1965년 9월 1일 성정여고 교장실에서)을 통해 들었다고 했다.
100) 《동아일보》, 1946년 4월 3일.
101) 서울대학교사범대학 30년사 편찬위원회, 『서울대학교 사범대학 30년사-민주교육의 요람』, 서울대학교 사범대학, 1976, 60쪽. 서울대학교사범대학 50년사 편찬위원회, 『서울대학교 사범대학 50년사』, 서울대학교 사범대학, 1996, 17~18쪽.

<1946~1950년 서울대학교 사범대학 졸업생 및 중등교원양성소 수료자>

	구분	1946	1947	1948	1949	1950	계		구분	1946	1947	1948	1949	1950	계
사범대학	교육과			4	19	20	43	중등교원양성소	국문과	62		82	46		190
	국문과			7	4	10	21		영문과			19			19
	영문과			5	13	18	36		사회생활과	56	93		40		189
	사회생활과			15	19	25	59		수학과		15		29		44
	수학과				1	2	3		일반이과		34				34
	물리화학과				2	5	7		생물과	2	36				38
	생물과				3	3	6		가정과	8			19		27
	가정과				3	6	9		체육과		22		94		116
	체육과					2	2		소계	128	200	101	228	0	657
	소계	0	0	31	64	91	186								

와 공민으로 들어왔던 학생들이 수료 당시 사회생활과로 그 자격을 부여
받았기 때문일 것이다. 즉, 5개월의 연수과정이 끝나던 시점에는 사회생활
과가 공식적으로 도입되었기 때문에 국사와 공민으로 수료증을 받을 수
없었던 것으로 보인다. 또한 1946년 5월 20일 각 대학별 모집 시기와 인원
이 발표되었는데, 이 때 경성사범대학의 모집학과는 교육과, 국문과, 사학
과, 영문과, 체육과 각 40명이었고, 경성여자사범대학에도 역사과와 예과
가 있을 뿐 사회생활과는 없었다.[102] 계속해서 1946년 6월 15일《동아일
보》에는 다음과 같은 기사가 실렸다.

> 문교부 미군측에서는 지리, 역사, 공민을 사회과학이란 이름 밑에서
> 한 단위의 교과목으로 하자는 안과 세 교과 편찬위원들과의 의견상 상
> 위로 공부를 시작한지 어언 반개년이 넘도록 아직까지 교과요목을 정
> 하지 못하고 교과서 편찬도 할 수 없게 되어있다.[103]

즉, 1946년 6월까지도 사회생활과 도입을 주장하는 미군측 관리와, 도입
에 반대하는 지리·역사·공민 편찬위원들의 대립이 계속되고 있었던 것이
다. 그리고 이를 논의한 지가 벌써 6개월이나 되었다고 했으므로 1946년
1월 이전에 관련 논의가 시작되었음을 짐작할 수 있다. 이 때는 아직 조선
교육심의회가 해산되기 전이다. 하지만 미군정 문교부 내에서조차 결론을
내리지 못한 상태였기 때문에 조선교육심의회에 관련 내용이 상정되지 않
았던 것 같다. 그런데 1946년 8월 22일에 설립된 국립 서울대학교의 사범
대학[104]에 종합교과인 사회생활과 교원 양성을 위한 학과가 설치되었
다.[105] 이는 1946년 9월 사회생활과가 포함된 신 교육과정이 발표되기 직
전이었다. 국립 서울대학교 출발과 함께 사회생활과가 설치될 수 있었던

---

102)《동아일보》, 1946년 5월 20일.
103)《동아일보》, 1946년 6월 15일.
104) <국립서울대학교 설립에 관한 법령>, 군정법령 제102호, 1946년 8월 22일.
105) 홍웅선, 앞의 논문(a, 1992), 123쪽.

것은 당시 경성사범대학 학장이었던 장리욱의 역할이 컸다고 한다.[106) 하지만 서울대학교 사범대학 1946년 1학기 강의일람표에 따르면 그 학과의 명칭은 '사회과학과'였다.[107) '사회생활과'라는 낯선 명칭에 대한 인식이 여전히 부족했음을 보여준다.[108)

이상의 검토를 통해 사회생활과의 도입은 1946년 8월에 가서야 어느 정도 결정되었음을 짐작할 수 있다. 미군정과 오천석을 비롯한 문교부 주요 인사들이 사회생활과 도입을 주도했음에도 논란이 끊이지 않았던 것이다. 이는 사회생활과 도입에 대한 반감이 그만큼 강했음을 보여주는 반증이다. 그럼에도 불구하고 1946년 9월 사회생활과가 교육과정에 포함되었던 것은 그만큼 미군정의 사회생활과 도입 의지가 강했기 때문일 것이다. 최현배와 최병칠이 미군정 고문과 앤더슨 편수국장의 지시로 사회생활과가 도입되었다고 기억한 것은 이러한 상황을 증명해준다.

논란 끝에 사회생활과 도입이 결정되자 서울대학교 사범대학을 비롯한 전국 각 대학 현직교수들이 "교육이론이나 사조상으로 보아서는 종합교과를 하는 것이 온당하지만 우리의 현실에서는 그에 맞는 교과서를 만들 수 없고, 그런 교과서가 있더라도 그것을 가르칠 교사가 없다."는 이유를 들어 반대했다. 그래서 "최종적으로 미군정 문교부는 국민학교는 통합하고 중등학교는 다음으로 미루고 그러나 정신만은 종합교과인 사회과로 하기로 했다."[109)고 한다.

106) 한기언, 「한국의 사회과교육」, 『한일사회과(공민)교육 심포지움 보고서』, 1991, 9쪽.(홍웅선, 위의 논문(a, 1992), 123~124쪽에서 재인용.)
107) 1946년 1학기, 2학기, 1947년 1학기까지의 강의일람표에는 '사회과학과'라고 되어 있고, 1947년 2학기부터 '사회생활과'라고 명시되어있다.(서울대학교사범대학 30년사 편찬위원회, 앞의 책(1976), 61~71쪽.)
108) 서울대학교사범대학 사회교육과 50년사 편찬위원회, 『서울대학교 사범대학 사회교육과 50년사』, 서울대학교 사범대학 사회교육과, 1997, 11~12쪽.
109) 1947년 1월 발행된 <국민학교 사회생활과 교수요목집>에 사회생활과는 과목별 구분 없이 6년 과정이 통합적으로 제시되었고, 1948년 12월 발행된 <중등교 사회생활과 교수요목집>에는 "중학교 사회생활과는 얼마 동안 지리, 역사 및 공민의

사회생활과에 대한 논란은 미군정이 끝나고, 대한민국 정부가 수립된 이후에도 계속되었다. 서울대학교 사범대학에 사회생활과가 설치되었음에도 관련 강의는 물론이고 연구가 전혀 진행되고 있지 않던 때, '사회생활과교육연구회'를 조직하고 사회교육학 연구를 진행했던 한기언의은 다음과 같이 증언했다.[110]

> 해방과 더불어 '사회과'가 초·중·고등학교의 교과의 하나로 선정 된 지도 거의 20년이나 경과하였다. 하지만 사회과의 경우 그 의의를 높이 평가하는 분도 있었으나 대체로는 지극히 그 수용 태도에 있어서 냉담했던 것 같다. 우리는 사회과를 교과목으로 받아들임에 있어서 그것이 너무나도 갑작스러워서 결국 교과목으로 제정되자 그 때부터 여기에 대해서 이해하려 했을 뿐이었다. 적어도 우리들 자신이 서둘러서 교과목으로 채택한 것이 아니었던 것만은 틀림없다. 그러고 보니 사회과는 교육계에서 일종의 불청객과 같은 인상을 주었다. 이것이 그 후 연구열을 저조하게 한 것과도 상관관계가 있었다고 본다.[111]

즉, 해방 직후 사회생활과의 도입은 당시 일선 교육자들에게는 너무 갑작스러운 일이었고, 이 교과를 학생들에게 가르칠 수 있는 준비가 전혀 되어있지 않은 상태였다. 따라서 교육 현장에서는 사회생활과가 교육과정에 포함된 후에야 이 교과에 대해 알기 시작한 것이다. 이러한 상황이 미군정의 교육정책을 실현할 핵심 교과가 교육 현장에서는 오랜 시간 불청객으로 받아들여지게 했던 중요한 이유이다. 한기언은 서울대학교 사범대에서 최초로 사회생활과에 관한 졸업논문을 발표하기도 했다. 그는 당시의 상황

세 부분으로 갈라서 교수하기로 함."이라고 명시되어 있다.(<초등학교 사회생활과 교수요목집>, 1~2쪽, <중학교 사회생활과 교수요목집>, 2쪽. 박광희, 앞의 논문(1965), 51쪽.)

110) 서울대학교 사범대학 30년사 편찬위원회, 앞의 책(1976), 286~287쪽.

111) 한기언, 「한국 사회과 교육의 진로」, 『사회과교육』2, 1964, 1쪽.

에 대해 다음과 같은 증언도 남겼다.

> 당시의 교수진도 "사회생활 교육"에 대해서는 한두 분을 제외하고는 상당 기간 대단히 냉담하였던 것이 사실입니다. 나의 학부 졸업 논문 제목인 "중등학교 사회생활과 교육 목적론"만 하여도, 그 허가를 얻기조차 힘들었는데, 지금으로서는 도저히 믿기 어려운 일입니다.[112]

미군정은 남한에 민주주의 국가를 건설한다는 목표를 가지고 있었고, 교육을 중요한 수단으로 생각했다. 그리고 아동중심·생활중심 교육을 추구했던 사회생활과를 통해 민주주의를 이해시키고 실천하고자 했다. 이러한 미군정 교육정책에 동의하고, 해방 직후 새로운 교육을 추구했던 한국인 교육자들이 있었기 때문에 사회생활과는 초·중등교육과정에 신속하게 포함될 수 있었다. 하지만 이 새로운 교과는 한국인들에게 너무 낯설었고, 이를 받아들일 준비를 하기에 물리적 시간이 너무 짧았다. 무엇보다 국사가 사회생활과에 포함되는 것에 대한 거부감이 있었다. 그 결과 사회생활과 도입은 신속하게 결정되었지만, 교육현장에 보급되고 실천되는 것은 오랜 시간이 필요했다.

2) 사회생활과와 역사과의 운영

① 'Social studies(사회생활과)' 용어 결정

'Social studies'를 '사회생활'로 번역한 과정을 통해 이 교과를 좀 더 이해할 수 있다. 1946년 허현은 'Social studies'에 대해 다음과 같이 설명했다.

> 사회생활이란 용어는 미군이 38도선 이남 조선에 진주할 때 휴대하

---

112) 한기언, 앞의 논문(1991), 15쪽.(홍웅선, 앞의 논문(a, 1992), 125쪽 재인용.)

고 온 것이다. 미군정청에서 조선교육의 재조직을 기획할 때 재래의 교과목을 개편하였다. 이 교과목 개편 중 새로운 말이 사회생활(Social Studies)이다. Social 이라는 글자는 사회적이라는 형용사이며 Studies는 여러 가지를 공부 혹은 연구한다는 명사이다. 그러면 이것을 합하면 사회적 공부 혹은 사회에 대한 공부 등으로 번역할 수 있다. 하지만 Social Studies라는 말은 한 과목의 총칭명사이다. Social Studies는 주로 지리, 역사, 공민 등을 포함하나 개념구성의 이론으로 보아 지리, 역사, 공민을 합한 것이 반드시 사회생활은 아니다.113)

즉, 'Social studies'는 총칭명사로서 주로 지리·역사·공민을 포함하기는 하지만, 지리·역사·공민을 단순히 합한 것이 'Social studies'는 아니었다. 허현 자신이 'Social studies'를 '사회생활'이라고 번역해 사용했지만, 여전히 적절한지에 대해서는 확신을 하지 못했다. 그래서인지 「저자의 말」을 마무리하며 "사회생활이라는 용어는 여러 가지로 생각하여 보았으나 천하의 식자(識者)에게 더 적절한 용어발견을 앙탁(仰託)한다."고 하였다.114)

선행 연구에서 아동중심·생활중심 교육을 그대로 드러낼 수 있는 '사회생활'로 교과명이 결정되었다는 설명이 있기도 했다.

이 교과목명을 무엇이라고 해야 이 분야의 의의를 잘 나타낼 수 있을까 하여 '사회연구', '사회공부', '사회생활' 등의 명칭을 내어놓고 열렬히 토론한 결과 '사회연구'로 하면 초등학교 아동의 생활과는 차원이 달라지는 것 같으니 부적당하고, '사회공부'는 그 어감이 석연치 못한 것 같고, 이 교과목으로서는 아동의 사회생활을 그 내용으로 하고 있는 만큼 그 의미로 해석하여 '사회생활과'라고 명명하게 되었다.115)

최병칠은 '사회생활'이란 교과명이 최현배의 명명으로 모처럼 한국 고

---

113) 허현, 『사회생활해설』, 제일출판사, 1946, 2~3쪽.
114) 허현, 「저자의 말」, 위의 책(1946). 1946년 7월 31일 작성.
115) 박광희, 앞의 논문(1965), 52쪽.

유의 명칭이었는데, 이것을 다시 일본식으로 고친 것을 아쉬워했다.

　한가지 특기할 사실은 사회과의 창설이다. 명칭은 사회과가 아니라 사회생활이었다. 이 이름은 당시의 편수국장 최현배씨의 명명이었다. '사회생활'이란 교과명은 그 후 대한민국 제2차 개정 때 '사회'로 바뀌었으니, 만 17년 동안 통용을 보다 사라진 것이다. 'Social Study'를 일본에서 애당초부터 사회라고 했으니 구지 중도에서 일본식으로 개명을 할 이유가 나변(那邊)해 있었는지, 필자는 당시의 위원회에 참석치 않아 알 길이 없지만 모처럼 한국 고유의 명명을 폐리(敝履)와 같이 버린 것은 유감된 일이라 생각한다.[116]

미국 어린이교육협회에서 1944년 발행한 『사회생활과 교수지침』에는 사회생활과 사회과학을 구분하여 다음과 같이 설명하기도 했다.

　사회과학과 사회생활공부의 차이는 전자는 구분해 놓은 지식체요 후자는 그것을 건너서 사회에 야기되는 그대로의 생활문제를 다루는 것이다. 어린이들을 가르치는 선생은 사회생활을 가르치며 문제를 풀려면 대여섯의 사회과학을 인용하여야 한다. 말할 필요도 없이 선생이 사회과학을 잘 구사할 수 있으면 있을수록 사회생활공부를 할 때 어린이들이 그들의 문제를 풀 수 있도록 더 잘 전도할 수 있을 것이다.[117]

위에 따르면 사회과학은 지식일 뿐이고, 사회생활은 현실 생활의 문제를 다루는 것이었다. 교사는 학생들에게 지식이 아니라 생활을 가르쳐야하고, 학생들에게 사회생활을 더 잘 가르치기 위해 교사들이 다양한 사회과학을 공부해야했다. 즉, 학생들이 사회과학을 직접 배울 필요는 없다는 것이다.

---

116) 최병칠, 앞의 책(1972), 26쪽.
117) 미국어린이교육협회 편, 성내운 역, 『사회생활과 교수지침』, 교육문화협회, 1949, 16~17쪽.

이상의 검토를 통해 'Social studies'는 해방 후 미군정에 의해 남한에 들어온 것이고, 아동중심·생활중심 교육을 지향했던 미군정 교육 방침을 반영하여 '사회생활과'로 번역되었다는 것이 일반적인 해석이었다고 볼 수 있다.

하지만 필자는 1932년 김활란이 통합교과의 교과명으로 '사회생활'을 사용했음을 확인했다. 다음은 1932년 2월 『신동아』에 실린 김활란의 「조선재생과 농촌교육」 중 교육과정과 관련된 내용이다.

> 교과목 제정의 직접적 목표를 열거하면 첫째, 건강에 관한 지식, 기교, 습관, 태도와 감상. 둘째 직업과 부업에 관한 지식, 기교, 습관, 태도와 감상. 셋째, 사회생활 전반에 관한 지식, 기교, 습관, 태도와 감상. 넷째, 오락행동에 관한 지식, 기교, 습관, 태도와 감상 등이다.
>
> 이상과 같은 목표를 교과작성에 실시시킬 방법으로는 우선 역사, 환경과 아동의 생활 자체를 기초로 한 조선 문화를 연구하며, 세계 각국의 경험을 연구해서 그 결과를 토대로 해서 현교과서들을 개정하여야 할 것이다. 그래서 첫째로는 현 보통학교 교과목을 개정하되 조선 문화로써 그 기초를 삼고 현시보다 좀 더 실제 교육(직업교육)에 주중(主重)하여야 하겠다. 이제 현 보통학교 교과목 시간배당을 아래와 같이 했으면 이상적일까 한다.[118]

교과목	초급 4년	마지막 2년
위생과 건강 훈련	10분의 3	10분의 1
직업 훈련	10분의 1	10분의 5
사회생활 훈련	10분의 3	10분의 1
오락 훈련	10분의 1	10분의 1
미적 훈련	10분의 2	10분의 2

김활란이 제안한 교육과정의 특징은 1932년 당시에 사용되고 있던 보통

---

118) 김활란, 「조선 재생과 농촌교육」, 『신동아』, 1932년 2월, 4~5쪽.

학교 교육과정과 비교해보면 나타난다.

〈표 Ⅲ-15〉 보통학교 교과과정 및 매주 교수시수표(1922~1938)[119]

	제1학년	제2학년	제3학년	제4학년	제5학년	제6학년
수신	1	1	1	1	1	1
국어	10	12	12	12	9	9
조선어	4	4	3	3	3	3
산술	5	5	6	6	4	4
일본역사					2	2
지리					2	2
이과				2	2	2
도서			1	1	남 2 여 1	남 2 여 1
창가	3		1	1	1	1
체조		3	3	남 3 여 2	남 3 여 2	남 3 여 2
재봉				2	3	3
수공						
계	23	25	27	남 29 여 30	남 29 여 30	남 29 여 30

1932년 당시 일제의 교육과정은 12개의 독립 교과와 매주 수업 시수가 정해져 있었다. 김활란은 이를 5개의 통합교과와, 전체 수업의 비율에 따라 교과의 시간을 배정한 새로운 교육과정을 제시했다. 이 때 사회생활 전반에 관한 지식, 기교, 습관, 태도와 감상에 관련된 교과를 '사회생활 훈련'이라하고 전체 시간의 30%를 배당했다.

1920년대 미국 유학을 했고, 1930~31년에는 콜롬비아 대학에서 철학박사 학위를 받은 김활란은, 1916년부터 미국에서 운영되고 있던 'Social studies'에 대해서 알고 있었을 것이다. 무엇보다 김활란이 콜롬비아에서

---

119) <보통학교 규정>, 조선총독부령 제8호, 1922년 2월 20일.(정재철,『일제의 대한국
　　 식민지교육정책사』, 일지사, 1985, 387~388쪽.)

공부했던 기간은 오천석이 그곳에서 공부하며 듀이의 영향아래 아동중심·
생활중심의 교육사상을 확립한 때였다. 김활란도 콜롬비아 대학에서 듀이
의 교육 철학에 영향을 받았음은 충분히 짐작할 수 있다. 귀국 후 김활란
이 위와 같은 통합교과의 새로운 교육과정을 제시했다는 것이 이를 보여
준다. 결국 김활란은 미국 초·중등학교에서 운영 중이던 'Social studies'를
조선에도 적용하자고 제안했고, 그 과목명을 '사회생활 훈련'이라 명명했
던 것이다. 따라서 미군정 문교당국에서 'Social studies' 도입이 결정된 후
이를 어떻게 번역할 것인가로 논의가 있었을 때, 김활란의 의견이 반영되
었을 수 있다. 당시 미군정 문교부의 한국인 핵심 인물로 '사회생활과' 도
입에 적극적이었던 오천석과 김활란의 관계[120]를 생각한다면 가능성은 더
욱 높다. 그리고 김활란이 설립한 이화여자대학교 사범대학은 2012년까지
'사회생활학과'라는 학과 명칭을 유지하였다.[121]

② 사회생활과의 방향과 목적

사회생활과는 미군정이 추진했던 민주주의 교육에 있어서 전교과의 핵
심이었다.[122] 오천석은 재래의 수신·역사·지리 등으로 독립하였던 과목들
을 종합하여 사회생활이라는 새 과목을 세운 것이 미군정기 가장 큰 교육
내용의 혁신이라고 했다. 계속해서 오천석은 "이는 미국학교를 모방하여

---

120) 이 책 Ⅱ장 각주83. 참조.
　　　김활란과 오천석, 김성수, 유억겸, 백낙준이 모였다는 천연동 모처라는 곳은 김활
　　　란의 친구인 어느 부인의 저택이었다.(稻葉繼雄, 「解放後 韓國敎育 재건:교육자
　　　문위원회 인맥」, 『韓』28(1974.4), 동경:한국연구원, 91~107쪽.(홍웅선, 『광복후의
　　　신교육운동』, 대한교과서주식회사, 1991, 26~28쪽 재인용)
121) 이화여자대학교 사회교육과 학과연혁(http://my.ewha.ac.kr/dsse/). 이화여자대학교
　　　사회생활학과는 2011년 『사회생활학과 60년사』를 발간하기도 했다.
122) 윤양모, 「사회생활과 이전: 활동과 제고찰」, 『조선교육』1권 6호, 1947년 10월.(이
　　　길상·오만석, 『사료집성-Ⅲ』, 345쪽.), 심태진, 「사회생활과 교육론」, 『민주교육
　　　연구강습회속기록』, 1946, 129쪽,

그렇게 된 것이라고 할 것이나, 그 배경에는 듀이(Dewey)의 사상이 있었음은 두말할 것도 없다."[123]라고 했다.

　듀이는 분과형의 사회과가 지식의 축적이나 사회의 어떤 특별한 목적을 교화하는 교과로 되는 것을 경계하여 사회과의 통합성을 강조하였다.[124] 그의 제자 러그(Rugg)는 여러 사회과학 과목을 사회과로 통합한 최초의 교육자였다. 그는 전통적인 교과가 현대 생활의 긴급한 요구에 부응할 수 없다고 보고, 새로운 통합교과로서 역사·지리·공민·경제·사회 등의 내용을 포함하는 광역교과인 사회과를 구성하였다.[125] 즉, 오천석은 사회생활과를 통해 진보주의 교육을 대표했던 자신의 스승인 듀이와 킬패트릭(Kilpatrick), 러그의 교육사상을 해방 후 남한에서 실천하고자 했던 것이다. 진보주의 교육은 '사회현상을 종합적으로 판단해 생활문제를 해결할 수 있는 통합적인 인간의 육성이라는 민주주의 사회의 요구를 반영한 것이다.'[126] 따라서 사회생활과는 기존의 과목들을 통합해야하고, 생활 속 문제를 해결할 수 있도록 교육 내용과 방법을 개선할 필요가 있었다.

　1946년 11월 민주교육연구강습회에서 심태진은 현재 조선 교육에서 사회

---

123) 오천석, 앞의 책(b, 1975), 214쪽.
124) 듀이는 커리큘럼 편성에 있어 사회과와 이과의 통합의 필요성을 다음과 같이 제시하고 있다. "첫째, 인간을 중심으로 세계를 생각하는 근대 사상에서 사회적이라고 하는 것은 이과적, 예술적, 역사적이라는 개념 등 모든 것을 종합하는 전체적 태도이며, 따라서 사회과는 모든 교과를 종합하는 중심이라는 점이다. 둘째, 근대 사회는 고도로 과학화되고 기술화되어 있어 과학의 발달로 인한 발명, 발견, 기계 생산, 이로 인한 산업혁명 등 사회과에서 취급하여야 할 문제는 과학적 배경 없이는 해결할 수 없다는 점이다." 이러한 논리에 근거해 듀이는 사회과와 이과를 분리해서 생각할 것이 아니라 모든 단원에서 사회성과 자연성을 동시에 학습시켜야 한다고 주장했다.(박남수, 「초기 "사회생활과 교수요목"의 편성 논리」, 『사회과교육학연구』 제3호, 1999, 110~111쪽.)
125) 이진석, 「해방 후 한국사회과의 성립과정과 그 성격에 관한 연구」, 서울대학교 대학원 박사학위 논문, 1992, 5쪽.
126) 박남수, 「초기 사회생활과 교수요목에 영향을 끼친 미국 근대 교육과정의 구조와 특징」, 『사회과교육연구』 제17권 제1호, 2010, 4쪽.

생활과가 필요한 이유는 사회생활과가 세계적으로 가장 진보된 신교육에서 출발했고, 신교육방법이 집대성된 것이기 때문이라고 했다. 그리고 이 신교육과 신교육방법은 듀이의 학설에 가장 큰 영향을 받았다고 했다. 그리고 신교육운동과 함께 나타난 신교육법이 최근에 와서 종합되고 진전지양(進展止揚)되어 집대성된 것이 'Social Studies(사회생활과)'라고 말했다.127)

　사회생활과를 도입하고 이를 실천하고자 했던 사람들은 듀이가 주장했던 아동중심·생활중심 교육을 실시하려고 했다. 이를 위해 통합교과로서의 사회생활과가 필요했던 것이다. 아동중심·생활중심의 종합교육을 위해 왜 통합교과가 필요했는지는 허현의 다음 설명을 통해 알 수 있다.

　　우리는 무기 유기의 세상에 산다. 이것이 구체적으로 우리에게 환경화하여 나타난 것은 지구 즉(卽) 과목상으로 보아 소위 지리다. 우리가 이 지리적 환경에 작용 반작용하여 즉(卽) 인간이 만들어지는 것이 문화이다. 문화는 사회적이고 역사적이다. 환언하면 세상에 만들어진 것은 적극적으로나 소극적으로나 우리에게 의미가 있는 것이다. 의미가 있다 함은 이러한 역사적 사실이 우리의 생명에 관계가 있다는 말이다. 따라서 인간이 만든 모든 사물의 기원발전의 과정 즉 그 역사가 인간생명과 여하한 관계가 있는 것을 이해하여서 아동이 자기 생활에 집어야 할 것이다. 환언하면 역사적 환경의 의미, 이해, 목적을 경험하여 그것을 생명, 생활화하여야 할 것이다. 이것을 인습적 교과목으로 말하자면 역사이다. 사회생활이라 하는 것은 그 현상이 천차만별하나 현저한 두 현상이 있다. 동일화 혹은 사회의식의 강요와 독립화 혹은 반발하려는 현상이다. 일방(一方)은 개인을 균일화하려는 것이요 타방(他方)은 자유를 구하여 특수화하려는 방향이다. 이것이 제도·기관에 관하여서는 일방은 보수하려는 것이요 타방은 정혁(政革)하려는 것이다. 이 역사적 계단에 있어서 우리의 전통문화제도에 관하여 정확한 비판과 적도한 태도를 함양하여할 시기는 현재가 전무한 중요한 시기임은 식자가 이구동언(異口

---

127) 심태진, 앞의 논문(1946), 116~117쪽, 120~121쪽, 125쪽.

同름)할 것이다. 이것이 재래의 학과목의 용어로 말하자면 공민이다. 지금까지 해석한 것으로 보아 형식적으로 재래의 지리·역사·공민을 가(加)하여 놓은 것이 곧 사회생활이 아닌 것은 독자가 이해할 것이다.128)

허현은 지리·역사·공민이 서로 분리되어 있지 않고 유기적으로 연결되어 있다고 했다. 따라서 사회생활과를 통해 학생을 교육하고자 했던 사람들에게 지리·역사·공민을 분리시켜 교수하는 것은 옳지 못한 방법이었다. 오천석, 사공환, 이상선은 아동의 발달 상태를 고려하여 통합교과로서의 사회생활과의 의미와 필요성을 주장했다.129) 아동의 생활이 아직 분화되

---

128) 허현, 앞의 책(1946), 12~16쪽.
129) "대체 어린 아동에게는 우리가 산수니 국어니 음악이니 지리니 하는 학과목은 무의미한 말이다. 이것은 성인이 그 지식을 학문적으로 분류해 놓은 것이요, 아동의 실생활에 있어 이렇게 분산적 형식으로 나타나는 것이 아니다. 그에게 이러한 학과를 시간을 달리 하여 가르치는데, 실생활에 있어서는 아동에게 산수생활이 따로 있고 국어생활이 따로 나오고 음악, 지리 생활이 별개로 나오는 것이 아니다. 그의 실생활은 단일한 종합적 체험으로 일어나는 것이다."(오천석, 앞의 책(1946), 52~53쪽.)
   "아이들 생활은 미분화적이다. 그들에게는 오직 생활이 있을 뿐이다. 이러한 생활을 고려하여 개인의 요구와 사회의 요구를 채우려고 하는 곳에 사회생활의 규범인 공민적 지식이 필요하게 되고, 사회생활의 자연적 환경이며 지반(地盤)이 되는 지리적 지식이 필요하게 되고, 그 밖에 역사 근로에 관한 지식이 필요하게 되는 것이다."(사공환, 「사회생활과로 본 국사교육」, 『조선교육』제1권 제5호, 1947년 9월.(이길상·오만석, 『사료집성-Ⅲ』, 331~332쪽.)
   "미성년의 생활은 완전히 미분화적인 것이다. 이러한 미분화적 생활자에게 처음부터 분석적인 교육을 하는 것은 과학심을 앙양시키기 보다도, 오히려 순종시키는 교육이 되고 말아, 과학심을 손상시키는 결과가 되고 말 것이다. 따라서 종합교육은 초등학교에서부터 대학에까지 일률적으로 하여야 한다는 것을 의미하는 것이 아니라, 분석력 발달에 따라 점점 종합의 범위가 축소되어야 하겠다는 것을 알 것이다. 인지의 발달 과정은 미분화적 곧 종합적인 것에서 분화적인 것으로의 점진적 이행이다. 따라서 교육에 있어서도 이와 같은 지능 발달 과정을 살핀다면, 무리한 분석적 학과목으로부터 시작할 것이 아니라 좀 더 종합적인 것으로부터 출발하여야 하겠다는 것을 안다."(이상선, 앞의 책(1947), 28~30쪽.)

지 않았는데, 아동들에게 분화된 과목을 가르쳐서는 안 된다는 것이 이들의 생각이었다. 하지만 아동이 성장해감에 따라 자신의 삶을 여러 방면으로 나누어서 인지할 수 있는 능력이 발달하면, 그 때는 분석적 교육을 할 수 있다고 했다.

듀이의 교육사상을 받아들이고 사회생활과 도입을 주장했던 정책 입안자들과 교육자들은 이 교과만 도입되면 자연스럽게 교육현장에서 이에 따른 새로운 교육이 실천될 수 있을 것으로 생각했던 것 같다. 심태진은 사회생활과를 교과목에 넣으면 교사는 아동중심의 신교육 방법으로 전환할 수밖에 없다고 했다. 또한 사회생활과의 도입이 "구교육에서 신교육"으로 전환하는 계기가 될 것으로 기대했다.

> 사회생활과를 제공하면 교육자는 싫어도 아동중심교육을 하지 않으면 안 될 것입니다. 요목이 또 그렇게 되어 있습니다. 조선에서 구교육을 신교육으로 전환하는 길은 사회생활과를 계기 삼는 것이 가장 긴급한 문제라고 생각합니다. 교사중심의 교수방법에서 아동중심의 지도방법으로, 주입식 교육에서 자발적 교육으로, 일률적 교육에서 개성적응의 교육으로, 교과서 지상에서 경험중심으로, 기억본위의 지도에서 생활본위의 지도로 전향시키려면 사회생활과의 착실한 실천에 기대하는 바가 대단히 클 것입니다.130)

사회생활과를 도입하고 이를 보급하려 했던 정책 입안자들과 교육자들의 기대처럼 사회생활과만 교과에 포함시키면 교육현장에서는 아동중심·생활중심의 신교육이 실천되었는지에 대해서는 다음 장에서 검증해 볼 것이다.

지리·역사·공민의 통합을 주장했던 사람들이 다른 모든 과목도 통합되어야 한다고 주장하지는 않았다. 이상선은 국어과(독법, 서사(書寫), 습자,

---

130) 심태진, 앞의 논문(1946), 126~130쪽.

문법), 사회생활과(지리, 역사, 공민), 과학과(물리, 화학), 예술과(미술, 문학, 음악, 수공)는 종합해서 교수해야할 영역이고, 수학과, 체육과, 선택한 직업과 등은 분리해서 교수하는 것이 좋은 영역이라고 했다.[131]

이상의 검토를 통해 사회생활과는 아동중심·생활중심의 종합교육을 실천하기 위해 통합교과를 지향했음을 확인할 수 있었다. 그런데 이 때문에 "역사과는 통합성 속에 용해되어 역사과의 고유성을 상당히 손상당한 채로 재탄생하게 되었다. 따라서 국사교과의 지위는 크게 약화되었고 신국가 건설 도상에서 중시되어야 할 국사교육이 홀대 당했고, 역사과가 가지는 고유한 특성의 훼손되었다."는 지적이 있었다.[132] 하지만 필자는 통합교과를 추구한 것은 사회생활과의 이상이었을 뿐, 현실 속에서는 통합하지 못했고, 국사과는 독립과목으로서의 특성을 유지했다. 1946년 9월 사회생활과가 도입되면서 사회생활과 속에서 국사는 어떻게 자리해야하는지에 대해 당시 문교부 편수국 국사담당 편수관이었던 신동엽은 『사회생활과 참고조선역사-상고사』[133]의 「자서(自序)」에서 다음과 같이 설명하였다.

사회생활이라 하면 세상에서는 무엇이던지 혼합만 하여 놓으면 이것이 이상적인 것으로 아는 경향이 있으나, 이는 대개 오해이니 사회생활과의 남상지(濫觴地)인 미·영 제국에서도 체계가 정연한 역사 교과서가 있으며, 최근 소식에 의하면 사회생활과를 시작하여 한 걸음 우리보다 앞 선 일본에서도 초·중등학교에 사용하는 역사 교과서가 내용만 수정한 채 전일의 그대로라 한 것을 보아 짐작할 수 있거니와, 요는 그 내용의 취재(取材) 여하에 있는 것이요 무엇이나 체계 없이 혼합이 되

---

131) 이상선, 앞의 책(1947), 33, 37쪽.
132) 박진동, 「한국의 교원 양성 체제의 성립과 국사교육의 신구성:1945~1954」, 서울대학교 박사학위 논문, 2004, 177쪽.
133) 신동엽, 『사회생활과 참고조선역사-상고사』 제1권, 서울대아출판주식회사, 1946. 1946년 12월 25일 인쇄하고, 12월 31일 발행하였다. 자서는 1946년 11월 27일에 작성하였다.

어야만 좋은 것은 아니다.[134]

신동엽은 사회생활과가 최초로 시작된 미국과 영국에서도 역사교과서
는 별도로 존재하고 있고, 우리와 같은 처지에서 사회생활과를 시작한 일
본의 초·중등학교에서도 여전히 내용만 수정된 역사교과서가 존재함을 지
적하였다. 신동엽은 역사가 사회생활과에 포함되었지만 그렇다고 역사교
과서가 필요 없는 것이 아니라, 여전히 역사교과서는 필요하다고 강조했
다. 다만 그 내용을 정치사 중심에서 벗어나 좀 더 풍부하게 해야 한다고
했다.

③ 사회생활과의 실제 운영

해방 후 도입된 사회생활과는 통합교과를 목표로 했지만 실제로는 완벽
한 통합교과가 될 수 없었다. 藤岡信勝는 사회과 통합을 3단계로 구분했는
데,[135] 여기에 맞춰보면 "콜로라도 주 안은 그 배경에 관련 학문을 상정하
고 있지 않은 두 번째 유형의 사회과라고 할 수 있으며, 코어 커리큘럼의
형식을 띠고 있지 않았다."[136] 즉, 미군정 문교부가 모델로 삼았던 콜로라

---

134) 신동엽, 「자서」, 위의 책(1946).
135) 사회과에 있어 통합의 발전은 3단계로 나눌 수 있다. 첫째는 역사, 지리, 공민 등
  의 독립 교과를 두는 것으로 여기서는 통합의 요소가 결여된 통합 이전의 단계이
  다. 둘째는 역사, 지리, 공민 등의 학습내용을 통합하는 것으로 사회과는 이 단계
  에서 성립한다. 셋째는 역사, 지리, 공민 등이 사회과에 통합되는 것이 아니라 사
  회과를 중심으로 이과, 수학, 국어, 미술, 음악 등 모든 교과를 통합해서 하나의
  중심학습을 구성하는 것이다. 여기서 사회과는 그 형태를 버리고, 단지 그 중심
  에 위치해 다른 교과와 병렬하는 하나의 교과가 아니라 전에 계획의 중핵이 되
  며, 사회과와 이과의 통합은 이 단계에서 성립한다.(藤岡信勝, 「社會科敎育に
  おける綜合の問題」, 『學級敎授論と綜合學習の硏究』, 明治圖書, 1983.(박남
  수, 앞의 논문(1999), 110쪽에서 재인용.)
136) 박남수, 위의 논문(1999), 110쪽.

도 주 초등학교 사회생활과가 과목만 통합된 형태였기 때문에, 미군정기에 만들어진 국민학교 사회생활과도 완벽한 형태의 통합교과가 될 수 없었다.

무엇보다 1942년 콜로라도 주 초등학교 사회생활과 교육과정은 4학년까지만 역사·지리·공민의 통합교과가 적용되었다. 이후 상급 학년은 앞으로 통합할 계획만 있었다. 따라서 5학년부터는 분과적으로 교육과정이 구성되어 있었다.

> 사회생활과는 상급 학년의 역사, 지리, 공민 등을 융합, 확장하기 위해 통합된다. 이 과정은 첫 4학년에 적용된다. 곧 나머지 학년에도 이 추세를 적용할 것이다. 이전에는 분리되었던 영역을 상호연관지어 학습하기 때문에, 이 변화는 교육방식과 학습방식 모두를 단순하게 만들 것이다. 이를 통해 더 다양하고도 적절한 단원을 학습하고 더 많은 "학습활동"을 진행할 수 있을 것이다.[137]

1942년 콜로라도 주 초등학교 사회생활과 교육과정과 1947년 1월 발표된 <국민학교 사회생활과 교수요목집>에 제시된 교육내용을 살펴보면 학년별 교과 통합의 양상을 볼 수 있다.

〈표 Ⅲ-16〉 1942년 콜로라도 주와 해방 직후 초등학교 사회생활과 교육과정[138]

콜로라도 주		한국	
학년	학년별 개요	학년	학년별 요목
1학년	가정 및 학교생활	1학년	가정과 학교
2학년	마을 공동체 생활	2학년	고장 생활
3학년	더 큰 공동체 생활	3학년	여러 곳의 사회생활
4학년	다른 지역의 공동체 생활		

---

137) 『Course of Study for Elementary School』, p.116.
138) 『Course of Study for Elementary School』, p.118. <국민학교 사회생활과 교수요목집>, 1~2쪽.

5학년	미국에서의 생활	4학년	우리나라의 생활
6학년	우리 미국의 이웃들	5학년	다른 나라의 생활
7학년	다른 대륙에서의 생활		
8학년	콜로라도와 미국의 위대한 발전	6학년	우리나라의 발달

즉, 위의 <표 Ⅲ-16>을 보면 콜로라도 주의 5학년은 미국 지리, 6학년은 미국 이웃 국가들의 역사, 7학년은 세계사, 8학년은 미국사로 구성되어 있다. 한국 사회생활과의 경우 4학년은 한국지리, 5학년은 세계사, 6학년은 국사로 구성되었다. 중등학교의 경우 콜로라도 주 교육과정에는 교과명만 사회생활과였을 뿐, 학년별 구성은 분과적이었다.

〈표 Ⅲ-17〉 1940년 콜로라도 주와 해방 직후 중등학교 사회생활과 교육과정139)

콜로라도 주		한국						
학년	학년별 개요	학년	학년별 요목					
			지리	시수	역사	시수	공민	시수
9학년	공동체 생활	1학년	이웃나라 생활	2	이웃나라 생활	2	공민생활 Ⅰ	1
10학년	미국사	2학년	먼 나라 생활	2	먼 나라 생활	2	공민생활 Ⅱ	1
11학년	세계사	3학년	우리나라 생활	2	우리나라 생활	2	공민생활 Ⅲ	1
12학년	미국 생활의 문제들	4학년	자연환경과 인류 생활	2	인류문화의 발달(4~5학년)	1	정치문제	2
		5학년		1	우리나라 문화 (5학년)	2	경제문제	2
		6학년	인생과 사회(도덕·사회·문화)(4), 시사문제(1)					5

위의 <표 Ⅲ-17>을 보면 콜로라도 주 중등학교 사회생활과 교육과정에는 미국사와 세계사가 각각 10학년과 11학년에 있다. 해방 직후 한국의 중등학교 사회생활과 교수요목은 처음부터 지리·역사·공민을 분리하여 각

---

139) 『Course of Study for Secondary Schools: Social Studies』, p.3~5. <중학교 사회생활과 교수요목집>, 6~97쪽.

학년마다 따로 배정하고, 그에 따라 수업시수도 각각 배정했다.[140] 즉, 콜로라도 주와 한국 모두 중등학교에서는 사회생활과를 통합교과로 구성하지 못했다. 다만 아래의 <표 Ⅲ-18>에서 확인할 수 있듯이 콜로라도 주 중등학교 10학년 미국사의 교육과정에는 첫 단위에서 '민주주의의 일반적 개념'에 대해 학습하도록 하고 있다.[141] 통합된 형태의 중등학교 사회생활과 교과서를 만드는 것이 힘들었던 이유는 지리·역사·공민을 통합하는데 대한 반발이 원인이기도 했겠지만, 이를 실천하고자 했던 사람들조차 통합된 교육과정 만들기가 어려웠기 때문이다.

〈표 Ⅲ-18〉 콜로라도 주 중등학교 제10학년 미국사 교육과정

단위	문제(Problem)
Unit Ⅰ. 민주주의의 일반적인 개념	문제1. "민주적 생활양식"이란 무엇을 의미하는가? 문제2. 몇 몇 유명한 정치인들과 철학자들은 민주주의가 어떤 것이어야만 한다고 생각했는가? 문제3. 현대의 정치가들과 철학자들이 주장했던 서로 다른 민주주의의 개념은 어떤 것들이었나? 문제4. 민주주의의 원칙에 근거해서 조직된 사회제도들은 어떤 것들인가? 문제5. 민주주의에 기초해서 어느 정도까지 기업이 조직되고 통제되고 운영되어야 하는가? 문제6. 만약 경제적 사회적 민주주의가 실천되지 않는다면 국가가 정치적 민주주의를 유지하는 것이 가능한가? 다른 국가들은 민주적이지 않은데 어떤 한 형태의 민주주의가 유지되는 것이 가능한가? 문제7. 이제 학생만의 민주주의의 정의는 무엇인가? 이 정의가 6개월 전 학생이 생각했던 개념과 같은 것인가?
Unit Ⅱ. 자치정부를 위한 식민지 시대의 노력	문제1. 유럽의 어떤 운동이 사람들로 하여금 미국에 관심을 갖도록 하였는가? 문제2. 식민지 정부의 주된 형태는 어떤 것들이 있었는가? 문제3. 어떤 주변 환경이 초기 미국지도자들로 하여금 자치정부의 기술을 개발하게 하였는가? 문제4. 식민지 시대의 사회경제적 생활 속에서 어느 정도까지 민주주의가 나타났는가?

---

140) 중학교 사회생활과는 얼마 동안 지리, 역사 및 공민의 세 부분으로 갈라서 교수하기로 함.(<중학교 사회생활과 교수요목집>, 2쪽.)

141) 『Course of Study for Secondary Schools: Social Studies』, p.50~68.

	문제5. 북미로부터 프랑스인들을 축출하는 것이 식민지인들의 자급자족 정신에 얼마나 기여하였는가? 문제6. 오늘날 찾아볼 수 있는 북미의 일부를 프랑스가 점령했다는 증거는 어떤 것들이 있는가? 프랑스의 점령이 미국 문화의 발전에 어떻게 기여하였는가? 문제7. 식민지 시대의 주된 경제활동은 어떤 것이었는가? 그것이 국가의 문화적 정치적 발전에 어떻게 영향을 주었는가?
UnitⅢ. 독립전쟁	문제1. 식민지와 영국 사이에 갈등의 본질적 원인은 무엇이었는가? 그것은 경제적인, 종교적인, 정치적인, 사회적인 것 중 어떤 것이었나? 문제2. 영국의 중상주의 제국주의 정책이 미국 혁명과 어떤 관련이 있었는가? 영국은 이런 정책을 강제할 권리가 있었는가? 문제3. 혁명주의자들이 성취하고 싶었던 것은 무엇이었는가? 이런 똑 같은 목표 중에 어떤 것을 현재 미국이 직면하고 있는가? 문제4. 혁명의 철학적 이상을 현대 철학과 정부의 개념과 어떻게 비교할 수 있는가? 문제5. 대륙의회 약점 중 우리의 국가 또는 주 정부의 특 속에서 발견되는 것이 있는가? 문제6. 위대한 문서들이 어느 정도까지 아직도 미국의 사상과 행동에 영향을 미치는가? 문제7. 자유를 위한 식민지 사람들의 노력에 반하는 세력들은 어떤 것이었나? 그 세력들의 이유는 무엇이었나? 이런 세력 중 어떤 것이 오늘날의 변화를 반대하고 있는가? 그들의 이유는 또 무엇인가? 문제8. 우리가 살고 있는 사회가 독립혁명에 의해서 어떻게 이득을 얻었는가? 혁명 지도자들의 이상은 실행하는데 있어 우리의 역할은 무엇인가? 문제9. 독립전쟁이 미국 산업에 미친 영향은 무엇인가? 그 전쟁이 오늘날의 우리의 산업에 어떤 영향을 미치는가? 문제10. 식민지 사람들의 사상과 믿음을 형성하는데 있어 언론이 했던 역할은 무엇인가? 문제11. "헌법"적인 권리와 "자연"적인 권리 사이의 차이는 무엇인가? 문제12. 혁명의 자금은 어떻게 조달되었는가? 문제13. 여성들은 혁명전쟁을 승리로 이끄는데 어떤 도움을 주었나?
UnitⅣ. 헌법	20개의 문제
UnitⅤ. 연방정부의 확립	16개의 문제
UnitⅥ. 대외 관계	17개의 문제
UnitⅦ. 새로운 민주주의	12개의 문제
UnitⅧ. 국내의 갈등	12개의 문제

UnitⅨ. 새로운 산업 혁명	14개의 문제
Unit Ⅹ. 사회 개혁, 진보적 운동, 그리고 새로운 자유	10개의 문제
UnitⅪ. 미합중국과 세계 전쟁	7개의 문제
UnitⅫ. 전후 미국	17개의 문제

〈표 Ⅲ-19〉 콜로라도 주 중등학교 제11학년 세계사 교육과정142)

단위	문제(Problem)
Unit Ⅰ. 원시인과 인류 진보에 대한 공헌	6개의 문제
Unit Ⅱ. 근동의 고대 국가들	7개의 문제
UnitⅢ. 그리스 문화	11개의 문제
UnitⅣ. 로마제국	9개의 문제
Unit Ⅴ. 튜턴족과 국가 발달에 있어서 그들의 역할	6개의 문제
Unit Ⅵ. 중세	9개의 문제
UnitⅦ. 강력한 국가의 발달	8개의 문제
UnitⅧ. 종교개혁의 종교적 정치적 측면	13개의 문제
UnitⅨ. 구질서와 식민지 확산	9개의 문제
Unit Ⅹ. 프랑스 혁명과 절대주의 쇠퇴	12개의 문제

UnitⅪ. 19세기와 민주주의 진보

문제1. 영국에 있어서 민주적 경향성의 발달에 미친 초기 하노버 왕조의 영향은 어떤 것이었는가?

문제2. 19세기 초반 유럽 혁명들의 이유는 무엇이었는가?

문제3. 대영 제국과 미국 정부의 민주적 특징 사이에는 어떤 차이점들이 있었는가? 어떤 것이 더 민주적이었는가?

문제4. 이 시기에 형성되었던 헌법들은 미국 헌법과 어떻게 비교할 수 있는가?

문제5. 사회주의를 일으켰던 요인들과 상황들은 어떤 것들이었나?

문제6. 민족주의 성장이 유럽의 각국에 미친 영향은 어떤 것이었는가?

문제7. 제국주의는 민족주의의 논리적 결과인가? 왜 그런가?

문제8. 19세기 식민지 확장에 주된 동기는 무엇이었나?

문제9. 19세기 국제의회와 다른 조직들에 의한 더 나은 국가 간의 이해가 가져다 준 이득은 무엇인가?

문제10. "White Man's Burden" "Manifest Destiny" 같은 제국주의 정책의 합리화를 어떻게 설명할 수 있겠는가?

문제11. 전세계를 휩쓸었던 혁명 운동의 소용돌이에 어느 정도까지 미국혁명이 영향을 미쳤는가?

문제12. 왜 오스트리아 제국의 구성원들은 독립을 얻고자 하는 노력이 약했나? 현재 유럽의 사건들을 더 잘 이해하기 위해서 어떤 추론이 가능한가?

문제13. 이 시기에 비밀조직이 역할을 하지 않은 혁명이 있었는가? 미국은 비밀 정치조직이 있었는가?

문제14. 마치니, 가리발디 사이의 인성적 차이가 있었는가? 이 둘 중 이탈리아 권력에 더 핵심적인 사람은 누구였는가?

문제15. 왜 이탈리아와 독일은 식민지를 원했는가? 민주주의의 과거의 활동에 따르면 독일과 이탈리아의 확장과 관련된 그들의 현재 입장이 정당화 될 수 있는가?

문제16. 독일을 위해 비스마르크가 성취한 것은 무엇이었는가? 그의 성취와 정책의 궁극적인 결과는 어떤 것들이 있었는가?

문제17. 드레퓌스 사건은 무엇이었는가? 왜 그것이 세계를 격동하게 만들었는가?

UnitXII. 세계 전쟁과 그 결과	10개의 문제

사회생활과 교수요목 작성에 직접 참여했던 윤재천은 사회생활과 도입이 발표되었던 1946년 9월에, 이미 미국 오리건 주의 교육과정을 확인하고 이를 소개하는 『사회생활과 교육』을 펴냈다. 윤재천은 오리건 주의 7~9학년 수업안을 소개하면서 "사회생활과는 7학년 이상은 분명히 분과적 입장을 취한 듯하다."고 했다. 따라서 중등학교 사회생활과 교수요목을 제정할 때, 분과적으로 요목을 작성한다는 방침이 세워졌을 수도 있다.

〈표 III-20〉 오리건 주 상급 수업 안[44]

7학급	8학급	9학급
독서(技能), 문학, 어학(구어·문어) a. 철법 b. 습자	독서(技能), 문학, 어학(국어) a. 철법 b. 습자	영어, 작문(구어·문어), 문학
고대세계의 배경 해외의 대륙(지리·역사)	미주 역사와 정치	입장결정(oriention) 세계지리와 문명 (전생도에게 권함)
산수, 분수 제법, 백분비(1~2), 선·각	산수, 백분비(3), 공식, 체적, 면적, 保險	9학급용 산수 (전생도에게 함)
과학	과학	9학급 과학 (전생도에게 권함)
保險·체육	保險·체육	保險·체육

142) 『Course of Study for Secondary Schools: Social Studies』, p.69~84.

7학급	8학급	9학급
음악·미술	음악·미술	음악·미술(선택과)
가정경제·공예 (선택과)	가정경제·공예 (선택과)	가정경제·공예 (선택과)

주 1. 수학의 정도가 우리보다도 저급한듯하다.
  2. 사회생활과는 7학년 이상은 분명히 분과적 입장을 취한 듯하다.
  3. 7학년부터는 선택과목이 제시된다.
  4. 더욱이 9년간을 통해서 국어에 철법(綴法)과 습자가 들어있음은 우리가 많이 반성할 재료 (材料)라고 믿는다.143)

이상에서 살펴본 것처럼 통합교과를 추구했던 사회생활과는 초등학교 는 4학년부터, 중등학교는 사회생활과 교수요목 자체가 분과적으로 구성 되었다. 따라서 교과서도 과목별로 편찬될 수밖에 없었다. 결국 미군정이 끝날 때까지, 그리고 1948년 대한민국 정부가 수립된 이후에도 통합된 형 태의 중등학교 사회생활과 교과서는 편찬될 수도 없었고, 편찬된 적도 없 었다. 역사·지리·공민 교과서가 이름만 달리해서 편찬됐고, 학생들은 여전 히 과목별로 수업을 받았다.

또한 국민학교 1~4학년에서 사회생활과 교과서가 편찬되었다고 하더라 도 이것은 사회생활과의 취지에 맞는 교과서는 아니었다. 왜냐하면 문교부 편수국에서 국정으로 편찬한 교과서가 다양한 아동의 상태와 지역적 특색 을 반영하기는 힘들었기 때문이다.145) 최흥준은 이에 대해 다음과 같이 말 했다.

국민학교 3~4학년의 어린이들에게 스위스나 하와이의 산간지방의 생 활, 도서 지방의 생활을 가르치고, 사하라 사막과 알래스카의 얼음집과 같은 열대지방, 한 대 지방의 모습을 가르쳐야 했으니, 많은 교사들이 당황하고 어리둥절할 뿐이었다. 이러한 시행착오는 도입 초기 여러 곳

---

143) '주'는 윤재천이 오리건 주 교육과정을 보고 밝힌 개인적 견해이다.
144) 윤재천, 앞의 책(1946), 45, 59~60쪽.
145) 이경훈, 「대담: 교과서 출판 원로들에게 듣는다」, 『교과서연구』제9호, 1991, 110쪽.

에 존재해 많은 문제점을 제기하기도 하였다.[146]

1946~1947년 서울대학교 사범대학 사회생활과 강의일람표를 통해서도 통합된 형태의 사회생활과는 당분간 실현될 수 없었음을 확인할 수 있다.

〈표 Ⅲ-21〉 서울대학교 사범대학 사회생활과 전공과목 개설 현황(1946~1947)[147]

구분		역사		지리		공민		사회생활		계	
		과목수	학점	과목수	학점	과목수	학점	과목수	학점	과목수	학점
1946년	1학기	7	20			1	3			8	23
	2학기	5	14			2	7			7	21
1947년	1학기	9	27	3	7	7	19			19	53
	2학기	9	24	7	21	5	14	2	8	23	67
계		30 (52.6%)	85 (51.8%)	10 (17.5%)	28 (17.1%)	15 (26.3%)	43 (26.2%)	2 (3.5%)	8 (4.9%)	57	164

위의 <표 Ⅲ-21>에서 확인할 수 있는 것처럼 교육과정은 역사관련 교과가 절반을 넘었고, 나머지는 철학·윤리학·지리학 등으로 구성되었다. 사회생활과와 관련된 강의는 2년간 단 2과목(8학점)만 개설되었을 뿐이다. 2개 과목은 '사회생활과 교수법(2학점)'과 세미나 수업이었던 '사회생활과 교육연습(6학점)'이었다.[148] 1947년 2학기 '사회생활과 교수법' 담당 교수는 이준하[149]였다.

---

146) 최흥준, 앞의 글(2000), 7쪽.
147) 서울대학교 사범대학 30년사 편찬위원회, 앞의 책(1976), 61~71쪽. 박진동, 앞의 논문(2004), 147쪽.
148) 박진동, 「서평: 김상훈『해방 직후 국사교육 연구』, 경인문화사, 2018.」, 『역사교육』147, 2018, 421쪽.
149) 이준하는 미군정기 통합교과인 사회생활과의 목적이 반영된 유일한 교과서『중등사회생활-세계각국의 발전- 구라파편』을 집필하였다. 이 교과서에 대해서는 이 책 Ⅳ.3.2)에서 자세히 소개하였다.(이준하·이원학 공저『중등사회생활-세계각국의 발전- 구라파편』, 창인사, 1947.)

서울대학교 사범대학 사회생활과가 역사과를 중심으로 운영되었던 것은 이 과가 원래 사학과(역사과)로 만들어진 것을 명칭만 사회생활과로 바꾸었기 때문이었다. 즉, 서울대학교 사범대학은 경성사범대학과 경성여자사범대학이 서울대학교로 통합되어 1946년 9월 18일 첫 출발을 하였다.[150] 그런데 1946년 5월 발표된 경성사범대학과 경성여자사범대학의 모집 학과에는 사학과(역사과)만 있었다.[151] 이후 두 개의 사범대학이 통합되어 출발한 서울대학교 사범대학에 사학과(역사과)는 사라지고 사회생활과가 등장했다. 이는 사회생활과라는 새로운 과가 새로운 체제로 등장한 것이 아니라 사학과(역사과)가 이름만 바꾼 것이다. 따라서 1946년 9월 1학기 개설 과목이 국제법 1과목을 제외한 모든 과목이 역사일 수밖에 없었다. 지리과목이 1년 후에야 비로소 강의가 개설되었던 것도 사회생활과가 역사과를 토대로 만들어진 것임을 증명해준다. 강의 구성뿐 아니라 당시 서울대학교 사범대학 사회생활과의 역사담당 교수들은 전원이 정규대학에 역사학을 전공하였고, 일제하의 경성사범과 인적으로 연계가 없는 교수진으로 구성되었다. 따라서 자연스럽게 역사학 중심의 연구 분위기가 형성되었다.[152] 결국 서울대학교 사범대학 사회생활과는 통합된 형태의 사회생활과를 가르칠 수 있는 교사 양성이 구조적으로 불가능한 상태로 출발했던 것이다.

또한 사회생활과를 소개하고, 교수요목을 작성하고, 교과서를 편찬해야 할 문교부 편수국의 담당자들도 사회생활과에 대해 이해하지 못한 상태에서 업무를 진행한 것 같다. 서울 시내 학교를 돌아다니며 사회생활과에 대

---

150) 역사과60년사 편찬위원회, 『서울대학교 사범대학 역사과 60년사』, 역사넷, 2008, 20쪽.

151) 《동아일보》, 1946년 5월 20일.

152) 해방 후 국대안으로 사실상 강의가 마비되고 휴교 중일 때에도 이능식 교수가 학생들을 모아 연구실에서 강의를 이어가고 사학(史學)회를 만들어 역사학 중심의 연구 분위기를 형성하였다.(서울대학교 사범대학 50년사 편찬위원회, 앞의 책(1996), 264~266쪽. 이원순, 「나의 조선서학사 연구와 역사교육」, 『한국사학사학보』2, 2000, 변태섭, 「나의 인생 나의 학문」, 『한국사 시민강좌』27, 2000, 152쪽.)

해 강습을 했던 문교부 편수국 지리담당 편수관 최흥준은 당시의 상황을
다음과 같이 기억했다.

　　당시 한국인들은 '사회생활과'에 대한 개념이 없었고, 무엇인지도 잘
　모르고 있었다. 사회생활과로 묶여있기는 했지만 문교부 편수국의 담당
　들은 자신을 소개할 때 "역사 담당 신동엽입니다. 지리담당 이봉수입니
　다."라고 소개했지 "사회생활과 누구입니다."라고 소개하지 않았다. 나
　도 사회생활과는 지리-공민-역사를 합친 것이라고 막연히 생각했다. 사
　회생활과에 대한 강습을 할 때는 자신의 담당 분야를 주로 이야기했다.
　지리 담당 편수관은 지리적 요소를 중심으로, 역사 담당은 역사를 중심
　으로 그렇게 분과적으로 설명할 수밖에 없었다. 사회생활과 설명을 위
　해 여러 참고서들을 봤지만 이해하기 힘들었다. 지리 전공이라 이해가
　힘들었다. 그냥 어디에서 그렇게 이야기하고 있다 정도로 강습했다.[153]

　대한민국 정부가 수립된 이후에도 사회생활과는 여전히 정착되지 못했
다. 1949년 1월 성내운은 미국어린이 교육협회에서 1944년 발행한 『사회생
활과 교수지침』을 번역하여 간행했는데, 머리말에서 다음과 같이 출판 이
유를 밝혔다.

　　해방이후 조선교육에 사회생활과가 등장하자 교육자간에는 그 본질
　을 파악치 못하여 지리+역사+공민=사회생활과라고 생각하는 분이 많이
　있게 되었다. 그 결과 이름은 사회생활과이지만 그 내용에 있어서는 그
　설치이전과 다름없이 초보적 지리학, 역사학을 가르치고, 훈시적 공민
　교육을 거듭하고 있다. 이제 미국 어린이 교육협회에서 1944년에 발행
　한 『사회생활과 교수시침』을 우리말로 옮기어 교육자, 교육학도 제씨
　(諸氏) 앞에 드리게 되었다.[154]

---

153) <최흥준 구술자료>, 2014년 3월 29일.
154) 성내운, 「역자의 말」, 『사회생활과 교수지침』, 교육문화협회, 1949, 3~4쪽.

이는 1949년까지도 사회생활과를 가르쳐야 할 많은 교사들이 사회생활
과를 단순히 지리·역사·공민이 합쳐진 과목으로 생각하고 있었음을 말해
준다. 따라서 교과 명칭만 사회생활과였고, 수업은 이전과 다름없이 과목
별로 이루어지고 있었던 것이다. 앞선 연구에서도 사회생활과가 도입되었
지만 실제로 실천되지 못했다는 지적은 있었다.155) 그런데 사회생활과 도
입을 주장했던 사람들은 교육 현장에서 사회생활과가 실천되지 못하는 이
유가 교사들 때문이라고 했다. 허현은 "사회생활과를 모르기 때문이 아니
라 사회생활과를 교수할 방법을 모르기 때문인데, 교원이 조그만 노력하면
아동들을 지도할 수 있을 것이다."156)고 했고, 사공환은 "교육의 일대혁명
기에 임한 우리 교사로는 그 내용을 잘 음미하고 검토하고 감행하여 보아
서 상당한 시일을 요한 후 그 결과를 보고 비로소 선부장단(善否長短)의
평을 내려야 할 것이다. 시작한지 1년도 못되어서 다소 불편을 못 참고 시
비운운은 중임에 있는 교사로서는 경솔한 일이라 아니 할 수 없다."157)고
했다. 심태진은 "사회생활과 교육의 오해는 학생 각인의 자기활동을 주로
한 민주적 지도를 하여야하는데도 불구하고 구태의연하게 교사의 일방적

---

155) "사회생활과를 규정한 교수요목이 확정되기는 했지만 사회과적 방향으로 전환되
지 못하였다. 그 이유로 첫째는 해방될 때까지 우리가 밟아 온 교육방법이 엄밀
한 분파주의였던 고로 그 유습이 쉽게 청소되어지지 못했다는 것이며, 둘째는 그
것마저 일본중심 교육이라 전교과서를 다시 저술해야만 하게 되었는데 이에 수
반하는 애로가 너무도 컸다는 사실이며, 그 셋째는 교과서가 해결된다손 치더라
도 과연 종합교과를 이끌고 나갈만한 교사가 없었다는 것이다."(박광희, 앞의 논
문(1965), 91쪽.)
"실천상의 한계는 무엇보다 커리큘럼 구성과 실천에 있어 통합의 본질에 대한
이해가 충분하지 못했다는 데 있다."(박남수, 앞의 논문(1999), 126쪽.)
"사회과의 도입은 그 목적을 달성하지 못하였다. 근본적으로 다인종 사회에서 나
타날 수 있는 사회적 문제점에 대처하고 사회적 효용성을 높이려는 목적에서 나
온 사회과가, 과연 해방 직후 한국 사회에 적합한 것이었는지 충분한 논의가 없
었다."(김한종, 앞의 책(2013), 73~74쪽.)
156) 허현, 앞의 책(1946), 48~49쪽.
157) 사공환, 앞의 논문(1947).(이길상·오만석, 『사료집성-Ⅲ』, 331쪽.)

활동을 주로 한 전제적 지도를 하고 있다는 점이다. 이것은 오로지 교사 자신이 민주적 생활이 무엇인가를 이해치 못하고 이를 실천하지 못하는데 서 오는 결과라고 본다."158)고 했다. 하지만 사회생활과가 교육 현장에 정 착되지 못한 이유는 교사들 때문이 아니라 미군정이 자신들의 교육정책을 실현하기 위해 너무 성급히 학제를 바꾸고 사회생활과를 도입했던 결정, 그 자체 때문이었다. 1947년 한국교육정보조사단의 다음과 같은 보고서가 필자의 생각을 뒷받침해준다.

> 미국의 교육제도들이 한국의 상황을 고려하지 않고 한국에 강요된 증거를 발견했는데, 그 첫 번째가 일제 10년의 초·중등 학제를 미국 표 준의 12년제로 즉각 연장시킨 것이고, 두 번째가 교사 훈련 및 교재의 필수적인 공급이 이루어지기전에 '수신'이라는 과목을 '사회생활과'로 바꾼 것이다.159)

이처럼 교육 현장에서 사회생활과의 정착이 힘들었고, 논란이 계속되는 상황에 대해 박진동은 "중등단계에서 통합 사회생활과 교육이 부진했던 것은 과연 그것이 필요하고 가능한 일인가?"160)라는 근본적인 질문을 제 기하기도 했다. 결국 사회생활과의 도입은 이후 "한국 교육과정에서 논쟁 의 불씨가 되었고, 특히 역사과와 사회과의 대립을 출발시켰다."161)고 할 수 있다. 사회생활과와 관련된 논란은 이 교과를 처음 실시한 미국에서도 지속되고 있다. 즉, 시민성 교육이라는 목적 달성을 위한 중심 교과가 사회 과가 되어야한다는 주장과 이 목적의 효과적 추구를 위해서는 역사 중심 교육과정으로 개편되어야 한다는 주장이 대립되어 왔다.162) 또한 일본에

---

158) 성내운, 「序-심태진」, 앞의 책(1949), 1~2쪽.
159) HUSAFIK, APO 235, op. cit. (정태수, 『자료집-상』, 1424~1425쪽.)
160) 박진동, 앞의 논문(2004), 157쪽.
161) 김한종, 앞의 책(2013), 73~74쪽.
162) 손병노, 「미국 사회과 교육계의 근황: 교육과정 논쟁」, 『초등사회과교육』제9집,

서도 통합교과에 대해 찬성은 했지만 교과명칭을 사회과라고 하는데 반대
가 있었고, 중등학생은 계통적인 토대에 기초를 두고 조직된 각 교과를 배
워야 한다는 주장이 있기도 했다.163) 한국에서도 사회과와 역사과의 통합
과 분리가 해방 후 현재까지 지속되고 있다.164) 그리고 2017학년부터 한국
사를 대학수학능력시험의 사회탐구 영역에서 분리하여 별도의 영역 시험
으로 필수화하였다.165) 2013년 8월 대학수학능력시험에 한국사가 독립되
어 필수과목으로 지정되기는 했지만, 2013년 12월 고시된 중등학교 교육과
정에 역사는 여전히 사회과에 편제되어 있었다.166) 이후 2015년 9월 23일
에 고시된 개정교육과정에서 한국사가 기초 교과영역의 독립교과로 되었
고 6단위 이상을 이수하게 하였다. 동시에 '통합사회'라는 새로운 과목이
고등학교에 신설되었고 8단위를 기준으로 이수하도록 했다.167)

1997, 26~27쪽.

163) 片上宗二, 「社會科導入理論」, 『教育學研究』, 第49券, 第2號, 1982, 21쪽.(이진
    석, 앞의 논문(1992). 61쪽 재인용)

164) 해방 후 1차~2차 교육과정까지(1946~1973년) 역사는 사회과에 포함되어 있었다. 제3
    차 교육과정에서 국사과가 독립되어 5차 교육과정까지는 유지되었다.(1974~1995년)
    제6차 교육과정부터 다시 사회과에 포함되었다.(조미영, 「해방 후 국사교과의 사회과
    화와 '국사과'의 치폐(置廢)」, 『역사교육』98, 2006, 39~40쪽.)

165) 교육부, <대입전형 간소화 및 대입제도 발전방안(시안) 발표>, 2013년 8월 27일.

166) 2007 개정 교육과정, 2009개정 교육과정에, 2011개정 교육과정에서도 중·고등학
    교 역사는 사회과에 포함되어 전체 시수와 편제가 구성되어 있다.(<교육인적자
    원부 고시 제2007-79호>, 2007년 2월 28일. <교육과학기술부 고시 제2009-4호>,
    2009년 12월 23일. <교육부 제2013-7호>, 2013년 12월 18일.

167) 개정교육과정에서는 '통합사회' 과목의 목표를 다음과 같이 제시하였다.
    통합사회는 사회과와 도덕과의 교육 목표를 바탕으로 통합 과목으로서 다음과
    같은 구체적인 목표를 갖는다.
    가. 시간적, 공간적, 사회적, 윤리적 관점을 통해 인간의 삶과 사회현상을 통합적
    으로 바라보는 능력을 기른다.
    나. 인간과 자신의 삶, 이를 둘러싼 다양한 공간, 그리고 복합적인 사회현상을 과
    거의 경험, 사실 자료와 다양한 가치 등을 고려하면서 탐구하고 성찰하는 능력을
    기른다.
    다. 일상생활과 사회에서 발생하는 다양한 문제에 대한 합리적인 해결 방안을 모

색하고 이를 통해 공동체 구성원으로서 자신의 삶을 통합적인 관점에서 성찰하
고 설계하는 능력을 기른다.
(<교육부 고시 제2015-74호>. 2015년 9월 23일.)

IV. 사회생활과 교수요목과 역사교과서 발행

Ⅲ장에서 1946년 9월 초·중등학교 교육과정에 사회생활과가 도입된 배경과 과정, 그 성격을 검토했다. 그리고 이 새로운 교과에 대한 교육 현장의 반응과 운영되는 모습을 살폈다. Ⅳ장에서는 사회생활과가 교육 현장에 보급되는 과정을 확인해 볼 것이다. 교육 현장의 교사와 학생은 교과서를 통해 새로운 교과를 접하게 된다. 따라서 해방 직후 교과서 편찬의 일반적 원칙과 검정 과정에 대해 먼저 알아보았다. 다음으로 사회생활과의 목적과 교수 방침, 교육 내용을 규정한 교수요목[1]의 제정 과정과 특징에

---

1) '교수요목'이란 용어는 일제시대에 '교육과정'을 뜻하는 말로 사용되던 것을 해방 이후에도 계속 사용한 것이다. 하지만 1946년 6월 15일 문교부 편수국 지리담당 편수관 이봉수가 '교과요목'이라는 용어를 사용하고 있는 것으로 보아 편수 담당자들 사이에서도 용어에 대한 통일이 이루어지지 않았음을 알 수 있다.(《동아일보》, 1946년 6월 15일.)

한일병합 이전인 1895년 한성사범학교 규칙에는 '학과정도표', 1906년 고등학교령에는 '교수하는 요지', '학과과정'으로, 1906년 사범학교령에는 '교육의 요지', '학과과정'으로, 1908년 보통학교령에는 '교과목 교수의 요지', '교과과정'이라 하였다.(『관보』1895년 7월 24일. 학부령 제1호, 한성사범학교 규칙, 『관보』, 1906년 9월 3일. 학부령 제21호, 고등학교령 시행규칙, 『관보』, 1906년 9월 3일. 학부령 제20호, 사범학교령 시행규칙, 『관보』1906년 9월 4일. 학부령 제23호, 보통학교령 시행규칙)

'교수요목' 용어와 관련해 최병칠은 "당시에 '커리큘럼'이란 말은 고문관의 입을 통하여, 풍부히 견문할 수 있었으나 오늘날과 같이 이를 '교육과정'이라 번역 사용한 사람은 아무도 없었다. 다만 일제시대부터 전해 내려오던 '교수요목'이란 말을 답습 사용했을 뿐이었다. '교육과정'이란 말을 우리나라가 채택한 것은 그 다음 개정 때의 일이다. 부산 피난 당시 심태진 씨 등을 중심으로 한 문교부 장학관들이 '교육과정 연구위원회'라는 것을 조직했을 때에 비롯하고 있다. 그러나 '교육과정'이란 말이 우리나라에서 창조된 것은 아니다. 이웃 일본에서 이미 이렇게 사용하고 있어 그것이 타당한 것 같아 채택되었을 뿐이었다."라고 하였다.(최병칠, 「교육

대해 검토하였다. 끝으로 동양사에 해당하는 <이웃나라 생활>, 서양사에
해당하는 <먼 나라 생활>의 교수요목과 교과서를 분석하였다.

1. 해방 직후 교과서 편찬과 검정

해방 직후 남한에는 교과서를 쓸 집필자가 절대적으로 부족했고,[2] 심각
한 용지난으로 교과서를 인쇄하는 것 자체가 힘들었다.[3] 더욱이 인쇄된
교과서를 배포하는 체계도 없었다.[4] 그 결과 미군정 3년 동안 문교부 편수

과정 변천사」, 『교육과 인생』, 문천사, 1972, 25쪽.)

이종국은 "'교수요목'이란 말은 일제 때부터 쓰던 것으로 '교육과정'과 같은 뜻을
가진다. 일본이 맥아더 사령부의 점령 하에 있으면서도 과거의 '교수요목'을 '교과
과정'이라는 말로 바꾸었음에 비추어, 우리의 그것은 달라진 것이 없었으니 언뜻
납득이 가지 않는 일이기도 하다."고 했다.(이종국, 『한국편수사연구』1, 한국교과
서연구재단, 2000, 74쪽.)

2) 편수국 고문 앤더슨도 "교과서를 집필할 능력이 있으면서 화물차 운전수보다 낮은
봉급을 받고 군정을 위해 일할 사람들이 없는 것이 심각한 지연을 초래했다. 우리
는 편수국에 할당된 인원의 절반 이상으로 확보해본 적이 없다. 그 결과 우리는
음악 전공자에게 독본의 집필을, 과학 전공자에게 사회생활의 집필을, 공민 집필
자에게 실업과목의 일을 해주도록 요청하기도 했다."고 보고했다.(Paul S.
Anderson, 「Textbook Production and Distribution」, 4 January 1947.(정태수, 『자료집-
상』, 920~925쪽.)

3) 1948년 3월 문교부장 오천석은 "필요한 교과서의 17% 밖에 인쇄하지 못하고 있는
데, 이것은 순전히 용지난에 기인한 것이므로 근년에는 무역업자와 결탁하여 직접
수입이라도 할 작정이다."라고 밝혔다.(《조선일보》,《서울신문》, 1948년 3월 12일.)

4) 일제시대에는 400명에 이르는 교과서 판매상들을 통해 교과서가 배포되었다. 하지
만 해방 이후 교과서 판매상은 30명으로 줄었다. 그런데 이들 판매상도 인플레이
션과 수송비 때문에 이득을 얻을 수 없었고, 따라서 교과서 판매에 관심을 가지지
않았다. 이러한 상황 때문에 1946년 첫 교과서가 인쇄된 후 6주가 지나도록 단 1
권의 교과서도 배포하지 못했다.(『주한미군사(HUSAFIK)』IV, 돌베개, 1988,
526~529쪽. 이길상, 「미군정기 교육연구와 『주한미군사』의 사료적 가치」, 『주한미
군정사와 미군정기 연구』, 백산서당, 2002, 224~225쪽.)

국에서 발행한 누적 교과서는 총 14,989,269권이었다.5) 이는 당시 필요량
의 국민학교는 5%, 중등학교는 2%에 불과했고,6) 1학급에 2권 정도밖에 안
되는 것이었다.7) 해방 직후 교과서 부재현상은 일상적이었다. 그렇다고 내
용 확인도 하지 않고 인쇄된 모든 교과서를 사용하게 할 수는 없었다. 이
장에서는 해방 직후 교과서 편찬 원칙과 검정 과정에 대해 살펴보았다.

1) 교과서 편찬의 원칙과 실태

1946년 7월 10일 시행된 <문교부 사무분장규정>에 교과서의 편찬·검정·
발행에 관한 모든 업무는 문교부 편수국의 책임으로 명시되어 있다.8) 1945
년 9월 24일과 10월 1일에 초·중등학교 개교를 명령했던 미군정은 신속한
교과서 발행을 위해 문교부 편수담당 직원들을 통해 일을 진행했다. 이러
한 일방적 교과서 편찬에 대해 1945년 10월 29일 10개의 학술단체들이 모
여 문제를 제기하고,9) '국정교과서 편찬연구 위원회'를 조직하였다.10) 이들
은 11월 7일 미군정 문교당국과 민간인 전문가들로 구성된 공동위원회의

---

5) 「Summation No.34(1948.7~8)」, (정태수, 『자료집-하』, 294~295쪽.)
6) 《조선일보》, 1948년 1월 28일, 2월 4일.
7) 《조선중앙일보》, 1948년 2월 4일.
8) ① 교수요목 결정에 관한 사항 ② 교과용 및 일반도서 편찬에 관한 사항 ③ 교과
   용 참고도서 편찬에 관한 사항 ④ 도서 재료 수집 및 편찬에 관한 사항 ⑤ 교과서
   및 도서 고급 문헌의 번역에 관한 사항 ⑥ 교과서 발행 및 공급에 관한 사항 ⑦
   교과서 발행소 및 판매소 지정에 관한 사항 ⑧ 교과서, 교구 및 학용품 검정 및
   인가에 관한 사항.(『1946년 문교행정개황』, 5쪽.)
9) 10개의 학술단체는 다음과 같다. 조선학술원, 사회과학연구회, 영어학회, 조선어학
   회, 조선교육혁신동맹, 조선문학건설본부, 조선지리학회, 조선사회교육협회, 진단
   학회, 조선신문기자회.(《자유신문》, 1945년 10월 26일.)
10) 위원회에 참여한 단체는 다음과 같다. 조선학술원, 진단학회, 조선지리학회, 조선
   사회과학연구소, 조선교육혁신동맹, 조선사회교육협회, 조선중등교육협회, 영어학
   회, 미술교육연구회, 조선문화건설중앙협의회, 조선문학건설본부, 조선신문기자
   회.(《자유신문》, 1945년 11월 9일.)

조직을 건의했다. 그리고 여기서 교과서 편찬의 기본방침을 토의로 결정하고, 다시 각 전문 위원회를 조직하여 과목별 교과서를 편찬하자고 제안했다.11) 그런데 미군정 문교 당국에 공동으로 교과서 편찬을 요구했던 단체에 조선어학회가 빠져있다. 이는 조선어학회가 편수국장 최현배를 통해 이미 교과서 편찬 작업을 진행하고 있었기 때문이었던 것 같다.12)

하지만 미군정 문교부는 이들의 건의를 받아들여 충분한 논의와 검토를 통해 교과서를 발행할 여유가 없었다. 왜냐하면 해방 직후 "일본어로 된 교과서를 태워버리거나 바다에 던져버렸기"13) 때문에 학생들이 사용할 교과서가 없었다. 1945년 9월 11일, 미군정 사령관은 신속한 학교 개교와 한국어 교육을 위한 교재 편찬을 미군정이 해야 할 두 번째 임무라고 했다.14) 첫 번째 임무가 일본에 있는 조선 동포를 구제하는 것이라고 했기 때문에, 학교 개교와 국어 교재 편찬이 남한에서 미군정이 우선 처리해야 할 임무였음은 분명하다. 오천석도 "일본인이 떠난 뒤 무너진 교육 사업을 재건해야 하는데, 하루 빨리 학교를 열어 길거리에서 방황하는 학생들을 수용하여야 하였고, 이제는 무용지물이 된 옛 교과서를 대신할 교재를 준비하여야 했다."15)고 말했다. 그만큼 교과서 편찬은 미군정 문교부가 시급

---

11) 《자유신문》, 1945년 11월 9일.
12) 1945년 11월 20일 첫 한국어 교과서 두 권을 한국 학생에게 전달하는 전달식이 아놀드 군정장관의 사무실에서 열렸다. 『한글 첫걸음』은 국민학교 3,4,5,6학년, 중학교 1,2학년에 적합한 것이고, 『초등 국어독본』은 국민학교 1,2학년용이었다. 이 교과서들은 조선어학회의 회원들에 의해 써졌으며, 미군정 편수국의 감독하게 발행된 것이다.(「업무보고서: 1945.9.25.~1945.11.20.」, 정태수, 『자료집-상』, 262~263쪽.) 이들 두 교과서가 인쇄된 것은 1945년 11월 15일이었지만 편찬이 완료된 것은 1945년 9월 1일이었다. 이는 조선어학회가 해방 후 곧바로 이들 교과서를 편찬했고, 편수국장으로 임명된 최현배를 통해 이들 교과서가 학무국에 승인 받고 인쇄된 것으로 볼 수 있다.(<미군정 학무국사>, 82~83쪽.)
13) 『주한미군사(HUSAFIK)』IV, 523쪽.
14) 《매일신보》, 1945년 9월 12일.
15) 오천석, 「군정문교의 증언-①」, 『새교육』213, 1972, 112~113쪽.

히 해결해야할 중요한 과제였다.

　미군정 초기 교과서 편찬은 문교부 편수국이 주도했다. 그리고 그 중심에 최현배 편수국장이 있었다. 최현배는 미군정이 시작될 때부터 대한민국 정부가 수립될 때까지 편수국장으로서 사실상 교과서 편찬 업무를 총괄했다. 1945년 10월 최현배는 다음과 같이 교과서 편찬 방침을 밝혔다.

　　종래의 일본적인 근본정신을 없애는 의미에서 종래의 그릇인 일본인의 손으로 된 교과서를 전면적으로 고치지 않으면 안 될 것이다. 종래의 교육은 우리가 배우고 싶은 것을 배운 것이 아니라, 그들이 가르치고 싶어 하는 것을 배워 주었다는 것에 오히려 묘미가 있었다고 할 수 있겠다. 오늘날 우리 민족이 해방되었고 국가가 독립된 이상, 신문화 건설도 절대로 시급하므로 우리는 어디까지나 조선 사람의 자주적인 정신에 의해서 자기말과 자기의 글을 이 그릇에 담아야 할 것이다. 이러한 취지로써 교과서의 편집 방법을 세우고 있으며, 될 수 있는 대로 한자를 적게 쓰고 순전한 조선 글을 써서, 문자를 배우고자 하는 그 노력을 덜어 주는 동시에, 새로운 지식과 기능을 배우도록 할 방침이다.[16]

　최현배는 일본인의 정신을 담은 그릇인 교과서를 조선 사람의 정신이 담긴 그릇으로 바꿔야 한다고 했다. 그래서 우리말과 우리글로 교과서를 편찬하고, 이를 통해 새로운 지식과 기능을 배워야 한다고 했다. 위의 글은 최현배의 교과서 한글 전용 방침을 보여준다. 조선교육심의회에서 교과서 한글 전용에 대한 논의가 있었다. 최현배는 논의 과정에서 현상윤, 조윤제 등 3~4명의 반대자가 있었지만, 대다수가 찬성하여 교과서 한글 전용이 결정되었다고 했다.[17]

　교과서 한글 전용과 함께 결정된 방침이 가로쓰기인데, 『주한미군사』에

---

16) 최현배, 「교과서는 자유정신으로」,《자유신문》7호, 1945년 10월 11일.
17) 최병칠, 「대담: 나와 교과서」,『교육과 인생』, 문천사, 1972, 8~12쪽.(대담은 1968년 9월 25일 서울 대흥동 외솔의 자택에서 진행되었다.)

는 이와 관련된 상황을 다음과 같이 기록하였다.

> 교과서 준비를 위해 미군정에 자문했던 최현배와 저명한 한국 학자
> 들은 가로쓰기를 해야 한다고 믿었고 좌에서 우로 읽어야한다고 믿었
> 다. 왜냐하면 이러한 글쓰기 방식은 음악과 산수 그리고 과학 공식에서
> 이미 일반적이기 때문이다. 게다가 최근의 필기구들은 가로쓰기가 가능
> 하다. 많은 설득력 있는 이유에도 불구하고 이러한 혁신은 심각한 반대
> 에 직면했다. 수 주간의 위원회가 개최되었고 가로쓰기는 타자기와 식
> 자기가 미국 모델로 표준화 되면서 비로소 명확해졌다.18)

교과서 한글 전용이 결정된 이후에도 논란은 지속되었다. 그런데 신속
히 한글 전용이 실시될 수 있었던 이유는 미군정이 타자기와 식자기를 미
국 모델로 표준화했기 때문이었다. 즉, 교과서를 출판하려면 원고는 가로
쓰기를 해야 했다. 실제로 미군정기에 발행된 교과서는 모두 한글 전용과
가로쓰기로 되어있다. 앞으로 살펴볼 역사교과서도 예외가 아니다.

1947년 초 문교부 편수국에서는 앞으로의 편찬 방침에 대해 다음과 같
이 밝혔다.

> 사회 각계의 권위 있는 인사를 망라하여 위원회를 조직하고 회의를
> 거듭 열어, 신중 토의하여 교수요목을 제정하였으며, 이제 여기에 맞추
> 어 새 교과서를 편찬하여 이 새 과목에 대한 사명을 다하려 한다. 중등
> 학교용 교과서에 있어서는 국어 교육 등 두어 과목을 제외하고 기타 각
> 과목의 교과서는 일반 민간측의 우수한 저술이 나오기를 바라는 바이
> 며, 교과에 적당하다고 인정되는 도서이면 이를 검정하여 각 학교에서
> 사용하도록 할 방침이다.19)

---

18) 『주한미군사(HUSAFIK)』 Ⅳ, 525쪽.
19) 『1946년 문교행정개황』, 39~41쪽.

위의 방침은 초등학교 교과서는 문교부에서 작성한 교수요목에 따라 국정으로 발행하고, 중등학교 교과서는 국어와 두어 과목을 제외하고 검정으로 발행할 계획이었음을 말해준다. 중등학교 교과서 중 국정으로 발행해야 할 다른 과목은 사회생활과였다. 이는 중등학교 사회생활과 교수요목이 아직 완성되지 않은 상태에서 민간에게 교과서 편찬을 맡길 수 없었기 때문이기도 하겠지만, 민주주의 국가 건설을 위해 도입된 사회생활과 교과서만큼은 미군정이 직접 관리해야했기 때문일 것이다. 오천석은 이상적 민주주의 교육은 교과서의 필요를 느끼지 않는다고도 했다.20) 하지만 민주주의가 무엇인지도 모르는 당시 상황에서 학생들에게 민주주의를 효과적으로 이해시킬 수 있는 방법은 관련 교과의 교과서를 통한 교육일 수밖에 없다.

그래서 미군정 문교부의 미국인 관리들은 교과서 발행에 필요한 자료들을 최대한 확보하여 한국인 편수담당자들에게 제공하려고 했다. 실제로 그들은 1945년 11월 태평양연합국 사령부에 교과서 준비에 필요한 교육 자료가 매우 긴급하다며 요청했다.21) 하지만 1946년 2월까지 어떤 자료도 오지 않았고, 편수과장 앤더슨은 다시 한 번 미국 교과서 자료들을 요청했다.22) 앤더슨은 1947년 4월 14일 동경 출장에서 미국의 교과서를 얻기 위해 노력했고,23) 1947년 7월 150권의 교과서가 도착했다.24) 하지만 미군정

---

20) 오천석, 『민주주의 교육의 건설』, 국제문화공회, 1946, 52쪽.
21) 이 때 요청한 자료는 다음과 같다.
   (1)수학-초·중등학교 (2)대수학-초·중등학교 (3)삼각법-초·중등학교 (4)기하학-초·중등학교 (5)일반과학-초·중등학교 (6)생물, 화학, 물리학-중등학교 (7)사회생활과, 역사, 지리, 공민,-초·중등학교 (8)영어-초·중등학교 (9)예술-그림, 회화 (10)음악 (11)초등학교 학생의 실외 게임을 포함한 체육교육 (12)초등학교 독본 (13)가정 경제와 가정 예술(「Request for Educational Material」1945.11.1.(정태수, 『자료집-상』, 906~909쪽.)
22) 이 때는 과학, 보건, 직업, 지리, 민주주의, 교사교육에 관한 미국교재를 요청했다. (「Request for American Textbook」1946.2.10(정태수, 『자료집-상』, 912~915쪽.)
23) "나는 미국의 책을 얻기 위해 테일러 소령을 방문했다. 그는 현재 아스콤 시에 있는 많은 교과서를 외국 상환위원회에 인수하기로 승인한 사람이다. 이 책들을 확보

문교부가 공식적으로 요청한 후, 미국의 출판업자들로부터 교과서 샘플을
받는 것은 평균 4개월 이상이 걸렸다. 그래서 미군정 문교부의 미국인들이
개인적으로 자료를 구해 편수 담당 한국인들에게 전했다.25) 앤더슨이 콜
로라도 주의 교육과정을 제공한 것이나, 윤재천이 문교부 초등 교육과 직
원이던 진츠(M. Zintz)의 도움으로26) 오리건 주 교육과정을 검토할 수 있
었던 것도 사적으로 이루어졌다. 결국 미군정 문교부에서 편수업무에 종사
했던 한국인들이 미국의 초·중등 교육과정을 모델로 교수요목을 작성할
수는 있었지만, 이를 적용해 발행된 미국 교과서를 충분히 볼 수도, 검토할
여유도 없었다. 다음과 같은 평가는 바로 이런 실정에 따른 불가피한 결과
였다.

　　일인들의 교육계획이 아주 철저해서 한국의 교육자가 알고 있는 자
　료라는 것이 모두가 다 일인들이 마련한 것뿐이었다. 미군정부는 이를
　개선하고자 교과서를 편찬하는 이에게 참고가 되게 미국의 교과서를
　제한된 범위 내에서이지만, 얻어 주려고 애는 썼으나 여의치 못했다.
　그 결과로 새 교과서의 대부분이 일본의 교과서를 한국말로 번역한데
　지나지 못했다.27)

위의 자료는 미군정기에 발행된 교과서 대부분이 일제 때 사용하던 일
본어로 된 교과서를 한글로 바꾼 것에 불과하다고 말하고 있다. 실제로 최
홍준은 콜로라도 주 교육과정을 모델로 만들어진 <국민학교 사회생활과
교수요목집>이 우리나라 지리와 너무 달라서, 자신이 교과서를 편찬할 때

하기 위한 활동이 시작되었다.")(「Report of Work in Tokyo」1947.4.14 정태수, 『자료
집-상』, 934~935쪽.)
24) 「Weekly Summary Week Ending 12 July 1947」, (정택수, 『자료집-상』, 412~413쪽.)
25) 『주한미군사(HUSAFIK)』Ⅳ, 524쪽.
26) 윤재천은 Zintz의 도움을 받았음을 책의 여러 곳에서 밝혔다.(윤재천, 『신교육서설』,
　　조선교육연구회, 1946, 서, 37, 61쪽.)
27) 강길수, 『교육행정』, 풍국학원출판부, 1957, 298쪽.

는 교수요목을 크게 참고하지 않고 따르지 않았다고 했다. 오히려 일제 때부터 이어져 오던 지리 교육의 영향이 더 컸다고 했다.[28]

문교부 편수담당자들의 노력이 있었지만, 미군정 기간 동안 중등학교 사회생활과 교과서는 편찬되지 못했다. 즉, 교육과정에 교과는 명시되어 있는데 해당 교과의 교과서는 없었다. 1950년 초 문교부 편수국은 해방 후 5년간의 편수업무를 다음과 같이 회고했다.

밖에서 보기에는 교과서 발행이 매우 늦은 것 같으나, 국민학교용 교과서 전부와 중등학교용 국어 교과서를 국정으로 발행하는데,[29] 이 편수를 담당한 직원이 30명 미만이요, 교과서 내용에 있어 주입식 획일적인 편수 방법을 일소하고 세계에서 가장 진보된 교과서와 같이 생활 중심, 학생중심이요, 개성의 소질을 얼마든지 신장할 수 있으면서, 우리 민족의 복리를 증진시킬 수 있는, 소위 민주적 민족교육 정신에 합치하는 교과서를 새로 만든다는 것은, 우리가 가진 바 지식 정도가 얕고, 인원이 부족한 조선 아래에서 공부하여 가면서 일을 하는 만큼 여간 어려운 일이 아니었다. 따라서 시일이 상당히 걸리지 않을 수 없었으며, 이 일을 담당한 당사자로서 회고해 볼 때 얼마 안 되는 사이에 국민학교 6개 학년의 교과서를 대체로 완성하였다는 것은 놀라운 일이라고 생각하지 아니할 수 없다.[30]

문교부 편수국의 담당자들도 아동중심·생활중심을 추구하면서, 동시에

---

28) <최흥준 구술자료>, 2014년 3월 29일.
29) 미군정이 대한민국 정부에 제출한 사무인계서에 기록된 미군정기 편수국에서 완성한 교과서 목록은 다음과 같다. '한글 첫 걸음 1권, 초등 국어(임시교재) 3권, 정식 6권. 공민(임시) 3권, 중등 공민(임시) 2권. 우리나라 발달 1권, 국사교본(임시) 1권, 사회생활(교수용) 2권. 초등 셈본 12권. 이과 3권. 노래책(임시교재) 2권, 정식 7권, 농사짓기 1권. 글씨본 3권. 가사 2권. 중등국어(임시교재) 3권, 정식 1권. 독본 1권.'(오천석,『한국신교육사』하, 광명출판사, 1975, 18쪽. 홍웅선,「편수국의 위상 (1945~1955)」,『교과서 연구』제26호, 1996, 37~38쪽.)
30)『편수시보』, 3~4쪽.

민족의 복리를 증진시키고 민주주의를 교육할 수 있는 교과서를 편찬할 수 있는 여건이 아니었다. 무엇보다 이 모든 조건들을 이해하고 적용하며 교과서를 편찬할 인력과 시간이 부족했다. 이런 상황에서 당시 편수국 직원들은 초등학교 교과서만이라도 완성한 것을 스스로 위안으로 삼았던 것이다.

『주한미군사』에 기록된 다음 내용을 통해 미군정기 교과서 편찬과 발행에 관한 모습을 짐작할 수 있다.

> 앤더슨 국장은 미국 기준에 맞추기 위해 교과서 내용을 수정하려고 했다. 하지만 그는 곧 그 내용이 한국인 직원들의 동의를 얻어 낼 수 있다면, 아이들의 흥미를 이끌어 낼 수 있다면, 미군의 민주주의 개념에 반하지 않는다면, 더 이상 내용을 수정하는 것은 실용적이지 못하다고 결정을 내렸다.
>
> 책을 편찬하는 데 있어, 편집자는 보통 한국 교사들과 상의 전에 개요를 준비했었다. 일단 승인이 나면 교과서가 쓰여 지고, 등사되고 한국 교사들에게 배부가 되었다. 최종 수정 후에 교과서가 승인되고 인쇄소에 보내졌다. 편수국에는 한국말을 전혀 이해하지 못하는 오직 2명의 미국인이 있었기 때문에 앤더슨 국장은 "나는 교과서는 한국인들에 의해 계획되고, 쓰여 지고, 승인된 한국 교과서라고 느낀다."고 했다.[31]

즉, 미군정기 교과서는 문교부 편수 담당자들에 의해 개요가 작성되고, 이를 편수국장 앤더슨이 승인하면 편수 담당자들이 교과서 원고를 작성했다. 그렇게 교과서 초고가 만들진 이후에 한국인 교사들을 통해 의견을 수렴하고, 수정을 거친 후 최종 승인이 되면 인쇄에 들어갔다. 앤더슨은 교과서 내용을 미국 기준에 맞추려고 했지만, 짧은 시간에 교과서의 모든 내용을 수정할 수는 없었다. 그래서 아이들에게 흥미 있고, 미군정이 추구한 민주주의 개념에만 위배되지 않으면, 한국인 편수 담당자들이 작성한 교과서

---

31) 『주한미군사(HUSAFIK)』Ⅳ, 530~531쪽.

를 인정했다. 앤더슨은 미군정기에 발행된 교과서를 한국인들이 계획하고, 쓰고, 승인한 한국 교과서라고 했다. 하지만 이것을 문자 그대로 받아들일 수는 없다. 한국인 교사들의 검토 과정이 있긴 했지만, 미국식 민주주의 개념에 맞춰, 문교부 편수담당 직원이 작성한 원고를 바탕으로 만들어진 교과서를, 한국인에 의해 계획되고 승인된 한국 교과서라고 말할 수 없다.

다만 미군정기 교과서의 편찬과 발행의 실무 작업을 문교부 편수국의 한국인 직원들이 했던 것은 부정할 수 없다. 정부 수립 후 문교부 편수과 장이었던 배희성도 "국정교과서 편찬은 지금까지는 처음으로 이것을 내는 관계로 많은 시일을 소비할 수 없는 사정이므로, 편수 담당자가 초고를 완성하면 이것을 해당 교과서 편찬위원회를 거쳐 인쇄에 부친 관계상 널리 의견을 들을 기회를 갖지 못하였다."고 밝혔다.[32] 최흥준의 회고를 통해 교과서가 편찬되는 과정을 보다 구체적으로 알 수 있다.

> 한글학회나 진단학회에 가서, 또는 도서관이나 출판사에 가서, 비치된 참고도서를 뒤적거리며 자료도 수집하고, 초안도 작성하였다. 협소한 청사 관계로 교과목별의 각종 위원회를 인근학교 교실을 빌려 소집하다 보니, 편수관실은 언제나 텅 빈 느낌을 주었다.
>
> 당시 나는 가까운 거리에 있는 수송 국민학교에 가서 수송, 덕수, 교동의 몇몇 선생님들을 모시고 단원별의 원고를 정리해 나갔다.[33]

문교부 편수관 최흥준은 각종 자료를 수집하여 초안을 만들었다. 그리고 이 초안을 주변의 초등학교 선생님들과 살펴보며 수정해서 완성하였다. 최흥준은 이 때의 상황을 "내가 원고를 써서 가져가면 선생님들께서 읽어보시고, 국민학교 학생들의 수준에 맞게 교정해주셨다. 이 때 수송국민학

---

32) 『편수시보』, 8~9쪽.
33) 최흥준, 「초창기 때의 편수국」, 『편수의 뒤안길』3집, 대한교과서주식회사, 2000, 6쪽.

교 이영자 선생님을 비롯하여 3명의 여선생님이 많이 도와주셨다."[34)고 기억했다.

이러한 미군정 문교부 편수국의 국정교과서 발행 방침에 대해 반대도 있었다. 1947년 민간출판업자들이 모여 민간 업자 중심의 교과서 발행을 제안하기도 했고,[35) 다음과 같이 국정교과서 발행을 비판하기도 했다.

> 소위 '국정교과서'와 같이 독선적 저술이 얼마나 폐단이 많은가를 우리는 익히 아는 까닭이다. 초등학교 것은 거의 전부, 중등학교는 국어와 사회생활은 '국정'이 문교부의 방침이다. 이러한 방법은 일본인이 남기고간 방법이나 정작 일본인들 자신은 명년(1949년)부터 국정교과서를 전폐하고 전부 검정제로 하기로 방침을 고치고 있다. 그리하여 이 또한 기우일지는 모르겠으나 '준검정' 교과서가 홀로 행세를 하는 일이 없이 수종 내지 수십 종의 같은 과목의 교과서가 발행되도록 하여 어디까지나 자유로 경쟁하도록 할 것이다.[36)

위의 자료는 일제시대에 총독부에서 하던 국정교과서 제도는 이제 일본에서도 폐지하고 있는데, 이를 유지하는 것은 잘못되었고, 또한 검정을 통과한 몇몇 교과서만 발행되는 것도 반대한다고 말하고 있다. 결국 교과서는 자유발행을 해야 한다는 것이다.

미군정 문교부의 방침이 국정교과서 발행이었음에도 불구하고 편수국 직원들이 민간 출판사의 교과서 발행에 참여하기도 했다. 미군정기 많은 교과서를 발행했던 동지사의 이대의, 백남홍 사장은 초등용 국정교과서가 발행되기도 전에 편수관들이 편찬한 교과서를 발행했다고 말했다.

---

34) <최흥준 구술자료>, 2014년 3월 29일.
35) 「출판계여론」, 『출판문화』 창간호, 17쪽. 조상원, 『책과 30년』, 현암사, 1974, 60쪽.
36) 조풍연, 「(출판시감)중등교과서문제-'교과서협회'신설에 기대함」, 『민성』, 4권 6호, 1948, 47~50쪽.

백남홍: 문교부 과장 이봉수씨가 우리 지리책 국민학교 5학년 저자였고, 이상선 편수관이 우리 책 사회생활과 저자였습니다. 국정 교과서보다 우리 것이 먼저 된 것입니다. 그러니까 문교부 편수관들도 차차 저자가 되어간 셈입니다.

이대의: 편수관들은 그 때 이름을 못 냈습니다. 표지에는 동지사 편집부로 내고, 내용은 그분들이 직접 썼습니다. 지리, 역사, 공민을 하나로 묶어가지고 국민학교 1~6학년까지 책을 냈는데,[37] 새로운 커리큘럼에 의한 최초의 것이었기 때문에 100여만 부가 나갔습니다. 당시에는 우리 책밖에 없었어요.[38]

초등용 사회생활과 교과서가 국정으로 발행되기도 전에 동지사에서 사회생활과 교과서를 만들고 많이 팔리게 되자, 미군정 문교부로부터 경고를 받았던 것 같다. 그래서 1947년 3월 31일 《자유신문》에 다음과 같은 공고와 사과 광고를 싣는 사태까지 벌어졌다.

공고
근래 서울 서대문구 교북동 95번지 동지사에서 발행한 사회생활과 참고서 여섯권(1~6)에 대하여 동사에서 문교부 편수국과 무슨 관계가 있는 듯이 선전하고 있으니 이는 허위이기에 좌기와 같이 이를 지적 공고함.
一. 그 책들은 참고서임에도 불구하고 교본이라고 광고하였음.
一. 인정미제임에도 불구하고 기재라고 광고하였음
一. 문교부 편수국과는 아무 공적관계가 없음에도 불구하고 사회생활과 각편수관교열이라고 광고하였음

---

37) 제1학년: 가정과 학교- 신의섭, 제2학년: 고장생활-이상선, 제3학년: 여러 곳의 생활-김진하, 제4학년: 우리나라의 생활-노도양, 제5학년: 다른 나라의 생활-이봉수, 제6학년: 우리나라의 발달-신동엽(홍웅선, 「최초의 사회생활과 교수요목의 특징」, 『한국교육』19, 1992, 38쪽.)
38) 이경훈, 「대담: 교과서 출판 원로들에게 듣는다」, 『교과서연구』제9호, 1991, 107~108쪽.

一. 제5,6학년용에 있어서는 오류가 많다고 인정됨.

1947년 3월 31일

사과광고

폐사에서 발행한 사회생활과 아동용참고책자에 관한 신문광고와 지방안내장에 대하여 각 방면에 오해를 일으키게 하여 당국으로부터 지시가 있었기에 좌기와 같이 정정하옵고 아울러 사과하나이다.

一. 폐사와 문교부와는 전연 관련성이 없음

一. 이 책들은 참고서임에도 불구하고 교본이라고 광고한 것

一. 1·2학년용은 문교부에서 교사용서를 발행하고 폐사에서는 아동용서를 담당한 것 같이 오해하기 쉽게 하였음

一. 문교당국의 검정이 없음에도 불구하고 가검정제라고 한 것

一. 문교부 사회생활과 각요목 편수관 교열 문교부 사회생활과 교사용서 집필 각 편수관 교열이라 함은 동국(同局)과는 아무 공적관계 없으며, 제일학년용 신의섭 선생 제이학년용 이상선 선생의 사적교열임에 불과함을 과장하였음.

1947년 3월 31일 서울시 서대문구 교북동 95 동지사39)

동지사에서 사과 광고는 냈지만 동지사 사장의 말처럼 이봉수, 이상선, 신의섭 등 당시 문교부 편수관들은 책을 집필했다.40) 하지만 문교부에서 편수를 담당했던 당사자들이 민간 출판사와 함께 해당 업무와 관련된 책을 발행한 것은 논란이 될 수 있었다. 그래서 동지사에서는 책을 집필해준 편수관들이 비난을 피할 수 있도록 위와 같은 광고를 게재했을 것이다. 또한 동지사 사장은 민간 출판사들이 신속하게 교과서를 발행할 수 있었던 과정을 다음과 같이 설명했다.

---

39) 《자유신문》, 1947년 4월 2일.

40) 동지사에서 1948년 4월 10일에 발행한 국민학교 2학년 『고장생활』은 1948년 3월 30일 문교부의 인정을 받았다. 이 참고서의 저자는 이상선이라고 명시되어 있다. (이상선, 『고장생활』, 동지사, 1948.)

　　동지사 편집부에서는 국민학교 교원 출신의 한몽숙씨가 교과서 편집을 담당하고 있었는데, 이 분이 매일 저자를 찾아다니며 원고 독촉을 하고, 삽화가를 대동해 삽화 교정을 저자에게 받기도 했습니다. 요새는 그래픽 디자인 등이 발달하고 인쇄 기술도 좋아졌지만, 당시는 용지도 인쇄 시설도 좋지 않아, 아무리 사진이 좋아도 제대로 나오지 않았고, 사진보다는 선화로 그리는 것이 선명하게 나왔습니다. 그럴 때이니 장정이나 삽화 등은 출판사에서 주로 맡아서 했습니다.

　　저자들은 권위와 체면 때문인지 원고 내용, 체재 등에 관해 협의하기 위해 편수관을 만나는 것을 꺼렸습니다. 그래서 출판사에서 수시로 편수관실에 출입하면서 담당 편수관들에게 문의하였고, 당시는 검인정 합격 종수에 제한이 없었고 심사도 공개적이었기 때문에 각 편수관들과 접촉이 많았고 친숙했습니다.[41]

　위의 증언은 교과서 저자는 원고 초안을 작성했을 뿐이고, 이후 교과서가 발행될 때까지의 모든 일을 출판사가 진행했음을 말해준다. 즉, 저자에게 원고를 받아내는 것부터, 관련 삽화를 그리고, 편수국 편수관들에게 원고 내용을 확인하고, 검정 통과에 이르기까지 모든 일을 출판사가 맡았던 것이다. 교과서 부재의 시대에 우리말로 된 교과서가 출판되자 날개돋인 듯 잘 팔렸다고 한다.[42] 출판사들이 서둘러 교과서를 발행한 이유를 짐작할 수 있다. 그래서 1947년~1948년 타분야에 비해 교과서와 교재의 출판 비중이 상당히 높았다. 아래의 <표 IV-1>의 출판 통계를 보면 1947년의 경우 출판서적 총 708권 중 교과서가 150권, 교재가 151권으로 전체의 42.5%, 1948년의 경우 전체 1,135권 중 교과서가 211권, 참고서가 207권으로 전체의 36.8%였다.[43]

---

41) 이경훈, 앞의 대담(1991), 101쪽.
42) 장만영, 「출판20년의 궤적」, 『출판문화』, 1965년 2월호, 11쪽.
43) 『출판문화』제7호 특집-『출판대람』, 조선출판문화협회, 1949, 63쪽. 김창집, 「출판계의 4년」, 『출판문화』제7집, 조선출판문화협회, 1949. 4쪽.

〈표 IV-1〉 1947~1948년 출판서적 분류 통계표

1947년			1948년		
분류	수량	비율	분류	수량	비율
정치	102	14.4%	정치	48	4.2%
경제	24	3.4%	경제	20	1.8%
사회	25	3.5%	사회	32	2.8%
			법률	24	2.1%
			농공	16	1.4%
종교	23	3.2%	종교	31	2.7%
철학	22	3.1%	철학	30	2.6%
소설.희곡	96	13.6%	문학	208	18.3%
시	28	4.0%	시가	65	5.7%
역사	48	6.8%	역사	34	3.0%
전기	25	3.5%	전기	24	2.1%
			의학	5	0.4%
			아동	97	8.5%
교과서	150	21.2%	교과서	211	18.6%
교재	151	21.3%	참고서	207	18.2%
어학	9	1.3%	사전	17	1.5%
			병서	7	0.6%
			민속	15	1.3%
음악	5	0.7%	기타	44	3.9%
계	708		계	1135	

그리고 이 시기 출판된 역사교과서 관련 서적을 정리하면 다음과 같다.

〈표 IV-2〉 해방 직후 발행된 역사 관련 교과서 및 교재
(1945년 8월~1948년 12월)[44]

연도	저자	도서명	발행처	규격	면수	발행년월	정가
1 9 4 5	권덕규	조선사(조선유기)	정음사	중	126		13
	한흥구	한국약사	상당인쇄소	중	102		35
	신태화	조선역사	삼문사출판부		90		10

44) 『출판문화』제7호 특집·『출판대람』, 조선출판문화협회, 1949, 24~26쪽. 민병덕, 「한국 현대 교과서 출판의 발자취-한국 교과서 출판사(현대편)」, 『교과서연구』제8호, 1990, 103~109쪽. 그 외 필자가 개별 교과서 확인 후 정리함.

신정언	상식국사	계몽구락부	소	158		8
	국사(중학교용)-원고	군정청학무국			1945.10.15	
	국사(5.6)-원고	군정청학무국			1945.12.11	
진단학회	국사교본	군정청문교부	중	177	1946.5	20
황의돈	초등국사교본	군정청문교부	소	58	1946.1	20
장도빈	국사	국사원	소	120	1946.3	16
최남선	신판 조선역사	동명사	중	187	1946.2	30
최남선	쉽고 빠른 조선역사	동명사	소	123	1946.11	50
정벽해	해방신판조선역사	중앙출판사	소	147	1946.7	50
원동윤	신편조선사	동양인쇄주식회사	중	175	1946.9	50
정원섭	어린이국사교본(신라편)	신문화연구소출판부	소	84	1946.10	25
이병기	어린이역사 (조선아동문고)	정음사	소	128	1946	30
김성칠	조선역사	조성금융조합연합회	소	300	1946	35
신동엽	사회생활과참고조선역사 제1권	대아출판주식회사	중	265	1946.12	140
신정언	어린이국사지리서	계몽구락부	소	66	1946	20
중등교재연구회편	중등서양사	세문사출판부	소	75	1946.11	75
신동엽	국사 첫걸음	금룡도서문구주식회사		54	1946.11	15
황의돈	중등 조선역사	삼중당		103	1946.4	25
초등교재편찬위원회	어린이 국사·상권	조연문화부판		118	1946.5	
최남선	국사독본	동명사	소	67	1947.11	50
정벽해	조선역사	중앙출판사	소		1947.11	150
장도빈	국사강의	북조학생수호회	소		1947.8	300
최남선	중등국사	동명사	중	96	1947.8	100
장도빈	중등국사	고려원서원	중	152	1947.8	150
김성칠	조선역사	정음사	중		1947	40
문일평	소년역사독본	연학사	중	118	1947.7	140
신동엽	사회생활과 참고조선사(상고사제2권)	대아출판주식회사	중	165	1947.9	150
이동윤	중등역사 동양사	동지사	중	72	1947.8	100

(1946 rows grouped under year label: 1 9 4 6)
(1947 rows grouped under year label: 1 9 4 7)

	김성진	사회생활과 동양역사	정음사	중	106	1947.8	90
	김성진	동양사	대양프린트사	소	92	1947	120
	노도양	동양사개설	동화출판사	소	174	1947.8	130
	이갑성	중등동양사정원	신소년사	대		1947.12	90
	노도양	사회생활과 중등서양사	동방문화사	중	94	1947.8	100
	김홍규	서양사	동지사	소		1947.8	200
	이능식	서양문화사	동지사	소	103	1947.10	140
	손진태	중등국사(대한민족사)	을유문화사			1947.	
	이준하·이원학	중등사회생활-세계각국의 발전- 구라파편	창인사		184	1947.10	190
	이병도	새국사교본	동지사	중	207	1948.7	380
	최남선	국민조선역사	동명사	중	240	1948.12	
	채의고	동양사개설	조양사	소	350	1948.12	300
	사공환·이동윤	사회생활과 중등서양사	동방문화사		121	1948.8	230
1948	김상기·김일출·김성칠	신동양사	동지사		149	1948.6	300
	신석호	중등학교 사회생활과 우리나라의 생활	동방문화사		221	1948.8	390
	최남선	수정판 중등국사	동명사		107	1948.7	200
	김성칠	중등 조선사(사회생활과 역사부 조선사)	정음사		125	1948.8	250
	문교부	우리나라의 발달(연표, 부록)	조선교학도서주식회사		130	1948.12	130

2) 교과서 검정의 실제

최현배는 "굶주린 이에게 진수성찬을 먹이겠다고 시간을 오래 끌 것이 아니라, 우선 보리밥에 열무김치라도 빨리 차려 주어야 한다."[45]며 교과서 발행을 서둘러야 한다고 했다. 따라서 엄격한 검정을 통해 교과서를 수정

---

45) 최병칠, 앞의 책(1972), 36~37쪽.

하고 재편찬하여 완벽한 교과서를 발행하겠다는 방침을 세울 수 없었다. 이와 같은 상황을 반영하듯 1947년 초 문교부 편수국에서는 다음과 같이 중등학교 교과서 검정 방침을 밝혔다.

> 중등학교용 교과서로 민간측의 편찬이 있어 검정을 청원한 것이 여러 가지가 있으며, 앞으로 계속하여 제출된 것이 많을 줄 알게 되니 기쁜 일이다. 문교부의 방침으로는 이것을 속히 검정하여 각 학교에서 사용하게 되도록 할 것이다.
> 실지 교육계의 요구는 시급하므로, 여기에서 완전을 기다리느라고 시일을 끌어 갈 수는 도저히 허락되지 않았던 것이다. 그리하여 그럭저럭 편집을 끝내는 대로 이를 박아 시급한 요구에 답하고자 함이었다. 그러나 이것이 한 번 나가서 거듭 씌어 짐으로 거기에서 결점이 드러나고 고쳐야 할 점을 알게 되면, 때를 따라 수정하고 증간함으로 비로소 완전한 교과서가 될 줄로 믿는 바이다.[46]

중등학교 교과서의 부재 상황을 벗어나기 위해 중등용 교과서로 편찬이 완료된 것은 일단 검정을 통과시켜 발행하는 것이 문교부의 방침이었다. 발행된 교과서에서 문제점이 발견되면 수시로 수정하고 증간해서 완전한 교과서를 만든다는 계획이었다. 하지만 미군정기에 검정을 통과하는 것은 쉽지 않았던 것 같다. 1947년 7월 편수국 밖에서 만든 교과서 검정을 위한 위원회가 설립되었는데, 이 때 18권의 중등학교용 교과서가 승인되었을 뿐이다.[47] 해방 이후 1948년 8월까지 3년간 문교부에 검인정을 신청한 교과서는 총 334건으로 그 중 174건이 합격되고, 160건은 "무책임한 번역에서 오는 내용의 조잡과 맞춤법의 혼란으로 불합격" 되었다.[48] 가능한 모든 교

46) 『1946년 문교행정개황』, 42~43쪽.
47) Paul S. Anderson, 「Progress Report of The Bureau of Text book」, 22 July 1947.(정태수, 『자료집·상』, 942~943쪽.) 주한미군사에는 1947년 7월 22일까지 19권의 중학교용 교과서가 출판되었다고 기록하고 있다.(『주한미군사(HUSAFIK)』Ⅳ, 534~535쪽.)
48) 이근무, 「정비반복으로 일관한 20년-출판20년사」, 『출판문화』, 1966년 7·8월호, 7쪽.

과서를 일단 사용하게 한다는 문교부 방침과는 어긋나게, 검정 신청 교과
서 중 52%만 합격했다.

미군정 막바지에 검정 과정의 문제점을 지적하며 검정제도의 개혁에 대
한 요구가 있었다.

> 인쇄가 다 된 뒤에 비로소 검정을 접수하기 때문에 검정에 불통과 혹
> 은 수정명령이 내리어서 업자가 막대한 손해를 입는 현행규정은 용지
> 사정에만 비추어 보더라도 현명한 방침이 아니다. 강력한 검정위원회에
> 일정한 기간 내에 원고를 제출하게 하고, 여기 합격한 교과서에 한하여
> 조판은 허가하고 다시 이를 각 도 혹은 각 군별로 '견본전시회'같은 것
> 을 열어 실제로 사용할 교사가 그 중에서 자유로 적당한 것을 문교부에
> 신청하기로 하고 만일 용지배급이 있다면 이에 따라 배급하는 방법이
> 모든 정세로 보아 타당할 것이라 믿는다. 또 하나 검정에 시일이 너무
> 걸리지 않도록 하기 바란다. 여기는 여러 가지 사정이 많겠지만 검정위
> 원에의 ○○을 좀 더 ○히 한다든가, 검정 수수로부터 결정통지까지
> 일정한 기한을 둔다든가 하는 방법으로 이를 수정할 길은 얼마든지 있
> 다. 한 책의 검정이 34개월 보통 걸리는가 하면 어떤 책은 불과 며칠에
> 결정되어 사정을 잘 모르는 사람으로 하여금 이러니저러니 군말이 나
> 오게 하지 않도록 할 것이다.[49]

위의 자료는 미군정기에는 편찬과 인쇄가 완료된 완벽한 형태를 갖춘
교과서만이 검정을 신청할 수 있었음을 말해주고 있다. 이 조건만으로도
검정 신청을 할 수 있는 교과서는 제한될 수밖에 없었다. 그런데 검정위원
회의 검정 기간이 명시되지 않아 34개월 동안 검정을 진행 중인 교과서가
있는가 하면, 며칠 만에 검정을 통과하는 교과서도 있었다. 이는 미군정 문
교부가 의도적으로 특정 교과서의 검정을 지연하고, 어떤 교과서는 신속하
게 사용되도록 조치했음을 의미한다. 미군정기 검정을 통과한 교과서가 신

---

49) 조풍연, 앞의 글(1948), 48~50쪽.

청 건수의 절반 정도 밖에 되지 않았던 것도 이러한 사정이 영향을 미쳤을 것이다.

하지만 1948년 8월 대한민국 정부가 수립되고, 12월에 <중학교 사회생활과 교수요목집>이 발행된 이후인 1949년의 검정 양상은 달라졌다. 1949년 2월 <교과서 검정 규칙>이 만들어졌고, 1949년 3월 <교재 검정 요령>이 발표되었다. 위에서 살펴본 조풍연의 검정 제도 개선 요구가 상당히 반영된 것을 확인할 수 있다. 앞서 《조선중앙일보》에서 학생들이 불선명한 프린트 인쇄물과 연습장에 써가며 공부를 함으로써 시력이 저하된다는 지적을 보았는데, <교재 검정 요령>에 그 부분이 포함된 것도 눈에 띈다. 또한 교과서 내용이 아동중심·생활중심으로 구성되었는지도 검정 기준에 포함되었다.

교과서 검정 규칙
가. 예비 검정에는 원고 6부를 제출하되 프린트나 타이프라이더로 인쇄할 것
나. 삽화는 사진급 복사로써 작성할 것
다. 원고를 금년 3월 10일까지 문교당국에 제출할 것이며, 검정 후 1개월 이내에 완전 제본을 납부할 것.
라. 본 검정시에도 역시 원고 6부를 제출할 것
마. 검정 원고료는 각 책 가격의 20배로 함[50]

교재 검정 요령
(가)요목: 문교부에서 제정한 교수요목에 맞는가(순서는 바꾸어도 무방함. 보충은 할 수 있어도 삭감할 수는 없음.)
(나)체제: 1.교과서로서 체제가 서 있다 2.학생들이 이해하기 쉬운가 3.문교부에서 채택한 철자법·뛰어 쓰기 등에 맞는가 4.학술 용어는 통일이 있는가 5.오자·탈자가 없는가 6.학생 시력에

---

50) 《동아일보》, 1949년 2월 2일. 허강, 『한국의 검인정 교과서』, 일진사, 2004, 97쪽.

장해는 없는가 7.사진·삽화·통계 등이 내용과 부합되는가
(다)정도: 교과서 정도가 해당 학년에 맞는가
(라)분량: 교과 분량이 문교부의 제정 시간수에 맞는가
(마)내용: 1.민주주의 민족교육 이념에 부합되나 2.내용에 틀림이 없
나 3.주입적이 아닌가 4.지나치게 학문적으로만 기울어지지
않았나 5.생활본위인가 아닌가 6.내용이 생도 본위인가 아
닌가[51]

　1949년 3월 발표된 <교재 검정 요령>이 1949년 이후 교과서 검정에서
어느 정도 적용되었는지는 이 책 Ⅴ장에서 구체적으로 분석하였다. 위와
같은 검정방침을 정한 후 문교부에서는 중등학교 교과서는 국정이나 검정
이외의 것은 일절 사용하지 못하게 했다. 그리고 1949년 4월 말까지 검정
신청을 받아 5월 말일까지는 합격여부를 결정할 계획이었다. 그래서 4월
말까지 338건의 검정 신청이 있었는데, 7월 21일 1차 발표 때까지 30건이
검정을 통과했을 뿐이었다. 30건 중 역사 부분의 교과서는 이해남의 『먼
나라 생활』외 2건에 불과했다. 따라서 검정을 통과한 교과서가 부족해서
9월 신학기에 사용할 교과서를 교부할 수 없다는 비난이 일어났다.[52] 왜냐
하면 문교부에서는 1949년 7월 11일 <교과서 사용에 관한 문교부 통첩>을
발표해서 미군정 때 허가된 도서 및 1949년 8월말까지 유효 기한인 검인정
교과서를 모두 무효로 했고, 1949년도용으로 신규로 검정 받은 교과서만
사용할 수 있도록 했기 때문이다.[53]
　결국 1949년 중등학교용 교과서 543권이 검인정 신청을 하였고, 이 중
353권이 합격하였다.[54] 1949년 검인정을 통과한 사회생활과 교과서는 다

---

51) 《동아일보》, 1949년 3월 1일. 허강, 위의 책(2004), 97쪽.
52) 《경향신문》, 1949년 7월 29일.
53) 『편수시보』, 132~134쪽.
54) 『편수시보』, 4~5쪽. 1949년 『대한민국교육개황』에는 199종 383권이 검인정을 받
　　은 것으로 되어 있다.(『대한민국교육개황』, 39쪽.)

음과 같다.

〈표 Ⅳ-3〉 1949년 문교부 교과용 사회생활과 검인정 도서 통계[55]

과목	종류	중등학교		국민학교	
		종별수	권수	종별수	권수
사회생활	우리나라 생활(역사)	7	7[56]		
	이웃 나라 생활(역사)	5	5		
	먼 나라 생활(역사)	5	5		
	먼 나라 생활 부도	1	1		
	인류문화의 발달	1	1		
	우리나라의 생활(지리)	4	4		
	이웃 나라의 생활(지리)	6	6		
	먼 나라 생활(지리)	8	8		
	지리통론	4	4		
	지도(중등)	4	4		
	초등지도			8	8
	초등사회생활공부			4	9
	공민	4	13		
계		49	58	12	17

1949년 7월까지 검인정을 통과하지 못했던 중학교 3학년 <우리나라 생활> 교과서가 최종적으로 7종이나 검인정을 통과했다. 또한 1949년 4월까지 검정 신청했던 교과서와 이후 추가적으로 검정을 신청한 교과서들도 대거 통과했음을 알 수 있다. 1949년 7월 21일까지 30건에 불과했던 검정 통과 교과서가 불과 5개월 사이에 353권으로 증가한 것이다. 이는 1949년 3월 문교부 편수국에서 제시했던 교재 검정 요령이 엄격하게 적용되지 않

---

55) 『대한민국교육개황』, 36~39쪽.
56) 『편수시보』에는 7종의 교과서 중 6종이 검정으로 1종이 인정으로 허가를 받았다고 기록하고 있다. 초등학교용 사회생활과 지리부도도 모두 인정도서로 분류되어 있다.(『편수시보』, 10~11쪽.)

앉음을 의미한다.

1949년 당시에 단체가 저술한 교과서는 검인정 신청을 할 수 없다는 지침이 있었다.[57] 해당 분야 전문가들의 공동 저술을 막고, 개별 저술된 교과서만 검정 신청을 받은 것이다. 개인 저술이 반드시 교과서의 질적 저하로 이어진다고는 할 수 없다. 하지만 새롭게 저자를 확보한 출판사가 가능한 빨리 교과서를 출판하기 위해 했을 작업을 상상해 본다면, 그 교과서의 질을 짐작할 수 있다. 동지사 사장 이대의는 1949년의 교과서 검정 상황을 다음과 같이 회고했다.

원고를 어떻게 쓰는가 하니 타이프도 찍고, 조판할 시간이 없으니까 도리 없이 미농지에 먹지를 끼우고 써서 5부를 복사합니다. 문교부에 5부를 제출하면 3부가 외부 사열로 나갑니다. 심사 위원 세 사람의 반 이상이 오케이가 들어오면 심사가 성립됩니다. 보통은 그게 잘 안 들어와요. 심사가 개방적이어서 출판사 대표인 내가 심사 위원을 찾아가 재촉을 합니다. 백사장과 내가 분리되어서, 서로 구색을 맞추려니까 열심히 뛰어다녔습니다. 그 때 검인정이 얼마나 개방적이고 융통성이 있었는지 나는 하나도 안 떨어졌어요. 종수 제한 같은 것은 없었고, 제출 기한도 없었어요. 수시 검정 제도였지요. 불합격된 이유가 사상적으로 문제가 되지 않는다면 수정 지시에 따라 다시 제출하면 다 합격되었습니다.[58]

---

57) "출판사들이 너도나도 교과서를 출판하겠다고 나섰는데, 저자들이 없었습니다. 동지사가 각 학과 교실별로 교수들을 통틀어 계약을 했기 때문입니다. 다른 출판사들도 교과서를 출판해야 되는데 교수들은 모두 한데 묶어가지고 동지사만 배부르게 하느냐, 교수들이 개별적으로 각자 견해대로 책을 쓸 수 있게 해야 한다는 진정이 문교부로 들어가서, 편수국에서 단체로 저술하는 교과서는 검인정 신청을 받지 않는다고 하였습니다. 사실 동지사는 권위 있는 좋은 책을 만들려고 자본을 들여서 했는데, 문교부는 그게 아니었습니다. 교과서는 학술단체나 여러 사람이 공동으로 집필해야하는데 문교부에서는 그것을 깨뜨려 버렸습니다."(이경훈, 앞의 대담(1991), 102쪽.)
58) 이경훈, 위의 대담(1991), 110쪽.

동지사 사장의 회고는 검정 신청 원고가 얼마나 급하게 작성되었는지, 출판사 사장과 검정 심사위원이 어떤 관계였는지를 보여준다. 결국 사상적으로 문제가 없는 교과서는 모두 검정을 통과하고, 내용상 문제는 수정해서 제출하면 모두 합격할 수 있었다. 1949년 11월 검정허가가 취소되거나 수정 명령이 내려진 교과서를 보면 검정 기준이 좌익 사상의 여부였음을 확인 할 수 있다. 그런데 이들 교과서가 검정취소 되었다함은 1949년 9월 개학을 앞두고 진행된 검정은 통과했음을 의미한다. 즉, 단기간에 많은 교과서를 검토하면서 사상적으로 문제가 있는 교과서도 걸러내지 못했던 것이다.

-을유문화사 출판 정갑 저 : 중학교 사회생활과 먼 나라 생활(지리부분)은 검정허가 취소
-을유문화사 출판 정영술 저 : 산업경제(경제편) 검정허가 취소
-동지사 출판 육지수 저 : 중등 사회생활과 먼 나라의 생활(지리부분)의 소비에트연방의 생활 중 7. 정치와 경제기구를 절거(切去) 소각할 것
-탐구당 출판 노도양 저 : 중등 사회생활과 먼 나라(지리부분)의 소비에트연방 중 주(註) 5개년계획 6.소련의 연혁 7.정치와 경제를 절거(切去) 소각할 것[59]

또한 교과서 검정 때 외부 심사위원은 교과서를 직접 읽고 검토하지 않았던 것으로 보인다. 배희성은 검정 과정에 대해 다음과 같이 설명했다.

교과서 검인정은 출원이 있으면, 3인 내지 5인의 해당 교과에 대한 전문가에게 그 사열을 위촉하고, 그 사열자에게서 제출된 사열 보고서에 의하여 검인정위원회에서, 그 가부를 결정하여 보고하는 것에 의하여 상사(上司)의 결재를 맡는 것이니, 그 교과서의 내용을 전문적으로

---

59) 《한성일보》, 1949년 11월 11일.

검토하는 이는 사열자 뿐이요, 검정 위원회에서는 사열 보고서에 의하여 검인정의 가부를 결정하는 것이다.[60]

즉, 문교부 편수국 직원만 교과서를 직접 읽고 사열 보고서를 작성했고, 검정위원은 이 사열 보고서를 보고 검정 여부를 결정했다. 정부수립 후 문교부 편수국에서 검정 작업에 참여했던 홍웅선은 "국정교과서를 편찬한 편수관들이 나중에 검인정 교과서를 사정하기도 했는데, 그 때 편수관이 초등, 중등 따로 있었습니다. 국어과에서는 최태호 씨가 초등을, 내가 중등을 맡았습니다."[61]고 했다. 당시 검인정 기간은 1년으로 매년 다시 검정을 받아야 했다.[62]

미군정은 민주주의 국가의 건설이라는 목표를 내세우고 반공을 추구했다.[63] 따라서 소련에 관한 내용이나 좌익 사상이 포함된 교과서의 사용을 제한함으로써 교과서 부재 현상을 지속시킨 측면이 있다. 반면 정부 수립 후에는 교과서 부재현상의 극복을 우선으로 삼고, 사상적으로 문제가 되지 않는 대부분의 교과서를 사용할 수 있게 했다. 그럼에도 불구하고 미군정기 뿐 아니라 정부수립 이후에도 여전히 교과서는 부족했다. 따라서 전국의 초·중등학교에서 국정이나 검인정 교과서만을 사용해 수업을 할 수 없었다. 일선 학교들은 검인정을 받지 않은 교과서들을 교재로 써야했으며, 문교 당국은 이를 엄격히 통제할 수 없었다.[64] 미군정과 대한민국 정부가

---

60) 『편수시보』, 6~8쪽.
61) 이경훈, 앞의 대담(1991), 100쪽.
62) 이근무, 앞의 글(1966), 9쪽.
63) 미군정의 목표는 소련이 고무하는 국내혁명의 조류를 저지할 '보루'를 만드는 것이었다.(브루스 커밍스·김주환 옮김 『한국전쟁의 기원-상』, 청사, 1986, 225, 232쪽.) 로빈슨은 "미국의 남한 점령의 근본적인 사명은 한국에 민주주의를 수립하기 보다는 소비에트 이데올로기의 영향이 팽창하는 것에 대응할 만한 보루를 구축하는 것이었다고 하는 것이 올바른 설명이다."라고 했다.(리차드 D. 로빈슨·정미옥 옮김, 『미국의 배반(Korea: Betrayal of a Nation)』, 과학과사상, 1988, 98쪽.)
64) 이근무, 앞의 글(1966), 7쪽. 민병덕, 앞의 글(1990), 103쪽.

모두 반공을 내세우고 있었지만, 교육현장의 교과서 부재 현상에 대해 인식하고 대처하는 방법에는 다소 차이가 있었다.

2. 사회생활과 교수요목 제정 과정

1) 편수국과 교수요목제정위원회

앞서 살펴본 <문교부 사무분장규정>에는 편수국의 첫 번째 업무가 '교수요목 결정에 관항 사항'이라고 했다. 이 규정은 교수요목의 제정뿐 아니라 교과서와 관련된 모든 업무는 편수국에서 관리하고 있었음을 보여준다. 따라서 편수국 직원들이 교수요목 제정에 직접적으로 관여했음은 분명하다.

1945년 11월 6일 <임명사령 제28호>를 통해 미군정 초기 학무국 편수과의 한국인 직원을 확인할 수 있다. 앞선 연구에서는 이날 임명된 과학관장 조복성, 편수과 사무관보 장지용, 사범교육계 허현, 학교과 초등과장 이승재를 제외한 15명과 11월 5일 임명된 신의섭(공민)이 미군정 초기 편수 업무 담당자 16명이었다고 분류했다.[65] 그런데 정석윤과 이교선은 표준과 (Standard Department) 소속으로 편수과(Department of Textbooks) 소속으로 볼 수는 없다.[66] 따라서 이들 2명이 편수업무에 직접 관여했는지는 추가적인 확인이 필요하다. 결국 1945년 11월에 임명된 편수과의 과목별 담당자들이 해당 교과의 교수요목제정과 교과서 편찬·발행과 관련된 업무를 주도하였다.[67]

---

65) 홍웅선, 「편수국의 위상(1945~1955)」, 『교과서 연구』제26호, 1996, 37쪽.
66) 앞의 <표 Ⅱ-2>에서 이교선은 조선교육심의회 제6분과인 직업교육분과 위원이었고, 정석윤은 제4분과 초등교육 위원이었다.
67) 홍웅선은 이후 허현이 편수과장이 되었고, 번역사였던 이상선이 편수관이 되었으며, 최병칠(사회), 조기환(수학), 노도양(지리), 구본웅(미술), 박창해(국어), 나운영

<표 IV-4> 1945년 11월 6일 임명된 학무국 관리[68]

	성명	부서		성명	부서
1	안명길	편수과 지리편수관	11	이교선	표준부 조사관
2	장지용	편수과 사무관보	12	이봉수	편수과 지리편수관
3	조복성	학교과 과학관장	13	이승재	학교과 초등 과장
4	조병욱	편수과 수학 편수관	14	박창해	편수과 음악 편수관보
5	최재희	편수과 공민학 편수관	15	박만규	편수과 과학 편수관
6	최근학	편수과 조선어 편수관보	16	신동엽	편수과 역사 편수관보
7	정석윤	표준부 통계관	17	송종국	편수과 공민학 편수관보
8	허현	학교과 사범교육계 서기장	18	유진복	편수과 수석 서기
9	황의돈	편수과 역사 편수관	19	윤건로	편수과 조선어 편수관보
10	김철수	편수과 수학 편수관보			

편수과 인원이 1946년 초에 30여명으로 늘어났다고[69]하더라도 과목별로 1~3명밖에 되지 않았다. 따라서 이들이 <문교부 사무분장규정>에 제시된 모든 업무를 감당할 수 없었다. 학무국에서는 편수관들을 도와줄 외부

(음악)이 편수관으로 일했다고 했다. 그리고 전영택이 1945년에 국어 편수관으로 재직한 기록이 있으나, 임명 일자와 재직 기간은 불분명하며, 고석균이 역사 편수관으로 있었으나, 역시 재직 기간이 불분명 하다고 했다. 그리고 이들은 모두 당시 학계에서 인정 받던 교과교육의 전문가였다고 했다.(홍웅선, 앞의 논문(1996), 37쪽.)

미군정기 문교부 편수국 지리담당 편수관으로 근무했던 최흥준은 당시 편수국 사무실의 모습을 다음과 같이 기억했다.

"당시의 문교부 청사는 군정청 북서쪽 경회루와 가까운 제1 별관에 있었고, 편수국은 2층 큰 방 2개와 작은 방 2개를 쓰고 있었다. 복도 남향 작은 방에는 국장, 부국장이 계셨고(편수국에만 부국장이 계셨음), 옆 큰 방에서는 국어, 공민, 지리, 역사를 담당하는 14명 정도의 편수사가 집단 근무하고 있었다. 남향 방 창 쪽부터 횡의돈 선생, 그 옆에 신동엽 선생, 노도양 선생, 그 옆 끝자리가 내 자리였다."(최흥준, 「초창기 때의 편수국」, 『편수의 뒤안길』3집, 대한교과서주식회사, 2000, 4~5쪽.)

68) <임명사령 제28호>, 1945년 11월 6일.(『미군정청 관보』2, 원주문화사, 1991, 48~51쪽.)
69) 오천석, 「군정문교의 증언-①」, 『새교육』213, 1972, 116쪽.

인원이 필요했다. 우선 편수과의 첫 번째 업무인 교수요목을 만드는데 도움을 줄 사람들과 조직이 필요했을 것이다. 그래서 '교수요목제정위원회'가 조직되었다.

 기존의 연구에서는 교수요목제정위원회의 설치시기를 1946년 2월 21일,[70] 1946년 10월,[71] 1946년 11월[72]로 연구자들 마다 다르게 제시하였다.

---

70) 유봉호, 정태수, 이종국, 허강은 1946년 2월 21일 교수요목제정위원회가 설립되었다고 했다. 유봉호와 정태수는 그 근거로 중앙대학교 부설 한국교육문제 연구소에서 1974년 편찬한 『문교사』를 제시했다. 하지만 유봉호가 제시한 『문교사』 88쪽에도, 정태수가 제시한 305쪽에도 교수요목제정위원회화와 관련된 내용은 없다. 결국 이 두 연구에서는 정확한 출처를 확인할 수 없었다. 필자가 이종국에게 직접 출처를 문의했을 때, 『문교사』나 오천석의 『한국신교육사』를 찾아보라고 조언해 주었을 뿐이다. 이 날짜를 제시한 최초의 연구자는 허강인 것으로 보인다. 그는 1994년 「우리나라 교과서 연표」를 만들어 발표했는데, 그 연표에 1946년 2월 21일로 기록되어 있다. 필자는 몇 차례 허강을 만나 그 출처와 관련 내용을 문의했지만, 그 출처가 어디인지 아직 확인하지 못했다.(허강, 「우리나라 교과서 연표」, 『교과서 연구』19, 1994, 133쪽. 유봉호, 『한국교육과정사 연구』, 교학연구사, 1995, 305쪽. 정태수, 『광복3년 한국교육법제사』, 예지각, 1995, 305쪽. 이종국, 앞의 논문(2000), 79~80쪽.)

71) 홍웅선은 회고를 통해 1946년 10월 교수요목제정위원회가 설립되었다고 했다. 홍웅선도 그 출처를 밝히지 않았다.(홍웅선, 「편수국에서 만난 분들」, 『편수의 뒤안길』2집, 대한교과서주식회사, 1995, 39쪽. 홍웅선, 「미군정기와 교수요목기」, 『인물로 본 편수사』, 대한교과서주식회사, 1999, 5쪽.)

72) 김태웅은 1946년 11월 교수요목제정위원회가 설치되었다고 했다. 그는 출처로 2000년 한국교과서연구재단에서 발행한 『한국편수사연구』1의 끝에 있는 연표를 제시했다. 그런데 이 연표는 허강이 1994년에 작성한 연표를 그대로 옮긴 것이다.(김태웅, 「신국가건설기 교과서 정책과 운용의 실제」, 『역사교육』88, 2003, 82쪽. 한국교과서연구재단, 『한국편수사연구』1, 한국교과서연구재단, 2000, 500쪽.) 전명기는 교수요목 관련 일지를 만들었는데, 여기에도 1946년 11월 15일 교수요목제정위원회 구성, 1946년 11월 17일 교수요 제정 발간으로 기록했다.(전명기, 「미군정기 교수요목 연구」, 『논문집』3, 한국정신문화연구원 대학원, 1988, 185쪽.) 전명기는 1988년 강경호의 박사논문 14쪽을 인용했는데, 거기에는 "1946년 11월 17일 미군정청 문교부에 의해서 교수요목이 발행되었다"는 서술이 있을 뿐이다.(강경호, 「국어과 교육의 변천에 관한 연구」, 건국대학교 대학원 박사학위논문, 1988, 14

그런데 연구자들이 설치시기를 제시한 근거가 명확하지 않다. 교수요목제정위원회와 관련해 확인할 수 있는 1차 사료는 다음과 같다.

a. 새 교육제도에 입각한 초등, 중등 학과과정에 대하여 협의하고자 15일 오후 2시부터 시내 숙명고녀에서 교수요목사정위원회가 개최되어 학과과정에 대한 토의를 하였다.[73]

b. 금반(今般) 사회생활과 요목을 제정하는데 참가하게 되어 그 창설의 고난을 더 절실히 느끼었다. 그 때 우선 공부를 좀 하겠다는 생각으로 Oregon 주의 요목을 읽기 시작하였다. 문교부의 제정안과 오리건 주의 것을 비교할 때 우리 실제가(實際家)가 다 같이 그 양자를 비교하게 되면 신제정의 정신과 내용을 더 손쉽게 이해할 것 같이 느꼈다.[74]

c. 1946년 12월 말 현재 교수요목제정위원회 이숭녕씨 외 362명[75]

d. 새 출발의 새 과정표를 합리적으로 만들어야함으로 말미암아, 저절로 많은 시일이 필요하게 되었다. 그래서 이십 여 번을 거듭하여 열린 교수요목제정위원회의 성과는 최근에 이르러 일부의 완성을 보게 되었다.[76]

쪽.) 이 때 발행된 교수요목은 국어과 교수요목이었다.

필자는 허강의 1994년 연표에 교수요목제정위원회 설립일이 2개로 나타나 있는 이유에 대해 물었다. 허강은 둘 중 하나는 잘못된 것이라고 했다. 허강은 2010년 교과서 관련 연표를 종합적으로 정리하여 단행본 『한국의 교육과정·교과서연표』를 발행했다. 여기에는 1946년 11월 15일 교수요목제정위원회가 설치되었다는 내용이 빠져있다. 결국 허강은 1946년 2월 21일을 설립일로 본 것이다. 그런데 필자가 허강을 만나 관련 내용을 문의했을 때 홍웅선의 1946년 10월이 더 신빙성이 있을 것 같다는 의견을 밝히기도 했다.(허강, 『한국의 교육과정·교과서연표』, 일진사, 2010, 24~27쪽.)

73) 《독립신보》, 1946년 6월 16일.

74) 윤재천 역편, 「서(序)」, 『미국교육소개 사회생활과 교육(1945년판)』, 민주교육연구회, 1946년 9월.

75) 『1946년 문교행정개황』, 60쪽.

76) 『1946년 문교행정개항』, 41쪽.

자료a는 교수요목제정위원회가 늦어도 1946년 6월 이전에는 설치되었음을 말해준다. 하지만 그 출발점이 1946년 2월이었는지는 확인할 수 없다. 다만 1946년 2월 13일 조선교육심의회에서 신교육제도를 발표한 후 교수요목 제정의 필요성이 제기되고, 위원회가 만들어졌을 가능성은 있다. 최병칠이 "1946년 3월 7일 제21차 총회로 심의안을 가결, 채택하게 되었다. 이에 따라 편수과에서는 교수요목 제정에 착수하였다."77)고 밝힌 것에서 이를 짐작할 수 있다.

자료b는 윤재천이 1946년 9월 9일 번역을 완료한『미국교육소개 사회생활과 교육(1945년판)』의 서문이다. 이를 통해 1946년 9월 20일 신교육과정이 확정되어 발표되기 전까지 교수요목을 만든다는 것이 어려웠을 것이라는 해석78)과는 다르게, 1946년 9월 이전에 이미 교수요목제정위원회는 설립되어 있었고, 활동하고 있었음을 확인할 수 있다. 무엇보다 자료b는 교수요목제정위원회의 회의에 문교부에서 만든 교수요목 안이 제시되었음을 보여준다. 또한 윤재천이 사회생활과 교수요목제정위원회 위원이었음도 보여준다.

자료c와 d를 통해 1946년 12월 말까지 교수요목제정위원회는 20여회의 회의를 개최하여 일부 교수요목을 완성했고, 총 363명의 위원이 있었음도 확인할 수 있다.

편수국에서 1946년 12월 말까지 완성한 교수요목은 4개 교과에 관한 것이었다. 이는 1947년 1월 10일 발행된 <국민학교 사회생활과 교수요목집>이 4번째였다는 것에서 알 수 있다.79) 이에 앞서 국민학교와 중학교 수학과 교수요목이 1946년 11월 17일에 발행되었는데, 이것이 3번째였다.80) 그런데

---

77) 최병칠,「우리나라 국정교과서의 역사」,『편수의 뒤안길』3집, 대한교과서주식회사, 2000, 121~123쪽.

78) 홍웅선, 앞의 글(1995), 39쪽.

79) 군정청 문교부,『초·중등학교 각과 교수요목집 (4) 국민학교 사회생활과』, 조선교학도서주식회사, 1947.

1946년 11월 17일에 국어과 교수요목도 함께 공포되었다.[81] 나머지 하나는 이과 교수요목이었던 것으로 짐작된다.[82] 이후 1948년 12월 24일 발행된 <중학교 사회생활과 교수요목집>은 12번째였다.[83] 따라서 1947~1948년에 7개 교과의 교수요목이 발행되었음을 추측할 수 있다. 문교부 편수국에서는 1947년에 각과별로 총 20권의 교수요목집을 발행할 계획이었다.[84] 하지만 미군정이 끝나고 정부가 수립된 1948년 12월까지 11권을 발행한 것이 최종 결과였다. 그만큼 교수요목을 만드는 것은 힘든 과정이었고, 특히 사회생활과 교수요목을 작성하고 공포하는 것은 더 많은 시간과 논의가 필요했다.

미군정기 교수요목제정위원회의 구성과 활동 내용은, 미군정기 때 만들어진 교수요목을 개정하기 위해 정부에서 1950년 6월 2일 공포한 <교수요목제정심의회 규정>을 통해 짐작해 볼 수 있다.

> <교수요목제정심의회 규정>[85]
> 제1조 교수요목제정에 관한 원안을 심사하기 위하여 문교부 편수국에 교수요목제정심의회(이하 심의회라 함)를 둔다.
> 제2조 심의회는 분과제로 하며 대학, 사범대학, 초급 대학 및 각종 학교를 제외한 각 학교의 종류와 그 각 학교의 교과목의 종류에 따른다.
> 제3조 각 분과심의회는 의장1인, 위원 약간인으로써 구성한다. 의장은 문교부 편수국장이 된다.
> 위원은 문교부 직원, 현직 교육자, 지방청 교육행정 관계자 및 기타 학식 경험이 풍부한자 중에서 문교부 장관이 위촉한다.

---

80) 군정청 문교부, 『초중등학교 각과 교수요목집 (3) 국민학교 수학과, 중학교 수학과』, 조선교학도서주식회사, 1946.
81) 강경호, 앞의 논문(1988), 2쪽.
82) 국가교육과정 정보센터 홈페이지에는 1946년 9월 적용된 교육과정이 소개되어 있다.
83) <중학교 사회생활과 교수요목집>
84) 『1946년 문교행정개황』, 43쪽.
85) <교수요목제정심의회 규정>, 문교부령 제9호, 《관보》, 1950년 6월 2일.

제4조 의장은 회무를 장리하며 심의회의 심사결과를 문교부 장관에
게 보고한다.
위원은 교수요목으로 제정하려는 원안을 심의하며 기초자료
를 조사 연구한다.
제5조 심의회에 관한 사무는 문교부 장관의 명에 의하여 문교부 편
수국 직원이 이에 종사한다.
부칙   본 부령은 공포한 날로부터 시행한다.

이 규정에 의하면 교수요목제정심의회는 문교부 편수국 소속이었다. 그
리고 심의회는 초·중등학교 각 학교별, 과목별로 분과심의회가 구성되었
다. 분과심의회 의장은 문교부 편수국장이었고, 위원은 문교부 직원, 현직
교육자, 지방청 교육행정가와 그 외 학식과 경험이 풍부한 몇 사람이 추가
되었다. 위원은 문교부 장관이 임명했고, 교수요목 원안을 심의하고 기초
자료를 조사 연구했다. 위의 규정은 교수요목제정심의회의 목적이 원안을
심의하는 것이었고, 원안 자체를 만드는 것은 아니었음을 말해준다. 즉, 기
초자료를 조사하여 원안의 수정을 건의할 수는 있겠지만, 원안 자체를 만
드는 것이 심의회의 일은 아니었다. 원안은 문교부 편수국의 각 과목별 편
수관들이 만들었다. 미군정기 교수요목제정위원회도 이와 같이 심의기능
을 가진 기구로 운영되었음을 1947년 1월 20일 미군정 문교부의 주간 보고
를 통해 확인할 수 있다.

1. 다음의 원고들이 완성되었고 위원회로 보내졌다.
   a. 중학교 사회생활과 교수요목(Social Studies Course Of Study for
   Middle School)
   b. 지난해 중학교의 사회적 문제
   c. 2학년 사회생활과 교과서
2. 국민학교 사회생활과 교수요목의 배부가 개시되었다.[86]

---

86) 「Weekly Report Week Ending 18 January 1947」(정태수, 『자료집-상』, 338~339쪽.)

위의 보고 내용은 문교부에서 중등학교 사회생활과 교수요목을 작성하여 교수요목제정위원회로 보냈다는 것을 말해준다. 또한 1946년 12월 완성된 <국민학교 사회생활과 교수요목집>이 배부되던 시점에, 이미 문교부에서는 2학년 사회생활과 교과서 원고를 완성했다는 것도 알 수 있다. 문교부 편수국은 교수요목 작성과 해당 교과서 편찬을 거의 동시에 진행했던 것이다. 교수요목 제정과 교과서 편찬이 문교부 편수국의 권한이었고, 업무였음을 확인할 수 있다. 최병칠의 회고도 이러한 사실을 뒷받침해준다.

> 편수국에서는 각급 학교의 교수요목을 작성했다. 지금과 같이 교과별, 학교별 운영 등 복잡한 위원회 조직은 돼 있지 않고 다만 교과별 위원회의 심의가 끝나면 장관의 결재를 맡아 교과별로 공포하였다. 도저히 시간적 여유가 없어 면밀유장(綿密悠長)한 검토의 겨를이 없기 때문이다.[87]

교수요목제정위원회는 편수국에서 작성한 교수요목을 검토하였지만, 시간적 여유가 없어 심의를 충실히 할 수 없었다. 그럼에도 교수요목제정위원회의 검토가 필요했고, 심의를 통과한 교수요목은 장관의 결재를 받고 공포되었다. 1950년 편수과장 배희성도 해방 직후 교수요목이 제정되고 공포된 과정을 다음과 같이 설명했다.

> 1946년 12월 국민학교 규정[88]이, 1947년 4월 중등학교 규정이 발표되자, 본 편수국에서는 이에 규정된 교육 목적과, 학과, 교과 과정표에 의거하여 교과 교수요목 제정에 착수하고, 교과별로 교수요목제정위원회를 조직하여 이 일을 진행하였다. 교과별로 교수요목이 제정되는 대로

---

87) 최병칠, 「우리나라 교육과정이 걸어온 길」, 『교육과 인생』, 문천사, 1972, 49쪽.
88) 문교부에서 국민학교 규정을 발표한 것은 1947년 11월이었다. 계성학교에서 보관하고 있던 문서 표지에 문교부가 단기 4279년 11월 제정 발행한 내용이 표시되어 있다.(정태수, 『자료집-하』, 352쪽.)

이것을 발표하였다.[89]

1946년 11월 <국민학교 규정>, 1947년 3월 <중학교 규정>이 공포되고 세부적인 교육과정이 확정되자 편수국에서는 본격적으로 교과서를 편찬했다. 이를 위해 우선 교과별로 교수요목 제정을 서둘렀다. 이는 1946년 11월이 되어서야 비로소 교수요목 제정을 위한 작업을 시작했다는 의미는 아니다. 앞에서 살펴본 것처럼 문교부에서는 1946년 9월 이전에 이미 사회생활과 교수요목 안을 만들었고, 이후 계속적으로 논의과정을 거치고 있었다. 그리고 1946년 11월 초경에 편수국은 초등학교 사회생활과 교수요목 초안을 완성했다. 이는 심태진이 1946년 11월 10일 민주교육연구강습회에서 "조선에서 이번에 제정한 사회생활과 교수요목은 미국의 콜로라도 주 교수요목을 많이 참고하였습니다."[90]라고 강연한 것에서 알 수 있다. 즉, 교수요목제정위원회는 편수국에서 만든 교수요목을 1946년 11월 제정된 국민학교 규정을 반영하여 심의했고, 최종적으로 1947년 1월 10일 발행한 것이다. 따라서 초등학교 사회생활과 교수요목이 한두 달이라는 짧은 기간에 작성된 것은[91] 아니지만, 사회생활과가 교과목에 포함된 1946년 9월부터 곧바로 논의가 진행되었다고 해도 5개월이 채 안 되는 짧은 시간에 완성된 것만은 분명하다.

1945년 11월부터 1951년까지 문교부 편수국에서 근무했던 신의섭[92]의

---

89) 『편수시보』, 3~4쪽.

90) 심태진, 「사회생활과교육론」, 『민주교육연구강습회속기록』, 1946, 130쪽.

91) 홍웅선은 "사회생활과 교수요목제정위원회가 국민학교 사회생활과 교수요목제정에 착수한 것은 1946년 10월이었고, 그것을 끝낸 것이 같은 해의 12월이었으니 얼마나 서둘러 일을 추진하였던가를 알 수 있다."고 했다.(홍웅선, 「최초의 사회생활과 교수요목의 특징」, 『한국교육』19, 1992, 35쪽.)

92) "신의섭 편수관은 사회생활과 중에서도 도덕 교육 분야를 담당하여 외모부터가 단정하기 이를 데 없고, 충청도 양반의 특유한 걸음걸이가 일품이어서 화제가 되곤 하였다."(홍웅선, 『편수의 뒤안길』2집, 대한교과서주식회사, 1995, 45~46쪽.)

회고를 통해 교수요목이 제정되는 과정을 추측해 볼 수 있다.

> 우리 편수과에서는 우선 각 교과에 걸쳐서 시급히 교수요목을 만들고 우리말로써 임시 교과서를 편찬했다. 나는 최재희 편수관, 송종국 동지와 더불어 공민과 교수요목을 만들고, 임시 교과서를 편찬 발간했다. 편수과에서는 점차 새로운 교육과정이 마련되고, 교수요목이 짜여 지고, 새로운 교과서가 편찬, 발간되었다. 편수국의 기구도 확장되고 인원도 많이 늘어났다.[93]

신의섭, 최재희, 송종국 모두 앞의 <표 IV-4>에서 확인할 수 있는 것처럼 편수국 공민담당 직원이었다. 신의섭에 따르면 편수국 직원들은 교육과정이 확정되기 이전에 임시 교과서 편찬을 위해 교수요목을 만들었고, 교육과정이 확정된 이후에도 그에 맞는 교수요목을 만들고 교과서를 편찬했다.

1946년 9월 신교육과정이 공포되기 전부터 교수요목제정위원회는 운영되고 있었다. 하지만 교수요목은 문교부 편수국의 교과별 편수관들이 원안을 작성했고, 교수요목제정위원회는 이를 심사하는 역할을 했다. 교수요목제정위원회는 교과별로 구성되고 활동하였기 때문에 설치시기와 완성된 교수요목이 발행되는 시기가 달랐다. 선행 연구에서 교수요목제정위원회의 설치시기가 일치하지 않는 것도 이 때문이었다.

2) 사회생활과 교수요목집의 발행과 특성

① <국민학교 사회생활과 교수요목집> 발행

초등학교 사회생활과 교수요목은 콜로라도 주 초등학교 8년제 교육과정을 모델로 하였다. 버지니아 주[94]와 캘리포니아 주[95]의 교육과정을 참고

---

93) 신의섭, 「문교부 시절」, 『편수의 뒤안길』1집, 대한교과서주식회사, 1991, 24쪽.

했다는 주장이 있기도 했지만, 이는 이미 선행연구자들에 의해 오류가 지적되었다.[96]

　문교부 편수국 번역사 이상선은 『사회생활과의 이론과 실제』의 머리말에 "신교육제도로서 새로이 등장한 사회생활과를 미국 콜로라도 주의 교수요목을 기본으로 하여 그 성격과 실제교수를 해명하여보고자 하였다."[97]고 밝혔다. 그런데 이상선의 머리말이 1946년 10월에 작성된 것으로 봐서, 1946년 9월 사회생활과 도입이 확정되기 이전에 문교부 내에서는 콜로라도 주 교육과정을 검토하고, 사회생활과 도입을 준비하고 있었음을 알 수 있다. 최흥준은 "국민학교 사회생활과의 교수요목과 단원은 미국 콜로라도 주의 8년제 초등학교 학습내용을 약간 수정하고 단축해서 6년제인 우리 학제에 맞추다 보니 무리한 단원과 내용이 많았다."[98]고 했고, 박광희는 "사회과 교수요목은 솔직히 표현한다면 콜로라도 주의 교수요목을 그대로 이어 받고 다만 그 운용 자세와 학년 배정만 우리의 것으로 개조한데 불과하다고 해도 과언이 아닐 것이다."[99]라고 했다. 그런데 심태진은 "우리의 사회생활과 교수요목이 미국의 콜로라도 주 교수요목을 많이 참고하긴 했지만, 이것은 미국식도 소련식도 아닌 보편적이고 일반적인 교육이념이었다."

---

94) 박환이, 「국민학교 사회과 교육 목표의 변천」, 『사회과교육』10, 1977, 8쪽.
95) 關英子, 「군정하에 있어서 한국인의 교육재건 노력」, 『해방후 한국의 교육개혁』, 한국연구원, 1987, 97~98쪽.
96) 홍웅선과 박남수는 버지니아 주 사회생활과 교육과정은 일본 사회과의 모델이었음을 밝혔다.(홍웅선, 앞의 논문(a, 1992), 114쪽. 박남수, 「초기 사회생활과 교수요목에 영향을 끼친 미국 근대 교육과정의 구조와 특징」, 『사회과교육연구』제17권 제1호, 2010, 12쪽.)
　　캘리포니아 주의 교수요목은 사회생활과가 아니라 국어 교수요목 제정에 참고하였다.(오천석, 『한국신교육사』하, 광명출판사, 1975, 18~19쪽.)
97) 이상선, 『사회생활과의 이론과 실제』, 금룡도서문구주식회사, 1946, 머리말.
98) 최흥준, 「초창기 때의 편수국」, 『편수의 뒤안길』3집, 대한교과서주식회사, 2000, 7쪽.
99) 박광희, 「한국사회과의 성립 過程과 그 課程 變遷에 관한 一研究」, 서울대학교 석사학위논문, 1965, 53쪽.

고 설명하기도 했다.[100)

해방 직후 문교부 편수국에서 콜로라도 주의 교육과정을 모델로 사회생활과 교수요목을 만들었던 이유에 대해 최흥준은 다음과 같이 회고했다.

> 앤더슨 씨(미국 콜로라도 주의 장학사 출신으로 편수국 고문관이었다.)는 우리나라도 산악이 많고, 콜로라도 주 또한 산악이 많은 곳이니 생활방식이 유사할 것이라는, 지극히 단순한 생각이 콜로라도 주의 교수요목을 도입한 동기가 된 듯하다.[101)

즉, 편수국 고문이었던 앤더슨의 영향으로 콜로라도 주 교육과정을 모델로 해서 우리의 교수요목을 만들었다는 것이다. 최병칠도 "당시의 미고문관 앤더슨 대위가 미 콜로라도 주 출신의 교육자였기 때문에 콜로라도 주 사회과 과정을 수입 소개하여 당시의 교육과정과 교과서 편찬에 큰 영향을 미치게 한 것은 유명한 이야기로 남아있다."[102)고 했다. 앞선 연구에서는 편수관들이 콜로라도 주 초등학교 교육과정을 모델로 한 이유를 세 가지로 정리하기도 했다.

> 첫째는, 콜로라도 주가 자연지세적인 면과 기타 환경에서 한국과 유사했다는 점이고, 둘째는 미국의 여러 주 중에서도 가장 진보적인 학교로서 특히 사회과가 매우 열렬히 연구되었던 주였다는 것이다. 그리고

---

100) "조선에서 이번에 제정한 사회생활과 교수요목은 미국의 콜로라도 주 교수요목을 많이 참고하였습니다. 콜로라도 주의 교수요목에 있는 문구와 조선의 사회생활과 교수요목에 있는 문구가 거의 비슷합니다만은 조선의 사회생활과 교수요목의 목적이 콜로라도 주와 흡사한 것은 결국 사회생활과의 교육이념이 인간과 환경과의 관련을 인식시키는 데 있다는 것입니다. 자기의 자연과 사회에 있어서의 가치를 인식 이해 한다는 것은 결국 미국식도 아니고 소련식도 아니고 보편적이고 일반적인 교육이념일 것입니다."(심태진, 앞의 논문(1946), 130~131쪽.)

101) 최흥준, 앞의 글(2000), 7쪽.

102) 최병칠, 앞의 책(1972), 26~27쪽.

당시의 편수국장 고문관이었던 앤더슨 대위가 콜로라도 주립대학 영어 교수 출신이었기 때문에 교과서를 비롯한 기타 도서 관계를 다른 주의 것보다 더 많이 구해볼 수 있었다는 점과 또한 그의 권유도 무시할 수 없이 영향력을 가졌던 것이 아닌가 싶다.[103]

결국 콜로라도 출신의 미군정 문교부 편수국 고문 앤더슨의 영향으로 콜로라도 주 초등학교 교육과정을 모델로 사회생활과가 만들어졌다는 것이 공통된 견해이다. 그런데 미국 버지니아 주와 콜로라도 주의 초등학교 교육과정을 직접 검토했던 박남수는, 미군정기 편수국 직원들이 콜로라도 주의 교육과정을 모델로 했던 이유가 콜로라도 주 교육과정이 가장 진보적이었기 때문이 아니라, 오히려 다른 주의 교육과정에 비해 덜 진보적인 (통합의 정도가 낮은) 교육과정이었기 때문이었을 수도 있다고 했다. 그는 "당시 관련자들의 분과적 교과편제에 대한 익숙함과 진보적 교육과정에 대한 거부감, 그리고 역사교육을 둘러싼 사회과 신설에 대한 반발 등과 같은 당시의 상황을 고려했을 때 이러한 위상과 성격을 지닌 콜로라도 주 안의 선택이 최선이 아니었을까 하는 조심스러운 추측과 문제를 제기할 수 있을 것이다."고 했다.[104] Ⅲ.2장에서 콜로라도 주 초·중등학교 사회생활과 교육과정이 분과적으로 구성되어 있음을 살펴보았다. 따라서 이러한 문제제기에 주목하고 관련 연구가 확장되었으면 한다.

당시 편수국 직원들이 콜로라도 주 교육과정을 모델로 한 이유가 무엇인지에 대해선 앞으로도 논의가 계속 되겠지만, 초등학교 사회생활과 교수요목이 콜로라도 주 초등학교 교육과정을 모델로 한 것은 분명하다. 하지만 교수요목 제정 과정에서 오리건 주 교육과정도 참고 되었음을 앞에서

---

103) 박광희, 앞의 논문(1965), 47~48쪽.
    이후 미군정기 사회생활과와 콜로라도주안과의 관련에 대해서는 거의 대부분의 연구들이 이 견해를 인용하고 있다.(박남수, 앞의 논문(제1호, 2010), 2쪽.)
104) 박남수, 위의 논문(제1호, 2010), 13~14쪽.

보았다. 윤재천은 사회생활과라는 신교과를 창시해야하는데, 참고할 수 있는 문헌도 없고, 준비도 안 된 상태에서 오리건 주의 교육과정을 접했다. 그리고 오리건 주의 교육과정을 그대로 우리의 사회생활과 교수요목으로 삼아도 될 것 같다고 했다. 그는 오리건 주 사회생활과 교육과정을 보고 감탄했다.[105] 또한 특히 주의를 끌었던 오리건 주 초등학교 사회생활과 교육과정의 10가지 특징을 그의 책 서문에 제시했다.[106]

---

105) 윤재천 역편, 앞의 책(1946), 「서(序)」.
106) 1. 학년마다 그 학년에서 요구하는 사회생활과의 목적을 명시하였다.
2. 학년말에는 정신상의 진보를 의미하는 모범적 행동 범위를 규정하였다. 이 양조(兩條)만 일람하여도 해과(該科) 지도상 대범(大凡)의 행로를 얻으리라고 믿는다.
3. 1년으로부터 3년까지에 대개 가정생활로부터 공동단체생활의 공덕을 지도하는데 3년으로부터는 환경을 확장하는 의미에서 향토연구로 들어갔다.
4. 더욱 3학년의 요목은 교수안을 제시하였다고 볼 수 있다. 1단위를 취급하는 방법을 여기서 배우게 될 것이다.
5. 4년에 가서는 뚜렷이 의·식·주에 관련한 문제를 연구한다. 사람은 어떻게 자연 지리적 조건에 적응하며 이용하는가는 직접 직업문제에 관련한다. 다시 말하면 직업의 발전은 의식주로 발달한다. 과거에 우리가 하던 직업교육도 이러한 형태로 진전하면 좋을까도 생각하여 본다. 결국 자연자원으로부터 지하자원에까지 인지(人智)가 미치는 것은 생활상태의 변천이라고 할 것이다.
6. 우리 인간생활에 미치는 자연조건은 무엇인가? 인간은 반드시 자기에게 유조(有助)하고 심지(心志)에 적합한데를 찾아서 활동한다. 거주하는 지역을 이동하는 것도 결국 자연조건의 적합여부에 있는 것이다. 이러한 입장에서 5학년에서는 지구에 관한 지리적 전문지식에 관여한다.
7. 6학년에서는 서반구(西半球)의 지리로 들어간다. 인접한 지방 즉, 중앙미주를 자세히 하고 남미주(南美洲)는 대국만을 간단히 취급하는 양식은 많은 참고가 된다.
8. 7학년에서는 세계의 지리 역사로 들어가는데 이것이 분리적이 아니고 그 두 가지를 완전히 연결적으로 취급하는 점이 묘(妙)하다. 지리가 기본이 되고 역사는 따라 간다. "역사교과서의 주요한 가치는 지리의 진정한 의의를 명료히 함을 돕는 데 있다."고 하였다. 우리 과거의 교육에도 세계지리는 포함되었는데 외국 역사가 전연 제외되었음은 무슨 까닭인가? 일고(一考)할 필요가 있을 것이다.
9. 세계일주지후(世界一周之後)에 환가(還家)한 것이 8학년이다. 주로 미주발전사를 취급한다. "국가의 건설"이라는 제목하에 전교수를 통합한다. 초등교육의 종결지상(終結之相)이 황홀하다.

윤재천이 번역하여 소개한 오리건 주 초등학교 사회생활과 교육과정, 이상선이 번역 소개한 콜로라도 주 초등학교 사회생활과 교육과정과 해방 직후 초등학교 사회생활과 교수요목을 비교 정리하면 다음 <표 Ⅳ-5>와 같다.

<표 Ⅳ-5> 오리건 주, 콜로라도 주, 해방 직후 초등학교 사회생활과 교수요목

	오리건 주	콜로라도 주	해방 직후 한국
1학년	1. 가정과 학교에서 같이 산다 2. 농장에서 같이 산다 　1학년 수료자의 행동의 모범	가정과 학교에서의 생활 (Living in Home and School) 제1단위 우리 집(Our Home) 제2단위 우리 학교(Our School) 제3단위 가정에서 기르는 동물 (Pets in the Home) 제4단위 가족의 음식물 (The Food of the Family) 제5단위 가족의 의복 (The Clothing of the Family) 제6단위 가족의 유한(有閑) 시간 (The Recreation of the Family)	가정과 학교 1. 우리 집 2. 우리 학교 3. 우리 집의 동물 4. 우리 가족의 음식 5. 우리 가족의 의복 6. 우리 가족의 휴향
2학년	1. 공동단체 중에서 같이 사는 것 2. 공동사회의 학교 3. 공동사회에서 식물의 공급이 되는 방법 4. 공동사회에서 의복을 입는 방법 5. 공동사회에서의 수송 6. 공동사회에서의 통신 8. 공동사회에서의 휴양 9. 우리가 사는 공동사회 　2학년 수료 후의 행동의 모범	향토생활(Living in the Local Community) 제1단위 주택을 조달하는 사회생활　원조자(Community Helpers Who Provide Shelter for the Family) 제2단위　학교사회의　원조자(Community Helpers in the School) 제3단위 가정을 보호하는 사회생활　원조자(Community	고장(향리, 고장, 향토)생활 1. 우리의 식량 2. 우리의 의복 3. 우리의 집 4. 우리 고장에서의 여행 5. 우리의 통신 6. 그 밖의 사회생활을 서로 돕는 이들 7. 일년 중의 가장 바쁜 날 8. 우리나라 국기와 다른 나라 국기

10. 3학년까지에 행동의 기준을 건설하고 4학년으로부터 6학년까지에 지리 역사의 학술적 지식을 교수하는데 대해서 7.8학년에서는 국가정신의 통일을 목표하는 것 같고, 특히 8학년에서는 공민과를 역사에 통합해서 교수하므로 공민과의 보충교재가 출현한다.

		Helpers Who Protect the Family) 제4단위 식량을 보급하는 사회생활 원조자 (Community Helpers Who Provide Food for he Family) 제5단위 의류를 보급하는 사회생활 원조자 (Community Helpers Who Provide Clothing for the Family) 제6단위 가정에게 위안을 제공하는 사회생활 원조자 (How Community Helpers Recreation for the Family)	
3학년	제1단위 아이가 사는 부락의 이야기 제2단위 콜롬비아 강 상의 흑인 이야기 제3단위 전대(前代) 오리건의 개척시대 제4단위 오리건의 금일(今日) 3학년을 수료한 아이의 모범적 행동	더 넓은 사회생활(Living in the Wider Community) 제1단위 사회생활체의 유형(Types of Communities) 제2단위 사회생활체의 상호부조(How Communities Help Each Other) 제3단위 사회생활체내의 생계(Making a Living in the Community) 제4단위 사회생활체내의 교통기관(Transportation in the Community) 제5단위 사회생활체내의 통신기관(Communication in the Community) 제6단위 콜로라도 및 남서지방의 인디안(Indians of Colorado and Southwest)	여러 곳의 사회생활 1. 우리 지방 2. 각 지역의 생활양식의 다름 　ㄱ. 한대지방 　ㄴ. 열대지방:사하라 사막 　ㄷ. 산간지방:스위스 　ㄹ. 해양 도서지방 　　:하와이 3. 사람의 자연에 대한 적응 　ㄱ. 농업　ㄴ. 거주 　ㄷ. 의복
4학년	제1단위 원시인이 사냥을 해서 생활재(生活材)를 얻은 법 제2단위 사람이 야생동물을 길들이고 그것을 사람을 위해서 일하도록 훈련함으로써 생활 방도를 개량한 법	다른 지방의 사회생활 (Community Life in the Other Lands) 제1단위 콜로라도의 생활 (Community Life in Colorado)	우리나라의 생활 1. 우리나라 지도 공부 2. 우리나라 생활의 자연환경 3. 우리나라 자원과 산업

	제3단위 사람이 토지와 토양의 소산물을 사용함으로써 생활방식을 개량한 법 제4단위 사람이 광물을 사용함으로서 생활방식을 개량한 법 제5단위 사람이 상업을 함으로써 생활방식을 개량한 법 제6단위 사람이 공업의 발달을 통해서 생활방식을 개량한 법 제7단위 사람이 지하자원의 사용을 개량한 법	제2단위 산간국가의 생활(스위스) (Community Life in a Mountainous Country (Switzerland) 제3단위 건열(乾熱)지대의 생활(사하라) (Community Life in a Hot, Dry Country(The Sahara) 제4단위 습열(濕熱)지대의 생활(아마존 또는 콩고) (Community Life in a Hot, Damp Country (Amazon or Congo) 제5단위 도서(島嶼)의 생활(하와이) (Community Life in an Island Community(Hawaiian Island) 제6단위 한지대(寒地帶)의 생활(Community Life in the Cold Land)	4. 우리나라 교통 5. 우리나라의 도시와 촌락 6. 우리 집의 생활 7. 우리 민족의 유래와 고문화 8. 우리나라와 외국과의 관계
5 학 년	1. 지구의 운동에 응당하는 몇 가지 자연법에 대한 이해 2. 지구의 운동에 관계한 바람과 대양류에 관한 이해 3. 경위선에 의해서 표시된 지구상의 방향에 대한 이해 4. 사람의 생활방식에 미치는 고도의 효과에 대한 이해 5. 일기와 그것을 조절하는 원동력에 관한 이해 6. 인간의 활동상 토양의 중요성에 관한 이해 7. 지구와 지구의의 구성과 그 사용에 관한 이해	합중국에서의 생활 (Life in the United States) 제1단위 개설(Looking at Our Country as a Whole) 제2단위 동북지방의 제주(諸州)(The Northeastern States) 제3단위 대서양 연안의 제주(The Southeastern States) 제4단위 북부중아지방의 제주(The North Central States) 제5단위 남부중앙지방의 제주(The South Central States) 제6단위 산간지대의 제주(The Mountain States) 제7단위 태평양 연안의 제주(The Pacific States)	다른 나라의 생활 1. 지구 이야기 2. 원시인의 생활 3. 고대 문명 4. 아시아와 그 주민 5. 유럽과 그 주민 6. 아프리카와 그 주민 7. 남북아메리카와 그 주민 8. 대양주와 그 주민 9. 우리나라와 세계
6 학	합중국, 가나다, Newfoundland, Labrador, Alaska, Mexico 중앙미	우리 미국의 제연방 (Our American Neighbor)	우리나라의 발달 1. 원시국가와 상고문화

년	주, 남미주를 포함. 1. 미국민 대중들의 생활을 유지하는 우리나라의 공업 2. 자세히 배운 태평양제주(諸州)와 이 제주(諸州)에 대조해서 배운 타 제주(諸州) 3. 큰 분할을 한 각단위, 즉 서부 합중국, 북부중앙 제주(諸州), 남부제주(諸州), 북서부제주(諸州).	제1단위 캐나다-북부에 있는 우호국(Canada, Our Friendly Neighbor to the North) 제2단위 멕시코-대척(對蹠)이 되는 나라 (Mexico, The lan of Contrasts) 제3단위 중앙아메리카주와 서부인도(Cental America and Islands of the West Indies) 제4단위 남아메리카주의 개관 ((Preview of South America) 제5단위 A B C 제국(諸國) (ABC Countries) 제6단위 남미주의 북부 및 중부제국(Central and Northern Countries of South America) 제7단위 알라스카(Alaska) 제8단위 하와이와 태평양 제속령(諸屬領)지 (Hawaiian Islands and Our Other Pacific Possessions)	2. 삼국의 발전과 문화 3. 남북조의 대립과 그 문화 4. 고려와 그 문화 5. 근세 조선과 그 문화 6. 일본인의 압박과 해방 7. 건전한 생활 8. 우리나라의 정치 9. 우리나라 산업과 경제 10. 우리 민족성 11. 우리의 자각과 사명
7 학 년	제1단위 원시인은 단체생활을 발전시켰다 제2단위 좋은 지리적 환경이 아프리카의 아세아적 문명에 무태(舞台)를 주었다. 제3단위 자유의 신이념은 희랍(希獵)과 라마(羅馬)에서 발생하였다. 제4단위 중세기 사람은 어떻게 자기 요구에 합치하도록 사회를 발전시켰는가 제5단위 신학문의 유럽에 전입함 제6단위 우리 구주(歐洲)인의 금일의 이웃 사람들	타대륙의 생활 (Life on Other Continents) 제1단위 태고인 (History of Early Man) 제2단위 고대문명 (Early Civilizations) 제3단위 구라파와 그 주민 (Europe and Its People) 제4단위 아프리카(Africa) 제5단위 아세아와 그 주민 (Asia and Its People) 제6단위 호주와 태평양 제도(諸島)(Australia and the Islands of the Pacific)	
8 학 년	제1단위 미주의 혁명 제2단위 영토의 발전, 인주간의 투쟁, 독립전쟁 제3단위 오리건 주	콜로라도와 합중국의 발전 (Colorado and The Development of the United States into a Great Nation)	

	제1단위 콜로라도-현세계에 있어서의 우리 주(Colorado: Our State in a Modern World) 제2단위 합중국의 초기발전 (The Early Development of the United States as a Nation)	
제4단위 발명과 그 초기, 인도주의운동 및 미주식 휴양의 모형적 형식의 발전 제5단위 미주의 문화발전	제3단위 신국가의 건설, 발전 (Growth and Expansion of the New Nation) 제4단위 내란과 재건 (Disunion and Reconstruction) 제5단위 발전(1872~1935)(The Nation Progresses(1872-1935) 제6단위 현세계에 있어서의 합중국(The United States in the World Today)	

오리건 주와 콜로라도 주의 교육과정을 비교해보면 학년별로 교육 내용 배치에 차이가 있지만, 동일한 내용을 다루고 있다. 하지만 미군정 문교부 사회생활과 교수요목은 콜로라도 주의 8학년 과정이 6학년 과정으로 조정된 것이다. 즉, 콜로라도 주의 1학년은 우리의 1학년과 동일하고, 콜로라도 주의 2~3학년이 우리의 2학년으로 통합되었고, 콜로라도 주의 4학년이 3학년, 5학년이 4학년, 6~7학년이 5학년, 8학년이 6학년으로 구성된 것이다. 단위별 내용도 이상선이 번역한 콜로라도 주의 내용과 거의 동일하다. 이에 대해 이상선은 다음과 같이 밝혔다.

우리나라 초등교육 연한이 6년이며, 또한 우리나라는 우리나라의 독특한 성격을 가지고 있으므로, 그 교수요목의 편찬도 특이한 것이 있어야 할 것이지만, 콜로라도 주의 교수요목을 함축하여 새로 편제함도 조선에서의 사회생활과 교수요목의 일안은 되리라고 믿는다.[107]

---

107) 이상선, 앞의 책(1946), 11쪽.

이상선 스스로 한국의 특성에 맞는 교수요목을 만들어야하지만, 콜로라도 주의 8년 과정을 6년 과정으로 맞추어 교수요목을 만들었음을 밝힌 것이다. 이상선은 <국민학교 사회생활과 교수요목집>이 발표된 이후인 1947년 5월에 1942년도 미주리 주 초등학교 교육과정을 참고하여 『종합교육과 단위교수: 사회생활과 교육의 기초이념』을 발행하였다. 그리고 미주리 주 초등학교 1학년 각과 교수요목을 발초(拔抄)하여 책에서 소개하기도 했다.108)

덧붙이자면 초등학교 사회생활과 교수요목이 미국의 콜로라도 주 교육과정을 모델로 했지만, 1946년 9월에 발표된 초등학교 교과목 시간배당표는 미국 오리건 주 초등학교 시간배당표를 참고로 만들어졌다. 아래의 <표 IV-6>에서 확인할 수 있듯이 이 때 발표된 주간 시간배당표는 일제시대와 미군정기 초기에 사용하던 주간 수업시간이 아니라 주간 총 수업량을 분으로 표시한 새로운 형태였다. 이는 앞서 언급했던 것처럼 윤재천이 미국 오리건 주의 교육과정을 검토 한 후 이를 반영하여 작성한 것이다.

〈표 IV-6〉 국민학교 교과목 시간배당표(1946.9.20.)109)

	1학년	2학년	3학년	4학년	5학년	6학년	비고
국어	360	360	360	360	320	320	硬筆習字를 포함함
사회생활	160	160	200	200	여 200 남 240	여 200 남 240	공민·지리·역사·직업 (농경사육을 포함함)
이과	160	150	200	160	160	160	농경사육 등을 포함
산수	160	160	200	200	200	200	
보건	200	200	200	200	200	200	체육, 위생, 휴양 등
음악	80	80	80	80	80	80	
미술	160	160	150	160	여 120 남 160	여 120 남 160	도서, 습자(모화)수공 (4학년이상)

108) 이상선, 『종합교육과 단위교수-사회생활과 교육의 기초이념』, 동심사, 1947.
109) 윤재천, 앞의 책(1946), 33쪽.

가사				여 80	여 80	재봉을 포함함
계	1120	1120	1200	1360	1360	1360	
	18 2/6 (28)	18 2/6 (28)	20 (30)	22 2/6 (34)	22 2/6 (34)	22 2/6 (34)	40분단위로 표시함 ( )내는 교시

비고) 서울시 학무국에서는 법령의 발포(發布)를 기다리지 않고 10월 1일부터 이 배당표를 사용하기를 요청하였음.

〈표 IV-7〉 오리건 주 시간배당표[110]

초급(1.2.3학년)		중급(4.5.6학년)		상급(7.8.9학년)	
과목	비율	과목	비율	과목	비율
어학 (화법,독서, 철법, 습자)	50%	어학 (화법,독서, 철법, 습자, 극화)	35%	어학 (국어발표, 독서, 어학, 자필의 표현, 철법, 습자, 문학)	20%
사회생활·이과	20%	사회생활· 이과	20%	사회생활	20%
체육·보건 보건봉사·이과	10%	체육·보건 보건봉사·이과	15%	체육·보건	15%
산수	10%	산수	20%	산수	15%
음악·미술·수공	10%	음악·미술·수공	10%	음악·미술	7.5%
				과학	15%
				가정경제·공예	7.5%

비고 1.가정·경제와 공예를 과(課)치 않는 학교에서는 그 나머지 시간은 어학이나 사회생활과 범위에 사용함이 가능하다.
2.%는 1주 교수시간에 대한 비(比)다.

윤재천은 이와 같은 시간배당표를 만들었던 이유에 대해 다음과 같이 밝혔다.

금번 문교부에서 과정표를 제작할 때도 과목별 시간배당은 과거의 일본인의 관습에 의지할 수밖에 없었다. 그런데 오리건주의 교수지도서를 보면 일주간의 수업시간량을 교과별 비례로 분배하여놓았을 뿐이오

---

110) 윤재천, 위의 책(1946), 32쪽.

주 몇 분간이라는 분한도 없다. 지대한 발견이었다. 일주간에 수업을 할
수 있는 시간의 분량이 결정되면 이 시간을 비례배분하면 언제나 교과
목에 대한 시간의 분량은 결정될 것이므로 국어가 몇 시간이라는 고정
적인 습관에서 완전히 이탈하여 자유로운 입장에서 이것을 활용하게
되어있다. 지당한 일이다.[111]

윤재천은 위의 <표 Ⅳ-6>과 같은 시간배당표를 만들었던 이유가 "우리
시간배당표도 교사의 자유를 보장하는 동시에 그 책임을 맡기고자 배당한
시간량을 분으로 표시하였다."고 했다. 하지만 국어과에 360분을 배정한
것은 1시간을 40분으로 주 9시간 국어를 배정한 일본의 과정표를 번역한
것이라고 밝혔다.[112]

② 〈중학교 사회생활과 교수요목집〉 발행

<국민학교 사회생활과 교수요목집>은 1947년 1월 배포되고 교과서도
편찬되었다. 하지만 <중학교 사회생활과 교수요목집>은 언제 발표되었고,
그 내용은 어떠했는지 알 수 없었다. 해방 직후 교육부분에 대해 많은 자
료를 모으고 연구를 진행했던 홍웅선도 "중학교 사회생활과 교수요목은
지금은 어디서도 찾아 볼 수 없다는 것은 참으로 어이없는 일이다."[113]라
고 하며 끝내 중등학교 사회생활과 교수요목을 확인하지 못했다. 따라서
해방 직후 중등학교 사회생활과와 관련된 연구는 본격적으로 진행될 수
없었다. 하지만 최근 <중학교 사회생활과 교수요목집>을 근거로 한 논문
이 발표되었음은 이 책을 시작하면서 소개하였다.

문교부는 1948년 7월에 중학교 사회생활과 교수요목을 제정하였다.[114]

---

111) 윤재천, 위의 책(1946), 30쪽.
112) 윤재천, 위의 책(1946), 59~60쪽.
113) 홍웅선, 앞의 논문(b, 1992), 41쪽.
114) 1948년 9월 10일자 신문에 신석호의 『사회생활과 우리나라 생활』에 대한 광고가

하지만 <중학교 사회생활과 교수요목집>이 공식적으로 발행된 것은 1948
년 12월 24일이었다. 1948년 8월 15일 대한민국 정부가 수립된 이후이다.
즉, 미군정 기간 동안에는 발행되지 못했던 것이다. 이는 사회생활과 도입
과정에서부터 있었던 논란이 미군정기 내내 이어졌기 때문이다. 제정된 교
수요목이 발표되지 않고 있는 상황에 대해 김형찬과 조풍연은 다음과 같
은 문제점을 지적하였다.

> 영리본위의 교과서가 범람한 것이나, 교수요목의 제정이 상식으로는
> 이해하기 곤란하리만치 지연된 관계 또는 결정된 요목을 시급히 널리
> 알리기를 꺼려하기 때문에 일어났다고 볼 수 있는 정체를 파악키 곤란
> 한 교과서의 사태도 확실히 유감된 일의 하나였다.115)

> 무엇보다도 교수요목이 결정되는 대로 이를 시급히 공개해야한다.
> 요목이 채 주지(周知)되기 전에 일부에서는 벌써 교과서 원고가 탈고되
> 었다는 기이한 현상이 있어서는 안 된다.116)

김형찬은 교수요목이 이해할 수 없을 정도로 지연되어 제정되었음에도
이를 알리는 것을 꺼려하고 있다고 하였다. 또한 조풍연은 교수요목이 공개
되기 전에 일부에서는 벌써 교과서가 완성되었다고 했다. 실제로 1948년 8
월에 신석호와 이해남은 발표되지도 않은 교수요목에 의거해서 각각 <우리
나라 생활>117)과 <먼 나라 생활>118) 교과서 편찬을 완료했다. 이들 교과서

실렸는데, 여기서 이 교과서를 "1948년 7월 문교부에서 제정된 사회생활과 신교
　　수요목에 의하여 집필된 가장 권위 있고 경이적인 새로운 교본이다."라고 소개하
　　고 있다.(《경향신문》, 《동아일보》, 1948년 9월 10일.)
115) 김형찬, 「교과서 난에 대한 일고찰」, 『민성』, 4권 6호, 1948, 45쪽.
116) 조풍연, 「(출판시감)중등교과서문제-'교과서협회'신설에 기대함」, 『민성』, 4권 6
　　호, 1948, 48쪽.
117) 신석호, 『중등학교 사회생활과 우리나라의 생활(국사부분)』, 동방문화사, 1948. 8
　　월 25일 인쇄하고 8월 31일에 발행하였다. 책 표지에 '문교부신교수요목의거'라

의 구성과 내용은 1948년 12월에 발표된 <중학교 사회생활과 교수요목집>을 충실히 반영하고 있다. 이에 대해선 이 책 V장에서 자세히 비교 검토하였다.

초등학교 사회생활과 교수요목이 콜로라도 주의 것을 모델로 했기 때문에 중등학교 사회생활과 교수요목도 콜로라도 주 교육과정을 참고했을 것으로 추측했다. 왜냐하면 이상선이 "중등학교 사회생활과에 관한 것은 언급하지 못하였으나 그것을 초등학교의 사회생활과의 연장으로 생각한다면 그 방향과 방법을 찾아 낼 수도 있을 것이다."[119)라고 말했기 때문이다.

필자는 1948년 12월 발행된 <중학교 사회생활과 교수요목집>을 확인한 후, 중등학교 교수요목도 초등학교 교수요목처럼 콜로라도 주 중등학교 사회생활과 교육과정을 모델로 했는지 비교해보았다. 그런데 앞에서 살펴보았던 <표 Ⅲ-17>에서 확인했듯이 중등학교 사회생활과 교수요목은 콜로라도 주의 교육과정을 모델로 하지 않았다.

콜로라도 주 중등학교 사회생활과 교육과정이 만들어지는 과정과 그 내용을 살펴보면, 해방 직후 문교부 편수국에서 중등학교 사회생활과 교수요목을 작성할 때 콜로라도 주의 것을 모델로 할 수 없었음을 알 수 있다. 콜로라도 주에서는 1937년 중등교육과정 위원회를 조직해 교육과정 개정 작업을 시작했고, 1940년에 새로운 중등학교 교육과정을 발표했다. 당시 미국에서도 일반적으로 중등학교는 7학년에서 12학년을 의미하는 것이었다. 그런데 콜로라도 주 초등학교 교육과정은 1학년에서 8학년을 포함하는 교육과정이었다. 따라서 콜로라도 주 중등교육과정 위원회는 7학년과 8학년의

고 표시되어 있지만 문교부 검정필 도장은 없다.

118) 이해남, 『신교수요목 준거 먼 나라 생활(역사부분)』, 탐구당서점, 1949.
　　머리말에 "이 책은 문교부에서 제정한 중학교 사회생활과 먼 나라의 생활(역사부분) 교수요목에 의하여 만든 것이다."라고 밝혔는데, 머리말을 쓴 날자가 1948년 8월이었다. 책 표지에 '문교부 검정 필'이라고 인쇄되어있지만, 문교부 검정필 도장이 찍히지 않은 것으로 보아, 정식으로 문교부 검정을 통과하기 전에 발행된 것으로 보인다. 1949년 5월 10일 인쇄하고, 1949년 5월 20일 발행되었다.

119) 이상선, 앞의 책(1946), 머리말.

내용과 상충되지 않는 완벽한 6학년제 중등학교 프로그램을 위한 자료를 준비하라는 요청을 받았었다. 하지만 콜로라도 주 중등학교 사회생활과 위원회는 9~12학년의 교육과정을 위한 자료만 포함하기로 했고, 초등학교 7~8학년에 사회생활과 자료들을 포함시킬 것을 추천하였다.120) 즉, 미군정기 콜로라도 주에서 적용되고 있던 '1940년 콜로라도 주 중등학교 사회생활과 교육과정'은 4년 과정이었고, 우리의 초급 중학교 1~2학년에 해당하는 사회생활과 교육과정은 초등학교 7~8학년 과정에 포함되어 있었다.

콜로라도 주 중등학교 사회생활과는 어떤 역사를 가르쳐야 하는지, 어떤 경제를 가르쳐야 하는지를 결정하는 것이 아니라고 했다. 대신에 집단과 개인과의 문제를 결정하고, 사회생활과의 교육과정이 어떻게 그러한 문제들의 해결에 기여하는지를 결정하는 것이 필요하다고 했다.121) 따라서 사회생활과 수업에서는 쟁점이 되는 사회 문제들을 다루어야 한다고 했다.122)

아래의 <표 IV-8>은 <중학교 사회생활과 교수요목집>에 제시된 교수요목의 운영법을 정리한 것이다.

<표 IV-8> 중학교 사회생활과 교수요목의 운영법123)

	운영법	세부 내용
1	중학교 사회생활과 교수의 일반적 해설	중학교 사회생활과는 생도가 사회 생활을 이해하고, 그 진전에 협력하도록 하게 함이 궁극의 목표이다. 그러므로 교사는 생도들의 사회적 경험을 풍부하고 깊게 하기 위하여, 이 과목 교수에는 생도들의 생활에 있어서의 구체적인 문제를 중심으로 하되 이 해결에 있어서는 생도들의 여러 가지 자발적 활동을 통해서 하도록 하여야 한다. 생도는 사회생활에 관한 참된 이해와 지식을 갖지 않으면 안 되며 그리하기 위하여서는 스스로 어떠한 행동을 하며, 사회화의 교섭을 경험함으로서만 될 수 있다는 것을 잘 알게 하여야 한다.

---

120) 『Course of Study for Secondary Schools: Social Studies』, p.3.
121) 『Course of Study for Secondary Schools: Social Studies』, p.10.
122) 『Course of Study for Secondary Schools: Social Studies』, p.19.
123) <중학교 사회생활과 교수요목집>, 3~5쪽.

2	분과적으로 교수하되 사회생활과에 귀일(歸一) 할 것	지리, 역사, 공민이 분과적으로 되어 있다 하여, 종래와 같이 전연 독립하여 있는 과목으로 다루어서는 안 된다. 우리 인류 사회에서 일어나는 여러 가지 문제를 가지고 지리부분은 지리적 입장에서, 역사부분은 역사적 입장에서, 또 공민부분은 공민적 입장에서 다루되, 항상 지리와 역사와는 서로의 관련성에 유의하고 이들 문제를 다루는 데에는 공민적 견지에서 검토 비판도 할 것이며, 또 공민문제를 다루는 데에는 역사적 내지 지역적으로도 고찰하여, 우리의 사회생활을 전체적으로 이해 체득시키려는 것이 안목이다. 그러므로 교사는 이 세 부분을 아무 연락도 없이 따로따로 다루지 말고, 항상 각 부분이 가로 긴밀한 연락을 취하여 사회생활과 교수의 궁극적 목표에 이르도록 노력하여야 한다.
3	'시사문제(時事問題)'를 다루는 데에 관한 주의	제육 학년의 '시사문제'는 따로 교수요목을 내지 않는다. 이것은 특히 교재가 일정할 수 없는 것 인고로, 그때그때의 시사 문제 가운데에서 생도가 사회생활을 하는데 가장 필요하다고 교사가 생각하는 것을 적당히 선택하여 이것을 연구 교재로 하는 것이 좋다. 신문이나, 잡지, 라디오, 뉴스 같은 데에서 다루어지는 시사 문제, 또는 일상생활에 있어서 일어나는 여러 가지 시사문제 가운데에서 선택할 수 있는 것이다. 여기에 있어서 교사가 특히 유의하여야 할 점은 시사 문제를 다루는데, 될 수 있는 대로 교사의 주관적인 의견은 넣지 않도록 하여야 할 것이다.
4	설문식 교수를 할 것	이 교수요목의 각 단위마다 설문식으로 늘어놓은 세목은 그 단위에서 교수할 사항의 골자를 표시한 것이다. 따라서 생도들에게 이들 문제를 제시하여 교수를 진행시키라는 것을 의미한다. 그리하여 그 제시하는 방법으로는, 한 세목씩 제시할 것인가 여러 세목을 묶음으로 하여 제시할 것인가를 결정하는 표준은, 그 세목의 그 단위에 대한 의의와, 그 세목들의 호상 연관과 생도들의 이해 능력과, 다루는 데 있어서의 편의 등에 따를 것이다. 그리고 설문식 세목을 해결하는 데에 있어서, 그 해결을 찾을 수 있는 방법은 여러 가지가 있다는 것을 생도들에게 알게 하여야 한다. 따라서 교사는 그 세목을 해결 하는 데에 가장 적절한 해답의 방법을 널리 찾아내어, 그것들을 가장 적절하게 이용하도록 지도하여야 할 것이다.
5	단위(單位) 중심으로 교수를 할 것	교수는 각 단위 안에 들어 놓은 낱낱의 설문식 세목을 중심으로 할 것이 아니라, 각 단위를 중심으로 하여야 한다. 설문식 세목을 하나씩 또는 몇 개씩 묶어서 다루는 것도 그 단위에 나타나 있는 문제를 해결하기 위한 것이기 때문이다.
6	각 지방의 특수성을 고려 할 것	이 교수요목에 들어 놓은 여러 단위는 일반적 학급을 표준삼아 보편적인 것으로 짜놓은 것이므로, 각 지방에서는 특히 그 지방과 그 지방의 학생들의 특수성을 고려하여 다루도록 함이 좋겠다. 따라서 교수요목을 다루는 데에 있어서도 어느 학교 어느 학급을 막론하고 다 같은 방법으로서 생도를 지도하여서는 안 된다. 실제에 있어서 교사나 생도가 다르

		고, 학교와 지방에는 각기 특수성이 있으므로, 한 지방 어느 학교에서 어느 교사가 생도들을 어떤 방법으로 지도하여 설사 성공하였다 하더라도, 다른 학교에서 다른 교사가 똑 같은 방법을 채택하여 같은 좋은 결과를 낸다고는 할 수 없는 것이다. 오직 (一)교사의 인격을 통해서, (二)생도의 개성에 맞추어, (三)생도들의 생활환경에 순응해서, 비로소 교육적 효과를 충분히 낼 수가 있을 것이다.
7	민주주의적 교수를 할 것	이 교수요목이 설문식으로 되어 있는 이유는 민주주의적 교수법에 의거하려 함에 있다. 종전과 같이 선생이 먼저 교재 내용에 있어서 가치 판단을 하여 명령적으로 가르치는 단안적(斷案的) 명령적 교수법을 떠나서 교사 생도가 협력하여 문제를 해결하기 위한 관찰, 연구, 추리, 비판, 및 토론을 하여, 생도들 자신으로 하여금 정당한 결론을 얻게 하도록 교사는 지도하여야 된다. 그러므로 교수에는 교사의 치밀한 주의와 주도한 계획이 필요하게 된다.
8	교수 시수(時數)에 관한 주의	각 학년 교재의 각 단위에 배정한 교수 시수는 다만 그 기준을 보인 것으로 절대적인 것은 아니니 형편에 따라 신축할 수 있다.

콜로라도 주 중등학교 사회생활과 교육과정에 제시된 일반적인 교수 방법들과, <중학교 사회생활과 교수요목집>에 제시된 교수 운영법 사이에 공통된 내용은 있다. 시사문제를 다루고, 단위 중심으로 교수하고, 학생중심으로 문제를 해결 할 수 있도록 하고, 통합교육을 추구해야 한다는 것들이다. 하지만 이는 사회생활과와 관련된 일반적 교수 방침으로 콜로라도 주 중등학교 사회생활과 교육과정을 모델로 <중학교 사회생활과 교수요목집>이 작성되었다는 근거가 될 수는 없다.

허현은 초급중학 2~3학년까지가 통합교과로서 사회생활과가 적합하다며[124] 통합된 형태의 중학교 1학년 사회생활과 교육과정의 사례를 제시했다. 허현이 제시한 사례는 루이지에나 주의 고등학교 교장이 작성했던 안이었다.[125]

---

124) 허현, 『사회생활해설』, 제일출판사, 1946, 37~38쪽.

125) Louisiana주 New Orlean의 Samuel J. Petirs High School의 교장 Arthur J. Scott가 1944년 4월 『Planning in Secondary Education』에 게재했던 「Education for Citizenship」의 일부분을 번역해서 소개했다. 특히 이 논문 내용 중 "The Bulletin of the national association of Secondary-school Principals"의 일부를 번역하여 전재

『사회생활과 해설』에 소개된 중학교 1학년 사회생활과 교육과정[126]

▷일반요목
1.과목
　A. 교실내의 활동
　　　1. 1년생의 신환경 적응　2. 정치의 종류　3. 공민생활의 역사적 발전
　　　4. 亞美利加(아메리카)의 발달　5. 직업
　B. 교실 외 활동
　　　1. 학교 행정 참여　2. 구락부 활동　3. 강당 집회
　　　4. 운동경기　5. 극(劇)　6. 출판　7. 라디오 프로그램

2. 실험
　　　1. 조세-학생단 구락부　2. 정치-학생회의 헌법　3. 대의-각학년 및 반
　　　4. 재정-예산 및 심사　5. 훈련-집합
　　　6. 사회생활- 무답회(舞踏會) 및 간친회(懇親會)
　　　7. 정치생활- 학교 선거　8. 의무- 구락부　9. 협동- 학교 표어

3. 관리 및 지도
　　　1. 교장　2. 서기　3. 협의원　4. 학과목편성위원장
　　　5. 인사과장　6. 활동지도원

▷세안(細案) 제1학년
지금까지의 소학교 보다는 큰 Community의 일원이라는 인식을 줄 시기이다. 따라서 매일 한 시간을 취하여 유능교원의 지도하에 (1)학생자체에 관하여 (2)가장 밀접한 단체, 즉 가정에 관하여 (3)더 큰 Community 즉, 시(市), 주(州), 국가에 관하여 교수함.
2. 정치의 종류
　-정치 일반
　A. 정의
　B. 배경: 1. 연합주 법안　2. 헌법　3. 권리안
　C. 목적
　D. 형태
　-중앙정부
　A.중요성
　B.권리분할: 1.입법　2.행정　3.사법
　C.재정: 조세

3. 공민의 역사적 발전
　A. 아득한 고대
　B. 지구상의 인류 출현- 인류가 하천, 기타 장소 정착하여 단체 생활을 하게되는 이유

　　(轉載)하였다.
126) 허현, 앞의 책(1946), 41~48쪽.

C. 조직적 단체 생활- 인간과 인간의 관계, 사회 존재로서의 인간
D. 인간의 기본적 요구- 의식주 및 휴양(休養)의 이야기
E. 농촌생활- 농업의 이야기
F. 도시생활- 도시생활, 제문제 등
G. 교통- 거리(距離) 정복 이야기
H. 자연 자원- 자원과 산업의 이야기
I. 인간의 구도심(求道心)- 종교의 이야기
J. 언어와 문학- 통신의 이야기
K. 예술의 이야기
L. 교육의 이야기
M. 의업의 이야기, 선품(善品), 의약, 의학
N. 과학적 지식의 발달
O. 법률의 조직
P. 정치조직
Q. 전쟁과 평화
R. 근대 열강의 흥기

허현이 소개한 중학교 1학년 사회생활과 교육과정은 통합적으로 되어있고, 시간적 연대기가 아니라 주제별로 구성되어 있다. 허현은 한국의 중등학교 사회생활과도 이처럼 종합적으로 구성되기를 원했다. 하지만 1948년 12월 발행된 <중학교 사회생활과 교수요목집>은 앞에서 살펴본 것처럼 교과별로 작성되었다.

결론적으로 1948년 12월 발행된 <중학교 사회생활과 교수요목집>은 미국 콜로라도 주 중등학교 사회생활과 교육과정을 모델로 하지 않았다. 사회생활과로의 통합성도 찾아보기 힘들다. 사회생활과에 대한 일반적인 해설만 4쪽 분량[127]으로 제일 앞에 소개했을 뿐, 그 뒤로는 지리·역사·공민의 각 과목별 교수요목이 제시되어 있다. 이는 사회생활과 교수요목을 작성해야 했던 문교부 직원들과 이를 검토해야할 교수요목제정위원들에게

---

127) 'Ⅰ.중학교 사회생활과의 목적, Ⅱ.중학교 사회생활과의 교수 방침, Ⅲ.중학교 사회생활과 교수 사항 및 시수 배당, Ⅳ.중학교 사회생활과 교수요목의 운영법'이 2~5쪽에 서술되어있다. 이후 6쪽부터는 지리부분, 역사부분, 공민부분의 요목이 차례대로 서술되어 있다.

사회생활과의 취지를 반영한 통합된 형태의 교과를 만들 능력과 시간 모두 부족했기 때문이다.

해방 직후 발행된 초·중등학교 사회생활과 교수요목과 콜로라도 주 초·중등학교 사회생활과 교육과정, 이상선이 『사회생활과의 이론과 실제』에서 해설한 사회생활과, 그리고 일제 말기 국민과에 대한 해설을 정리하면 아래의 <표 Ⅳ-9·10>과 같다.

<표 Ⅳ-9> 사회생활과의 성격

구분	사회생활과 성격
콜로라도 주 초등학교 교육과정	사회생활과는 주로 인간과 사회, 그리고 자연환경 간의 관계를 다룬다. 더욱 주안점을 두는 부분은 집단 간의 관계와 사회생활이다. 이러한 관계들에 대한 학습과 경험을 통하여, 아동은 사회적 존재로 발전하고 단체생활 속에서 책임감을 받아들일 준비를 하게 될 것이다.128)
콜로라도 주 중등학교 교육과정	사회생활과는 인간과 인간 사이의 관계, 인간과 인간이 살고 일하는 물리적 환경과의 관계에 관한 것이다. 따라서 개인 및 사회생활의 주된 문제를 해결하는데 있어서 단체에 대한 소속감과 단체 행동과 관련된 습관, 기술, 이해, 태도를 습득한다.129)
이상선 『사회생활과의 이론과 실제』	인간과 자연 환경 및 사회 환경의 관계를 밝힘에 있다. 따라서 그 중점은 단체 생활의 상호관계와 사회생활을 밝힘에 있다. 이러한 상호관계의 연구와 경험을 통하여서 아동들을 사회화한 인간으로 도야(陶冶)하며 단체 생활에 있어서의 책임감(자기부담)을 가진 인격을 도야함으로써 목적한다.130)
국민학교 교수요목	사회생활과(social studies)는 사람과 자연 환경 및 사회 환경과의 관계를 밝게 인식시켜서 사회생활에 성실 유능한 국민이 되게 함을 목적으로 함.131)
중학교 교수요목	중학교 사회생활과는 사람과 자연환경 및 사회 환경과의 관계를 밝게 인식시켜, 올바른 사회생활을 실천 체득하게 함으로써, 민주주의 국가의 성실 유능한 국민이 되게 함을 목적으로 함.132)
일제시대 국민과	국민과는 우리나라의 문화, 그리고 국내외의 역사 및 지리에 대해서 배우도록 하며, 국체의 본래적 의의를 천명하여 국민정신을 함양하고 황국의 사명을 자각하도록 해서 실천에 배양하는 것을 요지로 한다.133)

---

128) 『Course of Study for Elementary School』, p.115.

콜로라도 주 교육과정과 해방 직후 제정된 교수요목 모두 사회생활과의 목적을 인간이 관계한 주변의 모든 것-인간·사회·자연과의 관계를 밝히는 것이라고 한 부분은 일치한다. 하지만 사회생활과의 최종 목적에 차이가 있다. 콜로라도 주 사회생활과는 인간과의 관계를 밝히고, 그것을 통해 인간 스스로가 발전하는 것을 목표로 했다. 그런데 해방 직후 제정된 초·중등 교수요목은 성실 유능한 국민이 되게 하는 것을 최종 목적으로 했다. 사회생활과를 알리는 데 적극적이었던 심태진은 공동사회(Community)는 가정에서 출발해서 학교, 향토, 사회, 국가, 세계 등으로 단위를 넓힐 수 있는데, 공동사회에서는 가정이 아니라 국가가 제일 중심적인 것이라고 했다. 그리고 사회생활과 교재의 '국가성'을 부인할 수 없다고 했다.[134] 즉, 해방 직후 도입된 사회생활과는 아동중심·생활중심을 표방했지만 여전히 국가를 우선했던 것이다. 박남수도 사회생활의 목표가 "민주사회에 요구되는 시민적 자질보다는 국가발전에 기여할 수 있는 국민으로서의 자질을 요구했고, 국가적 도덕적 내용을 중시하면서 교육과정을 구성했다."[135]고 분석했다.

해방 직후 새로운 교육은 일제시대의 황국신민화 교육이라는 정치적 목적을 가진 왜곡된 교육에서 벗어나야했다. 그것이 해방된 한국의 교육이

---

129) 『Course of Study for Secondary Schools: Social Studies』, p.7.
130) 이상선, 앞의 책(1946), 5쪽.
131) <국민학교 사회생활과 교수요목집>, 3쪽.
132) <중학교 사회생활과 교수요목집>, 2쪽.
133) <중학교 규정>, 조선통독부령 제58호, 1943년 3월 27일.
134) 심태진, 앞의 논문(1946), 134쪽.
135) 박남수는 한국의 사회생활과 교수요목에는 콜로라도 주안에는 없는 새로운 단원들이 추가되었는데, 제4학년의 국토지리와 제6학년의 국사관련 단원을 제외하고도 총 17개의 단원이 신설되었다고 했다. 신설된 단원은 새로운 국가건설에 있어서 국가나 민족의 중요성의 인식이라는 시대적 과제에 부응해서 각 학년의 끝부분에 반영한 것으로 보았다.(박남수, 「초기 사회과에서의 문제해결학습의 수용과 그 한계」, 『사회과교육연구』제17권 제2호, 2010, 72~73쪽.)

나아가야했던 방향이었다. 하지만 남한에 진주한 미군정은 미국식 민주주
의 국가를 건설한다는 목표를 세우고, 교육정책을 수립했다. 그리고 그 중
심에 사회생활과가 있었다. 해방된 한국의 교육이 또 다시 누군가의 정치
적 목적에 따라 계획된 것이다. 무엇보다 아동중심·생활중심의 교육적 이
상을 가지고 있었던 한국인 교육자들도 사회생활과의 궁극적 목적을 국가
로 귀결시켰다. 즉, 해방 전후 교육의 내용이 바뀌었을 뿐 교육정책의 수립
과정과 목적은 바뀌지 않았다.

〈표 IV-10〉 사회생활과의 교수 방침

구분	사회생활과 교수방침
콜로라도 주 초등학교 교육과정	1. 효과적인 집단 관계를 위해 필요한 태도, 기술, 버릇 등을 습득한다. 2. 집단생활에서 구성원 간의 관계나 의무를 이해한다. 3. 인간과 그를 둘러싼 환경과의 관계를 이해한다. 4. 우리나라의 역사와 제도를 이해한다. 5. 민주적 생활방식의 발달을 이해한다.136)
콜로라도 주 중등학교 교육과정	1. 학생들에게 공동체 사회, 주, 국가, 세계 - 그들이 현재 살고 있고, 앞으로 살 것이고, 계속 살아갈 사회적 물리적 환경-에서 가능한 가장 진정하고 가장 실제적인 지식을 주는 것이다. 2. 지역, 개인, 단체, 공동체 사회, 주, 국가 간의 더 현명하고 더 효율적인 협동-인종 간, 종교 간, 경제 간- 을 이끌어 낼 수 있도록 학생들을 준비시키는 것이다. 3. 인성을 개발하고, 학생들에게 진리에 대한 사랑, 미에 대한 감상, 선에 대한 지향 그리고 지식을 사용하려는 욕구와 의지 또는 유익한 사회적 목적을 주는 것이다. 4. 사회 기능에 없어서는 안 될 지적 과정의 훈련이다.137)
이상선 『사회생활과의 이론과 실제』	1. 사회생활에 필요하고 유효한 태도, 기술, 습관을 함양할 것. 2. 단체생활의 제관계와 책임에 대한 이해를 얻게 할 것. 3. 사람과 환경과의 관계를 이해시킬 것. 4. 미국의 역사와 그 제도에 관한 지식을 함양할 것. 5. 민주주의적 생활법의 개량에 관한 지식을 함양 할 것.138)
국민학교 교수요목	1. 단체 생활에 필요한 정신, 태도, 기술, 습관을 양성함. 2. 단체 생활의 모든 관계를 이해하게 하며 책임감을 기름. 3. 사람과 환경과의 관계를 이해하게 함. 4. 우리나라의 역사와 제도에 관한 지식을 얻게 함. 5. 우리나라에 적의한 민주주의적 생활 방법에 관한 지식을 함양함. 6. 실천을 통하여 근로정신을 체득케 함.139)

중학교 교수요목	1. 공동생활에 필요한 정신, 태도, 기술 및 습관을 기름 2. 공동생활의 모든 관계를 이해하게 하며, 책임감을 기름. 3. 사람으로서의 자각을 깊이 하여, 인격을 발전시키도록 하며, 예의 바른 사회 　인으로서 행동하게 하도록 함. 4. 세계 여러 지역의 자연 및 사회 환경은 곳에 따라 다르며, 사람은 그 환경에 　적응하여 생활함을 알게 함. 5. 사회생활은 항상 과거를 기초로 하여 발전하고 있음을 알게 하며, 현대 생활 　의 특질을 이해시키고, 또 장래의 방향을 보는 능력을 기름. 6. 사회 일반에 관한 지식을 길러, 써 우리나라에 적의(適宜)한 민주주의적 생활 　을 완전히 하도록 함.140)
일제시대 국민과	皇國에서 생기는 기쁨을 느끼도록 하며, 敬神·奉公·眞意를 체득하도록 한다. 우리나라의 역사, 국토가 우수한 국민성을 육성시키는 이치를 알도록 하며, 우리나 라 문화의 특질을 바르게 하여 그것의 창조·발전에 힘쓰는 정신을 길러야 한다. 다른 교과와 서로 연결시켜 정치, 경제, 국방, 해양 등에 관한 사항을 교수하는데 유의해야 한다.141)

사회생활과 교수방침은 크게 두 부분으로 나눌 수 있다. 첫 부분은 학생들이 공동체 생활에 필요한 능력을 기르게 하는 것이고, 다른 한 부분은 교과별 지식을 습득하게 하는 것이다. 이는 앞서 살펴본 것처럼 콜로라도주와 해방 직후 제정된 교수요목 모두 초등학교 4학년과 3학년까지 통합교과였고, 상급학년에서는 분과적으로 구성되었기 때문이다. 따라서 교수방침의 뒷부분은 대체로 지리, 역사, 공민의 순서로 해당 분야의 지식 습득에 관한 내용이다. 다만 <국민학교 사회생활과 교수요목집>에 실천을 통해 근로정신을 체득케 한다는 방침이 특이하다. 이것도 국가를 우선으로 한 교육 방침으로 볼 수 있다. 13세 미만의 아동들에게 교육을 통해 근로정신을 체득케 하다는 것은, 결국 학생들이 국가의 경제활동에 참여할 수

---

136) 『Course of Study for Elementary School』, p.116~117.
137) 『Course of Study for Secondary Schools: Social Studies』, p.15.
138) 이상선, 앞의 책(1946), 8쪽.
139) <국민학교 사회생활과 교수요목집>, 3쪽.
140) <중학교 사회생활과 교수요목집>, 2쪽.
141) <국민학교 규정>, 조선총독부령 제90호, 1941년 3월 31일.

있도록 초등학교 사회생활과 교육이 이루어져야 한다고 말하는 것이다.

그런데 1948년 12월에야 비로소 발행된 중등학교 사회생활과 교수요목을 대한민국 문교부에서는 곧바로 개정하고, 개정된 요목에 따라 새로운 교과서를 만들 계획을 세우고 있었다.

> 우리나라 교육법이 국회를 통과하였다. 이 교육법이 공포되면, 사범대학 및 대학을 제외한 각학교의 교과용 도서는 학과, 교과 과정표가 제정되는 대로 편수국에서는 신교육법의 정신에 합치한 교과 교수요목을 제정 발표하겠고, 곧 뒤이어 국민학교 및 공민학교용 교과서와 중학교용 국어 교과서 기타 국정으로 출판할 교과서를 신요목에 맞추어 편찬에 착수하겠으며, 이 밖의 교과용 도서는 신요목에 맞추어 검인정원을 제출하는 대로 접수하여, 이에 대한 사무를 진행하려 한다. 신요목에 의한 교과서는 1951년 4월 초(신교육법에는 학년초가 4월로 되어 있음)부터 사용하게 될 듯하다.142)

대한민국 문교부 편수국은 미군정 시대에 작성된 교수요목이 해방 후 물밀 듯 들어온 그릇된 외래 사상이 범람하던 시절에 만들어진 것이고, 특히 중등 국어와 사회생활과에는 그릇된 사상이 내재되어 순진한 학도를 반민족적 반국가적 방향으로 유도할 염려가 있기 때문에 개정해야 한다고 했다.143) 그리고 앞에서 살펴본 <교수요목제정심의회 규정>을 1950년 6월 2일에 발표하고 교수요목 개정 작업을 시작했다. 하지만 곧 한국전쟁이 발발했고 교육과정 개정을 위한 업무는 중단되었다. 이후 1953년 3월부터 개정작업이 재개되어 1954년 4월 20일 <교육과정 시간 배당 기준>이 공포되었고, 1955년 8월 1일 <국민학교·중학교·고등학교 및 사범학교 교과과정>이 공포되었다.144)

---

142) 『편수시보』, 8쪽.
143) 『편수시보』, 6쪽.
144) 중앙대학교부설 한국교육문제연구소, 『문교사』, 중앙대학교출판부, 1974, 227~229쪽.

IV. 사회생활과 교수요목과 역사교과서 발행 209

③ 사회생활과 교수요목의 특성

사회생활과 교수요목에서 첫째, 아동중심·생활중심 교육을 실천할 수 있도록 한다. 둘째, 교수요목은 단위(Unit)로 구성한다. 셋째, 학생 스스로 탐구 습관을 형성할 수 있도록 질문을 제시한다는 세 가지 특징을 찾을 수 있다. 그리고 이것이 교수요목을 작성할 때 중요한 지침이 되었다.

첫 번째 특징은 사회생활과의 본질에 가까운 것으로 교수요목 작성 시 반드시 고려했어야 할 지침이었을 것이다. 1942년 콜로라도 주 초등학교 사회생활과 교육과정은 학년별 구성 방침을 다음과 같이 제시했다.

> 아동의 세계를 가능한 한 단순하고 자연스럽게 보존해야 한다. 세계의 갈등이 주는 충격은 매우 점차적으로, 아동이 혼돈과 무질서의 의미를 잡아낼 수 있고 그것으로 인해 감정적으로 혼란을 겪지 않을 만큼 성장했을 때 가르쳐야 한다. 이런 이유로, 사회생활과는 아동에게 세계라고 할 수 있을 집에서부터 시작되어야 하고, 새로운 환경인 학교에서도 계속되어야 한다. 이후 지평을 더 넓혀 이웃, 지역공동체, 국가, 그리고 전 세계 등 더 큰 세계에서 공부하고 참가하게 될 것이다. 이것은 8년이 넘는 학습 경험 과정을 통하여 계발된다.[145]

위의 자료를 보면 콜로라도 주에서는 아동과 아동이 생활하는 주변의 공간을 교육과정 제정에 있어 중요한 기준으로 하였음을 확인할 수 있다. 무엇보다 "아동의 세계를 가능한 한 단순하고 자연스럽게 보존해야 한다." 는 것을 전제로 교육과정을 구성했다. 아동들이 이해할 수 없는 복잡하고 어려운 사회현상들을 가르쳐서 아동이 혼란을 일으키면 안 된다고 했다. 그래서 아동에게 가장 친숙한 집에서부터 시작해서 아동이 생활하는 또 다른 공간인 학교로 나아가도록 교육과정을 구성했다. 아동의 정서 발달을

---

145) 『Course of Study for Elementary School』, p.115.

고려한 아동중심·생활중심 교육이 충실하게 반영된 교육과정 구성이다. 이러한 교육과정 구성은 이상선도 그대로 따랐다.

> 사회생활과 교수요목을 어떻게 전개시킬 것인가. 아동들이 많이 접촉하는 가장 범위가 작은 사회에서부터 출발하여 점점 큰 사회로, 단순한 사회에서 점점 복잡한 사회로 옮겨가야겠다는 것을 안다. 구체적인 것을 들어 본다면, 가정, 학교, 리, 면, 군, 도, 향토, 국가, 제연방, 대륙, 세계 등을 들 수 있다.146)

즉, 사회생활과 교수요목을 작성하는 기준을 아동이 생활하는 가장 작은 범위에서 시작해서 점점 크고 복잡한 사회로 나아가는 것으로 삼았다. 그래서 가정과 학교를 제일 먼저 공부하고 대륙과 세계는 뒤에 학습하도록 했다. 허현도 다음과 같이 아동중심으로 교안을 작성해야 한다고 했다.

> 아동의 생활에 없는 것은 아동의 생활에 넣을 수가 없다. 그러므로 문제는 아동의 경험권 혹은 생활권의 측정이 된다. 경험권이라 함은 환경과 개체의 교호(交互)작용의 범위이니 자극권의 확충심화이다. 이 원칙을 부연하면 교안은
> a. 아동의 요구, 취미, 관심에 기태(基台)할 것.
> b. 아동 심리 발달 계단에 의할 것.(전기에 역사, 산술의 예를 들었지만 콜로라도 주안에는 5학년 이전에서는 연대적 역사를 가르치지 말라고 하였으며 Rusk는 12세 이하에서는 정식의 역사 교수는 불가능하다 하였다. 심미, 윤리적 판단은 훨씬 뒤에 된다고 Meumam은 주장하였다.)
> c. 지방의 특수성을 참작할 것.
> d. 개인차를 상고(想考)할 것.147)

---

146) 이상선, 앞의 책(1946), 11쪽.
147) 허현, 앞의 책(1946), 28~29쪽.

허현은 아동이 경험하며 생활하지 않는 것을 아동이 학습하도록 할 수 없다고 단정했다. 그리고 아동이 관심을 가지고 좋아하는 것을 바탕으로 교육과정을 구성해야 한다고 했다. 이 때 학생 개인의 차이와 지역적 특수성도 고려해야 한다고 했다. 무엇보다 아동의 심리 발단 단계를 고려할 때 초등학교 상급학년이 되기 전에 역사는 가르치면 안 된다고 했다.

생활중심 교육 방침이 가장 잘 드러난 것은 교과명에 '생활'을 넣은 것이다. 이 교과의 명칭이 '사회생활과'이고, 중등학교 사회생활과 역사부분의 국사는 <우리나라 생활>, 동양사는 <이웃나라 생활>, 서양사는 <먼 나라 생활>로 명명하였다. 지리부분의 명칭도 동일하게 <우리나라 생활>, <이웃나라 생활>, <먼 나라 생활>이다. 이는 초등학교에서도 마찬가지이다.

두 번째로 초·중등학교 사회생활과 교수요목은 모두 단위(Unit)를 중심을 구성되어 있다. 이상선은 종합교육은 단위교수로써 이루어진다고 했다.

> 일관적 계획아래서 문제를 선택 정리하여야 한다는 것은 생도를 교육하기 위한 입학 당초부터 졸업할 때까지의 문제 중심으로 짜 놓은 일정한 교수진전안을 가지고 있어야 한다는 것을 의미한다. 그리하여 교수는 이 교수진전안을 중심으로 하여 진행하지 않아서는 안 된다. 이 일정한 교수 진전안의 역할을 하여야 할 것이 곧 교수요목이다. 따라서 종합 교육은 교수요목 중심의 교육이 되지 않아서는 안 된다. 그리하여 쓸데없는 중복을 삼가며, 중요한 것의 탈락을 막기 위하여, 일관적인 계획 아래서 문제를 선택하는 데에 편리한 방법으로 쓰이는 것이 곧 단위의 설정이다.
> 따라서 교사의 일관적 교수진전안인 교수요목은 단위로써 구성되게 되며, 교수요목 중심의 교육은 단위 중심의 교수가 되게 된다. 여기에 종합교육과 단위 교수는 밀접한 관계를 갖게 되어, 종합 교육은 단위 교수로써 이루어지는 것이라고도 볼 수 있게 된다. 이미 제정되어 배포된 초등학교 사회생활과 교수요목이 곧 이것을 표시하고 있는 것이다.[148]

---

148) 이상선은 단위의 확장 방향에 대해 "단위는 환경에 대한 중요한 점을 깊이 통찰하게 하며 점점 더 그러한 점을 정복(해결)하게 하는 동시에 생도들에게 그들을

이상선은 1947년 1월 공포된 <국민학교 사회생활과 교수요목집>이 단위를 중심으로 구성된 것이라고 했다. 즉, 학생이 입학해서부터 졸업할 때까지 일정한 교수진전안이 있어야하는데, 그 역할을 하는 것이 교수요목이라고 했다. 그리고 중복을 피하고, 중요한 것이 빠지는 것을 방지하기위해 단위를 설정해야 한다고 했다. 따라서 교수요목은 단위를 중심으로 구성해야하고, 학생들은 단위를 중심으로 학습해야 한다. 이것이 사회생활과가 추구했던 교수 방법이었다.

허현도 사회생활과는 단위로 구성되어야 한다며 "단위라는 것은 어떠한 중심개념에 관한 부속적 모든 사항을 연결시키는 것이다. 일례를 집이라 하면 집의 종류, 집과 생활의 관계, 집과 문화의 관계, 집과 사회의 관계, 집과 윤리의 관계, 집과 교육적 훈련의 관계성이 관세되는 것이다. 이러한 것을 집을 중심으로 하여 조직하여야 할 것이니 즉, 이 조직된 것이 집의 단위이다."149)라고 설명하였다.

이상선은 미주리 주 사회생활과 교육과정 서문에 제시된 단위가 갖추어야할 요소를 다음과 같이 소개했다.

> a. 목표 또는 목적에 관하여 다소라도 해설이 있을 것. 곧 그 단위에서 어떠한 것을 달성하려고 하는가를 명기하여야 한다.
> b. 그 목표 또는 목적을 달성함에 있어서 사용되어야 할 내용적 교재의 개략을 설명할 것.
> c. 그 목표 또는 목적을 어떻게 달성할 것인가의 방법의 예를 생도들이 하여야 할 활동으로 들어 놓을 것.
> d. 이 모든 활동을 통하여 그 단위의 전반을 해결하는 개괄적이고 골자가 되는 활동의 예를 들어 놓을 것.

사회화하게 하기 위한 기회를 줄 수 있도록 발전시킨 목적이 많고(배우는 사람들 편에서) 상호 관계된 활동으로써 구성 된다."고 했다.(이상선, 앞의 책(1947), 37~39쪽.)
149) 허현, 앞의 책(1946), 35쪽.

e. 목표가 어느 정도로 달성되었는가를 평정하며, 또는 측정하는 방
법의 예를 들어 놓을 것.150)

즉, 한 단위가 시작될 때 그 단위의 목적이 무엇이고, 이를 통해 무엇을
달성할 것인가를 제시하고, 어떤 내용을 다룰 것인가를 설명해야한다. 학
생들이 해야 할 구체적인 활동을 예를 들어 설명해야하고, 단위가 끝날 땐
목표가 달성되었는지를 평가해야 한다. 이 요소들이 갖추어진 것을 한 단
위로 본 것이다. 콜로라도 주 중등학교 사회생활과 교육과정도 단위를 중
심으로 조직되어야 한다고 했다.

사회생활과에 있어 교수 구성은 커다란 문제 또는 단위를 중심으로
조직되어야 한다는 결론을 뒷받침 해 준다. 일반적으로 각 단위는 많은
세부적인 문제들이 있지만 하나의 커다란 문제에 근거하고 있다. 단위
의 범위는 그 문제와 관련된 학생들의 욕구에 의해 결정된다. 학생들의
욕구에 기여하는 모든 주제와 활동들이 포함되어져야 하고, 다른 것들
은 배제되어야 한다. 즉, 학생들의 욕구와 관심과 목적의 통일성이 있어
야 한다. - 주제의 항목 간에 논리적 관계의 통일성이 아니라- 이와 비
슷하게 단위가 계발되는 순서도 단위 사이의 논리적인 주제 관계가 아
니라 학생들의 경험에 의해 결정되어야 한다. 각 단위는 사용할 수 있
는 재료와 개인의 차이에 따라 다양한 활동을 이끌어내야 한다.151)

콜로라도 주 중등학교에서 설명하고 있는 단위의 가장 큰 특징은 단위
와 단위 사이의 구성, 혹은 단위 내의 항목간의 구성은 논리적 통일성이
아니라 학생들의 경험에 의해 결정되어야 한다는 것이다. <중학교 사회생
활과 교수요목집>에도 단위 중심으로 교수를 할 것을 명시하였다.

---

150) 이상선, 앞의 책(1947), 41쪽.
151) 『Course of Study for Secondary Schools: Social Studies』, p.17.

교수는 각 단위 안에 들어 놓은 낱낱의 설문식 세목을 중심으로 할 것이 아니라, 각 단위를 중심으로 하여야 한다. 설문식 세목을 하나씩 또는 몇 개씩 묶어서 다루는 것도 그 단위에 나타나 있는 문제를 해결하기 위한 것이기 때문이다.152)

중등학교 사회생활과 교수요목에 이와 같은 지침이 제시되었고, 교수요목은 단위로 구성되었다. 하지만 교수요목의 내용은 논리적이지도 않았고, 학생의 경험을 중심으로 작성되지도 않았다. 교수요목의 구체적 내용에 대해선 다음 장에서 살펴볼 것이다.

세 번째 특징인 질문 제시는 교수요목 발행 이전의 교과서에서는 볼 수 없었던 눈에 띄는 특징이다. 듀이는 학생으로 하여금 탐구를 지향하게 하고, 독자적 탐구 습관을 형성하게 하는 교수 기술 중에서 가장 중요한 것이 질문이라고 했다.153) 러그 역시 질문의 중요성을 인지하였는데, 그는 "질문은 여러분이 새로운 문명의 많은 난제를 이해하도록 할 뿐만 아니라, 그 문제들을 해결하도록 도울 것이다."고 하였다.154) 허현도 단위를 작성하면 그 단위를 해명하기 위해 질문을 만들어야 한다고 했다. 그리고 '집'이라는 단위와 관련하여 다음과 같은 질문들을 만들 수 있다고 했다.

- 너의 집은 어디 있느냐?
- 너의 집은 무엇으로 지었느냐?
- 너의 집은 몇 층이냐?
- 너의 집은 방이 몇이냐?
- 방은 집안 사람들이 어떻게 쓰느냐?

---

152) <중학교 사회생활과 교수요목집>, 4쪽.
153) 강용옥, 「사회과 교육에서의 발문 전략 적용 실태 분석」, 『시민교육연구』제30집, 2000, 4쪽.
154) 정혜미, 「Harold Rugg 사회과 교과서의 구조와 논리」, 한국교원대학교 대학원 석사논문, 2008, 70~71쪽.

- 식구는 몇이냐?
- 어머니는 무엇을 하시냐?
- 아버지는 무엇을 하시냐?
- 너는 집에서 무엇을 하느냐?

등 지식, 도덕, 사회적 태도, 기술, 습관을 양성할 무한한 문제가 생길
것이다.155)

실제로 문교부에서 발행한 초·중등학교 사회생활과 교수요목이 질문 형
식으로 구성되어 있고, 이후 편찬된 사회생활과 교과서의 각 단위 끝에는
질문이 제시되었다. 무엇보다 <중학교 사회생활과 교수요목집>에 '설문식
교수'가 사회생활과 교수 운영법으로 명시되었음을 앞의 <표 Ⅳ-8>에서
확인할 수 있다. 즉, 중등학교 사회생활과 교수요목에는 학생들이 직접 문
제를 해결할 수 있도록 한다는 원칙이 제시되어 있다. 하지만 교수요목에
제시된 원칙이 해방 직후 발행된 교과서에서 실현되지는 못했다. 이에 대
해 박남수는 사회생활과 교수요목은 그 원리를 소개만 했을 뿐, 여전히 역
사와 지리 등과 같은 계통적인 지식 습득에 중점을 두었다고 분석했다.156)

3. 중등학교 사회생활과 역사부분 교수요목과 교과서

이 장에서는 중등학교 사회생활과의 전체적인 구성을 소개하고, 그 중

---

155) 허현, 앞의 책(1946), 35~36쪽.
156) "사회생활과 교수요목 작성 시 참고로 했던 콜로라도 주안은 경험주의적 인식론
에 입각하고 문제해결 학습을 방법원리로 구성하는 교과로서 사회과를 위치시켰
으며, 탐구적인 학습활동에 의한 주체성이나 비판적 사고력 등의 육성이 중시되
었다. 그러나 사회생활과 교수요목의 경우는 아동들의 학습활동보다 역사와 지
리 등과 같은 계통적인 지식의 습득을 우선시하고 있다."(박남수, 앞의 논문(제2
호, 2010), 74쪽.)

역사부분의 특성을 살펴보고자 한다. 또한 중등학교 1학년과 2학년에 배정된 <이웃나라 역사>와 <먼 나라 역사>의 교수요목과 해당 교과서의 전체적인 구성과 편찬 특성을 비교 검토할 것이다. 교수요목과 교과서 내용에 대한 구체적인 분석은 관련 전공자들에게서 연구가 확대되기를 바란다.

1) 중등학교 역사부분 교수요목의 구성

<중학교 사회생활과 교수요목집> 첫 페이지에 다음과 같이 교수 사항 및 시수 배당이 제시되어 있다.

<표 Ⅳ-11> 중학교 사회생활과 교수 사항 및 시수 배당[157]

	지리부분	매주시수	역사부분	매주시수	공민부분	매주시수
제1학년	이웃나라 생활	2	이웃나라 생활	2	공민생활 Ⅰ	1
제2학년	먼 나라 생활	2	먼 나라 생활	2	공민생활 Ⅱ	1
제3학년	우리나라 생활	2	우리나라 생활	2	공민생활 Ⅲ	1
제4학년	인류와 자연지리	2	인류문화의 발달,	1	정치문제	2
제5학년	자연환경 인문지리	1	우리나라 문화	2	경제문제	2
제6학년	인생과 사회 ┌ 도덕 사회(4) └ 문화		시사문제(1)			5

선택과목으로는 제4학년부터 제6학년 사이에 1년 동안 매주 5시간씩 '특수한 경제지리'를 교수한다고 했다. 중등학교에서 지리와 역사는 5학년으로 끝나고, 6학년에 배정된 주당 5시간의 사회생활과는 공민에 해당된다. 이는 중등학교의 마지막 학년에 공민을 배치하여 학생들의 생활 속 문제를 해결하는 능력을 기른다는 사회생활과의 취지를 반영한 구성으로 볼 수 있다.

---

157) <중학교 사회생활과 교수요목집>, 2쪽.

<중학교 사회생활과 교수요목집>에는 역사부분을 다음과 같이 구성했다고 밝혔다.

역사부분 교수요목은 첫째 학년 "이웃나라 생활" 8단위, 둘째 학년 "먼 나라의 생활" 13단위, 셋째 학년 "우리나라의 생활" 8단위[158]로 되어 있으며, 단위 밑에 항목이 있고 항목 밑에 세목이 배열되어 있다. 그리고 넷째 학년에서는 "인류 문화의 발달"을 배우고, 다섯째 학년에서는 "인류 문화의 발달" 및 "우리나라의 문화"를 아울러 배우며, 여섯째 학년에서는 "인생과 사회" 안에 "문화"부분에 있어서 좀 더 높은 역사면을 배우게 하였다.[159]

중학교 사회생활과 역사부분은 1학년에 동양사, 2학년에 서양사, 3학년에 국사를 학습하도록 구성되었다. 이는 앞서 살펴본 콜로라도 주 초등학교 교육과정이 6학년에서 미국 주변의 이웃 나라, 7학년 때 유럽, 아프리카, 아시아, 호주를 다루는 먼 나라의 역사로, 그리고 8학년에서 콜로라도 주와 미국을 배우는 것과[160] 동일한 구성이다. 콜로라도 주 초등학교 사회생활과 교육과정은 학년별 교육 내용 배치에 대해 다음과 같이 그 이유를 설명했다.

교육현장에서 쉽게 적용하기 위해, 사회생활과 상에 최소한의 시행가능한 변화가 진행되었다. 단 한 가지 중요한 변화라고 한다면 "학년별 학습목표"다. "우리 미국의 이웃들" 단원의 학습은 6학년에, "다른 대륙에서의 생활"은 7학년에 배치되어 있었다. 더 복잡한 대륙에 대한 학습은 학생들이 이해할 준비가 되어 있는 학년으로 이동했다. "우리 미국의 이웃들" 단원에 대한 많은 강조를 했는데, 왜냐하면 그들의 민

---

158) 실제 <우리나라 생활> 교수요목은 9단위로 구성되었다. 여기에서 '8단위'라고 한 것은 단순한 오류로 보인다.

159) <중학교 사회생활과 교수요목집>, 45쪽.

160) 『Course of Study for Elementary School』, p.118.

족, 영토, 문화를 더 잘 이해함으로써 미국을 최대한 굳건히 만들어야 한다는 느낌이 들었기 때문이다. 공립학교는 이 작업에서 중요한 역할을 할 수 있다.161)

콜로라도 주에서는 복잡하고 어려운 것은 학생들의 이해력이 더욱 발달한 후에 학습하도록 했다. 그리고 미국 주변 국가와 민족에 대해 이해를 하는 것이 미국을 굳건히 할 수 있기 때문이 학년별 교육 내용을 이와 같이 구성했다고 말했다. 이상선도 이를 받아들여 "콜로라도 교수요목은 제7학년까지는 점점 더 큰 사회로 진전하였으나, 제8학년에 와서는 총괄적으로 향토와 국가에 재귀(再歸)하여 있다. 이것은 사회생활과로서는 당연한 일이라 할 수 있다. 우리들도 역시 이러한 정신과 방침을 이용하여야 할 것이라고 생각한다."162)고 하였다. 또한 이상선은 다음과 같이 학년별 교육 내용 구성의 근거를 제시하기도 했다.

> 사회생활과 교수에서 주의하여야 할 것은 현재와 자신에 중점을 두어야 한다는 것입니다. 곧 현재에 우리는 또는 나는 어떻게 하여야겠다는 판정을 내리어 그를 실천하게 하여야 합니다. 그러기 때문에 다른 나라 또는 다른 지방을 연구할 때에도 그 나라 사람들이 그렇게 살고 있으니 우리는 우리나라에서 어떻게 살아야겠다라는 생각을 발표하게 하여야 하며 실천하게 하여야 합니다. 그와 마찬가지로 어느 시대에는 어떠한 상태에서 어떻게 살았으니 우리는 우리들 상태에서 어떻게 살아야겠다하는 의견이 있게 하여야 합니다. 이러한 의미로 다른 나라를 연구함에도 우리나라와의 관계 하에서 고찰하여야 하며 이전시대를 연구함에도 현재와의 관계 밑에서 고찰하여야 하게 됩니다.163)

---

161) 『Course of Study for Elementary School』, p.116.
162) 이상선, 앞의 책(1946), 11쪽.
163) 이상선, 「사회생활과의 계획적 실천」, 『신교육건설』1, 1947년 9월.(이길상·오만석, 『사료집성-Ⅲ』, 577쪽.)

이상선은 우리나라를 이해하고 우리 시대를 이해하려면 먼저 다른 나라 다른 시대를 배워야 한다고 했다. 사회생활과 교수요목제정위원이었던 윤재천은 오리건 주 초등학교 사회생활과 교육과정이 미국의 이웃에서 세계로 그리고 최종적으로 미국으로 돌아오는 구성이 황홀하다고 까지 했다.

> 6학년에서는 서반구(西半球)의 지리로 들어간다. 인접한 지방 즉, 중앙미주를 자세히 하고 남미주(南美洲)는 대국(大國)만을 간단히 취급하는 양식은 많은 참고가 된다. 7학년에서는 세계의 지리 역사를 배우고, 세계일주지후(世界一周之後)에 환가(還家)한 것이 8학년이다. 주로 미주발전사를 취급한다. "국가의 건설"이라는 제목 하에 전교수를 통합한다. 초등교육의 종결지상(終結之相)이 황홀하다.[164]

그런데 1940년 콜로라도 주 중등학교 사회생활과 교육과정에는 제10학년에서 미국사를 제11학년에서 세계사를 학습하도록 하였다. 그리고 그 이유를 다음과 같이 설명하였다.

> 현재 대부분의 학교들은 세계사를 10학년에 미국사를 11학년에 제시하고 있다. 콜로라도 주의 교육과정에서는 이 순서를 거꾸로 할 것을 제안한다. 그러나 지금 이 장이나 전장에서 제시한 학습 자료들은 학년의 배치와는 무관하게 유용하다. 이 지도서에서 제시한 학년 배치는 최근의 경향을 반영한 것이다. 여기에 제시된 것은 세계사 교사들이 기본적이고 지속적인 인과 관계, 근본적인 원칙들을 예증하는 운동과 사건, 현재의 문제를 이해하는데 기여하는 정보들을 강조하려고 노력한다는 가정에 근거한다. 일반적인 목적은 학생들로 하여금 현재 상황을 이해할 수 있도록 그리고 현재와 미래의 시민활동에 더 효과적으로 참여할 수 있도록 돕는 것이다. 아마 가장 중요한 성과는 학생들로 하여금 현재의 문제를 다루는 방법을 발전시키는 데 도움을 주는 것이다.[165]

---

164) 윤재천 역편, 앞의 책(1946), 「서(序)」
165) 『Course of Study for Secondary Schools: Social Studies』, p.69.

즉, 학생들이 현재 상황을 이해하고 학생이 속한 사회에서 활동하는 것을 돕기 위해, 현재 학생들이 속한 미국사를 먼저 학습할 것을 제안한 것이다. 이것이 아동중심·생활중심을 추구했던 사회생활과의 최근의 경향이라고 했다.

역사를 국사, 동양사, 서양사로 구분하고 이를 국사-동양사-서양사-국사의 순서로 구성한 중등학교 교육과정은 1909년 2월 『서북학회월보』에 이미 소개되었다.

> 중학교에서 국사는 5년간 2차에 걸쳐 가르치는데 1학년 때 주당 1시간, 2학년 때 주당 2시간을 가르치고, 5학년 때 주당 1시간을 가르친다. 만국사는 동서를 구별하여 동양사는 3학년에서 매주 2시간, 서양사는 4학년에서 매주 2시간, 5학년에서 매주 1시간을 가르친다.166)

이상의 검토를 통해 해방 직후 중등학교 역사부분의 학년별 구성은 미군정기에 도입된 사회생활과와 일정한 관련이 있음을 알 수 있다. 그런데 일제 말기 신설되어 해방 전까지 운영되었던 중등학교 국민과의 역사부분도 1학년에서 동양사('동아 및 세계' 그 첫 번째), 제2학년에서는 서양사('동아 및 세계' 그 두 번째), 제3학년('황국' 유신 이전)과 제4학년('황국'유신 이후)에서 일본사를 배우도록 배치되어 있었다.167) 해방 직후 중등학교 학년별 역사교육과정을 배정할 때 일제 말기 중학교 역사교육과정을 그대로 사용했을 가능성도 있다. 이 때 미국에서 운영되고 있던 역사교육과정이 미군정기에 만들어진 교육과정에 대한 반감을 줄이고 정당성을 부여했을 수도 있다. 이러한 학년별 역사교육은 1955년 수정된 <중학교 교육과

---

166) 「學課의 要說」, 『서북학회월보』 제9호, 1909년 2월 1일.
167) 文部省, 『中學校敎授及修練指導要目』, 中等學校敎科書株式會社, 昭和18年(1943), pp.8~12(文部省訓令 第2호)(김보림, 「일제하 중등학교 국민과 도입과 '국사'(일본사) 교육」, 『역사교육논집』제50집, 2013, 127~128쪽 재인용.)

정>에서 1학년 국사, 2~3학년 세계사로 변경되었다.[168)

　사회생활과의 과목별·학년별 구성과 관련해 1948년 12월 <중학교 사회
생활과 교수요목집>이 발표될 때까지 학교 현장에서 운영되고 있던 사회
생활과의 실제 모습에 주목해봐야 한다. 즉, 1946년 9월 실시된 중학교 신
교육과정에는 사회생활과에 주당 5시간이 배정되어 있을 뿐, 지리·역사·
공민의 각 과목별 시수 배당이 명시되지 않았다. 역사에 있어서도 학년별
로 무엇을 가르칠지 정해진 것이 없었다. 그리고 1949년이 되어서야 비로
소 <중학교 사회생활과 교수요목집>에 의거한 검정 교과서가 발행되었다.
무엇보다 해방 직후 중등학교 교사와 교과서는 절대적으로 부족했다.[169)
이 모든 상황을 종합해 볼 때, 중등학교에 교과로서의 사회생활과는 있었
지만, 실제로 사회생활과를 가르친 교사는 없었다. 지리·역사·공민의 교과
별 교사를 모두 확보한 학교가 있었는지도 의문이다. 더구나 해방 직후 국
사·동양사·서양사를 학년별로 배정하고, 이를 가르칠 역사교사를 충분히
확보할 수 있는 학교도 없었다. 즉, 해방 직후 남한의 중등학교에서 <중학
교 사회생활과 교수요목집>에 제시된 것처럼 사회생활과가 과목별·학년별
로 체계적으로 운영되었을 것이라고 상상해서는 안 된다. 학교별 특성에
따라 특정 과목 혹은 특정 분야의 역사가 집중적으로 편성되고 가르쳐질

---

168) <중학교 교과과정>, 문교부령 제45호, 1955년 8월 1일.
　1954년 4월 <국민학교, 중학교, 고등학교, 사범학교 교육과정 시간배당 기준령>
　에서 중학교는 사회생활과가 1,2학년 각 주당 5시간으로 3학년은 4시간으로 편
　성되었고, 고등학교는 2~3학년 2년간 주당3시간으로 국사가 필수로, 세계사는
　2~3학년 주당 3시간이었고 선택과목으로 편성되었다. 고등학교 필수과목인 국사
　는 문화를 중심으로 우리나라 역사를 연구하도록 했다.(<국민학교, 중학교, 고등
　학교, 사범학교 교육과정 시간배당 기준령>, 문교부령 제35호, 1954년 4월 20일.)
169) 1946년 4월 미군정 문교 당국은 6천여 명의 중등교원이 부족하다고 밝히고, 13개
　의 중등교원양성소를 만들어 속성으로 중등교원을 양성했다. 정부 수립 후 1949
　년 당시 1,457명의 중등교원이 부족했는데, 더 심각한 문제는 중등교육을 담당하
　고 있는 교사 중 2,000여 명이 무자격 교사였다.(《서울신문》, 1946년 4월 3일.《동
　아일보》, 1946년 4월 10일.『대한민국교육개황』, 22쪽.)

수밖에 없었다.[170] 신경림은 해방 직후 국민학교에서 받았던 역사교육에 대해 다음과 같이 기억했다.

해방된 것이 국민학교 4학년 때였는데, 당시 담임 선생님은 틈나는 대로 국사 얘기를 해 주었지만 정식 교과과정에는 들어 있지 않았던 것 같다. 5학년이 되자 사회생활 과목의 한 부분으로서 국사과목이 생겼다. 그렇다고는 하나 교과서가 있는 것도 아니고, 무슨 책인가를 보고 선생이 불러주면 받아 적는 그런 공부였다. 그래도 모두들 국사과목을 좋아했지만 우리의 국사 공부는 겨우 기자조선·위만조선·한사군에서 끝나고 말았다. 2학기가 되면서 국사과목이 다른 사회 과목으로 바뀌어 버리고 말았기 때문이다. 국사는 6학년에 가서 다시 배우게 된다는 것이었다. 그러나 6학년이 되자 사회시간에는 지리를 배우게 되었다. 교과과정이 또 바뀌어 국사는 5학년으로 내려가 버리고 만 것이다.[171]

위의 증언을 통해 해방 직후 일선 학교에서는 사회생활과에 포함된 역사교육이 체계적으로 이루어지지 않았고, 역사 교재도 없는 상황에서 수업이 이루어지고 있었던 교육 현실의 일면을 볼 수 있다.

2) 〈이웃나라 생활〉 교수요목과 교과서

여기서는 먼저 〈이웃나라 생활〉 교수요목을 살펴보고, 이후 교수요목

---

170) 박광희는 다음과 같이 정리하기도 했다. "문교부 검인정 교과서가 1948년부터 나오기는 하였지만 널리 쓰여지지 않았고 학교별로 독자적인 교재를 작성하여 사용해 왔기 때문에 학년별 학습내용도 정하지 못하였으며-심지어 국사만 3년간을 다룬 학교가 있었다고 하며-대한민국수립 후 약간의 부분적인 개정이 있기는 하였지만, 사실상 1955년의 교육과정이 공포시행 될 때까지 과도기의 과정이 계속되어 온 것이다."(박광희, 앞의 논문(1965), 93쪽.)

171) 신경림, 「내가 받은 한국사 교육: 50대 잃어버린 국사시간 12년」, 『역사비평』 15, 1991, 91~92쪽.

발행 전후의 교과서를 비교·검토해보았다.

〈표 Ⅳ-12〉 중학교 사회생활과 제1학년 〈이웃나라 생활〉 교수요목172)

단위	항목	세목
(一) 이웃 나라의 자연환경은 어떠하며 그 민족의 유래와 발전은 어떠하였는가?	Ⅰ. 이웃 나라의 자연환경	1. 이웃 나라의 역사가 자라온 무대의 범위는 어떠하였는가? 2. 이웃 나라의 지형은 역사 발전에 어떠한 영향을 끼쳤는가? 3. 이웃 나라의 기후는 역사 발전에 어떠한 영향을 끼쳤는가? 4. 아시아와 그 밖의 여러 주와의 자연환경은 어떠한 차이가 있는가?
	Ⅱ. 역사 있기 이전의 살림살이	1. 원시인의 사회조직은 어떠하였는가? 2. 원시인의 사회생활은 어떠하였는가? 3. 원시인의 유물 유적은 지역적으로 어떻게 분포되어 있으며 그 차이는 어떠한가?
	Ⅲ. 이웃 나라 여러 민족의 유래 및 발전	1. 이웃 나라 여러 민족의 유래는 어떠하였는가? 2. 이웃 나라 여러 민족은 어떻게 발전하였는가?
(二) 역사의 시작은 어떠하였는가?	Ⅰ. 중국 역사의 시작	1. 중국의 개국 전설은 어떠한 것이 있는가? 2. 은(殷)과 주(周) 및 춘추전국시대는 어떻게 변천하였는가? 3. 은 주 및 춘추전국시대의 사회생활은 어떠하였는가? 4. 유교는 무엇이며 공자는 어떠한 사람인가? 5. 제자 백가는 무엇을 말함인가?
	Ⅱ. 그 밖의 여러 나라 역사의 시작	1. 인도 역사의 시작은 어떠하였으며 그 사회상은 어떠하였는가? 2. 불교는 무엇이며 석가(釋迦)는 어떠한 사람인가? 3. 동북아시아의 여러 민족은 어떻게 움직였으며 우리 민족은 어떻게 형성되었는가? 4. 그밖에 아시아의 여러 나라는 어떻게 변천하였고 그 문화는 다른 나라에 어떠한 영향을 끼쳤는가?
(三) 중국은 어떻게 통일 또 분열되고 그 문화는 어떠하였으며, 동북방 민족은 어	Ⅰ. 중국의 통일과 분열	1. 진(秦)은 어떻게 중국을 통일하였는가? 2. 양한(兩漢)은 어떻게 성쇠하였는가? 3. 삼국과 위(魏) 진(晉)의 흥망은 어떠하였는가? 4. 남북조(南北朝)는 어떻게 겨루었는가? 5. 중국 통일 분열기의 서역(西域)과의 관계는 어떠

떻게 발전하였는가?		하였는가?
	Ⅱ. 동북방 민족의 발전	1. 북쪽의 흉노(匈奴) 오환(烏桓) 선비(鮮卑)는 어떻게 발전하였으며 그 생활 상태는 어떠하였는가? 2. 동쪽의 우리 민족은 어떻게 발전하였는가? 3. 왜족(倭族)은 어떻게 움직였으며 그 생활의 모양은 어떠하였는가?
	Ⅲ. 중국의 통일 분열기의 문화	1. 사회의 구조는 어떠하였는가? 2. 정치의 조직은 어떻게 되었는가? 3. 생활 상태는 어떠하였는가? 4. 사상과 학술은 어떻게 발달하였는가? 5. 미술과 공예는 어떻게 진보하였는가? 6. 이 시대의 문화는 다른 나라에 어떠한 영향을 끼쳤는가?
(四) 인도 및 서역 여러 나라의 변천과 그 문화는 어떠하였는가?	Ⅰ. 인도의 변천	1. 고대 인도의 여러 왕조는 어떻게 변천되었는가? 2. 인도교와 불교는 어떻게 겨루었는가? 3. 아쇼가왕은 불교를 어떻게 펼쳤는가? 4. 불교는 다른 나라에 어떻게 펴졌으며 문화에 어떠한 영향을 끼쳤는가?
	Ⅱ. 그 밖에 여러 나라의 변천	1. 대월씨(大月氏)는 어떻게 변천하였으며 그 사회 상태는 어떠하였는가? 2. 안식국(安食國)은 어떻게 흥망하였으며 그 사회 생활은 어떠하였는가? 3. 알렉산더 대왕의 동정과 그 문화에 끼친 영향은 어떠하였는가?
(五) 아시아의 여러 나라는 어떻게 융성하였는가?	Ⅰ. 한(漢)민족의 융성	1. 수(隋)는 어떻게 다시 중국을 통일하였는가? 2. 당(唐)은 어떻게 융성하였는가? 3. 당은 어떻게 쇠약하였으며 오대(五代)는 어떻게 겨루었는가? 4. 송(宋)은 어떻게 변천하였으며 그 당쟁은 어떠하였는가? 5. 당과 송과 주위 여러 나라와의 관계는 어떠하였는가?
	Ⅱ. 그 밖의 여러 민족	1. 삼국(고구려, 백제, 신라)과 발해 및 고구려는 어떻게 성쇠하였으며 그 당시의 여러 나라와의 관계는 어떠하였는가? 2. 돌궐, 토번, 회흘(回紇)은 어떻게 변천하였는가? 3. 요(遼) 금(金)은 어떻게 발전하였는가? 4. 서하(西夏) 서요(西遼)는 어떻게 일어났는가?

		5. 사라센은 어떻게 발전하였으며 그 생활은 어떠하였는가?
	Ⅲ. 아시아 융성기의 문화	1. 수의 대운하는 정치 경제상에 어떠한 뜻을 가졌는가? 2. 당의 제도는 어떠하였으며 후세에 끼친 영향은 어떠하였는가? 3. 당의 종교는 어떠한 것들이 있으며 어떻게 융성하였는가? 4. 수·당의 사회생활은 어떠하였는가? 5. 당의 문화는 다른 나라에 어떠한 영향을 끼쳤는가? 6. 오대의 사회생활은 어떠하였는가? 7. 송의 학문과 예술은 어떻게 발달하였으며 다른 나라에 끼친 영향은 어떠하였는가? 8. 송 때의 사회생활은 어떠하였는가? 9. 당·송의 문화의 특수성과 우리나라에 끼친 영향은 어떠하였는가? 10 요·금의 사회 상태는 어떠하였는가? 11. 돌궐, 토번, 회흘 등 여러 나라의 생활 상태는 어떠하였는가? 12. 사라센과 당·송 문화와의 관계는 어떠하였는가?
(六) 몽고족의 국경과 한민족의 부흥 및 일본족의 발전은 어떠하였으며 그들의 문화는 어떠하였는가?	Ⅰ. 원·명의 흥망과 그 문화	1. 몽고족은 어떻게 성하여 왔는가? 2. 원(元)의 세계 경략과 그 역사적 뜻은 어떠하였는가? 3. 원은 어떻게 멸망하였으며 아시아의 정세는 어떻게 달라졌는가? 4. 명의 흥망은 어떠하였는가? 5. 명의 남방 경략은 역사상 어떠한 뜻을 가졌는가? 6. 원·명과 고려 및 조선과의 관계는 어떠하였는가? 7. 원의 정치 제도는 어떠하였는가? 8. 원의 사회 계급과 그 생활 상태는 어떠하였는가? 9. 원의 종교와 학예는 어떠하였는가? 10. 명의 정치제도는 어떠하였는가? 11. 명의 사회생활은 어떠하였는가? 12. 원·명과 동서 문화와의 교류를 어떠하였는가? 13. 원·명의 문화와 우리나라와의 관계는 어떠하였는가?
	Ⅱ. 서남아시아 여러 나라의 변천과 그 문화	1. 중세 인도는 어떻게 일어나서 무슨 까닭으로 쇠약하게 되었는가? 2. 사한국(四汗國)은 어떻게 일어나서 무슨 까닭으

		로 쇠약하게 되었는가?
		3. 티몰(Timur)국은 어떻게 흥망하였는가?
		4. 모굴(Mogrl)국은 어떻게 쇠퇴하였는가?
		5. 이슬람교(회교)는 어떤 모양으로 여러 나라에 침루되었는가?
		6. 사한국의 생활 상태는 어떠하였는가?
		7. 티몰국과 모굴국의 사회 모양은 어떠하였는가?
	Ⅲ. 일본의 변천과 그 생활 상태	1. 막부 정치 이전의 나라 모양은 어떠하였으며 우리나라와의 관계는 어떠하였는가?
		2. 막부 정치는 어떻게 변천하였으며 그 시대의 사회생활은 어떠하였는가?
		3. 왜구는 어떻게 여러 나라를 어지럽게 하였는가?
		4. 풍신수길의 침략은 이웃 나라에 어떻게 화란을 끼쳤으며 그 후 우리나라와의 관계는 어떠하였는가?
		5. 일본은 이웃 나라의 문화를 어떻게 받아들였는가?
		6. 근세 일본의 생활 상태는 어떠하였는가?
(七) 근세 아시아 여러 나라의 사정과 그 문화는 어떠하였으며 구미인들은 어떻게 진출하여 왔는가?	Ⅰ. 청조의 발전과 수난	1. 만주족은 어떻게 일어났으며 그 건국은 어떠하였는가?
		2. 청조는 어떻게 융성하였는가?
		3. 구미인은 어떻게 진출하여 왔으며 아편전쟁은 무엇인가?
		4. 태평천국운동은 어떠하였는가?
		5. 일본의 명치유신은 어떻게 성립하였으며 일본 역사상의 뜻은 어떠한가?
		6. 일본인의 국민성은 어떠한가?
		7. 청국·조선·일본 삼국의 관계는 어떠하였으며 청일 전쟁은 어떠하였는가?
		8. 북청사변은 어째서 일어났으며 그 결과는 어떠하였는가?
		9. 노일전쟁은 어찌하여 일어났으며 그 결과는 어떠하였는가?
		10. 일본은 어떻게 하여 한국을 강탈하였는가?
	Ⅱ. 중국 밖의 여러 나라의 수난	1. 근세 인도의 사회 상태는 어떠하였으며 영국의 인토 침략의 경로는 어떠하였는가?
		2. 인도는 영국에 대하여 어떻게 항쟁하였는가?
		3. 노국의 남침과 중앙아시아와의 관계는 어떠하였는가?
		4. 섬라(暹羅)는 어떻게 발전하였으며 그 사회 사정

		은 어떠하였는가? 5. 월남과 면전(緬甸)은 어떻게 지나왔으며 그 국권 은 어떻게 빼앗기게 되었는가? 6. 필리핀과 말래이 반도는 어떻게 자라왔으며 그 수난은 어떠하였는가?
	Ⅲ. 근세 아시아 여러 나라의 문화	1. 청조의 사회 사정은 어떠하였는가? 2. 청조의 학술과 문예는 어떻게 발달하였는가? 3. 청조의 문화와 우리나라와의 관계는 어떠하였는가? 4. 일본은 다른 나라의 문화를 어떻게 배워왔으며 그 영향은 어떠하였는가?(명치유신 이후) 5. 새 문화 수입에 따른 일본의 사회상은 어떠하였는가? 6. 일본의 새 문화와 우리나라와의 관계는 어떠하였 는가? 7. 그 밖의 여러 나라의 문화는 어떠하였는가?
(八) 현대 아시아 여러 민족은 어떻게 투쟁하 였으며 또 어떻게 자 라고 있는가?	Ⅰ. 중화민국의 수립	1. 중화민국 건설의 역사적 의의는 어떠하였는가? 2. 중국의 혁명은 어떤 경로를 밟고 이루어졌는가? 3. 중국의 파벌 항쟁은 어떠하였는가? 4. 구미인의 중국에 대한 정책은 어떠하였는가? 5. 그 당시 중국의 사회 상태는 어떠하였는가?
	Ⅱ. 첫 번째 세계대전과 중 국 및 일본과의 관계는 어떠하였는가?	1. 첫 번째 세계대전에 일본은 어떻게 참전하였으며 그 결과는 어떠하였는가? 2. 첫 번째 세계대전에 중국은 어떻게 참전하였으며 그 영향은 어떠하였는가? 3. 민족 자결주의는 무엇이며 아시아의 여러 나라는 어떻게 움직였는가?
	Ⅲ. 두 번째 세계대전과 여러 나라의 해방	1. 일본은 어떻게 만주 지방을 침략하였으며 이에 대한 중국의 항쟁은 어떠하였는가? 2. 일본은 어떻게 중국 본토를 침략하였으며 두 번째 세계대전은 어떻게 하여 일어났는가? 3. 태평양전쟁은 어떻게 경과하였는가? 4. 일본은 어찌하여 무조건 항복하게 되었으며 그 현상은 어떠한가? 5. 우리나라는 어떻게 해방되었으며 현상은 어떠한가? 6. 중국의 현상은 어떠한가? 7. 인도는 어떻게 하여 독립하였으며 그 현상은 어떠한가? 8. 그 밖에 여러 나라는 어떠한 현상에 있는가? 9. 세계는 어떻게 움직이고 있으며 아시아 여러

		나라와의 관계는 어떠한가?
	Ⅳ. 이웃 나라의 생활을 통해 본 우리의 사명과 자각	

교수요목은 '단위' 밑에 '항목'이 있고, 항목 밑에 '세목'을 배열하는 구조이다.[173] 이에 따르면 <이웃나라 생활> 교수요목은 총 8단위 아래 23개의 항목과 127개의 세목으로 구성되었다. <이웃나라 생활>에서 다루는 범위는 중국을 중심으로 동북방 민족, 인도, 몽고, 서남아시아, 일본 등이다. '이웃나라의 자연환경'을 설명하는 것으로 시작해서 '이웃나라의 생활을 통해 본 우리의 사명과 자각'으로 마무리 하고 있다.

3·4·6·7 단위에서 그 나라의 발전뿐 아니라 '문화'를 함께 다룰 것을 명시했고, 3·5·6·7 단위의 세 번째 항목은 모두 문화에 대해 서술할 것을 요구했다. 특히 6단위 아래에 있는 3개의 항목은 모두 문화에 대한 서술을 강조하고 있다. 1·2단위에서도 항목에서 문화라는 용어를 사용하지는 않았지만 세목에서는 당시의 '사회생활'과 '문화'에 대해 서술할 것을 제시했다. 다만 현대사에 해당하는 8단위에서는 문화나 사회생활에 대해 언급할 것을 명시하지는 않았다. 전체적으로 각 단위마다 문화와 생활과 관련된 세목이 많이 포함되어있다. 사회생활과에 속한 <이웃나라 생활> 교수요목이 문화사 부분을 강조하고 있음을 알 수 있다. 그리고 교수요목은 <이웃나라 생활> 공부를 통해 학생 스스로가 현재 해야 할 일은 무엇인지에 대해 스스로 알고 깨닫는 것으로 학습을 마무리하고 있다. 이러한 구성은 <이웃나라 생활> 교수요목이 아동중심·생활중심의 학습을 통해 학생 스스로 문제 해결 능력을 기른다는 사회생활과의 목표를 반영했던 것으로 볼 수 있다.

---

172) <중학교 사회생활과 교수요목집>, 47~52쪽.
173) <중학교 사회생활과 교수요목집>, 45쪽.

다음으로 <중학교 사회생활과 교수요목집>이 발행되기 전후의 <이웃나라 생활> 교과서와 교수요목의 비교를 통해 해방 직후 중등학교 동양사 교과서의 특징을 찾아보았다. 이를 위해 1948년 6월 편찬된 김상기·김일출·김성칠의 『신동양사』174)와 그 후 1950년 발행된 김상기의 『중등사회생활과 이웃나라의 생활(역사)』175)를 검토하였다. 김상기는 1948년 서울대 동료 교수들과 『신동양사』를 발행했는데, 1949년 3월 단독 저자로 새로운 교과서를 발행했다. 이는 1948년 12월 <중학교 사회생활과 교수요목집>이 발행되어 이에 의거한 새로운 교과서가 필요했기 때문이기도 하겠지만, 1949년 교과서 검정에서 앞서 살펴본 것처럼 단독 저자의 교과서만 검정 신청을 받았기 때문이기도 하다.

김상기는 교과서 서두에서 동양사(이웃나라 역사) 학습의 의의에 대해 다음과 같이 설명하였다.

동양사의 의의 및 범위

동양사라는 것은 우리의 이웃 나라인 중국을 중심으로 하여, 정치적으로 문화적으로 서로 밀접한 관계를 가진 여러 나라의 민족의 흥망과 문화진전의 자취를 상호관계에서 밝히는 것이다.(국사에 관한 사실은 다만 이웃 나라와 관련을 가진 것에 한하여 들게 됨) 그리고 동양사의 지리적 범위는 대개 시대를 따라 넓어져 가므로, 일률적으로 들기 어려우나, 대체로 보아 인도로부터 중앙아시아 동남부에 이르는 선을 기준으로 하여, 그 동쪽에 뻗혀있는 대륙 일대와, 태평양 방면에 흩어져 있는 여러 섬나라들을 이 범위에 넣을 수가 있는 것이다.176)

---

174) 서울대학교 문과대학 동양사교실 김상기·김일출·김성칠 공저, 『신동양사』, 동지사, 1948. 1948년 6월 5일 인쇄하고 6월 10일 발행되었다. 머리말은 1948년 4월 작성되었다.

175) 김상기, 『중등사회생활과 이웃나라의 생활(역사)』, 동지사, 1950. 1949년 3월 25일 인쇄되고 3월 31일 발행되었다. 1950년 3월 25일 수정 발행되었고, 1950년 4월 29일 문교부 검정을 통과하였다. 머리말은 1949년 3월 작성되었다.

176) 김상기·김일출·김성칠 교과서(1948), 1쪽.

　　이웃나라의 역사를 배우는 본 뜻

　　이웃나라 역사를 배우는 본 뜻은 우리의 이웃나라인 중국을 비롯하여 정치적으로 문화적으로 서로 가까운 관계를 가진 여러 나라와 민족의 흥망 성쇠와 문화 발전의 자취를 상호 관계에서 알아보려는 것이다. 그리하여 동양의 민족과 문화가 어떠한 유래를 가졌으며, 어떠한 모양으로 자라나고 움직여 왔는가를 해득하려는 것이다. 그리고 이러한 여러 이웃나라의 민족과 문화는 우리와 어떠한 관계를 가졌으며, 이들에 대한 우리 민족의 사명과 문화의 지위가 어떠한 것인가 등을 밝혀보려는 것이다.177)

　　김상기는 동양사 학습의 목적이 중국을 중심으로 서로 관계를 가진 여러 민족의 흥망과 문화의 자취를 밝히는 것이라고 했다. 여기까지는 교수요목 발행 전후 두 교과서의 목적이 동일하다. 이는 역사 학습의 목적을 지식습득에 두고 있음을 말하는 것이다. 하지만 사회생활과에 포함된 <이웃나라 생활>의 학습 목적은 지식습득을 바탕으로 하고, 나아가 이웃나라의 역사 발전 모습이 우리와 어떤 관계를 가졌는지, 이웃나라에 대해 우리가 해야 할 일은 무엇인지를 찾는 것이라고 했다. 교수요목이 발행 된 이후 편찬한 <이웃나라 생활> 학습목표는 사회생활과의 특성을 반영해 새롭게 설정되었다.

　　두 교과서의 머리말을 통해서도 각 교과서의 특성을 파악할 수 있다.

　　『신동양사』

　　1. 본서는 초급중학 동양사 교본으로 편찬한 것인데, 운용에 따라서는 고급용으로 쓸 수 있음.

　　2. 본서에서는 사료의 취사를 엄밀히 하여, 사실의 파악을 정확히 하려 힘썼음.

　　3. 국사에 관련된 사실은 할 수 있는 대로 상호관계에서 자세히 서술

---

177) 김상기 교과서(1950), 1쪽.

하여, 국사와 동양사의 연관성을 밝히려고 힘썼음.

4. 본서에서는 중요한 사항과 설명을 요(要)하는 사실에 대하여는 주석을 가(可)하여 자학자습의 편리를 도모하려 하였음.

5. 습득한 지식의 정리와 사고력의 배양에 도움이 되도록 매장(每章) 끝에 설문을 붙였음.

6. 본서에서는 할 수 있는 대로 정확한 삽도를 많이 넣어 사실에 대한 인상을 깊게 하도록 노력하였음.

7. 한자의 기사는 대개 한글식에 의하였으며, 고유명사에 있어서는 할 수 있는 대로 원어와 재래로 읽어온 음을 취하기로 하였는데, 예를 들면 다지(大食), 그란(契丹), 보리수(菩提樹) 등과 같음. 또 명사에 있어 보통 관용되어온 것에 한하여는 한자의 음도 관용의 것을 취하였는데, 예를 들면 산동생(山東省)을 '산동성'으로 소렬제(昭烈帝)를 '소열제'라 한 것과 같음.

8. 본서의 편찬에 있어 상고로부터 남북조시대까지는 김상기, 수당으로부터 원대까지는 김성칠이 각각 집필하였으며, 명대 이하는 김일출이 담당하였음.

9. 본서의 미비한 점은 다음 판의 기회를 기다려 정보(訂補)하려 함.178)

『중등사회생활과 이웃나라의 생활(역사)』

1. 본서는 신 교수요목에 준거하여 초급 중학교용으로 편찬하였음.

2. 본서에서는 경우에 따라 사실의 시대성과 지역 관계를 고려하여 교수요목의 범위 안에서 장과 절을 적의(適宜)하게 나누어 사료를 운용하였음.

3. 국사와 관련된 사실은 될수록 상호관계에서 자세히 적어 국사와 이웃나라 역사와의 연관성을 밝히려고 힘썼음.

4. 습득한 지식의 정리와 사고력 배양에 도움이 되도록 매절 끝에 설문을 붙였음.

5. 본서에서는 될 수 있는 대로 정확한 삽도를 많이 넣어 사실에 대

---

178) 김상기·김일출·김성칠 교과서(1948), 「머리말」. 1948년 4월 김상기가 작성했다.

한 인상을 깊게 하도록 노력하였음.

6. 한자의 사음은 대개 한글식을 따랐으며, 고유 명사에 있어서는 될 수 있는 대로 원음을 취하기로 하고, 특수한 명칭과 용어는 관용음을 쓰기로 하였는데, 예를 들면 『락양』(洛陽)을 『낙양』으로 『아골타』(阿骨打)를 『아쿠타』로, 『보제수』(菩堤樹)를 『보리수』로, 『소렬제』(昭烈帝)를 『소열제』로, 『저후』(諸侯)를 『제후』로 한 것과 같음.

7. 본서의 미비할 점은 다음 기회를 기다려 정보(訂補)하려 함.[179]

두 교과서의 머리말은 1·2번의 내용에 차이가 있고, 이하의 내용은 거의 동일하다. 그런데 1·2번을 통해 교과서 전체의 구성이 변화되었음을 알 수 있다. 즉, <중학교 사회생활과 교수요목집>이 발행되기 이전의 교과서는 엄격한 사료비판을 통해 사료를 제시하여 사실을 정확히 파악하는 것에 중점을 두었다면, 교수요목 발행 이후에는 적어도 지식습득 자체가 목적이라고 내세우지는 않았다. 그리고 교과서 구성을 교수요목에 따라 할 것이며, 불가피한 경우라도 최대한 교수요목의 범위 안에서 조정할 것임을 밝혔다.

『신동양사』의 머리말에서 확인할 수 있는 가장 큰 특징은 교수요목이 발행되기 이전이었음에도 사회생활과에 포함된 역사과의 모습이 보인다는 점이다. 먼저 국사와 동양사의 연관성을 밝히기 위해 상호관계를 자세히 서술하겠다는 것에서 교과 간 통합성의 원칙을 엿볼 수 있다. 무엇보다 각 절의 끝에 '설문'을 붙인 것과 자학자습의 편리를 도모하려 했다는 것은 아동중심·생활중심 교육과 학생의 문제해결 능력을 향상시킨다는 사회생활과의 특성이 반영된 결과로 보인다. 1946년 9월 사회생활과가 도입되고 2년이 지난 시점에서 서울대 문리대 교수들이 사회생활과에 대해 일정 부분은 공감하고 이를 반영해 교과서를 편찬했다고 볼 수 있다. 그리고 이러

---

179) 김상기, 「머리말」, 『중등사회생활과 이웃나라의 생활(역사)』, 동지사, 1950.

한 교과서 편찬의 방법과 형식은 교수요목이 발행된 이후에도 그대로 적용되었다.

<이웃나라 생활> 교수요목을 중심으로 『신동양사』와 『중등사회생활과 이웃나라의 생활(역사)』의 목차를 비교해보면 교수요목 발행 전후 변화된 교과서의 모습을 확인할 수 있다.

〈표 Ⅳ-13〉『신동양사』, 〈이웃나라 생활〉 교수요목, 『중등 사회생활과 이웃나라의 생활(역사)』 목차

『신동양사』		<이웃나라 생활> 교수요목		『이웃나라의 생활(역사)』	
제1편 상고	제1장 태고의 전설과 하(夏)·상(商)	(一) 이웃 나라의 자연 환경은 어떠하며 그 민족의 유래와 발전은 어떠하였는가?	Ⅰ. 이웃 나라의 자연환경	제1장 이웃나라의 자연환경과 그 민족의 유래와 발전	제1절 이웃 나라의 자연환경
			Ⅱ. 역사 있기 이전의 살림살이		제2절 역사 있기 이전의 살림살이
	제2장 서주와 그의 문화		Ⅲ. 이웃 나라 여러 민족의 유래 및 발전		제3절 이웃 나라 여러 민족의 유래 및 발전
	제3장 춘추전국시대와 그의 문화	(二) 역사의 시작은 어떠하였는가?	Ⅰ. 중국 역사의 시작	제2장 역사의 시작과 고대의 문화	제1절 중국 역사의 시작과 고대의 문화
	제4장 고대의 인도사회와 불교		Ⅱ. 그 밖의 여러 나라 역사의 시작		제2절 인도 및 동서 여러 나라 역사의 시작과 고대의 문화
제2편 중고	제1장 진(秦)	(三) 중국은 어떻게 통일 또는 분열되고 그 문화는 어떠하였으며, 동북방 민족은 어떻게 발전하였는가?	Ⅰ. 중국의 통일과 분열	제3장 진·한 및 위·진·남북조시대(魏晋·南北朝)와 그 문화	제1절 진(秦)
	제2장 전한(前漢)		Ⅱ. 동북방 민족의 발전		제2절 양한(兩漢)과 그 문화
	제3장 후한(後漢)				제3절 삼국(三國)과 진(晋)의 흥망
	제4장 한대(漢代)의 문화		Ⅲ. 중국의 통일 분열기의 문화		제4절 남북조(南北朝)의 겨룸과 위·진·남북조의 문화
	제5장 위진(魏晋)과 남북조(南北朝)				

편	장	질문		장	절
		(四) 인도 및 서역 여러 나라의 변천과 그 문화는 어떠하였는가?	Ⅰ. 인도의 변천	제4장 동북방 민족 및 서남 여러 나라의 변천과 그 문화	제1절 동북방 민족의 발전
			Ⅱ. 그 밖에 여러 나라의 변천		제2절 인도 및 서남 아시아 여러 나라의 변천과 그 문화
	제6장 수(隋)의 흥망		Ⅰ. 한(漢)민족의 융성		제1절 한(漢) 민족의 융성
	제7장 당(唐)의 흥망		Ⅱ. 그 밖의 여러 민족		제2절 아시아 여러 민족의 겨룸
	제8장 당나라 시절의 사회와 문화	(五) 아시아의 여러 나라는 어떻게 융성하였는가?	Ⅲ. 아시아 융성기의 문화	제5장 아시아 여러 민족의 융성	제3절 아시아 융서기의 문화
	제9장 송(宋)과 요(遼)·금(金)				
	제10장 송나라 시절의 사회와 문화				
	제11장 원(元)의 흥망		Ⅰ. 원·명의 흥망과 그 문화		제1절 원의 흥망과 그 문화
제3편 근세	제1장 명실의 정치	(六) 몽고족의 국경과 한민족의 부흥 및 일본족의 발전은 어떠하였으며 그들의 문화는 어떠하였는가?	Ⅱ. 서남아시아 여러 나라의 변천과 그 문화	제6장 몽고족의 융성과 한민족의 부흥 및 남방 아시아와 일본의 변천	제2절 명초의 정치
					제3절 남방아시아의 형세
					제4절 일본의 변천
	제2장 명의 후기		Ⅲ. 일본의 변천과 그 생활 상태		제5절 명대 후기의 정치와 동양의 왜란
	제3장 명의 문화				제6절 명대의 문화
	제4장 유우롭 제국의 동점	(七) 근세 아시아 여러 나라의 사정과 그 문화는 어떠하였으며 구미인들은 어떻게 진출하여 왔는가?	Ⅰ. 청조의 발전과 수난	제7장 근대 아시아 여러 나라의 변천과 유우롭인의 진출	제1절 유우롭인의 초기활동과 무갈국의 변천
	제5장 청초의 정치				제2절 청조의 발전
	제6장				제3절 청대의 문화

청대의 문화			
제7장 영국의 인도침략			제4절 영국의 동양 침략
제8장 아편전 쟁과 태평천국		Ⅱ. 중국 밖의 여러 나라의 수난	제5절 영·청의 전쟁 과 청조의 수난
제9장 러시아 의 극동경략			제6절 러시아 제국 의 극동 전략
제10장 불란서 의 안남침략			제7절 불란서의 안 남 침략
제11장 열강의 세력 다툼		Ⅲ. 근세 아시아 여러 나라의 문화	제8절 아메리카의 진출과 일본의 개화
제12장 청의 마 지막			제9절 열강의 세력 다툼과 청의 마지막
제4편 최근세	제1장 중화민국		Ⅰ. 중화민국의 수립	제1절 중화민국
	제2장 인도와 안남의 독립운동	(八) 현대 아시아 여러 민족은 어떻 게 투쟁하였으며 또 어떻게 자라고 있는가?	Ⅱ. 첫 번째 세계대전 과 중국 및 일본 과의 관계는 어떠 하였는가?	제8장 현대 아시아 여 러 민족의 독립 운동	제2절 두 번째 세계 대전과 여러 나라의 해방
			Ⅲ. 두 번째 세계대전 과 여러 나라의 해방		제3절 인도와 월남 의 독립
			Ⅳ. 이웃 나라의 생활 을 통해 본 우리 의 사명과 자각		이웃 나라 역사를 통 해 본 우리의 사명과 각오

교수요목이 발행되기 전 교과서인 『신동양사』는 상고·중고·근세·최근 세로 시대구분을 하였다. 그리고 중국사를 중심으로 인도와 그 밖의 아시 아 지역에 대해서 일부 다루고 있다. 동양사 교과서이면서도 일본의 역사 에 대해 독립적으로 설명하는 장이 없었다. 그런데 교수요목이 발행된 이 후에 편찬된 교과서는 이전의 시대구분에서 벗어나 교수요목의 8단위 구 성을 그대로 따랐다. 그리고 6장과 7장에서 각각 '일본의 변천'과 '일본의

개화'를 절로 설정하고, 6장에서 '남방아시아의 형세'를 포함시킨 것은 세부 항목도 교수요목을 반영해 구성했음을 말해준다. 다만 교수요목 8단위 두 번째 항목에서 1차 대전과 중국 및 일본과의 관계에 대해 서술할 것을 제시했지만 교과서에서는 이 부분에 대한 언급이 없다. 또한 7단위와 8단위의 설정은 교수요목을 따랐지만, 그 아래 항목 구성은 교수요목이 발행되기 이전 교과서 구성에서 크게 벗어나지 못했다.

3) 〈먼 나라 생활〉 교수요목과 교과서

1946년 9월 중등학교에 사회생활과가 정식과목으로 도입되었지만, 이후에도 역사·지리·공민 교과서는 과목별로 편찬되었다. 그런데 이 때 사회생활과의 도입 의도를 충실히 반영하여 통합교과 형식으로 편찬된 역사교과서가 있었다. 중등학교 사회생활과 교수요목이 발표되기 전인 1947년 10월 출판된 이준하·이원학 공저의 『중등사회생활-세계 각국의 발전. 구라파편-』[180]이 그 것이다. 이준하[181]는 앞에서 언급했던 것처럼 서울대학교 사범대학에 유일하게 사회생활과 과목으로 개설되어 있던 '사회생활과 교수법'의 담당 교수였다. 이준하는 이 교과서의 출판의도와 특징을 서문에서 상세하게 설명하였다. 여기서 사회생활과의 성격과 사회생활과 도입의 목적을 실현할 수 있는 교과서의 모습을 엿볼 수 있다.

문교부 교과목 개정에 사회생활과를 설정한 것은 확실히 조선교육계

---

180) 이준하·이원학, 『중등사회생활-세계각국의 발전. 구라파편-』, 창인사, 1947. 1947년 10월 8일 인쇄하고 10월 10일 발행하였다. 머리말은 1947년 8월 20일 작성되었다.
181) 경성제국대학 교육과를 졸업했고, 서울대학 사범대학을 어떻게 조성할 것인가를 고민하고 노력했다. 한국전쟁 때 이북으로 갔다.(한국교육사고 편, 「임석재 선생님」, 『서울대학교 사범대학 50년 구술자료집(1)』, 서울대학교 사범대학, 1999, 139쪽.)

에 있어 한 가지 중요한 발전이다. 그러나 아직 사회생활과에 관한 일
반의 인식이 부족한 것과 또는 그에 관한 적당한 교과서가 없으므로 중
학교에서는 교과목으로는 사회생활과가 있으나 실제교수에는 지리, 역
사, 공민을 종래와 다름없이 그냥 각 과별로 교수하고 있는 형편이다.
그러므로 문교부의 교과목 개정의 의도는 아직 중학교에서는 실천하지
못하고 있는 현상이다.

　지리, 역사, 공민으로 나누어 가르치지 않고 사회생활과라는 한 과
목으로 종합하여 가르치는 중요 목적은 생도에게 현대생활과 그 유
래를 이해시키는데 있다. 생도에게 현재 생활이나 세계를 이해시키자
면 역사적 발전과 아울러 지리적, 경제적, 사회적 사실과 원리를 밀접
히 종합하여 가르치지 않으면 안 된다. 종래와 같이 지리, 역사, 공민
을 각과의 학적체계만을 중시하여 교수하면 백과전서식 지식만을 축
적시킬지 모르나 생도가 현재 생활하는 현실사회나 세계는 이해하기
곤란할 것이다. 그것을 이해하려면 각 교과에 분리되어 있는 사실, 개
념, 의의, 역사적 발전을 자기가 활용하여 사고하지 않으면 안 된다.
(중략)

　이 교과서는 미국에서 사회생활과 설정의 필요를 열심히 주창한 콜
롬비아 대학 교육과 교수 해롤드 러그 교수(Prof, Hanold. Rugg)[182]의 저

---

182) 러그(1886~1960)는 Chicago 대학에서 교육자로서의 삶을 시작했고, 그곳에서
　　Charles Judd가 이끄는 '과학적 교육자'라는 팀의 일원으로 중학교 대수교재를 개
　　발하였다. 1920년 Columbia 사범대학으로 자리를 옮겼다. 이곳에서 듀이, 킬패트
　　릭, Counts 등의 진보주의 교육자들을 비롯하여 다양한 인물과 교류하였다. 1921
　　년 Rugg는 역사교사인 그의 형 Earl를 핵심구성원으로 하는 새로운 팀을 구성하
　　였다. 이 팀은 중학교를 중심으로 초등학교에서 고등학교에 이르는 교과서 개발
　　을 시작하였다. 그 결과, 1929년에서 1940년까지 Ginn&Company와 함께 중학교
　　를 대상으로 하는 통합적인 사회과 교과서 시리즈 『Man and His Changing
　　Society』를 출판하였다. 또한 3학년부터 6학년을 대상으로 하는 초등학교 교과서
　　는 Louise Krueger와 공동으로 연구하여 1936년부터 1938년까지 개발되었다.
　　Rugg는 학습자 생활 상태를 중시하고 학습자 경험을 토대로 교육과정을 구성했
　　다. 그는 학습자가 생각·분석·구성·창조할 수 있는 다양한 활동을 제시하였는데,
　　이는 Dewey의 'Learning by Doing(활동을 통한 학습)' 원리를 적용한 것이다.(정
　　혜미, 앞의 논문(2008), 11~13쪽, 20쪽. 오연주, 「미국의 초기 사회과 전통에서

서인 사회생활과 교과서를 주재(主材)로 하고 그것을 조선사정에 적합하게 편집한 것이다. 러그 교수의 사회생활 총서183)는 중학교용이 전부 6권으로 되어 있으므로 그것을 전부 합하여야 완전한 사회생활과의 전 과정을 이해하게 될 것이다.

우선 그중 『변천하는 국가와 국민』 부제 「역사를 배경으로 한 세계지리」를 주로 하여 이 교과서를 총괄하였다. 이 교과서의 중요 특징은 다음과 같다.

　　1. 이 교과서는 종래 교과서의 탈을 벗어 그 체재에 있어서나 내용, 분량에 있어서나 단연 쇄신한 것이다. 생도들이 다른 참고서를 읽 듯이 자미(滋味)있게 읽을 수 있게 하였다. 그리하여 암통(暗通)을 피하고 생도의 활동력, 사고력을 자극시킬 여러 문제를 곳곳에 제

Harold Rugg의 교육이념 및 실천 노력의 위상 탐색」, 『시민교육연구』 제38권 3호, 2006, 69~70쪽.)

183) 『Man and His Changing Society』

이 시리즈는 10년간의 준비기간 동안 수많은 실험과 연구과정을 거치면서 개발되었다. 중학교 교과서는 1921~1922년에는 등사판 형식으로, 1923~1926년에는 팜플렛 형식으로 발행되다가, 1929년에 『Man and His Changing Society』라는 타이틀 아래 양장본 시리즈로서 발행되었다. 이 교과서 시리즈는 학년마다 2권씩 총 6권으로 구성되어 있다. 7학년에서는 지리적 측면을 바탕으로 미국의 경제 상황을, 8학년에서는 미국 문명의 역사적·정치적 발달과 문화를 제시한다. 이를 바탕으로, 9학년에서는 미국 사회와 세계 주요국의 사회 문제에 대한 이해를 제공하고 있다. 그의 교과서 시리즈는 다음과 같다.(정혜미, 위의 논문(2008), 2~3쪽.)

학년	제목
7학년	- An introduction to American Civilization: A Study of Economic Life in the United States - Changing Civilization in the Modern World: A Textbook in World Geography with Historical Backgrounds
8학년	- A History of American Civilization: Economic and Social - A History of American Government and Culture: America's March toward Democracy
9학년	- An Introduction to Problems of American Culture - Changing Government and Changing Culture: The World's March toward Democracy

공하였다.

2. 현금 세계의 특질을 이해시키기 위하여 공업문명과 농업문명을 대
   표할 수 있는 중요국가 19개국을 선택하여 그 나라의 발전의 원동
   력, 발전과정 생활방식 등을 연구하게 하는 중점주의를 취하였다.
3. 각국의 지리와 아울러 역사도 간단히 소개하고 현대문제에 관여되
   는 역사적, 지리적, 사회적, 경제적, 사실과 원리를 종합적으로 취
   급하였다.
4. 중요한 개념, 사실, 역사적 테마는 여러 가지 각도에서 반복하여
   이해를 확실하게 하였다. 그러므로 생도는 중요한 개념, 사실, 원
   리 등은 여러 번 반복하게 될 것이다. 그러나 항상 새롭고 다른 각
   도에서 보게 될 것이므로 실증은 나지 않을 것이다.
5. 적절한 제목을 각 장중에 내걸어 전체의 개념, 개괄, 중요 테마를
   파악하기에 편리하게 하였다. 또 삽화, 실화, 통계, 그래프, 그림,
   지도 등은 이 제목을 잘 이해할 수 있는 것으로 선택하였다.184)

이준하는 사회생활과가 도입되었지만 사회생활과 교과서가 없는 현실
을 안타까워하며 콜롬비아 대학 러그 교수의 사회생활과 교과서를 모델로
하고, 그것을 조선 사정에 적합하게 편집하여 교과서를 발행했다. 이준하
의 <먼 나라 생활> 교과서는 다음과 같이 구성되었다.

〈표 IV-14〉 이준하·이원학, 『중등사회생활—세계 각국의 발전 구라파편—』 차례

차례			
제1편 서론		제1장	근대사회의 경이적 발전: 최근 백년간의 인류 생활 의 변혁
		제2장	지리적 조건과 인류사회의 발전
제2편 대부리텐제국 (大英帝國)	대영제국의 형성과 정·선진공업국·상업 의 세계제패·세계최 대의 식민지국	제3장	봉건농업 국가로부터 대공업제국을 건설한 경로
		제4장	영국의 세계무역 제패 경로
		제5장	인도: 대영제국의 보고(寶庫)

---

184) 이준하·이원학, 앞의 교과서(1947), 「序」.

		제6장	전세계에 확대된 대영제국의 식민지: 오스트레일리아, 뉴우질랜드, 캐나다, 남아연방
제3편 프린스(佛蘭西)	농업이 병행되는 대공업국가	제7장	불란서의 발전: 농업과 공업이 병행하는 나라
		제8장	불란서의 영토 확장: 식민지의 건설 경로
제4편 도이취(獨逸)	대공업국, 유우롭 무역의 중심지	제9장	독일의 발전과 산업의 기계화
		제10장	독일의 식민지와 무역: 적은 식민지, 무역의 세계적 진출
제5편 사회주의 쏘비에트 연방 (쏘련.U.S.S.R)	대로시아제국·혁명 후의 경이적 발전	제11장	제정로시아의 영토 확장
		제12장	1914년 이전의 사회상태
		제13장	혁명이후의 비약적 발전
제6편 유우롭 농업국가의 발전		제14장	스칸디나비아: 덴마크·노르웨이·스웨에덴
		제15장	이탈리아: 공업이 비교적 발달된 나라
제7편 제일차 세계대전과 세계정세의 변동		제16장	1914년 이전의 유우롭: 세계에서 가장 번영했던 상공업지대
		제17장	1914년 유우롭 각국의 의존관계
		제18장	제일차 세계대전과 유우롭 사회의 정황
		제19장	유우롭 각국의 복흥정책과 불안 동요
제8편 중화민국		제20장	구중국: 침체한 사회
		제21장	구시대의 생활 양식
		제22장	발전하는 중국
제9편 일본	오랜 농업국가에서 현대적 공업국가로	제23장	농업국 일본
		제24장	공업국 일본: 제국주의적 대륙정책과 몰락
제10편 아메리카합중국 (U.S.A)		제25장	미국의 개관: 자연과 사회
		제26장	미국의 발전, 식민지 시대, 남북대립, 산업혁명
		제27장	미국의 상공업 발전
		제28장	미국의 번영
제11편 래틴 아메리카	인디안 문명국으로 부터「래틴 아메리카로」	제29장	래틴 아메리카: 남 유우롭인의 탐험과 정복
		제30장	남 아메리카: 특색 많은 자연 환경
		제31장	남미(南美)의 A.B.C 삼국, 아르젠틴, 브라질, 칠리
제12편 결론		제32장	공업문명과 농업문명

1947년 8월 발행된『중등사회생활-세계 각국의 발전. 구라파편-』은 제6편까지가 1권이었다. 이후 제7편부터의 2권은 편찬되지 못한 것 같다.

다음으로 중등학교 사회생활과 교수요목 발행 전후의 <먼 나라 생활> 교과서를 살펴보았다. 먼저 교수요목 발행 이전의 교과서 두 권을 검토했는데, 이 교과서의 저자는 모두 미군정기 문교부 직원이었다. 한 권은 문교부 편수국 지리 담당 편수관이었던 노도양이 1947년에 편찬한『사회생활과용 중등서양사』[185]이고, 다른 한 권은 미군정 초기부터 문교부에서 일했고, 사회생활과의 도입에 적극적이었던 사공환이 이동윤과 함께 1948년 8월 발행한『사회생활과용 중등서양사』[186]이다. 이들 교과서의 머리말을 통해 <먼 나라 생활> 교과서의 일반적인 특징을 확인할 수 있다.

> 노도양,『사회생활과용 중등서양사』
> 1. 이 책은 중등학교의 사회생활과 서양사 교과서로 편찬한 것입니다.
> 2. 중등학교의 재래 역사과는 사회생활과로 들어간 모양이다. 이 교과서에서는 사회생활과의 정신을 충분히 넣으려고 애를 썼으나 실지 교육의 종사하는 여러분이 보실 적에는 불충분한 점을 많이 발견하실 줄 믿사오니 기탄없는 원조를 기대하여 이 책을 더욱 좋은 책으로 만들도록 전력을 다하겠습니다.
> 3. 인명 지명에 관해서는 아직 통일된 안도 없고 또 표음법에 있어서도 말썽이 많은 만치 될 수 있는 데까지 원어(그러나 많이 영어식) 그대로 쓰기로 하고 괄호 안에 우리 글로 표음을 가정하여 넣었음이다.[187]

---

185) 노도양,『사회생활과용 중등서양사』, 동방문화사, 1947. 1947년 8월 10일 인쇄하고 8월 15일 발행하였다. '일러두기'는 1947년 4월에 작성하였다. 목차에서 '중등서양사 속판'이라고 쓴 것으로 보아 1947년 이전에 이미『중등서양사』를 발행했었음을 알 수 있다.

186) 사공환·이동윤,「머리말」,『사회생활과용 중등서양사』, 동방문화사, 1948. 1948년 8월 20일 인쇄하였고, 8월 25일 발행하였다. 머리말은 1948년 8월 15일에 작성하였다.

사공환·이동윤, 『사회생활과용 중등서양사』
1. 본서는 중등학교 사회생활과 교과서용으로 편찬한 것이다.
2. 본서 편찬에 있어서 특히 유의한 것은 서양역사의 변천의 대강을 해득하게 하고 현대 세계의 유래를 상세히 말 하였다. 즉, 고대사는 가급적 단순하게 서술하고 현대사에 가까울수록 상세히 서술하였다.
3. 교수의 편의를 도모하기 위하여 삽도(揷圖)를 많이 넣어서 따로 부도를 사용하지 않고도 교수에 지장이 없도록 하였다.
4. 연대를 상당히 상세히 기록하였는데 이것은 시대관념을 명확하게 하기 위한 것이다. 그러나 너무 연대에 유의하면 대강을 해득함에 결함이 있을 것 같아서 극히 중요한 것만 본문에 넣고 그 외의 것은 본문 외에 넣었다.
5. 본서 편찬에 있어서는 이와 같이 상당히 유의하였으나 실제교수에 사용할 때에는 불충분한 점이 많을 것으로 믿는다. 다행히도 본서를 사용하는 교사 제위(諸位)가 그릇된 바를 기탄없이 충고하여 주실 것을 저자는 간절히 희망하여 마지않는 바이다.188)

　　서울대 문리대 교수들이 1948년 6월 발행한 『신동양사』에는 동양사가 사회생활과에 포함된 것임을 명시하지 않았다. 그런데 위의 두 서양사 교과서의 저자들이 모두 미군정 문교부 직원이었기 때문인지 머리말에서 사회생활과 교과서임을 밝히고 있다. 노도양은 사회생활과의 정신을 충분히 반영하려 했지만 불충분함을 스스로 밝혔다. 이는 다음 <표 IV-15>의 교과서 목차에서도 확인할 수 있는데, 사회생활과에서 강조하는 생활과 문화에 대한 서술을 충분히 반영하지 않았다. 제1편에서 그리스와 로마의 문화, 제3·4편에서 근세의 문화와 19세기의 문화를 다루는 장이 각각 1개씩 있을 뿐, 그 외에는 모두 정치사 중심의 서술이다. 그런데 한 가지 주목할 것은 교과서 끝에 '서양사를 통해 본 우리의 사명'이 제시되었다는 점이다.

187) 노도양, 앞의 교과서(1947), 「일러두기」. 1947년 4월 작성되었다.
188) 사공환·이동윤, 앞의 교과서(1948), 「머리말」. 1948년 8월 15일 작성하였다.

이는 앞으로 발행될 사회생활과 역사부분 교수요목이 공통적으로 제시하고 있는 주제이다. 앞서 문교부 편수관이 교수요목제정에 주도적으로 참여했음을 살펴보았다. 노도양은 지리담당 편수관이었지만 사회생활과에 포함된 역사부분 교수요목 제정에도 관여할 수 있는 위치였다. 1947년 2월부터 문교부 편수국 지리담당 편수관으로 근무했던 최홍준은 지리 담당 편수관이 역사과목에도 관여했다고 기억했다.[189] 이를 통해 중등학교 사회생활과 교수요목이 아직 발표되기 전에 노도양이 편찬한 서양사 교과서에서 사회생활과 교수요목의 특징을 발견할 수 있는 이유를 짐작할 수 있다.

『사회생활과용 중등서양사』는 연대를 상세히 기록하고 서양사의 대강을 해득하게 한다고 한 것에서 지식전달에 중점을 두고 있음을 알 수 있다. 사공환·이동윤은 고대사를 가급적 단순하게 서술하고 현대사에 가까울수록 상세히 서술한다고 했다. 그런데 교과서 서술 분량은 고대사 28쪽(21.3%), 중세사 25쪽(20.7%), 근세사 20쪽(16.5%), 최근세사 29쪽(24.0%), 현대사 19쪽(15.7%)이다. 이는 1년 전 발행된 노도양의 교과서가 상고 14쪽(16.1%), 중세 13쪽(14.9%), 근세 20쪽(23.0%), 최근세 24쪽(27.6%), 현대 16쪽(18.4%)으로 구성된 것과 비교해 보면 오히려 노도양의 교과서보다 최근세 이후의 서술 비중이 적은 것이다.

주목할 것은 교수요목 발행 이전에 편찬된 『신동양사』에는 '설문'이 있는데, 문교부 편수관이 발행한 서양사 교과서에는 문제 제시가 없다는 점이다. 이는 사회생활과의 목적을 반영한 교과서를 새롭게 편찬하는 것이 그 만큼 힘든 일이었음을 말해준다. 교수요목 제정 이전에 발행된 두 권의 서양사 교과서 목차는 다음과 같다.

---

189) <최홍준 구술자료>, 2014년 3월 29일.

〈표 Ⅳ-15〉 노도양, 『사회생활과용 중등서양사』, 사공환·이동윤,
『사회생활과용 중등서양사』 차례

노도양		사공환 ·이동윤	
제1편(상고) 동쪽 여러 나라 와 그리이스 및 로오마	제1장 광명은 동쪽으로부터 제2장 도시국가를 이룬 그리이스 제3장 서양 문화의 연원이 된 그리이스 문화 제4장 지중해를 호수로 한 로 오마 제국 제5장 로오마 문화와 예수교	첫째 때 고대사	첫째 가름. 동방의 여러 나라 둘째 가름. 그리스 민족의 발전 셋째 가름. 그리스의 여러 도시국가 의 대립 넷째 가름. 마테도니아의 발전 다섯째 가름. 로마의 발전 여섯째 가름. 로마 사회의 변천 일곱째 가름. 로마 시대의 문화
제2편(중세) 민족이동과 중세 유우롭	제1장 게루마니아 민족의 이주 건국 제2장 아라비아 사람의 활동 제3장 로오마교회와 프랑크 왕 국 제4장 무사를 중심으로 한 봉 건제도 사회 제5장 십자군과 그 영향 제6장 중세 끝무렵의 유우롭의 여러 나라	둘째 때 중세사	첫째 가름. 게르마니아 민족의 활동 둘째 가름. 사라센의 발전 셋째 가름. 봉건제도와 로-마 교회 넷째 가름. 십자군과 아시아 민족의 유럽 진출 다섯째 가름. 근대적 국가의 성립 여섯째 가름. 문예부흥 일곱째 가름. 지리상의 새로운 발견
제3편(근세) 새로운 세상과 근세 여러 국가 의 발달	제1장 문예부흥 제2장 지리상의 발견 제3장 종교개혁과 그 반동 제4장 근세 유우롭 여러 나라 의 발달(가) 제5장 근세 유우롭 여러 나라 의 발달(나) 제6장 서유우롭 여러 나라의 식민지 경영 제7장 미국의 독립 제8장 근세의 문명	셋째 때 근세사	첫째 가름. 종교개혁 둘째 가름. 근세국가의 발판 셋째 가름. 서쪽 유롭 여러 나라의 해외 발전 넷째 가름. 아메리카 합중국의 독립 다섯째 가름. 근세의 문화
제4편(최근세) 프랑스 혁명 후 의 유우롭 여러 나라 모양	제1장 프랑스 혁명 제2장 나포레온 1세, 산업혁명 제3장 반동정치와 자유운동 제4장 프랑스의 융성 제5장 이타리이 왕국의 세움 제6장 아메이카 합중국의 발전	넷째 때 최근세사	첫째 가름. 불란서 혁명과 그 영향 둘째 가름. 자유주의의 발달 셋째 가름. 국민주의의 발달 넷째 가름. 열강의 세계 정책 다섯째 가름. 최근세의 문화

	제7장 도이취 제국의 건설 제8장 루시아 제국의 발전 제9장 영국의 융성 제10장 19세기의 문명		
제5편(현대) 열강의 세계 정책과 제1차 세계대전	제1장 열강의 세계 정책 제2장 제1차 세계대전 제3장 제1차 세계대전 후의 국 제운동과 제2차 세계대전 제4장 서양사를 통해 본 우리 의 사명	다섯째 때 현대사	첫째 가름. 제 일차 세계대전 둘째 가름. 세계대전의 경과 셋째 가름. 대전후의 세계 경제 넷째 가름. 제 이차 세계대전 다섯째 가름. 현대 문화의 발달

위의 <표 Ⅳ-15>에서 확인할 수 있듯이 두 교과서의 목차 구성이 비슷하다. 특히 상고, 중세, 근세, 최근세, 현대로 시대를 구분하고, 그 아래 내용도 크게 다르지 않다. 다만 최근세 부분에 있어 노도양이 각 국가별로 장을 구성했고, 사공환·이동윤은 자유주의와 국민주의의 발달을 주제로 설정했다. 또한 '열강의 세계 정책'이 노도양의 교과서에서는 현대에, 사공환·이동윤의 교과서에서는 최근세사에 포함되었다. 사공환·이동윤의 교과서도 각 시대별로 마지막 가름에서 문화에 대해 서술하고 있는 것 외에는 특별히 생활과 문화를 강조하고 있지 않다.

이상에서 살펴본 두 권의 서양사 교과서가 편찬된 이후에 공포되어 중등학교 사회생활과 서양사 교과서의 지침이 되었던 <먼 나라 생활> 교수요목은 다음과 같다.

<표 Ⅳ-16> 중학교 사회생활과 제2학년 <먼 나라 생활> 교수요목[190]

단위	항목	세목
(一) 먼 나라 의 역사는 어 디서 어떻게 자라왔는가?	Ⅰ. 먼 나라의 역사가 자라온 무대와 그 자연 환경	1. 먼 나라의 역사가 자라온 무대의 범위는 어떠하였는가? 2. 먼 나라의 역사가 자라온 무대의 자연 환경은 역사의 발 전에 어떠한 영향을 주었는가?
	Ⅱ. 먼 나라 여러 민족 의 유래 및 분포 발전	1. 먼 나라 여러 민족의 유래는 어떠하였는가? 2. 먼 나라 여러 민족은 어떻게 이동 분포하였는가? 3. 먼 나라 여러 민족은 대략 어떻게 발전하였는가?
	Ⅲ. 역사 있기 이전의	1. 원시인의 사회생활은 어떠하였는가?

	살림살이	2. 원시인의 유물 유적을 어떻게 분포되어 있는가?
(二) 역사의 새벽은 어떠하였는가?	Ⅰ. 에집트(Egypt) 역사의 새벽	1. 에집트 역사의 새벽은 어떠하였는가? 2. 에집트의 사회생활은 어떠하였는가? 3. 에집트의 문화는 다른 나라에 어떤 영향을 끼쳤는가?
	Ⅱ. 메소포타미아 여러 나라 역사의 새벽	1. 바빌로니아(Babylonia)와 앗시리아(Assyria)의 사회 변천은 어떠하였는가? 2. 헤브레아(Hebrew)와 퀘니키아(Phoenicia)의 사회 상태는 어떠하였는가? 3. 페르시아(Persia)는 어떻게 발전하였으며 그 사회 모양은 어떠하였는가? 4. 이들 여러 나라의 문화와 그 끼친 영향은 어떠하였는가?
(三) 그레시아(Greece) 및 마케도니아(Macedonia)의 성쇠와 그 문화는 어떠하였는가?	Ⅰ. 그레시아의 성쇠	1. 그레시아는 어떻게 일어나서 어떻게 발달하였는가? 2. 그레시아 도시 국가는 어떻게 일어났으며 그들은 어떻게 항쟁하였는가? 3. 마케도니아의 흥기 및 알렉산더 대왕의 활약과 그 영향은 어떠하였는가? 4. 그레시아와 마케도니아는 어떻게 쇠망하였는가?
	Ⅱ. 그레시아의 문화와 그 전파	1. 그레시아의 신앙과 그 국민성은 어떠하였는가? 2. 그레시아 사람들의 생활은 어떠하였는가? 3. 그레시아의 학술과 과학은 어떻게 발달하였는가? 4. 그레시아의 미술과 문예는 어떻게 발달하였는가? 5. 알렉산더 대왕은 동서 문화의 교류에 어떠한 영향을 끼쳤는가?
(四) 로오마(Rome)는 어떻게 흥망하였으며 그 문화는 어떻게 발달하였는가?	Ⅰ. 로오마의 흥망	1. 로오마 건국의 경로는 어떠하였는가? 2. 로오마는 어떻게 팽창하였는가? 3. 로오마의 공화 정치는 어떻게 성립되었으며 그 말기의 모양은 어떠하였는가? 4. 로오마의 제정 시대의 모양은 어떠하였는가? 5. 로오마는 어떻게 분열하였는가?
	Ⅱ. 로오마의 문화	1. 로오마의 국민성과 그 문화의 특질은 어떠하였는가? 2. 로오마의 사람들의 생활은 어떠하였는가? 3. 로오마의 국가 사회 시설로서는 어떠한 것이 있으며 건축과 토목 사업은 어떠하였는가? 4. 로오마의 학예와 미술은 어떠하였는가? 5. 로오마의 법률은 어떻게 발달하였으며 후세에 끼친 영향은 어떠한가?

		6. 그리스도(Christ)는 어떠한 사람이며 그 교는 어떠한 것인가?
(五) 신흥 여러 민족은 어떻게 이동 활동하였으며 아시아 여러 민족의 유우롭에의 진출은 어떠하였는가?	Ⅰ. 게르만 민족의 이동활동	1. 게르만 민족은 어떠한 종족들을 포함하고 있으며 그들의 특성은 어떠하였는가? 2. 게르만 민족은 무슨 까닭으로 이동하게 되었으며 그 활동 범위는 어떠하였는가? 3. 게르만 민족은 어떠한 나라들을 세웠으며 로오마 제국과의 관계는 어떠하였는가? 4. 프랑크 왕국은 어떻게 성쇠하였는가? 5. 노르만족은 어떻게 활약하였으며 그 특성은 어떠하였는가? 6. 노르만족과 루시아 및 영국과의 관계는 어떠하였는가?
	Ⅱ. 사라센 제국의 성쇠	1. 사라센인의 특성은 어떠하며 그 초기의 사정은 어떠하였는가? 2. 마호멭(Mahomet)은 어떠한 사람이며 이슬람교는 어떠한 교지를 가졌는가? 3. 사라센은 어떻게 발전하였으며 그 제국은 어떻게 성립되었는가? 4. 사라센 제국의 발전은 어떠하였으며 또 어떻게 분열되었는가?
	Ⅲ. 아시아 민족의 유우롭에의 진출	1. 몽고족 이전 아시아 민족의 유우롭에의 진출을 어떠하였는가? 2. 몽고족은 어떻게 유우롭에 진출하였으며 그 영향은 어떠하였는가?(테무친과 바투의 양차 진출) 3. 킵차크한국(金帳汗國)과 루시아(Russia)와의 관계는 어떠하였는가? 4. 오토만 터어키(Ottoman Turks)는 어떠한 종족이며 또 어떻게 발전하였는가? 5. 터어키의 유우롭에의 진출은 어떠하였으며 유우롭 새 기운에의 영향은 어떠하였는가?
(六) 그리스도교와 十字軍은 어떠하였으며 중세 말기 여러 나라 사람의 모양은 어떠하였는가?	Ⅰ. 그리스도교와 十字軍	1. 그리스도 교회의 조직은 어떠하였는가? 2. 로오마 교황은 어떻게 기원하였으며 그 권한은 어떠하였는가? 3. 十字軍은 무엇이며 무슨 까닭으로 조직하게 되었는가? 4. 十字軍은 어떻게 활약하였는가? 5. 十字軍의 결과는 유우롭에 어떤 영향을 끼쳤는가?
	Ⅱ. 중세 말기의 여러 나라의 모양	1. 중세 말기의 여러 나라는 어떻게 나누어져 있었는가? 2. 잉글랜드와 푸랑스는 어떻게 발전하였으며 그 국제 관계는 어떠하였는가?

		3. 신성 로오마 제국의 국정은 어떠하였는가?
		4. 스위스는 어떻게 독립하였으며 홍가리는 어떻게 자라왔는가?
		5. 에스파니아와 포르투갈은 어떻게 통일하였는가?
		6. 루시아는 어떻게 변천하여 왔는가?
		7. 북쪽 유우롭 삼국(놀웨이, 스워덴, 덴막)은 어떻게 자라왔는가?
(七) 중세의 사회생활과 그 문화는 어떠하였는가?	Ⅰ. 중세의 사회생활	1. 봉건제도는 무엇이며 어째서 생기게 되었는가?
		2. 봉건제도는 어떻게 발달하였으며 그 영향은 어떠하였는가?
		3. 기사도는 무엇이며 그 기풍과 정신은 어떠하였는가?
		4. 봉건제도는 어떻게 몰락하게 되었는가?
		5. 수도원의 생활은 어떠하였는가?
		6. 도시는 무슨 까닭으로 어떻게 발전하게 되었는가?
		7. 상공업은 어떻게 발달하였는가?
	Ⅱ. 중세의 문화	1. 교육은 어떻게 발달하였으며 대학은 어떻게 세워졌는가?
		2. 학술과 문예는 어떻게 진보하였는가?
		3. 과학은 어떻게 발달하였는가?
		4. 미술은 어떻게 발달하였으며 어떠한 특징이 있는가?
		5. 사라센의 과학은 어떻게 발달하였는가?
		6. 사라센의 미술과 공예는 어떠한 특징이 있었는가?
		7. 사라센의 상공업은 어떻게 발달하였는가?
		8. 사라센 문화는 동서문화 교류에 어떠한 몫을 하였는가?
(八) 먼 여러 나라의 새로운 기운은 어떻게 일어났는가?	Ⅰ. 문예 부흥	1. 문예 부흥이 일어나기까지의 경로와 사회 사정은 어떠하였는가?
		2. 문예 부흥은 어디서 어떻게 시작하였는가?
		3. 이탈리아에 있어서 문학과 미술은 어떻게 발달하였으며 그 특색은 무엇인가?
		4. 이탈리아 밖에 여러 나라의 루네쌍스(Renaissance)는 어떠하였는가?
		5. 루네쌍스의 발명 발견계에 미친 영향은 어떠하였는가?
	Ⅱ. 지리상의 발견	1. 지리상의 발견에 이르기까지의 동기는 어떠하였는가?
		2. 신대륙은 어떻게 발견되었는가?
		3.인도의 새 항로는 어떻게 발견되었는가?
		4. 세계 주항은 어떻게 하여 이루어졌는가?
		5. 지리상의 발견은 서양에 있어서 어떠한 영향을 끼쳤는가?
		6.지리상의 발견이 아시아에 끼친 영향은 어떠하였는가?
	Ⅲ. 종교 개혁	1. 종교를 개혁하게 된 원인은 무엇인가?

		2. 도이츠란트의 종교 개혁은 어떠하였는가? 3. 여러 나라는 어떻게 종교를 개혁하였는가? 4. 종교 개혁은 어떠한 결과를 가져왔는가?
(九) 근세 유우롭 여러 나라는 어떻게 발전하였으며 그 사회생활과 문화는 어떠하였는가?	Ⅰ. 근세 유우롭 여러 나라의 발전	1. 근세 유우롭 여러 나라가 발전하기까지의 경로는 어떠하였는가? 2. 여러 나라의 국제적 관계는 어떠하였는가? 3. 잉글랜드는 어떤 경로를 밟아 국세가 퍼졌는가? 4. 프랑스는 어떻게 커졌으며 그 정치는 어떠하였는가? 5. 루시아는 어떻게 발전하였는가? 6. 네델란드는 어떻게 분활되었는가? 7. 프로이센은 어떻게 흥기하였는가? 8. 홀란드의 발전은 어떠하였는가? 9. 에스파니아와 포르투갈은 어떻게 발전하였는가? 10. 여러 나라의 식민 경쟁과 그 영향은 어떠하였으며 아시아와의 관계는 어떠하였는가?
	Ⅱ. 근세 유우롭 여러 나라의 사회 생활	1. 계몽사상은 어찌하여 부르짖게 되었으며 그 영향은 어떠하였는가? 2. 정치와 경제는 어떤 경향으로 흐르고 있었으며 사회 상태는 어떠하였는가?
	Ⅲ. 근세 유우롭 여러 나라의 문화	1. 근세 유우롭 문화의 특색은 무엇인가? 2. 새로운 사상은 어떻게 해서 일어났는가? 3. 학술은 어떻게 발달하였으며 그 특색은 무엇인가? 4. 과학은 어떻게 진보하였으며 중요한 발견 발명으로는 무엇이 있는가? 5. 미술과 문예는 어떻게 발달하였으며 또 어떠한 특징을 가졌는가?
(一〇) 최근세 여러 나라에는 어떠한 큰 변동이 있었는가?	Ⅰ. 미국의 독립	1. 독립하기 전의 미국의 모양은 어떠하였는가? 2. 미국은 어떻게 하여 독립을 전취하였는가? 3. 미국의 독립이 여러 나라에 끼친 영향은 어떠하였는가? 4. 독립 뒤의 미국은 어떻게 하여 팽창하였는가?
	Ⅱ. 프랑스의 큰 혁명	1. 혁명이 일어나기까지의 프랑스의 사회 정세는 어떠하였는가? 2. 혁명은 어떻게 폭발하였으며 그 경과는 어떠하였는가? 3. 유우롭 여러 나라는 프랑스의 혁명에 어떻게 대응하였는가? 4. 공포정치(The Reign Terror)는 무엇이며 그 결과는 어떠하였는가? 5. 나풀레옹은 어떻게 일어나서 어떻게 활약하였으며 또 무슨 까닭으로 몰락하게 되었는가?

	Ⅲ. 산업 혁명	1. 산업혁명이 일어나기까지의 산업 형태는 어떠하였는가? 2. 영국의 산업혁명의 경과는 어떠하였는가? 3. 다른 나라의 산업 혁명의 경과는 어떠하였는가? 4. 산업 혁명은 유우롭 사람의 생활에 어떠한 변동을 가져왔는가?
	Ⅳ. 자유주의 및 국민주의의 발전과 남북아메리카의 정세	1. 자유주의의 운동은 어떻게 일어나서 어떻게 발전하였으며 그 영향은 어떠하였는가? 2. 국민주의의 운동은 어떻게 일어나서 어떻게 발전하였으며 그 영향은 어떠하였는가? 3. 라틴 아메리카의 여러 나라는 어떻게 독립하였는가? 4. 남북전쟁은 어찌하여 일어났으며 그 경과 및 결과는 어떠하였는가? 5. 남북전쟁 이후의 아메리카는 어떻게 발전하였는가? 6. 구미 여러 나라의 정세는 어떠하였으며 아시아에 대하여 어떻게 진출하였는가?
(一一) 최근세 여러 나라의 사회생활과 그 문화는 어떠하였는가?	Ⅰ. 최근세 여러 나라의 사회생활	1. 여러 나라의 국민 생활의 모양은 어떠하였는가? 2. 자본주의의 발달에 따라 서민 계급은 어떠한 생활을 하게 되었는가? 3. 사회 시설로서는 어떠한 것들이 있었으며 민중 생활에 어떠한 도움이 되었는가? 4. 사상과 주의는 어떻게 움직였으며 그 영향은 어떠하였는가?
	Ⅱ. 최근세 여러 나라의 문화	1. 최근세 문화의 기초는 어떻게 세워졌는가? 2. 자연과학의 발전에 따라 중요한 발견 발명으로는 어떠한 것들이 있었는가? 3. 학술과 문예는 어떻게 발달하였는가? 4. 미술과 공예는 어떻게 발달하였는가? 5. 지리상 탐험은 어떻게 진보되었는가? 6. 최근세 문화의 아시아에 끼친 영향은 어떠하였는가?
(一二) 양차 세계대전은 어떻게 일어났으며 그 결과는 어떠하였는가?	Ⅰ. 첫 번째 세계대전	1. 첫 번째 세계대전 전의 여러 나라의 정세는 어떠하였는가? 2. 발칸 반도의 정세는 어떠하였는가? 3. 첫 번째 세계대전의 일어난 원인은 무엇인가? 4. 첫 번째 세계대전의 경과는 어떠하였는가? 5. 첫 번째 세계대전의 결말은 어떠하였는가? 6. 루시아의 사회 혁명은 어떻게 일어났으며 그 영향은 어떠하였는가? 7. 민족자결주의와 그 영향은 어떠하였는가? 8. 첫 번째 세계대전 후의 열국 정세는 어떠하였는가?

	Ⅱ. 두 번째 세계대전	1. 두 번째 세계대전 전의 국제 정세는 어떻게 진전되었는가? 2. 독재주의는 무엇이며 또 어떻게 진전되었는가? 3. 두 번째 세계대전은 어떻게 하여 일어나서 어떻게 진전되었는가? 4. 두 번째 세계대전은 어떻게 종결되었는가?
(一三) 먼 여러 나라의 현상은 어떠하며 아시아와의 관계는 어떠한가?	Ⅰ. 먼 여러 나라의 현상	1. 약소 민족은 어떻게 해방되었는가? 2. 싸움 뒤의 처리는 어떻게 진전되고 있는가? 3. 사회 사조는 어떻게 흐르고 있으며 세계 여러 나라는 어떻게 움직이고 있는가? 4. 현대 물질 문명과 그 특색은 무엇인가?
	Ⅱ. 아시아와의 관계	1. 싸움 뒤의 아시아는 어떻게 움직이고 있는가? 2. 현대의 먼 나라와 아시아와의 관계 및 우리나라와의 사이는 어떠한가? 3. 먼 나라의 생활을 통해 본 우리의 자각과 사명

<먼 나라 생활> 교수요목은 13단위 아래 32개의 항목과 154개의 세목으로 구성되었다. <이웃나라 생활> 교수요목과 같이 '먼 나라의 자연환경'을 설명하는 것으로부터 시작해서 '먼 나라를 통해 본 우리의 자각과 사명'으로 마무리하고 있다. 다만 '우리의 자각과 사명'이 <이웃나라 생활> 교수요목에서는 항목으로 제시되었는데 <먼 나라 생활> 교수요목에서는 세목으로 되어있다.

<먼 나라 생활> 교수요목도 사회생활과의 특성인 각 시대별 생활과 문화에 대한 서술을 강조하고 있다. 특히 '중세의 사회생활과 문화', '최근세의 사회생활과 문화'를 별도의 단위로 설정하여 서술하도록 한 것이 눈에 띈다. 또 하나 특이한 것은 양차 세계대전에 대한 단위 뒤에 먼 나라와 아시아의 관계에 대한 단위가 하나 더 있다는 점이다. 세계사가 아시아의 역사와 어떻게 관계하는지, 그 속에서 한국의 위치는 무엇인지에 대해 생각

---

190) <중학교 사회생활과 교수요목집>, 53~60쪽.

하게 하는 단위가 추가된 것이다. 이는 과목간의 통합성과 학습을 통해 학생 주변의 문제를 해결 할 수 있게 한다는 사회생활과의 목적을 반영한 것으로 볼 수 있다. <먼 나라 생활> 교수요목에는 이러한 단위들이 추가되었기 때문에 <이웃나라 생활> 8단위, <우리나라 생활> 9단위에 비해 많은 13단위로 구성되었다.

교수요목 발행 이전의 서양사 교과서들은 그리스 이전 시대를 간단히 언급했다. 하지만 교수요목에서는 그리스에 대해 서술하기 전에 2개 단위를 배정해서 세계 여러 민족의 유래와 원시시대의 모습을 설명하고, 이집트와 메소포타미아의 역사를 살필 것을 구체적으로 제시했다. 그렇다면 교수요목이 발행 된 이후에 편찬된 서양사 교과서는 어떤 모습이었는지 확인해 봐야한다. 조의설은 1946년 서울대학교 문리과 대학에 있을 때부터 동지사에서 교과서 집필을 권유받았다.[191] 최흥준도 조의설이 사회생활과 역사부분에 관여했고 많은 도움을 받았다고 기억했다.[192] 1949년에 조의설은 『중등사회생활과 먼 나라의 생활(역사)』[193]를 편찬했고, 머리말에서 다음과 같이 말했다.

> (1) 이 책은 문교부에서 제정한 "중학교 사회생활과 먼 나라의 생활" 역사부 교수요목에 의하여 편찬하였다.

---

191) 동지사 대표 이대의는 "1946년에 육지수 교수님의 호의로 서울대학교 교수님들을 소개 받아 교과서 집필을 부탁드렸습니다. 박종홍, 이병도, 김상기, 조의설, 김두헌, 고병국, 이태규, 권영대, 김순식, 강영선, 이민재 교수 등 11분이었습니다. 처음에는 "대학 교수가 중학교 교과서를 어떻게 쓰느냐? 하시는 것을 일본의 예도 들고 교과서의 중요성도 강조하면서 설득하여 부탁을 드렸습니다."라고 했다.(이경훈, 「대담: 교과서 출판 원로들에게 듣는다」, 『교과서연구』제9호, 1991, 106~107쪽.)

192) <최흥준 구술자료>, 2014년 3월 29일. 최흥준, 앞의 글(2000), 5쪽.

193) 조의설, 『중등사회생활과 먼 나라의 생활(역사)』, 동지사, 1949. 1949년 7월 20일 인쇄했고, 7월 25일 발행했다. 머리말은 1949년 3월에 작성하였다. 표지에는 '연희대학교 교수·문리과대학 강사 조의설 지음'으로 되어있다.

(2) 이 책은 서양의 문화, 사회, 경제, 정치 등 각 방면의 변천의 대강
을 말하였으며, 역사에 대한 이해와 흥미를 더욱 깊게 하기 위하
여 특별히 그림, 지도, 통계를 많이 넣었다.

(3) 우리와 관련이 많은 근세, 현대를 다소 자세히 쓰고 고대사에서
근고사까지는 매우 간단히 기술하였다.

(4) 고유명사 등 발음은 주요 영어식으로 적었으며 될 수 있는 대로
원어를 넣어 학습하는데 편리하게 하였다.

(5) 공부하는데 더 효과를 얻기 위하여 이 책 뒤에 연표를 넣었다.[194]

조의설은 중등학교 사회생활과 교수요목에 따라 교과서를 편찬했다고
밝혔다. 또한 서양 역사 각 방면을 이야기 할 때 문화와 사회를 경제와 정
치보다 앞서 언급했다. 이는 사회생활과에서 강조하는 것이 무엇인지 알고
이를 반영한 서술로 보인다. 그리고 고대사에서 근고사까지는 매우 간단히
기술하고, 그 이후를 자세히 썼다고 했다. 실제로 중세 이전과 근세 이후가
각 7단위씩으로 구성되어 있지만, 중세 이전이 58쪽(29.9%), 근세 이후가
136쪽(70.1%)로 서술되었다. 교과서는 다음과 같이 구성되었다.

〈표 IV-17〉 조의설, 『중등사회생활과 먼 나라의 생활(역사)』 차례

차례	
Ⅰ. 먼 나라의 역사가 자라온 무대와 자연환경	1. 먼 나라 역사가 자라온 무대와 자연환경 2. 역사 있기 이전의 살림살이 3. 먼 나라 여러 민족의 유래 및 분포 발전
Ⅱ. 역사의 새벽은 어떠하였는가?	1. 에집트 역사의 새벽 2. 메소포타미아 여러 나라 역사의 새벽
Ⅲ. 그레시아 및 마케도니아의 성쇠와 그 문화는 어떠하였는가?	1. 그레시아의 성쇠 2. 그레시아의 문화와 그 전파
Ⅳ. 로오마는 어떻게 흥망하였으며 그 문화는 어떻게 발달하였는가?	1. 로오마의 흥망 2. 로오마의 문화

194) 조의설, 「머리말」, 『중등사회생활과 먼 나라의 생활(역사)』, 동지사, 1949. 1949
년 3월 작성하였다.

V. 신흥 여러 민족은 어떻게 이동 활동하였으며 아시아 여러 민족의 유우롭에의 진출은 어떠하였는가?	1. 게르마니아 민족의 이동 활동 2. 사라센 제국의 성쇠 3. 아시아 민족의 유우롭에의 진출
VI. 그리스도교와 십자군은 어떠하였으며 중세 말기 여러 나라의 모양은 어떠하였는가?	1. 그리스도교와 십자군 2. 중세말기의 여러 나라의 모양
VII. 중세의 사회 생활과 그 문화는 어떠하였는가?	1. 중세의 사회생활 2. 중세의 문화
VIII. 먼 나라의 새로운 기운은 어떻게 일어났는가?	1. 문예부흥 2. 지리상의 발견 3. 종교개혁
IX. 근세 유우롭 여러 나라는 어떻게 발전하였으며 그 사회 생활과 문화는 어떠하였는가?	1. 근세 유우롭 여러 나라의 발전 2. 근세 유우롭 여러 나라의 사회 생활 3. 근세 유우롭 여러 나라의 문화
X. 최근세 여러 나라에는 어떠한 큰 변동이 있었는가?	1. 미국의 독립 2. 프랑스의 큰 혁명 3. 산업 혁명
XI. 자유주의 및 국민주의의 발전과 남북아메리카의 정세	1. 자유주의 운동 2. 국민주의의 운동(가) 3. 국민주의의 운동(나) 4. 국민주의의 운동(다)
XII. 최근세 여러 나라의 사회 생활과 그 문화는 어떠하였는가?	1. 최근세 여러 나라의 사회 생활 2. 최근세 여러 나라의 문화
XIII. 양차 세계대전은 어떻게 일어났으며 그 결과는 어떠하였는가?	1. 첫 번째 대전 2. 두 번째 세계대전
XIV. 먼 여러 나라의 현상은 어떠하며 아시아와의 관계는 어떠한가?	1. 먼 여러 나라의 현상 2. 아시아와의 관계

교수요목이 발행된 이후에 편찬된 조의설의 <먼 나라 생활> 교과서는 교수요목을 충실히 반영해 구성되었다. 다만 교수요목이 13단위인데, 조의설의 교과서는 14단위이다. 이는 교수요목의 제10단위가 교과서에서 10·11단위로 나누어 편찬되었기 때문이다. 그 외에는 교수요목에서 제시한 단위와 그 아래 항목을 그대로 따랐다. 무엇보다 교수요목 발행 이전의 서양사 교과서에서는 찾아 볼 수 없었던 설문이 조의설의 교과서에서는 각 항목이 끝날 때마다 '문제'라는 제목으로 제시되었다.

<중학교 사회생활과 교수요목집> 역사부분은 1학년 <이웃나라 생활>, 2학년 <먼 나라 생활>, 3학년 <우리나라 생활>로 구성되어 있다. 1946년 9

월 사회생활과가 교육과정에 포함된 이후 1948년 12월 <중학교 사회생활 과 교수요목집>이 발행되기 이전에도 동양사와 서양사 교과서는 발행되었 다. 하지만 이 기간에 편찬된 교과서에서는 사회생활과에 포함된 역사과의 모습을 거의 찾을 수 없다. 하지만 교수요목이 발행 된 이후 검정을 통과 한 <이웃나라 생활>, <먼 나라 생활> 교과서는 교수요목의 단위 구성을 충 실히 반영하여 편찬되었다.

V. 해방 직후 국사교육과 중등학교 〈우리나라 생활〉 교과서 발행

이 장에서는 해방 직후 국사교육이 일제시대의 틀에서 벗어나 사회생활과가 추구했던 새로운 교육으로 나아갔는지에 대해 국사교과서를 통해 검증하였다. 이를 위해 해방 직후 국사교육에 대한 당시의 인식을 먼저 살폈다. 그리고 국사교육과 국사교과서 작성의 지침인 중학교 사회생활과 역사부분 제3학년 <우리나라 생활> 교수요목의 작성 과정을 추적해보고, 그 내용을 검토하였다. 끝으로 해방 직후 발행된 국사교과서를 분석해서 그 특징을 파악하고, 이를 통해 해방 직후 교육 현장에서 진행된 국사교육의 모습을 확인하였다.

1. 국사교육과 국사교과서

1) 해방 직후 국사교육에 대한 인식

전후 일본을 점령했던 연합국 최고 사령부는 일본 정부에 수신(修身), 일본 역사 및 지리의 교수를 정지하라는 지령을 내렸다. 그리고 1946년 10월 초·중등용 공민 교과서를 발간했지만, 지리와 역사는 포함되지 않았다.[1] 패전국 일본의 식민지였던 한국에서는 해방 후 국사교육이 무엇보다 절실한 상황이었다. 하지만 그런 절박함에 비해 국사교육의 방향은 쉽게 정리되지 못했다. 『편수시보』에는 해방되기 전까지의 국사교육이 다음과 같이 정리되어있다.

---

1) 홍웅선, 「미군정하 사회생활과 출현의 경위」, 『교육학연구』30권 1호, 1992, 114쪽.

　　유래 우리나라는 그 지리적 환경으로 말미암아 중국과 불가분의 관
계가 있었던 까닭에 위정자는 그 대개가 사대 정책을 써 왔으며, 이에
따라 지식층은 거의가 다 사대주의에 젖어, 배우고 듣는 바가 모두 중
국의 전통만이요, 중국의 문화뿐이었으므로, 우리나라의 전통이나 문화
를 한갓 우습게 보아왔던 것이다. 그러다가 한말 고종 중년 경에 새 교
육제도를 채택하여 학교를 세우고 교과목에도 정식으로 국사 과목을
짜 넣어, 자주정신을 고취하며, 국사교육의 발전에 기대되는 바 없지 않
더니, 이어 일본의 세력이 크게 침투하여 마침내 을사보호조약과 아울
러 통감부의 설치를 보게 되자, 교과서의 검정권은 일인에게 넘어가 국
사 교과서의 첨삭은 오로지 그들의 손에 맡겼으니 그 내용의 무골자(無
骨子) 불충분함은 말하지 않더라도 이를 쉽사리 짐작할 수가 있다.

　　그 뒤 국운은 날로 틀려가서 소위 한일병합의 최후의 비극을 보게 되
자, 학교에서 행하는 국사교육은 이를 전폐시켰으니, 일인의 식민정책
의 악독한 일면을 여기에서도 볼 수 있겠거니와, 또 한편 국사교육의
중요성도 이에서 반증할 수가 있는 것이다. 그러므로 우리나라 국민 가
운데에는 아직도 국조 단군은 몰라도 일본의 천조대신은 잘 알며, 우리
의 이순신 장군은 몰라도 중국의 제갈량은 잘 아는 사람이 많으니, 심
히 유감 되는 일이라 이르지 아니할 수 없으나 그렇다고 하여 그 사람
들을 탓할 수는 없으니 이는 국가의 대세와 교육제도의 결함으로 말미
암아 어떻게 할 수 없는 때문이다.[2]

　1950년 문교부 편수국에서 '해방 이전 국사교육'을 위와 같이 정리한 사
람이 누구인지는 정확히 확인 할 수 없다. 다만 당시 편수국장이 신석호였
기 때문에 그가 썼을 수도 있고, 국사 담당 편수관이 작성했을 수도 있다.
위의 자료는 갑오개혁 이전에는 중국의 전통과 문화를 배웠을 뿐, 우리나
라의 전통과 문화를 중요시하지 않았음을 말해준다. 그러다가 갑오개혁 때
편사국(編史局) 설치가 건의된 후부터 국사 편찬에 관심을 가졌다는 것이
다. 1895년에는 새로 설립된 학교의 학과과정에 '본국사'가 포함되었다.[3]

---

　2) 『편수시보』, 38~39쪽.

하지만 1905년 을사조약 체결과 함께 국사책은 일제 통감부에 의해 통제
되었고, 1910년 한일병합 이후에는 국사교육이 사라져버렸다. 일제시대에
일본사 교육만 받은 한국인은 단군을 모르고 일본의 천조 대신을 알고, 이
순신은 몰라도 제갈량을 아는 상태에 이르게 되었다. 1946년 장지영도 "우
리는 거의 천년 동안 한문학에 얼이 빠져 남은 잘 알되 나는 통으로 잊었
다."[4]라고 지적한 것을 통해서도 해방 이전 국사교육의 모습을 짐작할 수
있다.

　계속해서 『편수시보』는 해방 이후 국사교육에 대한 열기와 문제점을 다
음과 같이 지적했다.

　　1945년 8월 15일 민족의 최대 염원이던 자유 해방을 맞이하자 3천만
　우리 겨레는 과거의 오류를 시정하고 잃었던 민족의 혼을 도로 찾기 위
　하여, 노소 남녀를 물론하고 국사에 대한 애독열이 크게 팽창하였으니
　이것이 비록 과거의 오류에 대한 반동이라 할지라도 좋은 현상임에는
　틀림없었다. 그러나 준비 없고 체계 없는 돌연 현상은 도리어 진정한
　국사교육의 나아갈 길을 그르치고, 따라서 민족 교육에 적지 않은 폐해
　를 가지고 올 염려가 없지 아니 하였다. 소위 국사를 지도한다는 사람
　가운데에서는, 혹은 옛날 봉건적인 왕조 중심의 역사를 그대로 가지고
　오고, 혹은 비과학적인 편년사 그대로 끌고 오며, 혹은 자기 학설 그대
　로 견지하고, 혹은 좌익 계열의 유물사관의 서술법으로도 나타나서, 참

---

3) 1895년 한성사범학교, 성균관 경학과, 그리고 4개의 소학교를 설립하고 학과정도
　표(교과과정표)가 발표되었는데, 거기에 본국사 과목이 설치되었다. 그리고 그 해
　에 내무아문에서 각 도에 시달한 훈시 제10조를 보면 인민에게 본국사와 본국문을
　가르치라고 했다.(조동걸, 『한국근대사학사』, 역사공간, 2010, 32~34쪽, 98쪽,
　110~115쪽.)
4) 장지영은 우리는 나라를 사랑하는 마음이 남만 못한데, 그것은 우리가 아름다웠던
　우리의 역사를 모르기 때문이라고 했다. 따라서 역사교육의 시급함을 느낀다고 말
　했다. 그런데 그 시급함을 알고 역사책이 간행되기는 하는데 이것이 또 한문 투성
　이로 되어 있어 누구를 위한 것인지 알 수 없다고 했다.(신동엽, 『국사 첫 걸음』,
　금룡도서문구주식회사, 1946, 장지영 「편말」.)

으로 혼란하기 짝이 없었다.5)

즉, 해방 직후 민족의 혼을 되찾기 위한 방법으로 국사에 대한 열기는
대단했다. 하지만 국사는 여전히 왕조 중심의 편년사로 예전과 다를 바 없
었고, 유물사관에 따른 국사 서술이 등장해서 혼란을 주었다. 그리고 이러
한 상황이 민족교육에 폐해를 가져올 것을 염려하였다.

손진태는 1947년 6월, 해방 후 2년이 지난 당시까지도 국사교육은 혼돈
상태에 있다며 다음과 같이 말했다.

> 민족의 사상운동에 있어 국어와 함께 국사운동이 얼마나 중요한 것
> 인지는 다언할 필요도 없는 일이다. 소위 민족해방 이래 벌써 2년이 되
> 려고 하는 금일까지 우리 교육계의 국사운동은 과연 어떤 정도로 자리
> 가 잡혔으며 어디로 방향이 결정 되었는가? 내가 느끼는 바에 의하면
> 우리 국사교육계는 정치 상태와 마찬가지로 아직 혼돈 상태에서 방황한
> 다. 이 중에서 교육자 여러분의 고심과 노력만은 높이 평가하지 아니할
> 수 없으나 이 혼돈을 지금까지 그대로 방관한 우리는 국사학로도서의
> 중대한 책임을 느낌과 아울러 자괴의 심정을 금할 수 없는 바이다.
> 구태여 변명을 한다면 장년 간 이민족의 속박 하에 우리 국사운동은
> 전연 거부되어 국사연구에 뜻을 가진 사람도 십지(十指)로써 이것을 헤
> 어도 손가락이 오히려 남을 정도려니와 그 연구의 성과도 극히 빈약할
> 뿐 아니라 국사연구의 근본이 되는 방법론에 있어서는 현대과학으로부
> 터 멀리 뒤떨어진 졸렬(拙劣) 이상의 것이었으니 이것은 학자들의 두현
> (頭顯) 능력의 범용(凡庸)도 원인이 되겠지만 주로 정치 환경의 불우에
> 의한 학계의 부진에 치명적인 원인이 있었던 것이다. 이러한 국사학계
> 의 상태로서 완전한 교과서나 교원용 참고서가 나올 수 없는 것은 당연
> 한 일이며 국사교육의 방향이 결정될 리도 없는 것이다.6)

---

5) 『편수시보』, 39~40쪽.
6) 손진태, 「국사교육의 기본적 제문제」, 『조선교육』1권 2호, 1947년 6월.(이길상·오
   만석, 『사료집성-Ⅲ』, 115~116쪽.)

손진태는 해방 후 국사 연구에 뜻을 가진 사람이 열 명도 되지 않으며, 그 연구 성과도 극히 빈약한데, 국사 연구의 방법론조차 과학적이지 못하다고 했다. 그래서 당시 국사 서적 중에 괜찮은 것도 있었지만 대부분이 유해하다고 했다. 그리고 그 원인을 당시 정치 환경이 불우했기 때문이라고 했다. 손진태는 이러한 상황에서 국사교육의 방향이 결정될 수도 없었으며, 완전한 국사교과서나 교원용 참고서가 간행되지 못한 것은 당연하다고 했다. 그리고 국사교육의 방향을 다음과 같이 제시했다.

> 국사교육이 민주주의 방향이어야 된다는 점에는 아무도 이론이 없을 것이다. 그러나 우리는 소련적 공산주의도 영·미적 민주주의도 모두 원치 않는다. 신민족주의 사관은 계급주의 사관처럼 계급투쟁을 도발하는 것도 아니요, 자유주의 사관처럼 방관·방임하는 것도 아니다. 신민족주의 사관은 민족의 입장에서 사실을 재비판하여 선과 악을 명백하게 한다. 민족적 과오를 은폐하려고 하지 않고, 그것을 반성 시정하려고 하며, 민족적 우수성을 선양하려고 한다. 그리하여 자유 독립한 민족으로서 민족의 특수성을 충분히 발양하여 민족으로서의 행복을 누림과 함께 인류의 평화와 행복에 소임을 다하려고 하는 것이다.[7]

손진태는 국사교육의 이상은 민주주의적 민족주의, 간단히 신민족주의라고 했다. 신민족주의 사관은 민족의 입장에서 사실을 재비판하여 선과 악을 명백하게 하고, 민족적 우수성을 선양하는 것이라고 했다. 나아가 국사교육의 생명은 비판과 반성에 있고, 반성을 통해서만 민족의 발전을 꾀할 수 있다고 했다. 그렇기 때문에 위씨조선, 한사군, 임진왜란과 같은 사실을 호도하여 넘기려 해선 안 되고, 왕조의 흥망 곧 민족 성쇠의 원인을 정확하게 인식시키는 것에 주의해야 한다고 했다. 그리고 학생들이 국사에 흥미를 느끼지 못하고, 그래서 역사가 학생들의 현실 생활에 아무런 도움을 주지 못

---

7) 손진태, 「국사교육 건설에 대한 구상」, 『새교육』2호, 1948년 9월.(『새교육』8호, 1976, 19쪽.)

한다면, 그런 교육은 시간과 노력의 낭비라고 했다. 손진태는 국사교과서가
나쁘고, 국사교육이 나쁘기 때문에 이러한 현상이 생긴다고 했다.[8]

손진태의 주장처럼 민족을 중심에 놓고 민족의 우수성을 선양하는 국사
교과서를 통해 국사를 배웠던 해방된 조국의 학생들은 국사에 큰 흥미를
느끼며 민족적 자부심을 가졌을 것이다. 김성칠의 일기에 기록된 다음 내
용을 통해 해방 직후 민족에 대한 학생들의 감정을 짐작할 수 있다.

> 아침 첫 시간 1학년 반[9]에서 육신묘 이야기를 해 주었더니 학생들이
> 대단히 감격하고 곧 우리들이 수호운동을 일으키자는 진지한 제의가
> 있었다. 잠자고 있는 민족의 피는 건드리기만 하면 마른 나무개피에 성
> 냥을 그어댄 것처럼 타오름을 보고 기쁘기 그지없었다. 나는 오늘 민족
> 의 피의 끓어오름을 보았고 내 천직이 여기 있음을 느끼었다.[10]

해방 후 학생들에게는 민족의 피가 끓어오르고 있었고, 이는 국사교육을
통해 타오를 수 있는 상태였다. 하지만 학생들은 민족이라는 명분아래 사
실에 대한 확인과 비판의 과정을 차단당한 채 민족의 발전을 위해 살아야
하는 이름 없는 '민족1'[11]로 길들여져 갔다. 손진태가 주장한 국사교육이
일제시대 황국신민을 양성하던 국가 중심은 아니지만, 여전히 학생이 아니
라 민족이 중심이었다. 물론 손진태는 학생들이 국사교육을 통해 비판과
반성을 배워야 한다고 했다. 하지만 학생들은 교과서에 제시된 저자의 비
판과 반성만을 배울 수 있을 뿐이었고, 이 또한 궁극적인 목적은 민족의 발
전을 위한 것이었다. 즉, 학생들은 민족을 주체로 서술된 민족의 역사를 배
우고, 인류의 평화와 행복에 소임을 다하는 민족의 구성원이 되어야 했다.

---

8) 손진태, 위의 논문(1948).(『새교육』8호, 20~24쪽.)
9) 경성법학전문학교 1학년 국사 수업(필자 주)
10) 김성칠 지음·정병준 해제, 『역사 앞에서』, 창비, 2009, 48~49쪽.
11) 삶의 주체로 존재하며 각자 이름을 가진 개인이 아니라, '민족'이라는 이름으로 개
    인의 삶을 제한하며 살아가는 사람들을 '민족1', '민족2'……라고 표현하였음.

손진태가 주장한 국사교육의 방향은 일제가 만들고자 했던 '국가'가 우리 '민족'으로 바뀌었을 뿐, 도구로서 이용되었던 국사교육의 틀을 바꾼 것은 아니었다. 결국 해방 직후 국사교육은 민족이라는 이름 앞에 스스로 무장 해제하고 항복해버리는 '민족1·2·3……'을 만들어가기 시작했다.

사회생활과의 실천을 강조했던 사공환도 국사교육의 중요성을 말했다. 나아가 국사교육이 홍국적 사명을 가진 이유와 원리를 다음과 같이 제시했다.

a. 우리들이 오늘날 소유한 문화재 즉 도덕, 예술, 종교, 정치, 산업, 과학 등 전부는 역사적으로 발전하여 온 것이다.

b. 역사는 미래를 건설하며 문화를 창조한다고 볼 때 그 역사는 장생한다.

c. 역사는 알게 하는 교과가 아니라 창조시키는 교과이다.

d. 문화발전의 이법(理法)을 구명(究明)하여 문화를 소산(所産)하려는 역사교육은 민족적 또는 국민적 처지에 서지 않으면 안 된다. 여기에서 국사교육의 근본적 의의를 찾을 수 있다.

e. 민족의 생활, 문화를 떠나서는 국사의 의의를 상실한다.

f. 국사교육은 감화교육이며 국민의 사상 선도에는 국사교육의 힘을 기다리지 않으면 안 된다.

g. 국사교육은 심(心)과 물(物) 정신과 물질 이것이다. 참된 홍국의 의의는 물질적 정신적 방면에만 한한 것이 아니다. 마찬가지로 정신적 홍국의 의의에도 국민지조, 민족의식, 국가 관념에만 기울어진 것이 아니다. 결국은 하나인데 그 과정, 방법이 잡다하다.

h. 국사교육의 홍국적 원리: ㄱ.체험의 원리, ㄴ.생명의 파악, ㄷ.부활의 원리, ㄹ.장생의 원리, ㅁ.공생의 원리, ㅂ.동화작용

이상으로 사회생활과가 전교과의 중심이 되는 동시에 역사교육이 사회생활과의 중대한 영역이었다는 것을 중언하여 둔다.[12]

---

12) 사공환, 「사회생활과로 본 국사교육」, 『조선교육』제1권 제5호, 1947년 9월.(이길 상·오만석, 『사료집성-Ⅲ』, 333~335쪽.)

사공환은 사회생활과가 모든 교과의 중심이고, 그 중 역사교육은 국가를 발전시킬 사명을 가졌다고 했다. 사공환은 국사교육이 국가발전을 위해 존재하는 것임을 조금도 의심하지 않았다. 그는 국민의 사상 선도는 국사교육이 아니면 안 된다고 했다. 국사교육은 민족 또는 국민의 입장에서 이루어져야하고, 그것이 국사교육의 근본적 의의라고 했다. Ⅳ장에서 해방 직후 도입된 사회생활과의 목적이 국가를 향하고 있음을 살펴보았다. 결국 아동중심·생활중심 교육을 강조하며 사회생활과 도입을 주장했던 사람들조차 교육을 국가 발전을 위해 사용할 수 있는 도구라고 인식하고 있었던 것이다. 따라서 국사교육의 목적과 방향은 변함없이 국가로 귀결될 수밖에 없었다.

당시 일선 교사였던 임태수는 국사교육계가 교육 중에서 가장 자리를 잡지 못하고 있다며 정확한 앞길을 찾는 것이 절실하다고 말했다. 그리고 3단계의 역사 교수 방법을 제시했다. 첫 번째는 지식으로 알아야 하는 '역사적 근거'의 단계이다. 두 번째는 지식을 활용하는 '현실적 근거'의 단계이다. 즉, 아동이 일상생활에서 배운 바를 활용하는 단계이다. 세 번째는 '장래적 근거'의 단계이다. 역사교육의 최종 단계에서는 아동에게 정확한 역사지식을 주는 동시에 현재 사상(事象)에 대하여 정확한 판단을 시키고, 현재에서 장래로 건설적인 열렬한 조국애를 일으키고 민족적 각오를 주어야 한다고 했다.[13] 임태수가 주장한 역사 교수의 3단계 방안은 아동중심·생활중심의 역사교육이 실천될 수 있는 가능성이 엿보인다. 하지만 최종 도착점은 여전히 조국과 민족이었다.

해방 직후 국사교육이 이처럼 민족과 국가를 중심으로 나아가고 있을 때, 신진균은 국사에 대한 민중의 치열한 욕구가 국수주의적 국사교육의 위험을 느끼게 한다며, "국사교육은 국가주의와 특권계급의 전제정치의 어

---

13) 임태수, 「국사교육의 실제이론」, 『조선교육』1권 5호, 1947년 9월.(이길상·오만석, 『사료집성-Ⅲ』, 313~315쪽.)

용화를 지양하고, 새로운 과학적 사관에 입각하여 세계사의 일환으로서의 국사를 파악시켜야한다."[14]고 주장하기도 했다. 즉, 당시에도 국가 중심의 국사교육에 대한 문제점을 인식하고 이를 비판하는 분위기는 있었다. 하지만 '새로운 과학적 사관'이 결국 마르크스 역사학에 따라 한국의 역사를 해석하는 것이라면, 그런 국사교육도 학생을 위한 것은 아니다.

자국사 교육이 민족의식 혹은 국민의식을 고양하기 위한 중요한 매개라는 것은 세계 어느 나라·민족을 막론하고 보편적인 양상이다. 이는 근대 공교육 체제에서 국어와 더불어 국사가 담당했던 시대적인 소임이라고 할 수 있다.[15] 해방이라는 시대적 상황은 민족 중심의 국사 서술을 요구했다. 동시에 미군정은 반공의 구호 아래 한반도 남부에 미국식 민주주의 국가 건설을 뒷받침할 수 있는 교육을 추진하였다. 미군정의 입장에서는 민족의 발전을 강조하는 민족주의적 역사 서술이 남한만의 단독정부를 수립하는 데 걸림돌이 될 수 있었다. 미군정이 사회생활과라는 새로운 교과를 도입하고 국사를 사회생활과에 포함시켰던 이유를 충분히 짐작할 수 있다. 해방 직후 발행된 국사교과서를 검토하는 작업을 통해 해방 후 국사교육이 어떤 방향으로 진행되었는지 확인할 수 있을 것이다.

2) 해방 직후 국사교과서 편찬과 발행

① 국사 교수요목 작성

〈중학교 사회생활과 교수요목집〉이 비교적 최근에 알려졌기 때문에 관련 연구는 시작 단계이다. 따라서 중등학교 사회생활과 교수요목에 관한

---

14) 신진균, 「조선의 교육혁신에 관하여」, 『과학전선』제1호, 1946.(이길상·오만석, 『사료집성-Ⅱ』, 128쪽.)
15) 양정현, 「역사교육에서 민족주의를 둘러싼 최근 논의-당위·과잉·폐기의 스펙트럼-」, 『역사교육』95, 2005, 23쪽.

연구는 누가, 언제, 어떻게 교수요목을 작성했으며 그 내용은 어떤 것인지를 확인하는 것부터 출발해야 한다. 이 장에서는 국사부분에 해당하는 제3학년 <우리나라 생활> 교수요목을 검토하였다.

앞서 사회생활과 교수요목은 당시 문교부 편수국 담당자들이 주도해서 작성했음을 살펴보았다. 따라서 <우리나라 생활> 교수요목은 문교부 편수국 역사담당 편수관들이 주도하여 만들었을 것이다.[16] 미군정기 문교부 역사담당 편수관이 황의돈, 신동엽[17]이었음은 앞에서도 확인하였다. 하지만 황의돈은 1946년 9월 국사가 사회생활과에 포함된 중등학교 교육과정이 발표된 직후인 1946년 10월 초순에 편수관직을 사임하고 이후 오대산 월정사로 갔다.[18] 국사가 사회생활과에 통합된 것이 큰 이유라고 짐작된다.[19] 따

---

16) 홍웅선은 국민학교 사회생활과 교수요목제정위원회 위원들이 누구였는지 밝힐 수 있는 문헌이 없어서 어떤 사람들이 교수요목을 작성했는지 알 길이 없으나, 다만 분명한 것은 당시 군정청 학무국 사회생활과 편수담당자들이 이에 참여하였을 것이라고 생각했다. 그리고 당시 담당자는 공민(이상선, 신의섭), 지리(이봉수, 노도양, 김진하), 역사(신동엽)이라고 했다.(홍웅선, 「최초의 사회생활과 교수요목의 특징」, 『한국교육』19, 1992, 35쪽.)

17) 신동엽은 동래고보 출신으로 일제시대 조선장육회(朝鮮奬育會)에 있다가 편수관이 된 사람이다. 역사에 대한 해박한 지식을 가졌고, 그의 기억력은 '산 사전'이라고 까지 호칭되었다. 그는 6·25동란 시에도 태연히 자기 서재에서 대작 「한국인물지」를 집필하던 중 의용군에 나간 자기 장남을 집에 숨겨 둔 죄목으로 피랍되었다.(최병칠, 「인생과 교육」, 『편수의 뒤안길』1집, 대한교과서주식회사, 1991, 4쪽.)

18) "조선교육 계도협회(掛圖協會)에서 오는 12일 하오 1시부터 종로기독교청년회관에서 국사대강연회를 개최하는데, 연사 황의돈 선생은 금번 문교부 편수관을 사임하고 오대산으로 입산하게 되었다고 한다."(《동아일보》, 1946년 10월 11일.)

19) 황의돈은 1942년에 오대산 월정사로 은거하였다. 조동걸은 황의돈이 서울에 있으면 자기도 모르게 일제를 찬양하는 글을 쓰는 데 끌려다니거나, 쓰지 않으면 안될 처지에 놓일 것을 예상하여 오대산으로 들어갔다고 보았다.(조동걸, 앞의 책(2010), 274~276쪽.)

황의돈이 편수관로 있다가 1946년 다시 오대산으로 들어간 이유도 미군정에 몸담고 있으면 자신이 원하지 않았던 사회생활과에 소속된 국사교재를 만들어야 했기 때문이었다고 생각된다.

라서 국사부분 교수요목제정과 교과서 편찬은 신동엽이 주도했을 것이다. 다만 사회생활과에 포함된 지리 담당 편수관이 역사과목에도 관여했음은 이미 언급하였다. 최흥준은 지리 담당 편수관이 역사과목에도 관여했다고 기억했고, 실제로 지리담당 편수관 노도양은 앞에서 살펴본『사회생활과용 중등서양사』와『동양사개설』[20]을 발행했다. 또 한 명의 지리담당 편수관 이봉수는 동경고등사범학교 지리역사부를 졸업했다.[21]

　최근 중등학교 사회생활과 국사부분 교수요목 제정에 참여한 사람이 황의돈, 신동엽, 사공환이었다는 연구가 있었다.[22] 이 연구에서는 '미군정청 임명사령 제28호, 11월 6일자'를 근거로 황의돈과 신동엽이 교수요목제정 위원이었다고 했다. 하지만 1945년 11월 6일에 발표된 <임명사령 제28호>는 앞의 <표 Ⅳ-4>에서 살펴본 것처럼 황의돈을 학무국 편수과 역사편수관에, 신동엽을 학무국 편수과 역사편수관보에 임명한다는 것이었을 뿐, 이들을 교수요목제정위원에 임명한다는 인사명령이 아니었다.[23] 황의돈은 사회생활과 도입에 대해 가장 반대했었다. 그런 그가 사회생활과 교수요목 제정에 참여했을 가능성은 거의 없었다고 봐야할 것이다. 무엇보다 앞서 말한 것처럼 황의돈은 1946년 10월에 이미 미군정 문교부를 떠났고, 이후 오대산에 입산하여 참선과 역사연구에 전력했다.[24] 황의돈은 1948년 12월 발행된 <중학교 사회생활과 교수요목집> 작성에 참여하지 않았다.

　또한 사공환이 사회생활과 속에서 국사를 가르치고, 문화사를 중심으로

---

20) 노도양,『동양사개설』, 동화출판사, 1947.
21) 1930년 동경고등사범학교 지리역사부를 졸업하고 1937~1941까지 조선총독부 학무국 편수서기로 근무했다. 창씨개명 竹田鳳秀.(장신,「조선총독부 학무국 편집과와 교과서 편찬」,『역사문제연구』16, 2006, 37쪽.)
22) 박정옥,「교수요목기 '우리나라 생활'의 내용 구성과 국사교육론」, 한국교원대학교 교육대학원 석사학위논문, 2011, 53~58쪽.
23)『미군정청 관보』2, 원주문화사, 1991, 48~51쪽.
24) 동국대학교 사학회,『황의돈선생 고희기념 사학논총』, 동국대학교 출판부, 1960, 3쪽.

270 해방 직후 국사교육 연구

국사내용을 구성하자고 한 주장이 교수요목의 기본 취지와 유사하다고 하면서, 사공환을 교수요목 제정에 관여한 인물로 보았다. 그 외 사공환이 중학교 사회생활과 교수요목 작성에 참여했다는 구체적 근거는 제시되지 않았다. 앞에서 살펴본 것처럼 사공환이 국사교육의 중요성을 언급하긴 했다. 그런데 사공환이 1948년 8월 이동윤과 공저로 발행한『중등학교 사회생활과용 중등서양사』의 목차 구성이나 내용이 중등학교 사회생활과 교수요목과 일치하지 않음을 앞에서 확인했다.25) 만일 사공환이 사회생활과 교수요목제정에 참여했다면, 이를 충분히 반영하여 교과서를 편찬했을 것이다. 왜냐하면 1948년 8월이면 이미 사회생활과 역사부분 교수요목 원고가 완성되어 이에 의거한 교과서가 편찬되고 있던 시기였기 때문이다.26)

따라서 중학교 <우리나라 생활> 교수요목 작성에 참여한 가장 확실한 사람은 당시 문교부 편수국 역사담당 편수관이었던 신동엽이다. 신동엽은 초등학교 사회생활과 국사부분 교수요목 작성에도 관여했다. 신동엽은 <국민학교 사회생활과 교수요목집>이 발행되기 전인 1946년 11월 27일에 『사회생활과 참고조선역사-상고사』 제1권의 자서(自序)를 썼는데, 여기서 "이 책은 문교부 편수국에서 제정한 사회생활과 제6학년 교목(국사부분)의 본지에 의지하여 쓴 것"27)이라고 했다.

신동엽 외에 중등학교 사회생활과 <우리나라 생활> 교수요목 작성에 직접 참여했던 사람은 신석호였다. 먼저 신석호의 약력에서 '1947년 1월 국민학교 및 중고등학교 사회과 교수요목제정위원'으로, '1947년 2월 국정교과서편찬심의위원'으로 위촉되어 활동하였음을 확인할 수 있다.28) 이보다 더

---

25) 사공환·이동윤,『중등학교 사회생활과용 중등서양사』, 동방문화사, 1948.
26) 신석호, 이해남의 교과서가 1948년 8월, 교수요목에 의거해 편찬되었음은 앞에서도 확인했고, 이어지는 절에서 구체적으로 검토했다.
27) 신동엽, 앞의 책(1946), 「일러두기(범례)」.
28) 신석호,『신석호 전집』상, 신서원, 1996, 15쪽. 치암신석호선생 기념사업회,『신석호박사 탄생 100주년 기념사업지』, 수서원, 2007, 12쪽.

확실한 근거는 신석호가 1948년 8월 31일에 발행한 국사교과서『중등학교 사회생활과 우리나라의 생활(국사부분)』이다. 이 교과서 표지에는 '문교부 신교수요목의거'라고 명시되어 있다. 그리고 머리말에서 "이 책은 문교부에서 제정한 교수요목에 의하여 초급 중학교 셋째 학년「우리나라의 생활」(국사) 교과서로 편찬한 것이다."라고 밝혔다. 더욱이 "저자는 이 책을 쓰는 데 많은 주의를 기울였으나, 교수요목에 대한 첫 시험인 만큼 교수상 불편한 점이 많이 있을 줄 믿는 바이다."라고 했다. 무엇보다 1948년 8월에 발행된 교과서의 목차와 1948년 12월 24일 발행된 <중학교 사회생활과 교수요목집>의 <우리나라 생활> 교수요목의 단위와 항목이 일치한다. 1948년 8월 발행된 신석호의 교과서가 중등학교 <우리나라 생활> 교수요목에 따라 편찬된 최초의 교과서였다. 이는 신석호 자신이 <우리나라 생활> 교수요목 제정에 직접 관여하지 않았다면 불가능한 일이었다. 이 교과서에 대해서는 다음 소절에서 자세히 검토했다.

신석호의 약력에는 그가 1949년 2월 문교부 편수국장이 되어 1년 4개월간 근무한 것으로 되어 있다. 신석호는 미군정 시기에 문교부 편수국에 직접 소속되지는 않았지만, 미군정 초기부터 편수업무에 관계했다. 1946년 1월 9일부터 18일까지 10일간 미군정 학무국과 경기도 학무과가 공동주최로 경기고등보통여학교에서 국어·공민·국사 과목 중등교원강습회를 개최하는데, 이 때 국사과 강사가 황의돈과 신석호였다.[29] 신석호가 편수국에 소속되지 않았던 것은 1946년 5월 설립된 국사관의 부관장으로 내정되어 개관 준비를 하고, 그 자리에 임명되었기 때문이다. 당시 국사관 관장은 유억겸 문교부장이 겸임했다.[30] 따라서 국사관의 실질적 운영자는 신석호였다. 그런데 1948년 1월, 3급 이상의 관리자격심사에서 국사관 부관장 신석호는 인준이 부결되어[31] 국사관 부관장에서 물러났다. 이 사건이 신석호

---

29)《서울신문》, 1946년 1월 7일.
30)《동아일보》, 1946년 5월 4일.
31)《조선일보》, 1948년 1월 25일.

에게는 중등학교 <우리나라 생활> 교수요목 제정에 집중하게 하고, 교수
요목에 따른 국사교과서를 편찬하는 계기가 되었을 수도 있다. 그리고 신
석호는 정부수립 후 1949년 2월 편수국장이 되었다. 이 책에서 중요 자료
로 활용한 『편수시보』는 신석호가 편수국장이던 때 발행된 것이다. 최홍
준도 해방 직후 편수국이 단기간 내에 교과서 발행을 할 수 있었던 것은
많은 외부 인사들의 도움이 있었기 때문인데, 그 중 신석호, 육지수, 조의
설, 현제명, 박종하, 김상기, 최기철의 정열적 도움이 컸다고 했다.32) 즉,
신석호는 미군정 초기부터 문교부 편수국의 국사부분 업무에 지속적으로
관여하고 있었다.

② 국사교과서 발행

  일제시대 초·중등학교에서 한국사는 교과목에 편제되지 못했다. 1920년
대까지 일본사에 한국사 내용이 일부 포함되기는 했지만, 이마저도 1930년
대 말 제3차 조선교육령 시기에는 한국사에 대한 내용이 완전히 배제되었
다.33) 일제시대 한국사 과목이 없었고, 한국사 교과서가 없었기 때문에 해
방 직후 곧바로 한국사 교과서를 편찬하기는 힘들었다. 대신 식민지 시기
한국사 논저들이 복간되었다.34) 그리고 미군정 문교부에서는 초·중등학교
용 임시 국사교재를 편찬하여 발행하였다. 『편수시보』는 해방 직후 국사

---

32) 최홍준, 앞의 글(2000), 5쪽.
33) 김홍수, 『한국역사교육사』, 대한교과서주식회사, 1992, 122~148쪽. 정재철, 앞의
    책(1985), 313~314, 377, 439, 484쪽.
34) 박은식의 『한국통사』와 『한국독립운동지혈사』, 황의돈의 『조선역사』, 권덕규의 『조
    선사』, 최남선의 『조선역사』, 고권삼의 『조선정치사』, 이선근의 『조선최근세사』, 정
    노식의 『조선창극사』, 안확의 『시조시학』등이 식민지 시기에 출판한 것을 복간한
    것이다. 그리고 신채호의 『조선상고사』, 정인보의 『조선사연구』, 최익한의 『조선사
    회정책사』, 홍이섭의 『조선과학사』등과 같이 종전의 저술이나 신문 잡지에 연재한
    글들을 모으거나 수정·보완하여 간행한 것도 있었다.(조동걸, 앞의 책(2010), 87쪽.)

교과서 편찬과정에 대해 다음과 같이 말해준다.

> 과도 정부 학무국 편수과에서는 학교에 국사 교과서가 없어 심히 고
> 통을 받고 있음을 살피고, 또 해방 직후 국사 교육의 혼란함을 다소라
> 도 시정시킬 양으로, 1945년 9월부터 초등학교 국사 임시교재 편찬에
> 착수하여 그 해 12월 이의 완료를 보자, 곧 프린트에 붙여 1946년 1월
> 남한 각도 학무과에 1,2책씩을 분배하여 응급조처를 행하였다. 한편 중
> 등학교의 국사교재도 시급함을 인식하고, 편수과에서는 1945년 12월 무
> 렵에 권위 있는 학술 단체라고 자타가 공인하는 진단학회에 집필을 위
> 촉하여 1946년 1월 이의 완성을 보았으므로 곧 발간 분배하였으니, 이
> 것이 곧, "국사교본"이라 하는 것이다.[35]

1945년 12월에 완성한 초등학교 국사 임시교재는 『초등 국사교본-오륙
학년용』(이하 『초등 국사교본』으로 함.)이고, 1946년 완성한 중등학교 국
사교재는 1946년 5월 발행된 『국사교본』이다.

기존 연구에서 『초등 국사교본』의 편찬자가 황의돈인지 진단학회인지에
대한 논의가 있었다.[36] 하지만 위의 자료를 통해 『초등 국사교본』은 학무
국 편수과에서 편찬했음을 알 수 있다. 진단학회에서 편찬한 것은 중등 『국
사교본』이었다. 즉, 당시 학무국 역사담당 편수관이었던 황의돈이 『초등 국
사교본』을 편찬했다. 1946년 1월 22일 《서울신문》에는 "학무국 편수과에서
황의돈 편으로 국사 초등용을 만들어 각 군에 한권씩 보냈는데, 각 군 학무
계에서 프린트를 해서 적당히 배부하게 되었다."는 기사가 있다. 황의돈의
약력에도 "1945년 문교부 편수관이 되어 국사교과서를 편수함"이라고 밝히

---

35) 『편수시보』, 39~40쪽.
36) 『초등 국사교본』과 관련된 논의는 '김봉석, 「『초등 국사교본』의 특징과 역사 인
   식」, 『사회과 교육』제47권, 2008.'에 정리되어 있다. 여기서 김봉석은 당시 교육
   행정과, 황의돈의 역사관을 통해 『초등 국사교본』은 황의돈이 집필했다고 결론지
   었다.

고 있다.37)

그럼에도 불구하고 진단학회가 『초등 국사교본』을 편찬했다는 주장이
지속되는 것은 1947년 진단학회 휘보에 실린 다음 내용 때문이다.

> 1945년 9월 17일 송석하·조윤제·손진태 위원이 군정청 당국과 회견
> 을 갖고 국사 교과서와 지리 교과서의 편집을 위촉받음.
> 1945년 9월 21일 국사 교과서의 원고를 군정청에 제출함.
> 1945년 11월 지리 교과서 원고를 군정청에 제출함.38)

그런데 1984년, 진단학회 50년 일지에는 1945년 9월 21일 국사교과서 원
고, 11월 지리교과서 원고를 군정청에 제출했다는 기록이 빠지고 다음과
같이 서술되었을 뿐이다.

> 1945년 9월 17일 송석하·조윤제·손진태 위원이 군정청 당국과 회견
> 을 갖고 국사교과서와 지리교과서의 편집을 위촉받음. 그 후 이듬해 5
> 월 26일에 『국사교본』이 간행됨.39)

또한 1945년 10월 5일 《매일신보》에는 진단학회가 '역사 교과서는 중등
학생용과 초등학교용을 아울러 탈고하여 인쇄에 부쳤다.'는 기사가 있고,
<미군정 학무국사>에는 1945년 10월 15일 5~6학년 용 『국사』 원고가 완성
되었다는 기록이 있다.40) 이를 연결하면 9월 17일 미군정으로부터 국사교
과서 편찬을 위촉받은 진단학회에서는 단 4일 만인 9월 21일 국사교과서
원고를 제출했고, 이를 바탕으로 학무국 편수과에서 10월 15일 초등용 국
사교과서 원고를 완성한 것이 되어야 한다. 그런데 이 때 완성된 원고가

---

37) 동국대학교사학회, 『황의돈선생고희기념 사학논총』, 동국대학교출판부, 1960, 3쪽.
38) 진단학회, 「휘보」, 『진단학보』, 15, 1947, 151~152쪽.
39) 「진단학회 50년 일지」, 『진단학보』 57, 1984, 250쪽.
40) <미군정 학무국사>, 82~83쪽.

1946년 1월 각 도 학무과 배포된『초등 국사교본』은 아니었다.

　1945년 10월 15일 완성된 국사교과서 원고에는 황의돈이 개입하지 않았을 것이다. 왜냐하면 황의돈은 1945년 11월 6일에 편수관에 임명되었기 때문이다. 황의돈은 학무국 편수과에 임명되어 이미 완성된 국사교과서 원고를 볼 수는 있었을 것이다. 황의돈이 이 원고를 수정했을 수도 있다. 하지만 황의돈은 새로운 초등용 국사교과서 편찬을 시작해서 12월에 원고를 완성했던 것 같다. 결국 1946년 1월 전국에 배포된『초등 국사교본』은 황의돈이 편찬한 것이다.『초등 국사교본』이 황의돈의 역사의식을 반영하고 있다는 선행연구도 있었다.[41]

　따라서 현재 전해지고 있는『초등 국사교본』은 황의돈이 편찬한 것을 미군정 학무국에서 경기도 학무과로 1~2권 보냈고, 이것을 경기도 학무과에서 대량 인쇄하여 도내 각 국민학교로 배포한 것이다. 이는『초등 국사교본』의 발행자가 '경기도 학무과 임시교재연구회'이고, 경성인쇄주식회사에서 1946년 11월에 인쇄하여 발행한 것을 통해 확인할 수 있다.[42]

　진단학회를 저작자로, 군정청 문교부를 발행자로 한 임시 고급용 국사교재인『국사교본』은 1946년 5월 26일 인쇄되고 발행되었다.[43]『국사교본』의 범례(凡例)를 통해 이 교재의 발행과정과 성격을 엿볼 수 있다.

　　一. 본서는 임시 고급용 국사교본으로 편찬한 것이므로 운용여하에
　　　　따라 중등 내지 전문과정에서 쓸 수 있음.
　　一. 그 밖에 국민학교 교원의 참고용으로도 물론 쓸 수 있음.
　　一. 본서는 우리 민족문화·국가사회의 변천발전의 대요를 될수록 간
　　　　명히 서술함에 힘썼음.
　　一. 그리고 사료 취사에 있어는 될수록 진중한 태도와 정확한 길을

---

41) 김봉석, 앞의 논문(2008).
42) 경기도 학무과 임시교재연구회,『초등 국사교본-오류학년용』, 한양서적도매공사,
　　1946.
43) 진단학회,『국사교본』, 조선교학도서주식회사, 1946.

취하였음.

一. 본서의 내용 체재는 이후 판을 따라 다소 보정하려함.

一. 본서의 상고·중고 2편은 김상기 위원이 집필하고 근세·최근세 2편은 이병도위원이 담당하였음

一. 본서의 편찬이 창졸(倉卒)간에 되어 삽화와 지도를 넣지 못한 것을 매우 유감으로 여김.44)

　먼저 『국사교본』은 중등학교 학생뿐 아니라 전문학교 학생과 초등학교 교원을 대상으로 하여 편찬되었다. 집필자는 김상기와 이병도였다. 하지만 유홍렬은 자신이 『국사교본』의 원고를 보충하였다고 밝힌 바 있다.45) 무엇보다 삽화와 지도뿐 아니라 연표도 넣지 못할 정도로 짧은 시간에 편찬되었다. 이러한 사정 때문이었던지 "『국사교본』은 충분한 연구 없이 임시적으로 만들어졌다. 또한 여러 사람이 참여해 편찬되었기 때문에 일관된 이념도 없었다. 따라서 임시로 만들어진 『국사교본』은 곧 폐기되었고,46) 문교부와 개인들이 국사교과서를 만들어 보급했지만, 이 또한 축적된 연구 없이 단기간에 발행되었다."47)는 평가가 있었다.

　이상에서 살펴본 『초등 국사교본』과 『국사교본』은 모두 1946년 9월 새로운 교육과정이 발표되기 전, 시급한 국사교육을 위해 미군정 문교부가 임시로 발행한 국사교재였다. 그 외 미군정 문교당국과 관련된 인물이나 위원회가 발행한 국사교재들이 있었다. 먼저 문교부 역사담당 편수관이었던 황의돈과 신동엽이 각자 초·중등 국사교재를 발행했다. 황의돈은 1946년 4월 자신이 일제시대 때 발행했던 『중등조선역사』를 증정해 『4판 증정

44) 진단학회, 위의 책(1946), 「범례」.

45) 유홍렬, 「진단학회와 나」, 『진단학보』57, 1984, 247쪽.

46) 『국사교본』은 이완용과 송병준의 죄과를 묵과하는 등, 대한제국이 멸망할 때의 서술이 민족의 양심을 반영하지 못했다고 진단학회의 총무 조윤제로부터 신랄한 비판을 받아 사용이 중단되는 사태를 빚기도 했다.(조동걸, 앞의 책(2010), 109~110쪽.)

47) 홍이섭, 「역사와 교육」, 『역사교육』1, 1956, 17~18쪽.

중등조선역사』를,48) 신동엽은 1946년 11월 『국사 첫걸음』을 발행하였
다.49) 또한 일본에 있던 한국인 아동의 국사교육을 위해 '재일조선인연맹
중앙총본부 초등교재편찬위원회'에서 『어린이 국사』를 편찬해 1946년 5월
에 발행하기도 했다.50)

1947년 1월 <국민학교 사회생활과 교수요목집>이 발표되고, 이 교수요
목에 따라 문교부 편수국에서는 새로운 초등용 국사교과서 『우리나라의
발달』 편찬을 시작했다. 『편수시보』에는 국정으로 편찬된 『우리나라의 발
달』1·2권의 편찬 경로가 자세히 소개되어 있다. 이를 통해 당시 초등학교
국사교과서의 편찬 의도를 알 수 있다.

> 과도 정부 당국에서 편찬한 학생용 국사 교과서는 단지 국민학교 학
> 생들에게만 사용을 국한하지 말고 일반 성인용으로도 겸케하여 학생들
> 이 그 교과서를 가지고 집에 돌아가면 아버지도 어머님도 누님도 모두
> 이를 읽어 하루 빨리 국사 교육을 보급시키자는 것이었다.
> 이 안은 당시 문교부장 유억겸 선생도 찬성하였고, 편수국장 최현배
> 선생, 편수 부국장 장지영 선생도 이를 주장하였다.51)

해방 직후 미군정 문교부에서는 초등학교 국사교과서인 『우리나라의 발
달』을 초등학교 학생뿐 아니라 국민 전체에게 국사교육을 보급시키겠다는
목적을 가지고 편찬했다. 초등용 국사교과서 『우리나라의 발달』은 1946년
편찬에 착수하였지만 여러 가지 문제로 1947년 9월에야 제1권이 발행되었
다. 발행이 늦어졌던 이유는 첫째, 초등학생과 일반 성인을 독자로 전제했

---

48) 황의돈, 『4판 증정 중등조선역사』, 삼중당, 1946.
49) 신동엽, 『국사 첫걸음』, 금룡도서문구주식회사, 1946.
50) 초등교재편찬위원회, 『어린이 국사』상권, 조련문화부관, 1946.
　　이 자료는 '해방 이후 미국 유학(遊學)'에 대해 연구 하고 있는 윤종문 학형이 미
　　군정 자료를 수집하고 정리하던 중 발견하여 필자에게 제공하였다. 감사드린다.
51) 『편수시보』 41~42쪽.

기 때문에 교과서 문장을 누구에게 맞출 것인가가 문제였다. 둘째, 초등학교 교과과정의 시수에 맞게 편찬하지 않았기 때문에 분량이 증가하여, 결국 1·2권의 두 권이 되었다. 셋째, 초등학생을 상대로 한다면 4호 활자를 사용해야 하지만 그렇게 되면 종이가 너무 많이 필요하기 때문에 4호 활자를 사용할 수 없었다. 넷째, 삽화를 모으고 이를 인쇄하는데 시간이 많이 소요되기 때문에 1권은 삽화 없이 편찬하였다. 이러한 물리적 문제 외에도 미군정이 민족혼을 고취시키는 내용이 많다고 지적하여 집필이 지연된 것도 원인이었다.[52]

『우리나라의 발달』1권이 삽화 없이 발행됨으로 인해 다음과 같은 문제가 발생하기도 했다.

> 사회생활 교과서 『우리나라의 발달』이란 책에는 사회생활교육의 성질이 그림을 가장 많이 필요로 함에도 불구하고 한 장의 사판(寫版)도 이에 사용하지 않고 국정교과서로 출판하고, 따로 『우리나라의 발달 따른 그림책』이란 책을 출판하여, 전기 교과서가 154페이지에 정가 56원을 받고 있는데 대하여 『그림책』은 34페이지에 115원이란 고가를 받고 팔고 있다 한다. 한편 국민학교에는 해방 후 몇 년이 되어도 국정교과서로서 초등 지도가 나오지 않아 당국의 무성의에 대해 비난이 많다 한다.[53]

문교부 편찬지침에 따른 중등학교 국사교과서 발행은 사회생활과 교수요목이 1948년 12월에 발표되었기 때문에 늦어질 수밖에 없었다. 하지만 편수국에서는 교수요목이 확정되기 전이라도 학생들이 당장 사용할 교과서를 만들어야 했는데, 이마저도 쉽지 않았다.[54] 그렇다고 교수요목이 발표될

---

52) 『편수시보』 42~43쪽.
53) 《동아일보》, 1949년 1월 23일.
54) 1946년 6월 15일《동아일보》에는 "동해를 일본해로 하라는 등 용어문제와 자주적인 정신에서 본 조선 지리를 확립함에 있어서 일부의 의견 상 사위(斜位)로서 지리교과서가 선뜻 못나오고 있는 것이다."는 기사가 실렸다. 계속해서 문교부 지리

때까지 기다릴 수도 없었다. 신동엽은 1946년 12월 31일 사회생활과에 포함된 국사교재인 『사회생활과 참고조선역사-상고사』 제1권을 발행하였다.55) 신동엽은 '일러두기'에서 다음과 같이 밝혔다.

一. 이 책은 문교부 편수국에서 제정한 사회생활과 제6학년 교목(국사부분)의 본지에 의지하여 쓴 것으로 글의 장단과 증감을 있을지언정 그 본지에 어그러지지 아니하였음.

二. 이 책은 국민학교와 공민학교 성인교육 교원들의 사회생활과 참고서로 쓴 것임.

三. 이 책은 현행하는 각종의 국사교본도 망라 참고하였으므로 남녀 중등학교 교원과 중학교 전문학교 생도내지 일반 인사의 참고서 됨도 무방할 것임.

四. 사회생활과의 본지와 일반사회의 요구에 응하여 특히 문화사 및 고대인의 사회생활방면에 중점을 취하였음.

五. 사회생활과가 재래에 공민과에서 보던 덕목교육이 뚜렷하지 못함에 감(鑑)하여 이 책은 다수의 사화(史話)를 곳곳에 부기하여 국가 사회 내지 개인생활의 도덕성을 보이기로 하는 동시에 아울러 역사에 대한 취미를 조장시키기에 유의하였음.

六. 문체(文體)는 되도록 평이하게 서술하였으며 어려운 한자는 괄호 안에 이를 부기하였음.

七. 참고조선역사는 전 7권으로 완결할 예정인 바 상고사 제1권 제2권은 이미 출판되었고 제3권 이하는 준비 중임으로 계속하여 출판 될 것임.

八. 이 책을 지음에 있어 황의돈, 이병도, 손진태, 김상기, 신석호 제씨의 직접 간접의 계발(啓發)이 있었음을 명사(銘謝)함.56)

담당 편수관 이봉수는 미군인들이 우리 자주정신에 맞지 않는 그릇된 지리관을 제시하여 의견차이가 있어 교수요목을 정하지 못하고 교과서 편찬에도 지장이 있다고 했다.

55) 신동엽, 앞의 책(1946). 신동엽의 「자서」는 1946년 11월 27일에 작성되었다.

56) 신동엽, 앞의 책(1946), 「일러두기(범례)」.

신동엽은 이 책을 초등학교 사회생활과 6학년 교수요목(국사부분)에 의거하여 편찬했음을 밝혔다. 이 책은 초등교육을 담당하는 교원들과 중등학교·전문학교 학생뿐 아니라, 일반인까지 대상으로 했다. 무엇보다 사회생활과의 취지를 반영하여 문화사와 사람의 사회생활에 중점을 두었다고 밝혔다. 또한 생활 주변의 이야기를 통해 학생들이 역사에 대한 취미를 증대시킬 수 있게 노력했다. 책은 한글 전용으로 한자를 괄호 속에 병기하였으며, 가로쓰기로 되어있다. 총 7권으로 발행할 계획이었고 1·2권이 이미 출판되었다고 했는데, 이때는 원고가 완성되었던 것으로 보이며, 실제로 제2권이 출판된 것은 1947년 9월 25일이다.57) 끝으로 이 책을 편찬할 때 당시 문교부 편수관 황의돈 외에 이병도, 손진태, 김상기, 신석호의 도움을 받았다고 했다. 이 중 김상기는 앞서 살펴본 것처럼 동양사 부분의 교과서를 지속적으로 발행하였고, 나머지 3명은 모두가 중등학교 국사교과서를 편찬한 저자이다.

국사가 사회생활과에 포함되었다고 해서 국사교육과 국사교과서가 그에 맞춰 단기간에 바뀔 수 있는 것은 아니었다. 1946년 보성중학교 교사들은 사회생활과에 포함된 국사교육의 현실을 다음과 같이 비판했다.

> 사회생활의 종합적 이해를 그 목표로 하는 사회생활과의 역사교육은 정치, 문화, 경제 등을 유기적 관련에 있어서 종합적으로 고찰하여야만 그 교육적 사명을 달성할 수 있을 것이다. 이러한 관점에서 해방 후 우후의 죽순같이 쏟아져 나온 특이 국사에 과한 서적을 볼 때 대개는 정치사 중심이요, 문화 경제 등에 관하여 언설되어 있다하더라도 그것은 기계적 나열에 불과하고 유기적 관련이 아니다.58)

---

57) 신동엽, 『사회생활과 참고조선역사』 상고사 제2권, 서울대아출판주식회사, 1947.
58) 보성중학교사회생활과, 「사회생활과 관계 교과서에 비판과 요망」, 『신천지』, 1946년 12월호(이길상·오만석, 『사료집성-Ⅱ』, 224쪽.)

즉, 사회생활과에 포함된 역사교육은 다른 분야와의 통합교육을 통해 이루어져야 했다. 하지만 해방 직후 발행된 국사교재들은 여전히 정치사 중심이고 문화와 경제는 나열식으로 일부 추가되었을 뿐이다.

<중학교 사회생활과 교수요목집>이 발행되기 이전 사회생활과라는 과목명을 내세우고 편찬된 중등학교 국사교과서는 1948년 8월 8일 발행된 김성칠의 『중등 조선사.사회생활과 역사부 조선사』[59]와 신석호의 『중등학교 사회생활과 우리나라의 생활(국사부분)』[60] 정도였다. 하지만 중등학교 국사교과서가 검정을 받고, 학교 현장에 본격적으로 사용된 것은 1949년 9월 신학기가 되어서였다. 1949년 검정을 통과한 중등학교 3학년 용 <우리나라 생활> 교과서는 7종이었다. 1949년 8월 1일 《동아일보》 광고로 실린 '중등검정교과서일람표'에서 5종의 국사교과서 목록을 확인할 수 있다.[61] 일람표에는 손진태와 이인영의 교과서가 빠져있는데, 을유문화사는 '문교부검인정 중등교재 일람표'라는 별도의 광고를 내고 대한중등교과서협회 이사장이 몇몇 출판사의 검인정 교과서 목록을 누락하여 광고하였음을 지적하였다. 을유문화사의 검정교과서 목록에 손진태의 『중등국사』가 포함되어 있다.[62] 또한 이인영의 『우리나라 역사(신국사)』는 1949년 8월 27일 문교부 검정 통과 도장을 받았다.[63] 이를 바탕으로 1949년 검정을 받은 국사교과서 7종을 정리하면 아래의 <표 V-1>과 같다.[64]

---

59) 이 교과서의 겉표지에는 『중등 조선사』로 되어 있지만 속표지와 발행사항이 표기된 맨 뒷장에는 『사회생활과 역사부 조선사』로 되어 있다.(김성칠, 『중등 조선사』, 정음사, 1948.)
60) 신석호, 『중등학교 사회생활과 우리나라의 생활(국사부분)』, 동방문화사, 1948.
61) '중등검정교과서일람표', 《동아일보》, 1949년 8월 1일.
62) '을유문화사 간행의 문교부검인정(일부분 수정중) 중등교재 일람표', 《경향신문》 1949년 7월 31일, 《동아일보》, 1949년 8월 4일.
63) 이인영, 『우리나라 역사(신국사)』, 박문출판사, 1949. 1949년 8월 15일 인쇄, 8월 20일 발행, 8월 27일 문교부 검정 통과 도장이 표지에 찍혀있다.
64) 1949년 8월 1일 신문 광고면에 실린 '중등검정교과서일람표'에서 5종의 검정 국사 교과서 목록을 확인할 수 있다. 일람표에는 손진태와 이인영의 교과서가 빠져있

<표 V-1> 1949년 검정 통과 국사교과서 7종

저자	교과서명	출판사	발행연도
이인영	『우리나라 역사-신국사』	박문출판사	1949
손진태	『중등국사』	을유문화사	1949
이병도	『우리나라의 생활』	동지사	1949
신석호	『우리나라의 생활(국사부분)』	동방문화사	1949
유홍렬	『중등국사』	홍문서관	1949
김성칠	『조선사』	정음사	1949
편집부	『우리나라생활(역사부분)』	금룡도서주식회사	1949

하지만 당시에는 학교에서 사용할 교과서가 절대적으로 부족했고, 그래서 검정을 받지 못한 국사교과서도 사용되었다. 그 대표적인 경우가 최남선의 국사교과서였다. 1948년 정부수립 이후 문교부 편수국장 손진태는 민족정기를 해할 우려가 있는 이광수, 최남선의 저서는 그 내용 여하를 불문하고 교과서 부독본(副讀本)도 불가하다며 사용 금지를 지시하였다.65) 이후 1948년 10월 8일 최남선, 이광수의 저서는 교과서로 사용할 수 없으며, 모든 교과서는 문교부의 검정을 받도록 한다는 안호상 문교부 장관의 기

다. 을유문화사는 '문교부검인정 중등교재 일람표'라는 별도의 광고를 내고 대한 중등교과서협회 이사장이 몇몇 출판사의 검인정 교과서 목록을 누락하여 광고하였음을 지적하였다. 을유문화사의 검정 교과서 목록에 손진태의 『중등국사』가 포함되어 있다. 또한 이인영의 『우리나라 역사-신국사』는 1949년 8월 27일 문교부 검정 통과 도장을 받았다. 1949년 검정 국사교과서 7종에 대해선 박진동이 2004년 그의 박사학위 논문에서 처음 정리한 이후 지속적으로 연구하고 있고, 2018년 박지숙의 석사학위 논문에서 정리되기도 했다.('중등검정교과서일람표', 《동아일보》, 1949년 8월 1일. '을유문화사 간행의 문교부검인정(일부분 수정중) 중등교재 일람표', 《경향신문》 1949년 7월 31일, 《동아일보》, 1949년 8월 4일. 이인영, 『우리나라 역사(신국사)』, 박문출판사, 1949. 박진동, 한국교원양성체계의 수립과 국사교육의 신구성:1945~1954, 서울대학교 대학원 박사학위논문, 2004, 187~188쪽. 박지숙, 교수요목기 국사교육의 계열성과 그 의의, 동국대학교 대학원 석사학위논문, 2018, 46~47쪽.)
65) 《자유신문》, 1948년 10월 5일.

자회견도 있었다.66) 1948년 10월 11일 문교부는 전국 중등학교 교장회의에서 친일파 교과서의 사용금지를 재차 지시하였고, 그 목록까지 제시하였다.67) 이러한 지시가 있었음에도 풍문여중에서 최남선의 『조선역사』를 계속 사용하고, 어떤 야학에서는 표지만 떼버리고 계속 쓰기도 하는 등의 문제가 발생했다. 편수국장 손진태는 "그러한 사실이 있었다고 들었다. 갑자기 다른 교과서를 구하기 어려울 것이나 노트에 필기케 할지언정 최씨의 저서를 그대로 사용함은 불가하다. 더구나 표지 없이 계속하여 사용하려는 교원에게는 앞으로 단호한 처치를 취하겠다."는 입장을 밝히기도 했다.68)

해방 직후 국사교육에 대한 열기는 대단했다. 그런데 국사교육에 대한 열망이 오히려 혼란을 야기했고, 국사 연구 성과가 축적되지 않았기 때문에 제대로 된 국사교과서나 참고서도 드물었다. 국사교육을 누구보다 강조했던 손진태는 국사교육이 민주주의 방향으로 나아가야 한다는데 이론이 없다고 했다. 하지만 국사교육의 목적은 민족으로서 행복을 누리고, 민족의 발전을 위한 것이라고 했다. 통합 사회생활과를 강조했던 사공환도 국사교육의 중요성을 이야기했지만, 그 역시 국사교육은 홍국적 사명을 가진 것이라고 했다. 해방 직후 새로운 국가 건설과 그 주체로서 민족이 강조되던 시대적 상황이 국사교육의 목적과 방향을 규정했던 것이다.

---

66) 《자유신문》, 1948년 10월 10일.
67) ①『중등국사』, 최남선 저 ②『조선본위 중등동양사』, 최남선 저 ③『동양본위 중등서양사』, 최남선 저 ④『조선역사지도』, 최남선 저 ⑤『성인교육 국사독본』, 최남선 저 ⑥『쉽고 빠른 조선 역사』, 최남선 저 ⑦『국민조선역사』, 최남선 저 ⑧『문장독본』, 이광수 저.(《조선일보》, 1948년 10월 12일.)
68) 《국제신문》, 1948년 10월 24일.

2. 〈우리나라 생활〉 교수요목과 교과서

해방 직후 국사교과서를 편찬했던 저자들을 학문적 경향에 따라 구분하고,[69] 그에 따라 교과서를 비교할 수도 있다. 하지만 이 책에서는 저자들이 편찬지침으로 따랐다고 밝힌 교수요목과 교과서를 비교하고, 동일 저자의 검정 전후 교과서를 검토하여 해방 직후 발행된 중등학교 국사교과서의 특성을 파악했다.

1) 〈우리나라 생활〉 교수요목과 검정 교과서

① 〈우리나라 생활〉 교수요목

<우리나라 생활> 교수요목은 다음과 같다.

---

69) 박진동은 손진태·이인영 등 신민족주의자와 이병도·신석호·이홍직 등의 문헌고증학자, 김성칠·최남선 등 문화사학자로 구분하였다. 또한 조동걸은 이병도·신석호·이홍직, 유홍렬·이인영은 모두 1930년대 실증사학자로 진단학회를 결성하고 활동했고, 손진태·이인영은 신민족주의 사학을 표방했다고 정리했다.(박진동, 앞의 논문(2004), 187~188쪽. 조동걸, 앞의 책(2010), 61~62쪽, 242~243쪽) 이기백은 이인영에 대해 "이론적으로는 신민족주의사관에 기울고 있지만 실제로는 식민주의사관에 머물렀고, 그가 추구하려고 한 한국사의 이론적 이해는 결국 몸부림만으로 끝났다."고 평가했다.(이기백, 「신민족주의사관과 식민주의사관」, 『문학과 지성』, 1973년 가을호. 『한국사의 방향』, 일조각, 1979, 119쪽.) 손진태와 이인영은 조윤제 등과 함께 1939년 보성전문학교 연구실에서 학문적 뜻을 같이 하며 東山學派를 결성했고, 이병도와 신석호는 1945년 12월 창립된 조선사연구의 회장과 부회장이었다.(김성준, 「학산 이인영의 역사의식」, 『국사관논총』84, 1999, 160쪽. 조동걸, 위의 책(2010), 94쪽.)

〈표 Ⅴ-2〉 중학교 사회생활과 제3학년 〈우리나라 생활〉 교수요목70)

단위	항목	세목
(一) 우리나라의 자연 환경은 어떠하며 민족의 유래와 발전은 대략 어떠하였는가?	Ⅰ. 우리나라의 자연환경	1. 우리나라의 역사가 자라온 무대의 범위는 어떠하였는가? 2. 우리나라의 지형과 기후는 역사 발전에 어떠한 영향을 끼쳤는가?
	Ⅱ. 우리 민족의 유래와 그 발전	1. 민족의 유래는 어떠하였는가? 2. 민족의 이동 분포와 그 발전은 어떠하였는가? 3. 우리나라를 부르는 명칭은 어떠한 것들이 있는가?
(二) 역사 있기 이전의 생활은 어떠하였는가?	Ⅰ. 원시 시대의 사회생활	1. 원시인의 의식주는 어떠하였는가? 2. 원시인은 어떤 경로를 밟아 와서 농업을 경영할 줄 알았는가? 3. 원시인의 신앙 대상은 무엇이었으며 그 대상에 대해서는 어떻게 생각하였는가?
	Ⅱ. 원시 시대의 유물 유적	1. 원시인의 사용한 기구로는 어떠한 것들이 있었는가? 2. 원시인의 유물 유적은 어떻게 분포되고 있는가? 3. 원시인의 유물 유적은 지역에 따라 어떠한 차이가 있는가?
(三) 고조선과 그 생활 상태는 어떠하였는가?	Ⅰ. 고조선의 변천	1. 단군조선의 건국은 역사적, 민족적으로 어떠한 뜻을 가졌는가? 2. 그 뒤의 나라 모양은 어떠하였는가?
	Ⅱ. 이웃 나라와의 관계	1. 한민족과의 지리적 관계는 어떠하였는가? 2. 위만의 침입과 그 미친 영향은 어떠하였는가? 3. 민족의 자각과 한사군과의 관계는 어떠하였는가? 4. 기자의 동래 전설은 어떻게 하여 생기게 되었는가?
	Ⅲ. 고대인의 사회생활	1. 고대인의 신앙은 어떠하였는가? 2. 고대인의 살림살이는 어떠하였는가? 3. 낙랑 문화와 우리 민족과의 관계는 어떠하였는가? 4. 고대인의 풍속은 어떠하였는가? 5. 고대인의 도의 관념은 어떠하였는가?

(四) 삼국의 흥망 및 그 사회생활은 어떠하였는가?	Ⅰ. 삼국의 건국과 융성	1. 삼국의 건국 경로는 어떠하였는가? 2. 육 가라는 어떻게 성립하였는가? 3. 고구려는 어떻게 강성하였으며 그 국민성은 어떠하였는가? 4. 백제는 어떻게 발전하였는가? 5. 신라가 팽창한 원인은 무엇인가?
	Ⅱ. 백제와 고구려의 쇠망과 그 부흥 운동	1. 백제는 무슨 까닭으로 쇠약하였으며 또 어떻게 망하였는가? 2. 백제의 부흥 운동은 어째서 실패하게 되었는가? 3. 고구려의 내부 분열과 그 미친 영향은 어떠하였는가? 4. 고구려의 부흥운동과 발해 건국과의 관계는 어떠하였는가? 5. 신라는 어떻게 하여 반도를 통일하였으며 역사상의 의의는 어떠하였는가?
	Ⅲ. 삼국의 사회생활	1. 신앙생활은 어떠하였는가? 2. 교학은 어떠하였는가? 3. 미술과 공예는 어떻게 발달하였으며 오늘날까지 남은 중요 유적은 어떠한 것이 있는가? 4. 정치제도는 어떻게 짜여져 있었는가? 5. 토지제도는 어떠하였으며 산업은 어떤 모양이 있던가? 6. 귀족과 시민계급의 생활 양태는 어떠하였는가? 7. 국민 정신은 어떠하였는가? 8. 풍속은 어떠하였으며 지금까지 전하는 것으로는 어떠한 것이 있는가? 9. 외국과의 교통은 어떠하였으며 문화는 어떻게 교류하였는가? 10. 일본은 우리나라의 문화를 어떻게 배워가서 이를 어떻게 이용하였는가?
(五) 신라 및 발해의 변천과 그 사회생활은 어떠하였는가?	Ⅰ. 신라 및 발해의 융성	1. 발해는 어떻게 건국하였으며 민족 발전사상의 뜻은 어떠한가? 2. 발해는 어떻게 발전하였는가? 3. 신라의 전성 시기는 언제이며 그 모양은 어떠하였는가? 4. 신라 전성시기의 서울 모양은 어떠하였는가?
	Ⅱ. 신라 및 발해의 쇠망	1. 발해의 쇠약한 원인은 무엇인가?

		2. 민족의 발상지를 어찌하여 잃게 되었으며 그 뒤의 영향은 어떠하였는가? 3. 발해의 부흥운동은 어떻게 줄기 찼는가? 4. 신라는 무슨 까닭으로 쇠약하게 되었는가? 5. 신라는 어떻게 분열하였으며 그 결과는 어떠하였는가?
	Ⅲ. 신라 및 발해의 사회생활	1. 신라 및 발해의 신앙 생활은 어떠하였는가? 2. 신라 및 발해의 교육제도 및 교학은 어떠하였는가? 3. 발해의 유적으로는 어떠한 것이 남아 있는가? 4. 신라의 미술과 공예는 어떻게 발달하였으며 오늘날 남은 중요 유물은 어떠한 것이 있는가? 5. 발해의 외국과의 무역은 어떻게 행하여졌는가? 6. 신라의 대외 무역과 해상활동은 어떻게 활발하였는가? 7. 신라 및 발해와 다른 나라와의 문화교류는 어떠하였는가? 8. 신라 및 발해의 귀족과 서민 계급의 생활 상태는 어떠하였는가? 9. 신라 및 발해의 풍속은 어떠하였으며 오늘날 남은 것으로는 어떠한 것이 있는가?
(六) 고려의 정치와 다른 민족과의 관계는 어떠하였으며 그 사회 생활은 어떠하였는가?	Ⅰ. 고려 전기의 나라 안팎 모양	1. 고려의 건국의 의의는 어떠하였는가? 2. 태조의 북진정책은 어떻게 계속하여 왔는가? 3. 거란은 어찌하여 여러 번 침입하였으며 그와의 항쟁은 어떠하였는가?
	Ⅱ. 고려 중기의 나라 안팎 모양	1. 귀족의 발호와 그 변란은 어떠하였는가? 2. 사대 사상과 자주 사상은 어떻게 겨루었는가? 3. 무신은 무슨 까닭으로 난을 일으켰으며 최씨의 정방 정치는 어떠하였는가? 4. 농민 계급은 어떻게 반항 운동을 일으켰는가? 5. 노예 계급의 자유 해방 운동은 어떠하였는가? 6. 고려와 송, 금과의 관계는 어떠하였는가?
	Ⅲ. 고려 후기의 나라의 안 모양과 외국과의 관계	1. 몽고는 무슨 까닭으로 침입하였으며 그에 대한 항쟁은 어떠하였는가?

		2. 강화 이후의 몽고와의 관계는 어떠하였는가?
		3. 고려 원의 일본 정벌은 어떠하였는가?
		4. 대륙의 변동과 고려의 복구 정치는 어떠하였는가?
		5. 왜구는 무엇이며 그들의 침략 지역과 그 참화는 어떠하였는가?
		6. 그 밖에 외환과 내란으로 어떠한 것이 있었는가?
		7. 고려는 어떻게 무너졌는가?
	Ⅳ. 고려조의 사회생활	1. 국가제도는 어떻게 짜여져 있었는가?
		2. 사회제도는 어떠하였으며 그 사업은 무엇이었던가?
		3. 토지제도의 변천은 어떠하였는가?
		4. 해외 교통과 산업 경제는 어떻게 발전하였는가?
		5. 통신 교통 기관은 어떠하였는가?
		6. 신앙 생활과 풍속은 어떠하였으며 오늘날까지 남은 자취는 어떠한 것이 있는가?
		7. 교학은 어떤 경로를 밟아 진흥하게 되었는가?
		8. 미술과 공예는 어떻게 발달하였으며 그 특징은 무엇인가?
		9. 인쇄술과 서적 문화는 어떻게 발달하였는가?
(七) 근세 조선은 어떻게 성쇠하였으며 그 사회생활은 어떠하였는가?	Ⅰ. 근세 조선 전기의 나라 안팎 모양	1. 태조의 건국과 그 정책은 어떠하였는가?
		2. 국도 문제는 어떠하였으며 한양 천도는 어떻게 이루어졌는가?
		3. 태종은 어떻게 하여 국가의 기초를 굳게 닦았는가?
		4. 세종의 민본 정치는 어떠하였는가?
		5. 세종의 과학적 업적은 어떠하였는가?
		6. 세종의 문치와 그 영향은 어떠하였는가?
		7. 세종의 무공과 그 영향은 어떠하였는가?
		8. 국초 서울의 도시 시설은 어떠하였는가?
		9. 세조와 성종은 선대의 유업을 어떻게 이어받았는가?
		10. 명과 일본과의 관계는 어떠하였는가?
	Ⅱ. 유교의 진흥과 사화의 일어남	1. 유교와 불교에 대한 국가의 정책은 어떠하였는가?
		2. 배불 정책 후의 불교의 추이는 어떠하였는가?

		3. 교육제도는 어떻게 정비되었으며 교학은 어떻게 진흥하였는가? 4. 성종 말기의 나라 안 기풍은 어떠하였으며 연산군은 어떻게 실정하였는가? 5. 사화의 일어난 원인 및 진전과 그 국가 민족에게 미친 영향은 어떠하였는가?
	Ⅲ. 근세 조선 중기의 나라 안팎 모양	1. 삼포 개항 후의 일본과의 관계는 어떠하였는가? 2. 임진왜란 직전의 나라 안 모양은 어떠하였는가? 3. 임진왜란은 어째서 일어났으며 왜군은 어떻게 쳐들어 왔는가? 4. 해전과 이순신의 활동은 어떠하였으며 싸움 판국에 어떠한 영향을 주었는가? 5. 의병은 어떻게 활동하였으며 명군의 내원과 육전의 모양은 어떠하였는가? 6. 정유의 두 번째 난리는 어째서 일어났으며 육전의 모양은 어떠하였는가? 7. 두 번째 난리의 해전은 어떻게 활발하였으며 왜군은 어째서 물러가게 되었는가? 8. 난 뒤의 나라 안 모양은 어떻게 비참하였으며 국가는 그 부흥에 어떻게 힘썼는가? 9. 난 중에 일본이 가져간 우리 문화는 무엇이었으며 그들에게 어떻게 도움이 되었는가? 10. 일본과 어째서 다시 화친은 맺게 되었는가? 11. 호란 직전의 명, 청과 우리나라와의 관계는 어떠하였으며 광해군은 이에 대하여 어떠한 정책을 썼는가? 12. 양차의 호란은 어째서 일어나서 어떻게 결말되었으며 난 뒤의 사회 상태는 어떠하였는가? 13. 효종 때의 만주 출병과 북벌 계획은 어떠하였는가? 14. 동북쪽 국경 문제는 어떠하였으며 정계비는 어떻게 세워졌는가?
	Ⅳ. 당쟁의 일어남과 그 진전 및 영향	1. 당쟁의 일어난 원인은 무엇인가? 2. 당파 싸움은 갈수록 어떻게 어지러워졌는가? 3. 동·서·남·북인의 당색은 어떻게 갈라졌으며 노론·소론은 어떻게 싸웠는가?

		4. 당쟁의 국가 민족에게 끼친 영향은 어떠하였는가?
	Ⅴ. 근세 조선 후기의 문예 부흥	1. 임진·병자란 뒤에 국민은 어떠한 자각을 가지게 되었는가? 2. 실지 실용의 학풍은 어떻게 하여 일어났으며 이들 학자는 어떻게 나라에 공헌하였는가? 3. 청조 문물의 수입과 그 영향은 어떠하였는가? 4. 천주교가 들어오기까지의 경로는 어떠하였으며 그 전도 운동과 정부의 이에 대한 정책은 어떠하였는가? 5. 서양 문물의 수입과 그 영향은 어떠하였는가?
	Ⅵ. 근세 조선 후기의 나라 안 모양	1. 양반계급은 어떻게 횡포하였는가? 2. 중앙과 지방의 관리는 어떻게 악정을 하였는가? 3. 삼정은 어째서 문란하게 되었는가? 4. 홍경래는 어떻게 반항 운동을 일으켰으며 그 영향은 어떠하였는가? 5. 일반 민중들은 어떻게 동요하였는가?
	Ⅶ. 근세 조선의 사회 생활	1. 중앙관제는 어떻게 짜여져 있었으며 지방제도는 어떻게 변천하였는가? 2. 토지와 조세제도는 어떠하였으며 농민의 생활 상태는 어떠하였는가? 3. 국가의 산업 정책과 외국과의 무역은 어떠하였는가? 4. 통신·교통 기관은 어떻게 설비되어 있었는가? 5. 사회사업 기관으로서 어떠한 것이 있었으며 무슨 일들을 하였는가? 6. 향약은 무엇이며 사회 교화에 어떻게 이바지하였는가? 7. 사회계급은 어떻게 나누어져 있었으며 그들의 직책은 무엇이었던가? 8. 교학은 어떻게 발전하여 왔으며 도덕 사상은 어떠하였는가? 9. 미술과 공예는 무슨 까닭으로 쇠퇴하게 되었으며 그 중에 좀 나은 것으로는 무엇이 있는가? 10. 풍속은 어떠하였으며 연중행사로는 어떠한 것이 있는가?

(八) 최근세와 그 사회 생활은 어떠하였는가?	Ⅰ. 흥선대원군의 집정과 쇄국정책	1. 대원군은 어떻게 하여 정권을 잡게 되었는가? 2. 대원군의 개혁정책의 좋고 나쁜 점은 무엇인가? 3. 불·미 양국과는 무슨 까닭으로 충돌하게 되었으며 그 후의 국책은 어떠하였는가? 4. 임진왜란 뒤의 일본과의 관계는 어떠하였으며 일본의 정한론은 어떻게 하여 일어나게 되었는가?
	Ⅱ. 쇄국 정책과 개혁운동의 전개	1. 강화도 조약은 무엇이며 그 결과는 어떠하였는가? 2. 강화도 조약 뒤의 청국의 태도는 어떠하였는가? 3. 새 문화는 어떻게 수입하였는가? 4. 여러 제도의 개혁은 어떻게 실시되었는가? 5. 구·미 열국의 당시 사정은 어떠하였으며 우리나라는 그들과 어떻게 수호통상조약을 맺었는가?
	Ⅲ. 임오군란과 갑신정변	1. 민씨 일파의 세도는 어떠하였으며 이에 대해 구(舊)군인들은 어떻게 반항하였는가? 2. 제물포 조약은 어째서 맺었으며 그 결과는 어떠하였는가? 3. 개화 운동의 시초는 어떠하였는가? 4. 개화당과 사대당은 어떻게 겨루었는가? 5. 갑신정변은 어찌하여 일어났으며 그 영향은 어떠하였는가? 6. 천진조약은 무엇이며 그 결과는 어떠하였는가? 7. 간도문제의 그 뒤 사정은 어떠하였으며 이에 관해 청·일은 어떠한 협약을 맺었는가?
	Ⅳ. 동학란과 청일전쟁	1. 동학은 어떠한 사회 사정 아래에서 일어났으며 그 발전은 어떠하였는가? 2. 지방 관리는 어떻게 부패하였으며 이에 대하여 동학당은 어떻게 반항하였는가? 3. 청·일의 양국 군대는 어떻게 출동하였는가? 4. 청일전쟁이 일어남에 따라 우리나라는 어떠한 전화를 입었는가? 5. 마관(馬關)조약은 무엇이며 우리나라의 영향은 어떠하였는가?

		6. 갑오경장은 무엇이며 어떠한 일들을 하였는가?
	Ⅴ. 노·일의 세력 경쟁과 우리나라에의 영향	1. 노국의 세력은 우리나라에 어떻게 들어왔는가?
		2. 을미 팔월의 변은 무엇인가?
		3. 독립협회와 그 밖의 사회운동은 어떠하였는가?
		4. 대한제국이 될 때까지는 어떤 경로를 밟아 왔는가?
		5. 노·일은 무슨 까닭으로 싸우게 되었으며 전쟁 당시 일본은 우리나라에 대해서 어떠한 행동을 하였는가?
		6. 을사보호조약은 어떻게 하여 맺어졌으며 그 결과는 어떠하였는가?
		7. 민영환과 여러 의사들은 어떻게 항쟁하였으며 의병들의 활동은 어떠하였는가?
	Ⅵ. 일본의 우리나라 강탈	1. 일진회는 무엇이며 그들의 매국 활동은 어떠하였는가?
		2. 친일파 민족반역자들은 어떠한 행동을 하였는가?
		3. 헤이그 밀사 사건과 그 파문은 어떠하였는가?
		4. 안중근을 비롯한 애국지사들은 어떻게 활약하였는가?
		5. 우리나라는 일본에게 어떤 모양으로 빼앗겼는가?
		6. 많은 의사들은 나라를 위하여 어떻게 목숨을 바쳤는가?
	Ⅶ. 최근세의 사회생활	1. 새 문물의 수입에 따른 영향은 어떠하였는가?
		2. 재정과 산업 정책은 어떠하였으며 국채상환 운동은 어떻게 일어났는가?
		3. 통신 교통 기관은 어떻게 설비되었는가?
		4. 신교는 어떻게 자유롭게 되었으며 어떠한 종교들을 믿었는가?
		5. 국민운동은 어떻게 활발하였으며 어떠한 단체들이 있었는가?
		6. 새 교육은 어떻게 왕성하였으며 어떠한 단체들이 있었는가?

		7. 후생기관으로는 어떠한 것이 있었으며 무슨 일을 하였는가? 8. 언론기관은 어떠한 것이 있었으며 출판 사업은 어떻게 진전되었는가? 9. 국학에 대한 의식은 어떻게 자라났으며 신문학은 어떻게 발족하였는가? 10. 의식주는 어떻게 변천하였으며 풍속의 달라진 점은 무엇인가?
(九) 두 번째 세계대전과 우리나라와의 관계는 어떠하였는가?	Ⅰ. 첫 번째 세계 대전과 우리나라의 독립 운동	1. 일본인의 압박 정치는 어떠하였으며 국민은 어떠한 곤란을 받게 되었는가? 2. 첫 번째 세계대전은 어떻게 일어났으며 민족 자결주의는 무엇인가? 3. 기미독립운동은 어떻게 일어났으며 그 영향은 어떠하였는가? 4. 임시정부는 어떻게 성립되었으며 그 뒤의 활동은 어떠하였는가? 5. 6·10만세운동은 무엇이며 어떻게 일어났는가? 6. 광주학생운동은 어디서 일어났으며 그 영향은 어떠하였는가? 7. 그 밖의 독립운동단체로는 어떠한 것이 있었으며 애국 의사는 어떻게 활약하였는가?
	Ⅱ. 두 번째 세계 대전과 우리나라의 해방	1. 일본인의 끝없는 야심으로 동양평화는 어떻게 파괴되었는가? 2. 두 번째 세계대전과 태평양 전쟁은 어떻게 일어났으며 그 진전은 어떠하였는가? 3. 국전의 불리함에 따라 일본인은 어떻게 발악하였으며 국민의 생활 모양은 어떻게 비참하였는가? 4. 카이로 회담과 포츠담 선언은 무엇이며 그 결과는 어떠하였는가? 5. 일본인은 어떻게 무조건 항복을 하였으며 우리나라는 어떻게 해방이 되었는가? 6. 우리나라의 현상과 국제 정세는 어떠한가?
	Ⅲ. 민족의 사명과 자각	1. 학습하여 온 국사 사실의 민족적 비판 2. 세계 정세에 대한 민족으로서의 바른 인식 3. 민족의 통일과 단결 4. 우리 문화와 세계 문화의 조화 발전

<우리나라 생활> 교수요목은 9단위 아래 34개의 항목과 200개의 세목으로 구성되어 있다. <이웃나라 생활>이 127개, <먼 나라 생활>이 154개의 세목이었던 것에 비해 많은 세목이 제시되었다. 그만큼 <우리나라 생활> 교수요목은 교과서에서 다룰 내용을 구체적으로 제시했다. <우리나라 생활> 교수요목도 '우리나라의 자연환경'을 설명하는 것에서 시작해서 '민족의 사명과 자각'을 다루는 것으로 마무리하고 있다. 또한 역사부분 3과목의 교수요목 첫 2개의 단위가 거의 동일하게 설정되어 있다. 이는 사회생활과 역사부분 교수요목의 시작과 끝에 대한 공통 지침이었음을 말해준다.

<우리나라 생활> 교수요목에서는 1단위와 9단위를 제외한 모든 단위의 제목에서 '생활' 혹은 '사회생활'이라는 단어가 포함되어 이를 서술할 것을 명시했다. 각 단위 속에서도 '사회생활'에 관한 항목이 정치사를 다루는 항목보다 많은 세목으로 구성되었다. 사회생활과에 포함된 국사과에서 문화와 사회에 대한 부분을 확대하여 서술하도록 한 것이다.

무엇보다 교수요목의 모든 세목이 설문식으로 구성되었는데, 9단위의 3항목 '민족의 사명과 자각'의 세목만이 설문식이 아니다. <중학교 사회생활과 교수요목집> 첫 부분에 '교수요목의 운영법'이 명시되어 있다. 여기에는 "각 단위에다 설문식으로 늘어놓은 세목은 그 단위에서 교수할 사항의 골자를 표시한 것이다. 따라서 생도들에게 이들 문제를 제시하여 교수를 진행 시키라는 것을 의미한다."고 하였다. 계속해서 교수요목이 설문식으로 되어 있는 이유에 대해 다음과 같이 설명하였다.

> 이 교수요목이 설문식으로 되어 있는 이유는 민주주의적 교수법에 의거하려 함에 있다. 종전과 같이 선생이 먼저 교재 내용에 있어서 가치 판단을 하여 명령적으로 가르치는 단안적(斷案的) 명령적 교수법을 떠나서 교사 생도가 협력하여 문제를 해결하기 위한 관찰, 연구, 추리, 비판, 및 토론을 하여, 생도들 자신으로 하여금 정당한 결론을 얻게 하

---

70) <중학교 사회생활과 교수요목집>, 60~69쪽,

도록 교사는 지도하여야 된다. 그러므로 교수에는 교사의 치밀한 주의
와 주도한 계획이 필요하게 된다.[71]

즉, 교수요목의 세목이 설문식으로 구성된 것은 사회생활과의 교과 목
적인 아동중심 교육을 실천하고, 학습자 스스로 문제 해결 능력을 기르게
하기 위한 핵심적인 요소이다. 그런데 국사교과서의 결론에 해당하는 마무
리 항목만 설문식 세목을 제시하지 않았다. 이는 '민족의 사명과 자각'은
학생들이 관찰·연구·추리·비판·토론하여 정당한 결론을 얻는 것이 아니
라, 저명한 국사교과서 저자들이 가치 판단하여 교과서에 제시하고, 교사
는 이를 명령적 교수법을 통해 가르치고, 학생들은 이것을 그대로 따라야
한다는 의미가 내포된 것이다.

② 중등학교 검정 국사교과서

이 책에서 검토한 해방 직후 검정을 받은 중등학교 국사교과서 〈우리나
라 생활〉은 다음의 5종이다.

〈표 V-3〉 검토 대상 중학교 〈우리나라 생활〉 교과서

저자	교과서명	출판사	출판년도
신석호	『우리나라 생활(국사부분)』[72]	동방문화사	1948
김성칠	『우리나라 생활(역사부분)』[73]	정음사	1949
이병도	『우리나라의 생활(역사)』[74]	동지사	1950
손진태	『우리나라 생활(대한민족사)』[75]	을유문화사	1950
이인영	『우리나라 역사(신국사)』[76] 『우리나라 생활(역사)』[77]	박문출판사 금룡도서주식회사	1949 1950

---

71) 〈중학교 사회생활과 교수요목집〉, 3~5쪽.
72) 신석호, 『우리나라의 생활(국사부분)』, 동방문화사, 1948. 1948년 8월 25일 인쇄,
    1948년 8월 31일 발행. '문교부신교수요목의거'라고 교과서 표지에 명시되어 있지

교과서의 전체적인 서술 방향과 특징은 저자의 머리말에 잘 나타난다. 그런데 김성칠과 손진태의 교과서에는 머리말이 없다. 이들이 왜 머리말을 남기지 않았는지에 대해선 추가적인 연구가 있어야 한다.[78] 신석호, 이병도, 이인영의 머리말을 먼저 소개하고 논의를 이어갈 것이다.

　　신석호 머리말
　　1. 이 책은 문교부에서 제정한 교수요목에 의하여 초급중학교 셋째
　　　　학년 「우리나라의 생활」(국사) 교과서로 편찬한 것이다. 고급 중
　　　　학과 기타에서도 사용할 수 있다.
　　2. 국사 교육은 우리 민족의 과거 생활을 정확하게 인식시켜 자아를
　　　　반성하고 애국심과 자주정신을 함양하는데 중요한 의의와 목적이
　　　　있는 것이다. 이 점에 특히 유의하여 과학적 견지에서 과거의 사

만 문교부 검정필 도장은 없다.

73) 김성칠, 『우리나라 생활(역사부분)』, 정음사, 1949. 1949년 6월 30일 인쇄, 7월 1일 발행. 1949년 8월 9일 문교부 검정 통과되었다.

74) 이병도, 「머리말」, 『우리나라의 생활(역사)』, 동지사, 1950. 1949년 4월 15일 인쇄, 1949년 4월 20일 발행되었다, 1950년 5월 15일 수정 발행, 1950년 5월 20일 문교부 검정 통과 되었다.

75) 손진태, 『우리나라 생활(대한민족사)』, 을유문화사, 1950. 1950년 4월 20일 발행. 문교부 검정필 도장은 있지만 정확한 날짜는 기록되어 있지 않다.

76) 이인영, 「머리말」, 『우리나라 역사(신국사)』, 박문출판사, 1949. 1949년 8월 15일 인쇄, 8월 20일 발행, 8월 27일 문교부 검정 통과 되었다.

77) 이인영이 1949년 편찬한 『우리나라 역사(신국사)』는 전내용을 가지고 있지 못해 내용 분석에 있어 1950년 검정 통과된 『우리나라 생활(역사)』를 함께 분석 대상으로 하였다. 두 교과서의 내용상 차이는 거의 없다. 전체 분량이 182쪽에서 200쪽으로 증가했는데, 이는 수정판에서 35개의 삽화가 추가되었기 때문이다.

78) 손진태의 경우 검정 이전 발행된 『중등국사(대한민족사)』에는 1948년 3월에 작성한 「서(序)」와 「범언(凡言)」이 있었다. 하지만 1950년 검정 교과서에서는 「서」와 「범언」을 없애고, 교과서 맨 뒤에 「후서(後叙) - 교사 여러분에게」를 첨부하였다. 필자는 2018년 4월 『해방 직후 국사교육 연구』가 발행된 이후 손진태의 검정 전후 교과서를 검토하여 논문으로 발표하였다.(김상훈, 「해방 직후 반공 교육과 국사교과서에서 사회주의 관련 서술 삭제」, 『역사연구』35, 2018, 413~418쪽.)

실을 다루었으며, 원인과 결과를 밝히는 동시에 그 미친 영향 특히 현대 생활과의 관계를 중대하게 설명하였다.

3. 문장은 누구던지 알기 쉽게 풀어서 서술하였으며, 익힘 문제를 많이 넣어서 학생의 연구심을 돋우게 하고 또 주를 많이 넣어서 참고에 제공하였다.

4. 삽화는 기사를 보충하고 사실을 명확하게 파악시키기 위하여 될 수 있는 대로 많이 넣었다. 그것은 모두 출처 명확한 것이요 지도는 저자의 연구에 의하여 작성한 것이다.

5. 저자는 이 책을 쓰는데 많은 주의를 기울였으나, 교수요목에 대한 첫 시험인 만큼 교수상 불편한 점이 많이 있을 줄 믿는 바이다. 여러분들의 교시가 있기를 바라 마지아니한다.[79]

이병도 머리말

1. 이 책은 문교부 소정 사회생활과 교수요목에 의하여 편찬하였다. 단 순서와 체재에 있어 다소 변통한 점도 있다.

2. 이 책은 우리 민족 사회와 문화의 변천 대요를 될수록 간명히 서술함에 힘쓰는 동시에 시대의 구분, 사실의 관계, 맥락, 환경의 영향 등을 밝히고, 특히 깊은 주의와 고찰을 요할 기사에는 횡선을 그어 표시하였다.

3. 사료의 취사에 있어서는 될수록 신중한 태도와 정확한 길을 취하였다.

4. 생도의 주의력, 사고력, 이해력, 판단력, 비판력 및 기억력 등을 기르기 위하여 특히 연습문제를 많이 실었다.

5. 삽도는 정확한 출처를 가진 것으로써 하였고, 특히 지도의 강역에 있어서는 일일이 자기의 새 연구와 고지도 기타 기록에 의하여 그리었다.[80]

---

79) 신석호 교과서(1948), 「머리말」. 1948년 8월 작성.
80) 이병도 교과서(1950), 「머리말」. 1950년 3월 작성.

이인영 머리말

1. 이 책은 문교부 제정 교수요목에 의거하여 중학교 사회생활과 교과서로 사용하도록 만든 것이다. 단 편의상 요목과는 선후 순서를 달리한 점도 있다.

2. 이 책은 민족과 민족 문화의 형성 진전을 간단·명료하게 서술하기에 힘썼다.

3. 따라서 이 책은 재래 왕조 중심의 시대 구분을 버리고 민족 중심의 새로운 시기 구분법을 적용하였다.

4. 이 책은 제 일편 "민족의 태동" 제 이편 "민족의 성장" 제 삼편 "민족의 침체" 제 사편 "민족의 각성" 사기로 구분하였으니 태동기(胎動期)는 씨족 사회 시대로부터 삼국 시대까지, 성장기(成長期)는 신라 왕조의 삼국 통일로부터 고려 왕조 시대를 지나 이씨 왕조 성종 시대까지, 침체기(沈滯期)는 연산군 이후 갑오경장 직전까지, 각성기(覺醒期)는 갑오경장 이후 현대에 이르는 동안이다. 위에서부터 각각 "상고" "중고" "근고" "근대"라 하여도 좋다.

5. 이 책은 주입식 사건 나열체를 버리고 시대적 조류와 사건의 인과 관계를 이해시키기에 힘썼다.

6. 따라서 건명·인명·지명은 될수록 그 수를 줄여 가장 중요하고 필요한 것만 들기로 하였다.

7. 연대의 표시는 세계 공통의 서력 기원을 주로하고 필요에 따라서는 어느 왕 때 또는 무슨 왕 몇 년을 병용하였다.

8. 이 책은 시대적 관련성에 치중하여 저술하는 동시에 될수록 새 견해 새 학설을 채택하였다. 신국사라 이름 한 것은 이 때문이다.[81]

신석호, 이병도, 이인영 모두 문교부에서 제정한 사회생활과 교수요목에 의거했다고 밝혔다. 다만 이병도와 이인영은 교수요목의 순서를 변동한 부분이 있다고 했다. 신석호의 머리말에서는 해방 직후 도입된 사회생활과의 특징과 한계를 발견할 수 있다. 앞에서 사회생활과가 아동중심·생활중심

---

81) 이인영 교과서(1949), 「머리말」. 1949년 4월 작성

을 추구했지만 여전히 국가를 우위에 두고 성실 유능한 국민을 만드는 것을 목표로 하고 있음을 살펴보았다. 신석호는 학생의 연구심을 돋우기 위해 익힘문제를 많이 넣고, 학생 스스로 학습할 수 있도록 문장을 쉽게 하고, 삽화와 주도 많이 넣고, 현대 생활과의 관계를 중대하게 여겨 설명하였다고 했다. 하지만 국사교육을 통해 애국심과 자주정신을 함양하는 것이 중요한 의의고 목적이라고 했다. 중등학교 사회생활과 교수요목 제정에 참여했던 신석호가 애국심 함양을 국사교육의 목표로 삼고 교과서를 편찬한 것은 어쩌면 당연한 결과였다.

이병도는 연습문제를 많이 넣어 학생들의 학습능력을 향상시키려 했다. 하지만 우리 민족 사회와 문화의 변천을 간단명료하게 서술했다고 하는 것에서 시간 순서에 따른 지식의 전달이 중심이었음을 짐작할 수 있다. 무엇보다 주의와 고찰을 요하는 기사에 횡선을 그어 표시한 것은 여전히 저자가 중요하게 생각하는 것을 학생들에게 주입하는 교육 방식이다. 이인영이 머리말에서 밝힌 새로운 시대 구분에 대해서는 아래에서 살펴볼 것이다. 다만 이인영이 채택했다는 새 견해, 새 학설이 무엇인지에 대해서는 보다 깊은 연구가 필요하다.

③ 〈우리나라 생활〉 교수요목과 교과서 비교 검토

〈우리나라 생활〉 교수요목과 5종 검정 교과서의 목차를 비교 정리하면 다음의 〈표 Ⅴ-4〉와 같다.

〈표 V-4〉 중학교 사회생활과 제3학년 〈우리나라 생활〉교수요목과 교과서 목차 비교

교수요목		신석호		김성칠	이병도	손진태		이인
(一) 우리나라의 자연 환경은 어떠하며 민족의 유래와 발전은 대략 어떠하였는가?	I. 우리나라의 자연환경	첫째 가름. 우리나라의 자연 환경은 어떠하며 민족의 유래와 발전은 대략 어떠하였는가?	첫째 조각 우리나라의 자연환경은 어떠하였는가?	1. 역사 이전	총설 1. 자연환경 2. 민족과 원시사회	머리편. 우리 나라의 자연 환경과 민족	一. 우리나라의 자연환경	제1장 우리나라
	II. 우리 민족의 유래와 그 발전		둘째 조각 우리 민족의 유래와 그 발전은 어떠하였는가?				二. 우리 민족의 유래와 사람	제2장 우리 민족
							三. 민족 시조 단군	제3장 단군과 조
(二) 역사 있기 이전의 생활은 어떠하였는가?	I. 원시 시대의 사회생활	둘째 가름. 역사 있기 이전의 살림살이는 어떠하였는가?	첫째 조각 원시 시대의 사회생활은 어떠하였는가?			제1편. 씨족 사회 및 부족 국가 시대 (상고사)	一. 씨족 공동 사회의 문화	제1장 원시 씨족 사회생활
	II. 원시 시대의 유물 유적		둘째 조각 원시 시대의 유물 유적은 어떠하였는가?				二. 부족 국가 시대의 문화	
(三) 고조선과 그 생활 상태는 어떠하였는가?	I. 고조선의 변천	셋째 가름. 고조선과 그 생활 상태는 어떠하였는가?	첫째 조각 고조선은 어떻게 변천하였는가?	2. 고조선	상대편 3. 고조선의 변천과 사회생활 4. 한 군현과 이웃 사회의 관계 5. 북방 제사회의 생활 6. 남방 제사회의 생활 7. 남방 사회의 새 형성		三. 다른 민족과의 관계 1. 고조선과 위씨 조선과의 관계 2. 낙랑국과 낙랑군과의 관계 3. 낙랑에의 한 문화의 수입 4. 부여와 중국·몽고 민족과의 관계 5. 고구려 초기의 중국·몽고 민족과의 관계	제2장 부족국가 생활 제1절 초 제2절 한 제3절 말
	II. 이웃 나라와의 관계		둘째 조각 이웃 나라와의 관계는 어떠하였는가?	3. 삼국 이전의 형세				
	III. 고대인의 사회생활		셋째 조각 고대인의 사회생활은 어떠하였는가?					
(四)삼국의 흥망 및 그 사회생활은 어떠하였는가?	I. 삼국의 건국과 융성	넷째 가름. 삼국의 흥망 및 그 사회생활은 어떠하였는가?	첫째 조각 삼국은 어떻게 건국하였으며 어떻게 융성하였는가?	4. 삼국의 일어남	8. 삼국의 정립과 쟁패	제2편. 삼국시대 (고대사상)	一. 백제·신라·가락의 일어남	제3장 삼국의 2
							二. 세 귀족 국가의 다툼	제1절 삼 쟁패
				5. 고구려의 발전	9. 통일 중국과의 투쟁과 제·려의 붕괴		三. 신라의 소년군단 화랑 제도	
	II. 백제와 고구려의 쇠망과 그 부흥 운동		둘째 조각 백제와 고구려는 어떻게 쇠망하였으며 그 부흥 운동은 어떠하였는가?				四. 고구려·백제의 귀족 생활과 민중생활 1. 고구려 2. 백제	제2절 고 의 투쟁
				6. 신라의 발전	10. 삼국의 문화와 사회생활	제1편 민족의 태동	五. 삼국의 다른 민족과의 투쟁 1. 신라와 일본 민족과의 투쟁 2. 고구려와 수나라와의 투쟁 3. 고구려와 당나라와의 투쟁 4. 백제의 당과의 투쟁과 그 패망한 원인 5. 고구려의 패망과 그 원인 6. 신라의 통일과 그 민족사적 의의	제3절 백 붕괴
	III. 삼국의 사회생활		셋째 조각 삼국의 사회생활은 어떠하였는가?	7. 수·당의 침입 8. 신라의 삼국 통일	11. 신라의 통일과 발해의 건국 12. 신라 문화의 만개와			제4장 삼국 시

I. 신라 및 발해의 융성		첫째 조각 신라 발해는 어떻게 융성하였는가?	9. 삼국의 사회와 문화		정치의 변천			一. 신라의 융성과 문화의 아시아적 교류		제1장 신라왕조의 민족 통일
					13. 산업 및 도시의 발달과 나인의 해상활약			二. 신라 상인의 해상 지배		제2장 전성시대의 신라
II. 신라 및 발해의 쇠망		둘째 조각 신라 발해는 어떻게 쇠망하였는가?	10. 신라의 전성시대					三. 국력의 쇠약		
								四. 후삼국의 분열과 고려의 재통일		
							제3편. 신라통일시대 (고대사 하)	五. 신라의 쇠망과 그 원인		
								六. 발해의 흥망 (699~929)		
III. 신라 및 발해의 사회생활	다섯째 가름. 신라·발해의 성쇠와 그 사회생활은 어떠하였는가?	셋째 조각 신라 발해의 사회생활은 어떠하였는가?	11. 신라의 쇠망	상대편	14. 신라의 분열과 동아의 새 정세			七. 삼국의 문화 1. 삼국 문화의 민족사적 의의 2. 정치(주권·관제·인구·지방 구획) 3. 경제(토지·산업·수공) 4. 사회(계급·여자·가옥·풍속·오락·명절·결사) 5. 종교(불교·도교) 6. 학문과 교육 7. 예술(고구려·백제·신라)	제2편 민족의 성장	제3장 신라 왕조에서 고려 왕조로 제1절 신라 왕조의 쇠망
			12. 발해의 흥망							
I. 고려 전기의 나라 안팎 모양	여섯째 가름. 고려조의 변천은 어떠하였으며 그 사회생활은 어떠하였는가?	첫째 조각 초기 나라 안팎 모양은 어떠하였는가?	13. 고려의 건국과 발전		15. 고려의 통일과 재조직	중세의 제1기 (태조~정종)		一. 고려통일의 의의와 북방 회복 운동 二. 고려초기의 내정 정리 (918~997)		제2절 고려 왕조 초기의 정치
			14. 거란의 침입		16. 글안과의 관계	중세의 제2기 (문종~예종)		三. 다른 민족과의 관계 1. 다른 민족 관계의 대강 2. 여진 민족과의 충돌 3. 글안 민족과의 10년 전쟁 4. 몽고(원) 민족과의 40년 전쟁 5. 민족 반역자와 노예의 애국심 6. 일본 민족과의 50년 싸움 7. 중화민족과의 관계 8. 다른 여러 나라와의 교통 9. 외국과의 무역	제4편. 고려시대 (중고사)	제4장 독립주의와 사대주의
			15. 여진 정벌		17. 문화의 발전과 사회생활					제1절 걸안과의 관계
			16. 사회의 불안	중세사	18. 여진 및 송과의 관계	중세의 제3기 (인종~원종)			제2편 민족의 성장	제2절 여진 송과의 관계
					19. 중앙귀족의 발호와 지방의 변란					
II. 고려 중기의 나라 안팎 모양		둘째 조각 중기의 나라 안팎 모양은 어떠하였는가?	17. 몽고와의 관계		20. 몽고의 입구			四. 정치와 사회의 불안		제5장 무인의 독재

	III. 고려 후기의 나라의 안 모양과 외국과의 관계		셋째 조각 후기의 나라의 안 모양과 외국과의 관계는 어떠하였는가?	18. 여말의 형세	중세사	중세의 제4기 (충렬왕·공양왕) 21. 자주성을 잃은 변태의 고려		五 청백한 귀족들의 생활 및 노예 해방운동 1. 청백한 귀족들 2. 노예들의 해방운동	제6장 몽고의 침
				19. 고려의 쇠망		22. 고려의 쇠운과 왕실의 몰락		六 고려 왕조의 말기	제7장 고려왕조의
	IV. 고려조의 사회생활		넷째 조각 고려의 사회생활은 어떠하였는가?	20. 고려의 사회와 문화		23. 고려 후기의 사회생활		七 고려의 문화	제8장 고려조의 문화
	I. 근세 조선 전기의 나라 안팎 모양		첫째 조각 근세 조선 전기의 나라 안팎 모양은 어떠하였는가?	21. 이조의 건국	근세사	근세의 제1기 (태조·명종)	제5편. 근세 조선 시대 (근대사 및 현대사)	一 근세 조선 처음의 건설 사업(1392~1494) 1. 한양천도·토지개혁·관제·유교와 과거·사회 정책·사병을 없이함·문화정책 2. 청백리와 학자의 많이 남 3. 다른 민족에 대한 정책과 영토의 넓어짐	제2편 민족의 성장 · 제9장 이씨 왕조 · 제10장 민족 문화
				22. 세종대왕		24. 새 왕조의 개창과 국도 천정			
	II. 유교의 진흥과 사화의 일어남		둘째 조각 유교가 진흥한 까닭은 무엇이며 사화는 어떻게 일어났는가?	23. 이조의 발전		25. 초기의 정치와 사회생활		二 귀족들의 정권 다툼 1. 왕위 다툼 2. 사화(1498~1547) 3. 당쟁(1575~1910)	제3편 민족의 침체 · 제1장 토지제도와 계급 · 제2장 사회와 당
				24. 사화와 그 영향		26. 대외관계			
(七) 근세 조선은 어떻게 성쇠하였으며 그 사회생활은 어떠하였는가?	III. 근세 조선 중기의 나라 안팎 모양	일곱째 가름. 근세 조선과 그 사회생활은 어떠하였는가?	셋째 조각 근세 조선 중기의 나라 안팎 모양은 어떠하였는가?	25. 붕당의 시초		27. 사회와 사상계의 동향 근세의 제2기 (선조·경종)		三 일본 및 청나라와의 전쟁 1. 일본과의 7년 전쟁 (1592~98) 2. 청나라와의 전쟁 (1627, 1636~37)	
	IV. 당쟁의 일어남과 그 진전 및 영향		넷째 조각 당쟁은 어떻게 일어났으며 그 진전 및 영향은 어떠하였는가?	26. 임진왜란		28. 지배층의 분열과 농촌 사회의 형편			제3장 왜란과 호
	V. 근세 조선 후기의 문예 부흥		다섯째 조각 근세 조선 후기의 문운은 어떻게 융성하였는가?	27. 병자호란		29. 왜란과 이순신			
	VI. 근세 조선 후기의 나라 안 모양		여섯째 조각 근세 조선 후기의 나라 안 모양은 어떠하였는가?	28. 당쟁과 탕평		30. 전란의 영향과 국교 회복		四 정치의 어지러움과 민중의 소동	제4장 사색과 탕 · 제5장 학문의 발
						31. 북방문제와 호란			
				29. 중기의 정치와 문화	근세사	32. 당과 싸움의 얽힘	제5편. 근세 조선 시대 (근대사 및 현대사)	세도정치·삼정의 문란·홍경래의 난·백건당의 난·동학당의 난	제3편 민족의 침체 · 제6장 세도정치
	VII. 근세 조선의 사회생활		일곱째 조각 근세 조선의 문화 및 사회 생활은 어떠하였는가?			33. 새 시설과 새 학풍의 싹틈			
				30. 이조의 기울어짐		근세의 제3기 (영조·철종) 34. 문화의 발전			

					근세사			
Ⅰ. 홍선대원군의 집정과 쇄국 정책		첫째 조각 홍선대원군은 어떤 정책을 썼으며 일본 침략의 첫손은 어떻게 들어왔고 구·미 열국과의 관계는 어떠하였는가?	31. 대원군 정치	35. 천주교의 전래와 박해 36. 세도정치와 민중의 동요		五. 근세 조선의 말기 1. 서양과의 교섭이 열림 서양의 지식·외국의 상선·불의 함대의 내침		제7장 대원군의 쇄국정책
Ⅱ. 쇄국 정책과 개혁운동의 전개								제8장 임오군란과 갑신정변
Ⅲ. 임오군란과 갑신정변		둘째 조각 임오군란과 갑신정변은 어째서 일어났으며 그 결과는 어떠하였는가?	32. 불안한 정세 33. 새로운 움직임	근세의 제4기 (고종·순종) 37. 대원군의 집정과 쇄국 38. 나라의 개방과 새 모순		2. 국내 형편과 국제 정세	제3편 민족의 침체	제9장 외국세력의 침투
Ⅳ. 동학란과 청일 전쟁	여덟째 가름. 최근세의 나라 사정과 그 사회생활은 어떠하였는가?	셋째 조각 동학당의 반항 운동은 어떠하였으며 청·일전쟁은 어째서 일어났는가?		39. 복잡한 환경에 싸임		대원군과 민비·개국정책·임오군란·개화당 보수당·갑신정변·청일전쟁·개화당 정부·민후의 죽음·대한제국·노일 전쟁		제1장 동학란과 갑오경장
Ⅴ. 노·일의 세력 경쟁과 우리 나라에의 영향		넷째 조각 노·일은 어떻게 세력을 다투었으며 우리나라에 어떠한 영향을 주었는가?	34. 이조의 망함	40. 동란과 개혁 41. 노국 세력의 남진과 노·일전쟁	제5편 근세 조선 시대 (근대사 및 현대사)	3. 일본의 침략과 민족의 반항	제4편 민족의 각성	제2장 노일전쟁과 신문화운동
Ⅵ. 일본의 우리 나라 강탈		다섯째 조각 일본은 우리나라를 어떻게 강탈하였는가?		42. 민중의 자각운동과 갑오 이후의 새 문화		보호조약·애국계몽운동·헤이그 밀사·황제퇴위·한국의 끝 근세 조선의 망한 원인		제3장 일본제국주의의 침략
Ⅶ. 최근세의 사회 생활		여섯째 조각 최근세 사회생활은 어떠하였는가?	35. 말엽의 사회와 문화	43. 대한제국의 말로				
Ⅰ. 첫 번째 세계대전과 우리나라의 독립 운동	아홉째 가름. 양차 세계대전과 우리 나라와의 관계는 어떠하였는가?	첫째 조각 첫 번 세계 대전과 우리의 독립 운동은 어떠하였는가?		최근세 (1910-1945) 44. 민족의 수난과 반항		六. 민족의 수난한 시기 1. 민족의 수난 2. 독립운동과 민족의 해방 3. 3·1운동·대한민국임시정부·민족해방	제4편 민족의 각성	제4장 민족의 반항과 해방
Ⅱ. 두 번째 세계대전과 우리 나라의 해방		둘째 조각 두 번째 세계 대전의 시말은 어떠하였으며 우리나라는 어떻게 해방되었는가?	36. 독립에의 길	45. 해방과 독립	제5편 근세 조선 시대 (근대사 및 현대사)	七. 대한민국의 독립 八. 근세 조선의 문화 정치·경제·사회·교육·종교·학문		
Ⅲ. 민족의 사명과 자각					근세사	맺음		결론 민족의 사명

앞의 <표 V-4>를 보면 <우리나라 생활> 교수요목에 따른 시대구분[82]과 9단위의 목차 구성을 따른 것은 신석호의 교과서가 유일하다.[83] 신석호의 교과서는 교수요목 8단위의 1~3 항목을 1~2항목으로 통합하고, 교수요목 9 단위의 3번째 항목 '민족의 사명과 자각'이 차례에는 없지만, 교과서 마지막에 '우리의 자각과 사명'이라는 제목으로 서술했다. 이것을 제외하면 신석호의 교과서는 교수요목과 정확하게 일치한다. 다만 신석호는 교수요목의 단위를 '가름'으로, 항목을 '조각'으로, 세목을 '①, ②, ③~'의 번호로 명명하였다. 1948년 8월에 편찬이 완료된 교과서가 1948년 12월에 발행된 <중학교 사회생활과 교수요목집>을 그대로 반영하고 있다. 이는 신석호가 중등학교 3학년 <우리나라 생활> 교수요목 작성에 직접 관여하였음을 보여준다.

---

82) 이기백은 15개의 개설서를 검토하여 시대구분의 유형을 6개로 분류했다.
첫째, 시간의 원근에 의한 시대구분. 이들은 모두 현재를 기점으로 해서 시간의 원근을 표준삼아 시대를 구분한 것이다. 여기에는 서양사에서 흔히 사용되고 있는 고대·중세·근대(혹은 근세)의 삼분법이 영향을 미쳤다고 볼 수 있다.
둘째, 사회발전의 단계를 기준으로 한 구분법. 이들은 대체로 원시사회·고대사회(혹은 노예사회)·봉건사회·근대사회(혹은 자본주의사회)라는 사회발전의 단계를 염두에 두고 있다.
셋째, 민족의 성장과정을 기준으로 한 구분법. 이 구분법은 시론(試論)으로 제시되었을 뿐, 이를 개설의 서술에 적용하고 있지는 않고 있다.
넷째, 주제별에 의한 구분법. 시대를 잘게 나누어 그 시대의 특징을 이룬다고 생각되는 것을 표제로 내세우고 있다.
다섯째, 사회발전과 왕조를 혼합해서 구분한 것이다. 사회발전 단계에 입각해서 시대구분을 하고 싶으나 현재의 연구 수준으로는 그것이 불가능하기 때문에 왕조에 의한 구분을 겸용한 것이다.
여섯째, 지배세력의 변화에 따르는 시대구분이다.(이기백, 「한국사 시대구분 문제」, 『민족과 역사』, 1995, 47~50쪽.)
83) 금룡도서주식회사 편집부에서 발행하여 검정을 받은 『우리나라 생활(역사부분)』의 경우 7단위까지는 교수요목과 거의 동일하게 구성하였다. 하지만 교수요목의 9단위에 해당하는 내용을 8단위에서 하나의 항목으로 간단하게 서술하였고, 근세조선과 최근세의 사회생활에 관한 항목을 별도로 지정하지 않는 등의 차이가 있다. 그리고 '우리의 자각과 사명'을 거의 책의 결론처럼 서술하였다.(편집부, 『우리나라 생활(역사 부분)』, 금룡도서주식회사, 1949.)

이병도는 총설-상대편-중세사-근세사로 시대를 구분하고, 중세를 4기로 근세를 4기와 최근세로 나누었다. 그리고 그 아래 총 45개의 항목을 두었다. 이병도는 교수요목에 제시된 단위와 항목을 따르지 않았다. 이인영은 크게 6편으로 교과서를 구성했지만, 재래의 왕조 중심의 시대구분을 버리고 민족 중심의 새로운 시기 구분을 적용하여 "민족의 태동-민족의 성장-민족의 침체-민족의 각성"의 4시기로 하였다고 머리말에서 밝혔다. 그런데 이러한 시대구분이 학생들에게는 낯설 수 있다. 그래서인지 자신의 시대구분을 "상고-중고-근고-근대"라 하여도 좋다고 머리말에서 덧붙여 설명하였다. 이인영은 교수요목 제1단위의 1~2항목을 제목을 같이 하여 교과서 총설에서 제시하고, 교수요목 제9단위 세 번째 항목을 교과서 결론 '민족의 사명'으로 제시했다. 여기서 이인영이 교수요목을 반영하려 했던 흔적을 발견할 수 있다. 하지만 교과서 본문에 해당하는 총31장의 구성은 교수요목을 따르지 않았다. 결국 이병도, 이인영 모두 교수요목의 순서를 '다소' '달리'한 것은 아니었다. 김성칠도 교수요목의 단위 구성을 따르지 않은 채, 시대구분 없이 총 36개의 주제를 시간적 순서에 따라 서술하였다. 손진태는 교과서를 6편으로 나누었지만, 고대사-중고사-근대사 및 현대사로 시대를 구분하였다. 그리고 고대사를 다시 상고사와 고대사 상·하로 나누었다. 그 아래 총 33개의 항목과 45개의 세목이 있다. 손진태는 제5편 근세 조선시대를 근대사 및 현대사로 구분했는데, 실제로 현대사에 관한 서술은 간단하다. 손진태의 교과서도 교수요목에서 제시한 단위와 항목, 세목과는 연관성이 없다.

결국 신석호를 제외한 4명의 저자 모두 교수요목에 의거해 교과서를 구성하지 않았다. 다만 4명 저자가 교과서 도입부에서 '우리나라의 자연환경'을 설명하고, '우리나라를 부르는 명칭'에 대해 서술했는데, 이는 교수요목에 제시된 사항으로 〈중학교 사회생활과 교수요목집〉 발행 이전 교과서에서는 볼 수 없었던 새로운 내용이다. 5종 교과서에 실린 '우리나라를 부르는 명칭'에 대한 서술은 다음과 같다.

〈표 V-5〉 '우리나라를 부르는 명칭'에 대한 〈우리나라 생활〉 교과서의 서술

구분	내용
신석호	우리나라를 부르는 명칭은 어떠한 것들이 있는가? 우리나라를 부르는 명칭은 조선 삼한(三韓) 고구려 백제 신라 고려 대한(大韓) 코리아(Korea) 등 시대를 따라 여러 가지 칭호가 많이 있으나, 지금 가장 많이 쓰이는 것은 조선 대한 코리아다. 조선은 우리나라의 명칭 가운데 가장 오랜 것으로서 고조선 곧 단군조선에서 일어난 것이며 그 어의는 우리나라가 아침 해 돋아 오르는 동쪽 밝은 곳에 있는 까닭에 밝은 나라란 뜻으로 이름 지은 듯 하다. 대한은 마한 진한 변한의 삼한에서 일어난 말로서 우리나라는 한족 중심이 되어있는 까닭에 신라 고려시대에도 조선 반도를 삼한이라 하였으며, 근세조선 말기에 국호를 대한이라고 고친 까닭에 한국(韓國) 한인(韓人)이란 말을 많이 쓰게 되었다. 코리아는 외국인이 부르는 우리나라의 명칭으로서 그 어원은 고려에서 나온 말이다. 이 밖에 우리나라에는 무궁화가 많은 까닭에 근역(槿域)이라 하기도 하고, 또 우리나라는 동쪽에 있는 까닭에 청구(靑丘) 대동(大東) 해동(海東) 동국(東國)이라고도 하는데, 청구는 동쪽나라를 맡아보는 별 이름으로부터 일어난 명칭이다. 그리고 또 우리나라는 땅은 비록 작으나 문화는 중국과 같이 발달한 까닭에 소중화(小中華) 또는 소화(小華)란 명칭도 사용하였으며, 사람이 모두 착하고 예절이 있는 까닭에 군자지국(君子之國) 예의지방(禮義之邦)이란 아름다운 명칭도 사용하였다. 그러나 대동 해동동국 소중화 소화는 모두 중국을 중심으로 한 사대사상에서 나온 것이므로 좋지 못한 명칭이다.[84]
김성칠	우리나라의 이름 단군조선이니 기자조선이니 위만 조선이니 하고 우리나라는 옛날에 조선이라 불리웠으나, 나중에 고려란 이름이 외국에 전파되어서 Corea·Coree·꺼우리 등의 이름으로 널리 알리워졌으며, 이조시대에 다시 조선이란 이름을 행하였으나, 그 말년에 중국의 기반을 벗어나면서부터 대한이라 고치었다.[85]
이병도	우리나라를 부르는 명칭 1. 정치적 명칭(국호) ……조선·부여·고구려·백제·신라·고려·대한 2. 지역적 명칭……근역(槿域)·청구(靑丘)·삼한(三韓)·해동(海東)·대동(大東) 등[86]
손진태	단군은 국호를 조선이라 하였다. 이것이 우리나라 이름의 처음이며, 뒷날의 부여·고구려·신라·백제의 시조와 백성들이 모두 단군의 자손이었다. 이렇게 전통 위에서도 우리 조상들은 단일 민족임을 부르짖고, 민족의 단결을 강조하였던 것이며, 전통은 민족 감정의 가장 강한 표현이다.[87]
이인영	우리나라는 10세기에 왕씨 왕조가 신라 왕조를 대신하여 주권을 잡고 나라 이름을 고려라고 14세기 말에는 이씨 왕조가 왕씨 왕조를 대신하여 주권을 잡고 나라 이름을 조선이라 하였다가 19세기 말에는 나라 이름을 대한이라 고쳤다.[88]

---

84) 신석호 교과서(1948), 5~6쪽.
85) 김성칠 교과서(1949), 11~12쪽.

교과서 도입부에서 우리나라를 부르는 명칭에 대해 학습한 학생들은 교과서에서 소개되는 모든 나라들이 우리나라라고 생각할 것이다. 그리고 이 나라들의 역사가 우리 민족의 역사였다고 자연스럽게 인식하게 될 것이다. 즉, 우리나라 '국가' 명칭에 대해 먼저 학습하고 이후 세부 내용으로 들어가는 것은 학생들에게 '국가'와 '민족'에 대한 개념을 인식시키는데 효과적일 수 있다. 국가 명칭에 대한 서술 여부가 교과서 검정 때 확인 사항이었고, 왜 이 부분을 반드시 포함시킬 것을 요구했는지 이해할 수 있다.

교과서는 '민족의 사명'을 자각하는 것으로 마무리 한다. 5종 교과서에 실린 결론 부분은 다음과 같다.

〈표 V-6〉 '민족의 사명'에 대한 〈우리나라 생활〉 교과서의 서술

구분	내용
교수 요목	1. 학습하여 온 국사 사실의 민족적 비판 2. 세계 정세에 대한 민족으로서의 바른 인식 3. 민족의 통일과 단결 4. 우리 문화와 세계 문화의 조화 발전
신석호	카이로와 포츠담 회담에서 연합국 여러 나라가 한국의 독립을 원조하여 주겠다고 명언한 만큼 우리는 해방과 동시에 곧 독립 국가가 되어 세계 여러 나라와 어깨를 겨누어 자유로운 나라가 될 줄 알았다. 그러나 사실은 너무도 우리의 기대에 어그러져서 38선을 경계로 사상과 국체가 다른 미·쏘 양군이 남북에 분거하여 서로 겨누고 있으며 이에 따라 우리 국민도 두 갈래로 나누어져서 시비를 다투며 해방 후 3년 동안을 온 나라가 어지러운 상태에 있었다. 그러다가 남쪽에서는 국제연합의 원조로 말미암아 1948년 5월 10일에 총선거를 거행하고 이에 대한민국 정부의 성립을 보게 되어 차차로 그 씩씩한 첫 출발을 하고 있음은 낙망의 구렁텅이에서 다시 광명의 천지를 본 것 같다. 그러나 우리의 최후의 염원은 아직 도달치 못하였다. 남북통일과 민족의 단합이 이 땅에 생(生)을 받은 자면 누구나 다 갈망하는 오직 하나의 염원이며 또 최후의 염원이다. 우리는 파란 많은 그러나 광휘도 있는 반만년 역사를 깊이 인식하고, 세계 어느 나라에 대해서도 자랑할 수 있는 단일 문화 민족임을 자각하고 소아를 버리고 대아로 나아가며 통일과 단합을 굳게 하여 하루라도 빨리 남·북을 통일한 완전 자주 독립 국가

86) 이병도 교과서(1950), 6쪽.
87) 손진태 교과서(1950), 6쪽.
88) 이인영 교과서(1949), 8~9쪽.

	를 이루어야 할 것이다.89)
김성칠	조선 사람은 최근세에 이르러, 이처럼 가혹한 역사의 심판 앞에 서게 되었지만, 그의 혈관 속에 고구려인의 웅대한 기상과, 신라인의 뛰어난 천재력이 숨어 흘러 내려옴을 잊어서는 안 될 것이다. 그러한 숨은 힘이 때를 타서 나타나면, 세종대왕의 문화가 되고, 이순신의 수군이 되는 것이다. 우리는 이 숨은 힘을 과학적으로 조직화하고, 이 것을 더욱 발전시켜서, 새로운 세계 문화 건설에, 조선 사람으로서의 이바지함이 있 어야 할 것이다.90)
이병도	대한민족의 정신은 이를 분석하면, 민족 국가의 안녕과 통일과 발전을 도모하는 대아 정신과, 개인이나 가족의 발전·향상을 위하여 노력하는 소아정신의 두 가지가 있다 하겠다. (중략) 해방 이후 남북이 갈리고, 사상이 혼란하고, 경제가 불안하고, 실지회복이 속히 실현 되지 못한 것은, 물론 거기에는 남의 탓과 잘못도 있겠지만, 그보다도 우리의 잘못, 우리의 탓이 많다고 생각된다. 만일 우리가 대아정신에 의하여 일치단결 한다면, 우 리의 통일은 벌써 실현되었을 것이다. 그러므로 지금이야말로 우리는 소아 소국(小局)을 떠나 대아 대국(大局)에 온 정신 과 노력을 집중시키어, 우리 민족의 통일을 속히 실현하여, 세계 무대에 활약하여야 할 것이다. 전일에는 일인의 압박으로, 또 그 전에는 계급적·지방적 차별로 인하여 우리의 재주와 기능을 충분히 발휘하지 못하였고, 또 우리의 자연의 보배를 잘 이용 하지 못하였던 것이다. 그러니 지금으로부터는 우리가 맘대로 배울 수 있고, 맘대로 재주를 발휘할 수 있고, 또 우리의 자연의 보배를 얼마든지 이용할 수 있는 것이 아니 냐! 그리하여 우리의 문화와 생활을 향상시키고, 낭가 세계 문화에 이바지할 수도 있 는 것이 아니냐!91)
손진태	민족으로서 우리는 다른 나라에 비하여 순조롭게 단일민족으로 성장하였다. 예로부터 지금까지 지역을 같이하고, 피를 같이하고, 역사와 문화를 같이하고, 운명을 같이 하 였다. 그러므로 우리는 다른 어느 민족보다 민족의식이 강하다. 우리가 4천년의 역사 중에서 일본 시대 36년을 빼고는 단 한 번도 국가의 주권을 잃은 일이 없고, 다른 민 족의 지배를 받지 아니하였다는 것은, 다른 민족의 역사상에는 거의 없는 일이며 이 것은 우리 민족의식이 굳센 때문이었다. 역사의 교훈으로 볼 때 우리는 고립과 국수와 독선을 버리고, 세계와 협조하여야 할 것은 물론이거니와, 그 보다 더 급한 것은 민족으로서의 단결이며 단결을 위하여는 그 근본이 되는 민족의 내부 평등이 긴급하게 요청된다. 지금 우리가 당면하고 있는 북한 회복문제와, 우리 민족사 상의 중대한 숙제인 고구려 옛 땅 회복 문제도 민족 단결로부터 출발될 것이다. 그러나 평등의 달성은 결코 폭력으로 될 것이 아니요, 반 드시 평화적 합리적으로 하여야 할 것이니, 폭력은 민족의 불행과 분열을 일으키는 까닭이다. 그리고 이것이 일민주의의 근본정신인 것이다.92)
이인영	우리 민족은 과거에 있어서 세 번 다른 민족의 압박과 그 영향을 받았다. 첫째는 민족 통일 이전 기원전 2세기 말에서 기원후 3세기 중엽에 이르는 400여 년간의 한(漢) 민족의 침략이 그것이며, 둘째는 13세기 중엽에서 14세기 중엽에 이르는 100년 동안

의 몽고 침략이 그것이며 셋째는 최근 36년간의 일본 제국주의의 침략이 그것이다.
(중략)
민족 통일 이래 오래 동안 봉건 계급 정치가 실시되어 그 동안 민족 내부의 일치단결은 굳세지 못하였지만 또한 서서히 민족 문화가 자라나고 외적의 침입에 대하여서는 일치단결하여 민족의 생명을 유지하였던 것이다.
우리 민족은 세계의 모든 민족과 같이 자유롭고 평등하여야 할 것이니 우리가 자유 독립하여야 할 원인은 실로 여기에 있는 것이다. 우리는 국제적 자유·평등을 유지하는 동시에 민족 내부에 있어서도 각자가 자유롭고 평등하여야 할 것이니 우리가 계급 타파 민주주의를 찾는 원인도 실로 여기에 있는 것이다.
우리는 민주주의 연합국의 승리와 우리 민족의 꾸준한 투쟁의 결과 오늘의 해방을 맞이하였지만 38°선에 의한 남북 분열은 일찍이 볼 수 없었던 민족적 불행의 하나이다. 구태여 남을 탓할 것이 아니라 우리의 힘으로 민족을 통일하여야 할 것은 누구나 의심할 수 없는 진리일 것이다. 우리는 가까운 장래에 있어서 공연한 마찰을 없애고 남북이 통일될 것을 의심하지 않는 바이지만 민족의 통일 자주 독립 국가의 건설에 의하여서만 민족의 평등과 민족 문화의 발달을 보게 될 것이며, 민족 문화의 확립에 의하여서만 세계 문화에 공헌할 수 있다고 확신하는 바이다. 우리의 사명은 참으로 민족 문화의 건설과 민족 문화에 의한 세계 문화에의 공헌에 있는 것이다.[93]

앞서 〈우리나라 생활〉 교수요목 마지막 항목인 '민족의 사명과 자각'이 설문식으로 제시되지 않았음을 살펴보았다. 교수요목은 학생이 아니라 민족이 중심이 되어 지금까지 학습한 내용을 확인하도록 구성되었다. 세계정세도 민족의 입장에서 바르게 인식해야하고, 민족을 통일하고 단결하는 것이 국사학습을 통해 학생들이 가져야할 사명으로 제시되었다. 이를 통해 〈우리나라 생활〉 교수요목을 작성했던 사람들의 국사교육에 대한 기본적 인식을 알 수 있다. 5명의 교과서 저자들은 교수요목이 제시한 틀에서 크게 벗어나지 않고 교과서의 결론부분을 서술했다.

신석호는 "반만년 역사를 인식하고, 단일 문화 민족임을 자각하여 소아를 버리고 대아로 나아가 남북통일을 이루고 완벽한 자주독립 국가를 이

---

89) 신석호 교과서(1948), 220~221쪽.
90) 김성칠 교과서(1949), 130쪽.
91) 이병도 교과서(1950), 207쪽.
92) 손진태 교과서(1950), 212~213쪽.
93) 이인영 교과서(1949), 180~182쪽.

루는 것"을 국사학습의 궁극적 목적으로 보았다. 이병도는 민족·국가의 안녕과 통일과 발전을 도모하는 대아정신과, 개인이나 가족의 발전·향상을 위하여 노력하는 소아정신을 구분하고 "소아 소국(小局)을 떠나 대아 대국(大局)에 온 정신과 노력을 집중시키어, 우리 민족의 통일을 속히 실현하여, 세계무대에 활약"해야 한다고 했다. 신석호, 이병도의 국사교육에서 소아인 학생 개인의 향상과 발전은 실현해야할 목표가 아니라 민족과 국가의 대아를 위해 자제해야할 것이었다. 학생은 민족의 통일과 국가 발전을 사명으로 해야 했다. 손진태는 4천년 단일민족으로, 일본시대 36년을 빼고는 한 번도 국권을 잃은 적이 없는 우수한 민족임을 강조하면서 민족의 단결이 시급한 문제라고 했다. 그리고 민족의 단결은 평화적으로 민족 내부의 평등을 달성하는 것으로부터 가능하다고 했다. 손진태도 학생의 문제가 아닌 민족의 문제를 해결하는 것이 국사교육의 목적이라고 했다. 이인영은 우리의 사명을 "민족 문화의 건설과 민족 문화에 의한 세계 문화에의 공헌"이라고 명시했다. 그리고 이는 민족의 통일, 자주 독립 국가의 건설에 의해서만 이루어질 수 있다고 했다. 김성칠도 "조선 사람의 우수성을 인식하고 발전시켜 새로운 세계문화 건설에 이바지해야 한다."고 했다.

<우리나라 생활> 교수요목과 5종의 교과서 모두 '민족의 사명'에 대한 서술로 결론을 맺고 있다. 즉, 해방 직후 새롭게 도입된 사회생활과에 포함된 역사교육, 특히 국사교육에 형식상 변화가 있었다. 하지만 국사교육의 궁극적인 목적은 민족의 통일과 세계로 뻗어갈 국가발전에 이바지 할 수 있는 민족과 국민을 양성하는 것이었다. 이러한 국사교육의 방향은 <중학교 사회생활과 교수요목집> '역사 부분 교수 상의 주의'에서 잘 나타난다.

〈표 V-7〉 중학교 사회생활과 역사부분 교수 상의 주의[94]

	역사 부분 교수 상의 주의
1	역사부분 교수요목은 첫째 학년 "이웃나라 생활" 8단위, 둘째 학년 "먼 나라의 생활" 13단위, 셋째 학년 "우리나라의 생활" 8단위로 되어 있으며, 단위 밑에 항목이 있고 항목 밑에 세목이 배열되어 있다. 그리고 넷째 학년에서는 "인류 문화의 발달"을 배우고, 다섯째 학년에서는 "인류 문화의 발달" 및 "우리 나라의 문화"를 아울러 배우며, 여섯째 학년에서는 "인생과 사회" 안에 "문화"부분에 있어서 좀 더 높은 역사면을 배우게 하였다.
2	교재의 배열은 대개 시간 순으로 하였으나 그렇다고 하여 동일 사실을 토막 토막 끊지 아니하고 늘 사실의 연관성을 붙여 왔으며 상고는 간략히 다루고 시대가 가까워질수록 자세히 다루어 현대 생활을 똑바로 이해하도록 힘썼다. 그리고 대개 먼 정치면을 다루고 다음으로 문화 및 사회생활을 다루었는데, 이는 그 시대 그 시대 사람들의 생활을 이해하려면 먼저 그 사회 상태를 낳은 정치사를 알아야할 것이므로 서이요 결코 정치사에 무게를 둔 것은 아니다.
3	역사도 사회생활과의 한 부분인 만큼 너무 전문적인 역사학적으로 치우치지 말고 항상 사회생활과적 견지에서 이를 다룰 것이며, 또 과거의 사실을 가르치기만 하면 그만이라는 생각을 버리고 항상 현재와 연관을 붙여 현재에 부딪힌 당면 문제가 그 역사적 원인이 있음을 이해시켜 학생들로 하여금 문제의 해결에 정당한 인식과 명확한 판단력을 기르게 할 것이다.
4	종래의 주입식 교육은 어느 학과에서나 그 폐단이 많았지마는 특히 역사 부분에 있어서 더욱 심하여 학생들은 아무 흥미를 느끼지 아니하며, 무비판적으로 사실을 기송(記誦)하기에 급급하다가 나중에는 권태를 일으켜 역사 교육상 지장을 가져오게 됨은 왕왕 있었던 바이니 교사는 모름지기 종래의 이 방법을 버리고 항상 학생들에게 문제를 제시하며 그들로 하여금 자발적으로 연구 토의하게 하여 사실(史實)의 대의의 파악력과 비판력을 양성하여야 할 것이다. 그리고 될 수 있는 데까지 교육에 중점을 두어 여행 원족 등의 기회를 이용하여 유물 유적을 관찰시키고 도표 도안 등도 널리 수집하여 학생들의 학습 편의를 도모할 것이다.
5	종래의 역사 교육에 있어서는 어떤 사실을 가르칠 때에 그 사실의 일어난 원인과 그 미친 영향은 소홀히 하고 그 경과만 중하게 다루는 일이 있었음은 역사 교육상의 큰 폐단이 있으니 교사는 이에 주의하여 그 사실의 원인을 모쪼록 자세히 구명하고, 그 미친 영향을 명확하게 관찰 비판하게 할 것이다.
6	이웃 나라의 역사, 먼 나라의 역사를 배우는 것은 사회생활에 있어 지극히 필요한 것이니 단순히 이웃 나라 혹은 먼 나라라 하여 우리나라의 역사와 아무 관련성이 없다고 생각하여서는 이 또한 부당할 뿐 아니라 현대에 있어서는 전 세계가 함께 세계사적으로 움직이고 있으니 어디까지든지 이웃 나라 역사, 먼 나라의 역사와 우리나라의 역사와의 호상 관련성에 유의해야 할 것이다.

94) 〈중학교 사회생활과 교수요목집〉, 45~46쪽.

7	사회생활과로서의 교재 채택으로서는 종래의 그것과 태도를 달리한 점이 많다. 종래에 중요하다고 본 사실 또는 무가치하다고 경시한 사실이 사회생활과에 있어서는 그와 반대로 보아진 바도 있다. 이는 사회생활과에 있어서는 일반 대중의 사회생활을 존중하고 이것을 중심으로 본 때문이다.
8	고금 동서 여러 국가는 다 각기 그 특수성이 있으니 교사는 모름지기 이를 구명 지도할 것이요, 특히 국사에 있어서는 언제든지 민족의 자주 정신과 도의 관념의 함양 및 문화의 전승 발전에 깊이 유의하는 동시에 생도들에게 이를 고조하여 완전 자주 독립에 이바지 하도록 하여야 할 것이다.
9	이 요목에 제시된 교재를 그대로 묵수(墨守)할 것은 아니며 때와 곳을 따라 취사선택을 달리 할 수도 있겠으나 요는 항상 종합 교육을 목표로, 지리, 공민 부분을 비롯하여 일반 교과목에까지라도 충분한 연락을 취하여 생명과 통일성이 있는 지식을 길러 주어야 할 것이다.

교수요목에 제시된 '역사부분 교수 상의 주의 8'을 통해서도 국사는 국가와 민족을 위해 존재하는 것임을 다시 한 번 확인할 수 있다. 이때 교사는 국가의 특수성을 잘 알아서 학생을 지도하고, 학생은 민족의 완전 자주 독립을 위해 이바지하는 것이 역사교육의 목적이었다. 결국 해방 직후 사회생활과에 포함된 역사부분 교수요목 작성자와 국사교과서 저자들 모두 해방과 독립 국가 건설이라는 특수한 상황 속에서 민족과 국가를 중심으로 국사교육을 해야 한다는 특수성을 인정한 것이다.

다음으로 <우리나라 생활> 교수요목과 5종 교과서의 각 시대별 서술 비중을 비교 검토했다. 교수요목은 별도의 시대구분 없이 9단위로 구성되었다. 이를 신라와 발해의 멸망 이전을 '고대'로 고려시대를 '중세'로 조선시대를 '근세'로 흥선대원군부터 한일병합까지를 '최근세'로 한일병합 이후를 '현대'로 설정하고, 200개 세목의 시대별 비중을 계산했다. 그 결과 교수요목은 고대 30.2%, 중세 12.6%, 근세 26.1%, 최근세 22.6%, 현대 8.5%로 구성되어 있다. 검정을 통과한 5종의 교과서는 교수요목에 제시된 시대별 서술 비중을 얼마나 반영해서 서술했는지는 다음의 그래프를 보면 확인할 수 있다.

〈표 V-8〉 〈우리나라 생활〉 교수요목과 5종 검정 교과서 서술 비중 비교

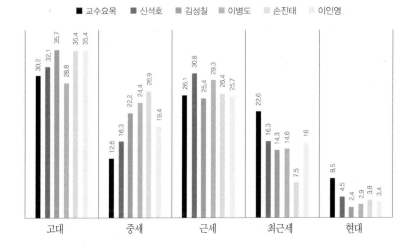

■ 교수요목　■ 신석호　■ 김성칠　■ 이병도　▨ 손진태　▨ 이인영

위의 〈표 V-8〉을 보면 고대와 중세의 경우 대체로 5종의 교과서는 교수요목보다 서술 비중이 높고, 최근세 이후는 교수요목보다 서술 비중이 낮다. 근세의 경우 서술 비중이 크게 차이가 나지 않는다. 저자별로 강조한 부분도 알 수 있다. 김성칠, 손진태, 이인영의 경우 고대사 서술 비중이 높고, 이병도의 경우 교수요목보다 고대사 비중이 적다. 그 대신 상대적으로 중세사와 근세사의 비중이 높다. 손진태의 경우 중세사의 서술 비중이 5종 교과서 중에서 가장 높고,[95] 근세사 비중은 현격히 낮다.

무엇보다 오늘날 한국근현대사 부분에 해당하는 홍선대원군 이후의 역사와 관련해서 교수요목은 전체의 31.1%의 비중을 차지하고 있다. 이는 사회생활과에서 추구했던 생활중심 교육방침이 영향을 준 것이다. 즉, 학생들의 현재 생활에 영향을 주는 최근 역사에 대한 학습을 강조한 것이다.

---

95) 손진태는 고려시대 서술에 있어 특히 몽고와의 전쟁 부분을 자세히 다루었다. 이때 다른 5종의 교과서에는 없는 '노예들의 애국심', '노예들의 해방운동'과 같은 주제를 설정하여 서술하였다. 이런 부분들이 추가되어 중세의 서술 비중이 다른 교과서들보다 높아졌다.(손진태 교과서(1950), 99~105, 121~122쪽.)

하지만 해방 직후 최근세 이후 시대에 대한 연구가 축적되지 않은 상태에서 관련 내용에 대한 서술을 대폭 증대하는 것은 쉽지 않았다. 따라서 최근세 이후 서술은 신석호가 20.8%, 이인영 19.4%, 이병도 17.5%, 김성칠 16.7%였고, 손진태의 경우 11.3%에 불과했다. 그 중에서도 1910년 한일병합 이후에 대한 서술이 2.4~4.5% 비중밖에 안 될 정로 극히 빈약했다. 결국 교수요목이 제시한 시대별 서술 비중과 5종의 교과서 서술 분량을 비교했을 때, 5명의 저자들은 교수요목이 제시한 서술 비중을 적극 반영하지 않았다. 다만 교수요목 제정에 참가했던 신석호만은 시대별 서술 비중을 어느 정도 고려했다.

그 밖에 눈에 띄는 형식상 변화는 모든 교과서가 각 항목이나 세목이 끝날 때마다 문제를 제시한 것이다. 중등학교 사회생활과 교수요목이 '설문식 교수를 할 것'을 명시했음은 앞에서 살펴보았다. 국사교과서 저자들도 학생 스스로 탐구하고 문제를 해결할 수 있는 능력을 키운다는 사회생활과의 교수 방침을 반영한 것이다. 신석호·김성칠은 '익힘'으로, 이병도·이인영은 '연습'으로 이름 하였다. 손진태는 '연구문제'를 제시했는데, 다른 4명의 저자들과는 달리 6편(머리편~5편)의 끝에서 몇 개의 문제를 제시하였다. 그야말로 '문제 제시'라는 교과서 형식에 맞추기 위해 추가한 것 같다.[96]

앞에서 검정을 통과한 <이웃나라 생활>, <먼 나라 생활> 교과서들이 검정 이전의 교과서 구조에서 벗어나 교수요목에 따라 새롭게 교과서를 구성했음을 살펴보았다. 그런데 <우리나라 생활> 교과서들은 신석호를 제외하고는 누구도 교수요목에 따라 교과서를 구성하지 않았다. 그럼에도 불구하고 문교부의 검정을 통과했다. 이는 국사의 독립성을 지키고자 했던 저명한 국사학자와 사회생활과에 포함된 국사교과서가 필요했던 문교 당국이 서로의 입장을 고려한 결과였던 것 같다. 즉, 문교부에서는 유명한 국사

---

96) 박진동도 "손진태의 교과서만은 학습과제를 본문이 아닌 부록에서 '복습문제'로 수록하였다. 아마도 조판을 마친 후에 추가한 것으로 보이며, 이것은 검정 상에서 수정지시를 받았기 때문으로 추측된다."고 했다.(박진동, 앞의 논문(2004), 229쪽.)

학자들의 원고가 훼손되지 않은 범위에서 교수요목을 반영해 주길 원했고, 저자들도 문교당국의 요청을 수용 가능한 부분에서 받아들였던 것이다.

이 책 Ⅳ.1.2)에서 1949년 3월 문교부에서 발표한 〈교재 검정 요령〉을 살펴보았다. 이 때 5가지의 교재 검정 기준이 제시되었고, 그 첫 번째가 "문교부에서 제정한 교수요목에 맞는가?"였다. 무엇보다 〈교재 검정 요령〉에는 요목 순서는 바꾸어도 무방하고, 보충은 할 수 있어도 삭감할 수는 없다고 했다. 하지만 신석호를 제외한 4명의 저자들은 교수요목에 제시된 단위와 순서를 따르지도 않았고, 충실히 반영하지도 않았지만 검정을 통과했다. 〈교재 검정 요령〉의 두 번째와 세 번째 기준인 '체제'와 '정도'는 논란의 소지가 적었을 것이다. 그런데 네 번째 기준인 "교과 분량이 문교부의 제정 시간수에 맞는가?"라는 기준도 엄격하게 적용되지 않았다. 5종 교과서의 본문 서술 분량을 보면 신석호(221쪽), 김성칠(130쪽), 이병도(207쪽), 손진태(212쪽), 이인영(182쪽)으로 저자별로 차이가 크다. 그럼에도 검정을 통과했다. 마지막 기준은 '내용'과 관련된 것인데 총 6개의 기준이 제시되었다. 그 중 첫 번째로 살피겠다고 밝힌 내용이 "민주주의 민족교육 이념에 부합되나?"였다. 즉, 교과서는 민주주의 민족교육 이념에 따라 편찬할 것을 요구했다. 3번부터 6번까지의 교과서 내용 검정 기준은 아동중심·생활중심 교육을 실천할 수 있는 내용인지를 확인하는 것이었다. 그 밖에 서술 내용의 사실 여부에 대한 확인이 두 번째 확인 사항이었다. 결국 1949년 〈우리나라 생활〉 교과서 검정에서 문교부가 발표한 〈교재 검정 요령〉의 모든 기준이 엄격하게 적용된 것은 아니지만, 내용상 '민주주의 민족교육 이념'을 추구하고, 형식상 '문제 제시'라는 부분은 지켜야 했던 요소였음을 알 수 있다. 이에 대해 교과서 사례를 통해 구체적으로 검토하였다.

2) 〈우리나라 생활〉 교과서의 내용과 특성

중등학교 사회생활과 교수요목이 공포되기 전 편찬되어 검정을 받지 않은 교과서와 교수요목 공포 후 검정을 통과해 발행된 교과서를 비교 검토했다. 이를 통해 교과서 저자들이 교수요목을 얼마나 반영했는지, 1949년의 국사교과서의 검정 기준이 무엇이었는지도 구체적으로 확인할 수 있다. 검토 대상은 김성칠과 이병도의 검정 전후 교과서이다.97)

① 김성칠 교과서: 『중등 조선사』와
『사회생활과 우리나라 생활 (역사부분)』

검정 전후 교과서의 변화된 부분은 저자의 머리말을 비교해 보면 알 수 있다. 그런데 앞에서도 언급했지만 김성칠은 머리말을 남기지 않았다. 그래서 검정 전후의 교과서 목차 비교를 통해 교과서 전체 구성의 변화와 특징을 파악해 보았다.

〈표 V-9〉 김성칠 〈우리나라 생활〉 교과서 검정 전후 목차 비교

검정 전	검정 후
1. 역사 이전	1. 역사 이전
2. 고조선	2. 고조선
3. 삼국 이전의 형세	3. 삼국 이전의 형세
4. 삼국의 일어남	4. 삼국의 일어남
5. 고구려의 발전	5. 고구려의 발전
6. 신라의 발전	6. 신라의 발전
7. 수·당의 침입	7. 수·당의 침입
8. 신라의 삼국통일	8. 신라의 삼국통일
9. 삼국과 외국과의 관계	9. 삼국의 사회와 문화

97) 김성칠, 『중등조선사』, 정음사, 1948년 8월 8일 출판. 『사회생활과 우리나라 생활 (역사부분)』, 정음사, 1949년 7월 1일 출판. 이병도, 『새국사교본』, 동지사, 1948년 6월 출판. 『우리나라의 생활(역사)』, 동지사 1950년 5월 15일 출판.

10. 신라의 쇠망	10. 신라의 전성시대
11. 발해의 흥망	11. 신라의 쇠망
12. 삼국의 문화	12. 발해의 흥망
13. 고려의 건국과 발전	13. 고려의 건국과 발전
14. 거란의 침입	14. 거란의 침입
15. 여진 정벌	15. 여진 정벌
16. 사회의 불안	16. 사회의 불안
17. 몽고와의 관계	17. 몽고와의 관계
18. 여말의 형세	18. 여말의 형세
19. 고려의 쇠망	19. 고려의 쇠망
20. 고려의 사회와 문화	20. 고려의 사회와 문화
21. 이조의 건국	21. 이조의 건국
22. 세종대왕	22. 세종대왕
23. 이조의 발전	23. 이조의 발전
24. 사화와 그 영향	24. 사화와 그 영향
25. 붕당의 시초	25. 붕당의 시초
26. 임진왜란	26. 임진왜란
27. 병자호란	27. 병자호란
28. 당쟁과 탕평	28. 당쟁과 탕평
29. 중기의 정치와 문화	29. 중기의 정치와 문화
30. 이조의 기울어짐	30. 이조의 기울어짐
31. 대원군 정치	31. 대원군 정치
32. 불안한 정세	32. 불안한 정세
33. 열강의 야망	33. 새로운 움직임
34. 이조의 망함	34. 이조의 망함
35. 독립에의 길	35. 말엽의 사회와 문화
부록: 연대표, 색인	36. 독립에의 길
	부록: 연대표

목차는 검정 전이 35개, 검정 이후가 36개의 주제로 거의 동일하다. 다만 검정 전 '9, 12 항목'이 '9.삼국의 사회와 문화'로 합쳐지고, '10.신라의 전성시대'가 추가되었다. 검정 전 '33.열강의 야망'은 '33.새로운 움직임'으로 바뀌었고, '35.말엽의 사회와 문화'가 추가되었다. 이는 생활과 문화를 강조했던 사회생활과의 특성이 반영된 것이다. 특히 <우리나라 생활> 교수요목에서 '삼국의 사회생활'을 별도 항목으로 하고, 그 아래 10개의 세목이 제시된 것과 '신라의 전성시대'에 관해 서술할 것을 2개의 세목에서 제

시한 것이 영향을 주었을 것이다. <우리나라 생활> 교수요목에서 신라에 대한 부분이 비교적 자세히 다루어졌고, 이것이 교과서에 반영되었음을 짐작할 수 있는데, 그 이유와 배경에 대해선 추가적인 연구가 필요하다.

1948년 출판된『중등 조선사』에는 다른 교과서에서 찾아볼 수 없는 8쪽 분량의 '색인'이 있다. 1948년 김성칠의 교과서에만 색인이 있는 것은, 저자가 1946년 발행한『조선역사』, 1948년 수정 발행한『고쳐 쓴 조선역사』에 색인이 있는 것과 관계있다. 김성칠은 자신의 개설서를 기반으로 교과서를 편찬하며 색인도 함께 실었던 것이다.

김성칠의 교과서 목차 구성은 검정 전후를 비교했을 때 큰 차이가 없다. 검정을 받은 다른 교과서들이 공통적으로 머리말에서 사회생활과 교수요목에 의거했다고 밝혔는데, 김성칠은 스스로 그런 말을 남기지 않았다. 김성칠의 교과서는 검정을 통과했지만 사회생활과 교수요목을 따라 교과서를 구성하지 않았음은 이미 살펴보았다. 그뿐 아니라 검정 이전 교과서와 형식이나 내용이 거의 동일하다.

김성칠의 교과서에서 눈에 띄는 것은 검정 이전 교과서에서부터 이미 각 항목마다 [익힘] 문제를 제시했다는 점이다. 김성칠은 사회생활과에 포함된 역사교과서를 편찬하면서 문제 제시의 방법을 교수요목이 발행되기 이전부터 적용하고 있었다. 이는 김성칠이 김상기·김일출과 공동저자로 1948년 6월 발행했던『신동양사』에서 [익힘]을 제시한 것에서도 확인할 수 있다.

김성칠의 검정 교과서는 교수요목의 단위와 항목을 준수 했는지의 여부가 <우리나라 생활> 교과서의 엄격한 검정 기준이 아니었음을 말해준다. 하지만 김성칠은 사회생활과에 포함된 국사의 위치를 인정하고, 문화와 사회에 관한 서술을 추가하였다. 이는 검정 전 교과서의 겉표지 제목이『중등 조선사』이긴 했지만, 속표지 제목이『사회생활과 역사부 조선사』였던 것에서 확인할 수 있다.

검정 전후 추가되거나 삭제된 서술을 검토하면 김성칠이 편찬한 교과서의 특징과 <우리나라 생활> 교과서의 검정 기준을 확인할 수 있다. 검정후 교과서에서 '우리나라의 자연환경'과 '우리나라를 부르는 명칭'에 대한 서술이 추가되었음은 이미 살펴보았다. 그런데 다음 내용은 삭제되었다.

> 우리나라는 이제 불행히 남북의 두 동강에 나뉘어서 우리 민족 전체가 뜻 아니한 고난을 겪고 있지만, 세계 어느 나라보다도 가장 순수한 단일 민족으로서, 오랜 옛날부터 이 터전에 살아 온 것은 역사의 밝히 증명하는 바이다.[98]

즉, 우리는 전 세계에서 가장 순수한 단일민족으로 옛날부터 이 땅에서 살아왔는데, 불행히 현재는 남북이 분단되어 민족 전체가 고난을 겪고 있다는 서술이 검정 후 교과서에는 없다.

'3.삼국 이전의 형세'에서 검정 전에는 '한나라 사군'을 먼저 설명하고, 이후 '남북국의 형세'라는 제목 아래 삼한·예족·옥저족·읍루·부여에 관한 내용을 한 두 줄로 간단히 서술하였다. 그리고 "이들의 대부분은 한 부족 사이에서도 완전한 통일이 이루어진 것이 아니고, 평시에는 마을마다 독립 국가와 다름없으나, 무슨 일이 있을 때면 대표를 모아서 의논하였다."는 내용이 있었다.[99] 그런데 검정 후에는 부여·옥저·동예·삼한을 독립 세목으로 설정해 먼저 설명하고, 그 뒤에 한사군에 대해 설명했다. 그리고 이들 국가들이 완전한 통일을 이루지 못했다는 서술도 삭제되었다. 그리고 다음의 내용들이 추가되었다.

> ◇ 삼국의 고유 신앙은 원시 샤만교(Shamanism)여서, 모든 자연을 신격화하고, 특히 하늘과 해를 섬기었으며, 무꾸리를 하는 무당이 사

---

98) 김성칠 교과서(1948), 5쪽.
99) 김성칠 교과서(1948), 12쪽.

회의 중심이어서, 삼국의 고유문화는 이에서 자라난 것이었는데
◇ 삼국시대는 일찍부터 한문이 들어와서 일부 지식 계급 사이에 행
하였으므로, 중국 문화의 수입이 활발하였고, 이를 다시 일본에
전하여서 그들의 무지 몽매함을 일깨워 주었다.
◇ 익힘41.삼국의 문화유산 중에서 아는 것을 들어보아라.100)

즉, 삼국의 고유 신앙은 원시 샤만교에서 출발해서 삼국의 문화가 발달
했다는 것, 삼국의 문화가 우수해서 일본의 무지함을 일깨워주었다는 것,
그리고 삼국의 문화유산에 대해 확인하는 익힘 문제가 추가되었다. 이러한
서술은 삼국 이전부터 한반도와 그 주변의 국가들이 모두 한(韓)민족이었
고, 이들이 우수한 문화를 가지고 있었다는 것을 학생들에게 인식시키기고
강조하기 위한 것이었다.
또한 발해와 관련해 "이를 남북조라 하기에는 어색한 점이 없지 않다."101)
는 서술이 삭제되고 다음 내용이 추가되었다.

발해가 망함에 그 태자 대광현이 광복운동에 실패하고, 그 부하 수만
명과 더불어 고려에 망명하였으며, 그 후로도 발해 유민의 고려에의 귀
화는 끊이지 아니하였다. 한편 고국에 머물러 있는 사람들은 그 후 200
년 동안을 내려오면서 줄기차게 독립운동을 계속하였으나, 마침내 성공
하지 못하였다.102)

교수요목은 신라와 발해가 하나의 민족으로 남북국의 형세를 이루고 있
었다는 것을 전제로 교과서를 서술할 것을 요구했다. 이는 교수요목 제5단
위가 '신라 및 발해의 변천과 그 사회생활은 어떠하였는가?'였고, 그 아래
3개의 항목에서 신라와 발해를 동등한 지위로 놓았으며, 총 18개의 세목에

---

100) 김성칠 교과서(1949), 35~36, 39쪽.
101) 김성칠 교과서(1948), 38쪽.
102) 김성칠 교과서(1949), 48~49쪽.

서 신라와 발해에 대한 서술 분량을 동일하게 구성한 것에서 확인할 수 있다. 교수요목과 교과서에서 발해를 강조하고 남북국에 대한 서술에 관심을 보인 것은 1948년 남북에 각각 정부가 수립되었던 당시의 상황 때문이었을 수도 있다. 즉, 일제에서 해방된 한반도에 통일된 민족 국가를 수립해야 한다는 당위를 거부할 수 없었던 상황에서 우리 민족이 예전에도 남과 북에 각각 나라를 세웠을 때가 있었음을 보여준 것이다. 이는 통일된 민족 국가 수립이라는 시대적 요구에서 벗어나 남한에 독자적인 정부를 수립할 수도 있다는 인식의 전환에 영향을 줄 수도 있었을 것이다.

다음으로 하나의 세목 전체가 삭제되고, 새로운 세목이 설정된 부분이 있다. '9. 삼국과 외국과의 관계' 아래 '(3) 청해진'이 검정 후 교과서에서 모두 빠졌다. '(3) 청해진'에는 다음과 같은 내용이 있었다.

> 신라의 한창 시절에는 황해와 동해의 재해권을 모두 잡고 있었다.(중략) 신라의 국세가 날로 기울어져서 그 힘이 바다에까지 미치지 못하자, 황해 위에 해적이 들끓어서, 때로는 신라 사람들을 잡아다 종으로 팔아먹는 일이 있었다. 신라 조정에서는 동포들의 이러한 비참한 사실을 눈 앞에 보면서도 저이들끼리 피비린내 나는 권세 다툼에만 눈이 어두웠다.[103](이하 생략)

즉, 신라 사람들이 해적에게 잡혀 종으로 팔려가고, 그런 비참한 상황 속에서도 동포를 구하지 않고 권력다툼만 벌인 신라 귀족에 대한 서술을 삭제한 것이다. 물론 "청해진의 흥망과 그 의의를 말하여라."는 익힘 문제도 더 이상 찾아볼 수 없다. 그리고 '9. 삼국의 사회와 문화' 아래 '(3) 사회생활'이 추가되었다. '(3) 사회생활'에는 다음과 같은 서술하였다.

> 삼국은 그 생활 방식과 풍속 습관이 비슷하였다. 고구려와 백제는 다

---

103) 김성칠 교과서(1948), 32쪽.

같이 부여에서 옮아온 사람들로서 그 근본이 한 줄기이고, 신라는 삼한 중에서 자라난 나라였으니, 세 나라는 모두 한 민족으로서, 예로부터 언어와 풍속이 어슷비슷하였다. 고구려는 추운지방이므로 겨울에는 구들 밑으로 불기운을 통하여서 방을 덥게 하는 방법을 써서, 우리나라 온돌이 이에서 비롯하였으며, 가옥은 삼국이 모두 일반 민가는 이엉으로 덮고, 궁궐이나 관청·사원(寺院) 같은 집은 기와를 이었다.104)

즉, 신라에 대한 부정적 서술은 삭제되고, 고구려·백제·신라는 옛날부터 한반도와 그 주변에 터를 잡고 살아온 언어와 풍속이 비슷한 한 민족이었다는 내용을 추가했다. 그리고 온돌이 고구려에서 비롯된 우리의 문화이며, 삼국의 가옥 구조도 모두 비슷하다고 했다. 그 뒤에 고구려의 의(衣)생활과 민속, 신라의 문화에 대해서도 소개했다. 또한 "삼국의 문화유산 중에서 아는 것을 들어보아라."고 하는 익힘 문제를 제시해서 삼국의 문화유산을 확인하게 했다.

다음으로 김성칠이 검정을 받기 위해 제출한 원고의 내용 중 일부를 잘라버린 흔적을 확인할 수 있다. 검정 전 교과서에는 '우리의 사명'으로 교과서를 마무리하는 바로 앞에 다음과 같은 서술이 있었다.

부자연스러운 경계가 빚어내는 비극은 남북에 들어온 두 나라가 하나는 자본주의이고 하나는 공산주의이기 때문에 더욱 심각하고, 그로 말미암아 조선 사람의 내부에 필요 이상의 사상적 분열을 일으켜서 조선의 독립과 발전에 한 <u>가닥의 어두운 그림자를 던지게 되었다</u>.105)

그런데 검정 후 교과서에는 전후 문맥과 전혀 어울리지 않는 밑줄 친 "닥의 어두운 그림자를 던지게 되었다."라는 문장이 '(4) 우리의 사명' 윗줄에 있다. 이는 자본주의와 공산주의라는 사상적 분열이 남북 분단을 야

---

104) 김성칠 교과서(1949), 38쪽.
105) 김성칠 교과서(1948), 112쪽.

기했고, 이러한 사상적 분열이 한국의 독립과 발전에 어두운 그림자였다는 모든 내용을 삭제했어야 하는데, 실수로 마지막 한 줄이 남은 것이다. 이는 검정과정에서 삭제 지시가 있었음을 말해준다.

끝으로 용어의 변화를 확인할 수 있다. '우리나라'라는 용어는 검정 이전에도 사용되었지만, '조선 민족', '조선 사람', '조선 문화권'[106]이라고 쓰던 것을, 검정 이후 '우리 민족', '우리 문화권'[107]으로 변경했다. 또한 병자호란에 대한 서술에서 '(4)호란의 결과'는 제목만 '(4)북벌론'으로 변경되고 내용은 동일하다. 이는 대한민국 정부 수립 후 북을 정벌한다는 용어를 강조하기 위한 것으로 보인다.

김성칠의 국사교과서에서 검정 전후 변경된 주요 부분을 정리하면 다음과 같다.

〈표 V-10〉 김성칠 〈우리나라 생활〉 교과서 검정 전후 변경 내용

추가된 내용	삭제된 내용
1. (2) 우리나라의 자연환경(1949년, 5~6쪽) 2. (4) 우리나라의 이름(1949년, 11~12쪽)	1. (2) 우리나라는 이제 불행히 남북의 두 동강에 나뉘어서 우리 민족 전체가 뜻 아니한 고난을 겪고 있지만, 세계 어느 나라보다도 가장 순수한 단일 민족으로서, 오랜 옛날부터 이 터전에 살아 온 것은 역사의 밝히 증명하는 바이다.(1948년, 5쪽)
3. (1) 부여와 그 이웃 3. (2) 옥저와 동예 3. (3) 삼한(1949년, 12~13쪽)	3. (2) 남북의 형세 이들의 대부분은 한 부족 사이에서도 완전한 통일이 이루어진 것이 아니고, 평시에는 마을마다 독립국가와 다름 없으나, 무슨 일이 있을 때면 대표를 모아서 의논하였다.(1948년, 12쪽)
9. (3) 사회생활 - 전체 추가 익힘41.삼국의 문화 유산 중에서 아는 것을 들어 보아라.(1949년, 38~39쪽)	9. (3) 청해진-전체 삭제 익힘44.청해진의 흥망과 그 의의를 말하여라.(1948년, 32~33쪽)

---

106) 김성칠 교과서(1948), 16, 38, 42쪽.
107) 김성칠 교과서(1949), 18, 40, 49쪽.

11. (3) 발해의 흥망 발해가 망함에 그 태자 대광현이 광복운동에 실패하고, 그 부하 수만 명과 더불어 고려에 망명하였으며, 그 후로도 발해 유민의 고려에의 귀화는 끊이지 아니하였다. 한편 고국에 머물러 있는 사람들은 그 후 200년 동안을 내려오면서 줄기차게 독립운동을 계속하였으나, 마침내 성공하지 못하였다.(1949년, 48~49쪽)	11. (3) 발해의 흥망 이를 남북조라 하기에는 어색한 점이 없지 않다.(1948년, 38쪽)
9. (1) 불교의 들어옴 삼국의 고유 신앙은 원시 샤만교(Shamanism)여서, 모든 자연을 신격화하고, 특히 하늘과 해를 섬기었으며, 무꾸리를 하는 무당이 사회의 중심이어서, 삼국의 고유문화는 이에서 자라난 것이었는데(1949년, 35쪽) 익힘41.삼국의 문화유산 중에서 아는 것을 들어보아라.	
9. (2) 학문과 예술 삼국시대는 일찍부터 한문이 들어와서 일부 지식 계급 사이에 행하였으므로, 중국 문화의 수입이 활발하였고, 이를 다시 일본에 전하여서 그들의 무지 몽매함을 일깨워 주었다.(1949년, 36쪽)	
10. 신라의 전성시대 -신라의 쇠망 전에 전성시대를 따로 구분해서 서술함.(1949년, 40~44쪽)	
35. 말엽의 사회와 문화-전체 추가 (1) 내외의 정세, (2) 신문명의 들어옴, (3) 새 문화의 자라남, (4) 산업과 경제, (5) 역사의 비극(1949년, 123~128쪽)	
닥의 어두운 그림자를 던지게 되었다.(1949년, 130쪽)	36. (3) 해방 부자연스러운 경계가 빚어내는 비극은 남북에 들어온 두 나라가 하나는 자본주의이고 하나는 공산주의이기 때문에 더욱 심각하고, 그로 말미암아 조선 사람의 내부에 필요 이상의 사상적 분열을 일으켜서 조선의 독립과 발전에 한 가닥의 어두운 그림자를 던지게 되었다.(1948년, 112쪽)

검정 전후 교과서 내용이 거의 동일함에도 검정 후 교과서가 18쪽이 늘어난 것은 전혀 새로운 6쪽 분량의 35장 서술과 12개에서 총 26개로 늘어난 삽화 때문이다. 추가된 삽화는 '고인돌, 광대토대왕비, 백제시대의 무늬 있는 벽돌, 고구려 고분벽화, 박해 때 벽돌의 문화, 도산서원, 대동여지도' 등 민족의 우수한 문화 관련된 것들이 대부분이다. 그리고 고대, 중세, 근세, 최근세 시대의 연표가 추가되었는데, 연표에는 중국의 왕조변화도 함께 표시되어 있고, 최근세 연표에는 1863년부터 일본 명치시대가 시작되었음도 추가되었다.

〈표 V-11〉 김성칠 검정 전후 교과서 지도, 사진, 연표 비교

검정 이전			검정 이후		
제목	유형	쪽	제목	유형	쪽
			고인돌	사진	18쪽
삼국시대 초기	지도	17쪽	삼국시대 초기	지도	19쪽
			광개토대왕비	사진	22쪽
진흥왕 시절의 삼국	지도	22쪽	진흥왕 시절의 삼국	지도	25쪽
			고대(삼국시대·신라통일시대)비교연표	연표	29쪽
			돌에 새긴 불경-구례 화엄사	사진	33쪽
신라 통일시대	지도	30쪽	신라 통일시대	지도	34쪽
			백제시대의 무늬 있는 벽돌	사진	36쪽
			고구려 고분벽화	사진	37쪽
발해의 석등	사진	37쪽	발해의 석등	사진	48쪽
			발해 때 벽돌의 문화	그림	49쪽
고려초기 형세도	지도	45쪽	고려초기 형세도	지도	53쪽
			중세(고려시대) 비교 연표	연표	60쪽
고려중기 형세도	지도	55쪽	고려중기 형세도	지도	65쪽
포은 정몽주	그림	64쪽	포은 정몽주	그림	73쪽
한글 「훈민정음」 원본	사진	71쪽	「훈민정음」 원본	사진	81쪽
이조초기 형세도	지도	75쪽	이조초기 형세도	지도	84쪽
			도산서원-퇴계선생이 공부하던 곳	사진	89쪽

			근세(이조시대)비교연표	연표	90쪽
이순신의 난중 일기초	사진	85쪽	이순신의 「난중 일기초」	사진	96쪽
옛날의 싸움 「이괄란 때의 전쟁도」	그림	89쪽	옛날의 싸움「홍경래 때의 전쟁도」	그림	99쪽
옛날의 원 「표류한 서양 사람이 그린 그림」	그림	93쪽	옛날의 원 「표류한 서양 사람이 그린 그림」	그림	105쪽
			한미수호통상조약 정문	사진	113쪽
			최근세(고종시대 전후)의 비교연표	연표	115쪽
			영은문, 독립문	사진	119쪽
			옛날의 지도「대동여지도」	그림	126쪽

김성칠의 검정 전후 교과서에는 구성과 내용에 있어 큰 차이가 없다. 다만 '우리 민족'은 고조선 이후 한반도 주변에서 하나의 민족으로 살아왔고, 우수한 문화를 가지고 있었다는 점이 추가되었다. 그리고 '우리 민족'에 대한 부정적 서술이 일부 삭제되었다. 이는 민족에 대한 서술이 좀 더 많아진 것이지 국사교육에 대한 저자의 인식이 근본적으로 변화한 것은 아니다. 무엇보다 결론에 해당하는 '우리의 사명'은 검정 전후 교과서가 단 한 자의 차이도 없이 동일하다.

② 이병도의 교과서: 『새국사교본』과 『우리나라의 생활 (역사)』

이병도 검정 교과서의 머리말은 앞에서 살펴보았다. 검정 전 교과서인 『새국사교본』에 이병도는 다음과 같은 「범례」를 남겼다.

> (1) 이 교과서는 초급용 국사 교과서로 편찬하였으나 고급 중학 기타에도 사용할 수 있다.
> (2) 본서는 실상 별저 "조선사대관"을 교과서 체제로 축약한 것인데, 간혹 보충한 것도 있다.

(3) 본서는 우리의 민족국가·사회 및 문화의 변천 발전의 대요를 될수록 간명히 서술함에 힘쓰는 동시에 시대의 구분, 사실의 관계·맥락을 밝히었다.

(4) 사료취사에 있어서는 될수록 신중한 태도와 정확한 길을 취하였다.

(5) 종래 학설의 나뉜 건에 있어서는 대개 저자의 신 연구의 결론에 의하였다. 또 현재 유행의 국사 교과서 중의 잘못된 것을 시정한 것도 많다.

(6) 삽도는 될수록 정확한 출처를 가진 것으로써 하였고 특히 지도의 강역에 있어서는 일일이 자기의 새 연구와 기록에 의하여 그리었다.[108]

위의 「범례」를 통해 1948년 발행된 중등학교 국사교과서 『새국사교본』은 저자의 개설서 『조선사대관』[109]을 교과서 체재로 축약한 것임을 알 수 있다. 이병도는 정확한 사료를 통해 학생들에게 우리의 민족국가·사회·문화의 발전을 보여주고, 동시에 시대구분과 사실 관계를 밝혀주려 한다고 했다. 또한 머리말 (5)에서 종래 학설에서 대립이 있는 것과 현재 사용되는 국사교과서 중 잘못된 것을 자신의 연구 결과를 기준으로 바로잡았다고 했다. 그런데 이 부분이 검정 후 교과서 머리말에는 없다. 대신 연습문제를 실었다는 머리말이 추가되었다. 이병도가 기존 국사교과서에 잘못된 것을 바로 잡은 것이 구체적으로 어떤 내용인지에 대해서는 관련 전공자들의 추가적인 연구가 이어지길 바란다.

---

108) 이병도 교과서(1948), 「범례」.(1948년 6월 작성.)

109) 이병도, 『조선사대관』, 동지사, 1948. 그런데 『조선사대관』이 발행된 것이 1948년 7월이고, 『새국사교본』의 머리말이 작성된 것이 1948년 6월이다. 그렇다면 이병도는 『조선사대관』이 공식적으로 발행되기 이전에 자신이 가지고 있던 개설서 원고를 바탕으로 교과서를 편찬했던 것이다. 이는 이병도가 『조선사대관』「서에 대신하여」에서 "본서는 해방 익월(翌月), 모학술단체의 위촉을 받아 극히 짧은 기간에-성화같은 독촉하에-써 내뜨린 구초고를 수처(隨處) 수보(修補)한 것에 불과하지만 독자의 참고와 취미를 돕고저 간단 참고란과 두주(頭註)를 설하였다."고 밝힌 것에서 확인할 수 있다.

이병도의 교과서도 검정 전후의 목차 비교를 통해 교과서 구성의 변화
와 특징을 파악할 수 있다.

〈표 V-12〉 이병도 〈우리나라 생활〉 교과서 검정 전후 목차 비교

검정 전		검정 후	
제일편 총설	제일장 우리 국토 제이장 민족과 문명의 시작	총설	1 .자연환경 2. 민족과 원시사회
제이편 상대사	제일장 상대의 제일기 　　　(한사군 설치 이전의 동방사회) 　　제일절 고조선의 변천과 그 사회생활 제이장 상대의 제이기 　　　(한사군 설치 이후의 동방) 　　제일절 한사군의 설치, 변천 이웃사회 　　　와의 관계 　　제이절 후방 제사회 　　　(부여·고구려·옥저·동예) 　　제삼절 삼한과 그 사회 　　제사절 남방의 새 형세 제삼장 상대의 제삼기 　　　(외민족 세력의 축출과 삼국의 　　　정립) 　　제일절 삼국의 발전과 정립 　　제이절 고구려 수·당과의 싸움 　　제삼절 나·당의 연맹과 제·려의 붕괴 　　제사절 삼국의 문화 제사장 상대의 제사기(남북 세력의 대립) 　　제일절 신라의 통일과 발해의 건국 　　제이절 신라 문화의 만개와 정치의 변천 　　제삼절 산업 및 도시의 발달과 나인의 　　　해상 활약 　　제사절 신라의 분열과 동아의 새 형세	상 대 편	3. 고조선의 변천과 사회 생활 4. 한 군현과 이웃 사회의 관계 5. 북방 제사회의 생활 6. 남방 제사회의 생활 7. 남방 사회의 새 형세 8. 삼국의 정립과 쟁패 9. 통일 중국과의 투쟁과 제·려의 붕괴 10. 삼국의 문화와 사회생활 11. 신라의 통일과 발해의 건국 12. 신라 문화의 만개와 정치의 변천 13. 산업 및 도시의 발달과 나인의 해 　　상활약 14. 신라의 분열과 동아의 새 정세
제삼편 중세사 (고 려 시 대)	제일장 중세의 제일기(태조-정종) 　　제일절 고려의 통일과 재조직 　　제이절 글안과의 관계 제이장 중세의 제이기(문종-예종) 　　제일절 문화의 발전 　　제이절 여진 및 송과의 관계	중 세 사	중세의 제1기 (태조~정종) 15. 고려의 통일과 재조직 16. 글안과의 관계 중세의 제2기 (문종~예종) 17. 문화의 발전과 사회 생활 18. 여진 및 송과의 관계

	제삼장 중세의 제삼기(인종-원종)	중세의 제3기 (인종~원종)
	제일절 중앙과 지방의 변란	19. 중앙귀족의 발호와 지방의 변란
	제이절 몽고의 입구	20. 몽고의 입구
	제사장 중세의 제사기(충렬왕-공양왕)	중세의 제4기 (충렬왕~공양왕)
	제일절 자주성을 잃은 변태의 고려	21. 자주성을 잃은 변태의 고려
	제이절 고려의 복구정치와 신둔의 발호	22. 고려의 쇠운과 왕실의 몰락
	제삼절 고려왕실의 쇠멸	
	제오장 고려후기(3기·4기)의 문화	
	제일절 불교와 유교	23. 고려 후기의 사회생활
	제이절 문예·기술학 및 인쇄술	
	제삼절 예술의 일반	
제사편 근세사	제일장 근세의 제일기(태조-성종)	근세의 제1기 (태조~명종)
	제일절 새 왕조의 개창과 국도 천정	24. 새 왕조의 개창과 국도 천정
	제이절 초기의 정치와 문화	25. 초기의 정치와 사회생활
	제삼절 제도의 정비	26. 대외관계
	제사절 대외 관계	27. 사화와 사상계의 동향
	제오절 사회와 사상계의 동향	근세의 제2기 (선조~경종)
	제이장 근세의 제이기(선조-경종)	28. 지배층의 분열과 농촌 사회의 형편
	제일절 지배계급의 분열과 농촌사회의	29. 왜란과 이순신
	피폐	30. 전란의 영향과 국교 회복
	제이절 왜란과 이순신	31. 북방문제와 호란
	제삼절 전란의 영향과 국교회복	32. 당과 싸움의 얽힘
	제사절 북방문제와 호란	33. 새 시설과 새 학풍의 싹틈
	제오절 당과 싸움의 얽힘	근세의 제3기 (영조~철종)
	제육절 새 시절과 새 학풍의 싹틈	34. 문화의 발전
	제삼장 근세의 제삼기(영조-철종)	35. 천주교의 전래와 박해
	제일절 영·정시대의 문운	36. 세도정치와 민중의 동요
	제이절 천주교의 전래와 박해	근세의 제4기 (고종~순종)
	제삼절 세도정치와 민중의 동요	37. 대원군의 집정과 쇄국
	제사장 근세의 제사기(고종-순종)	38. 나라의 개방과 새 모순
	제일절 대원군의 집정과 쇄곡	39. 복잡한 환경에 싸임
	제이절 나라의 개방과 새 모순	40. 동란과 개혁
	제삼절 복잡한 환경에 싸임	41. 노국 세력의 남진과 노·일전쟁
	제사절 동란과 개혁	42. 민중의 자각운동과 갑오 이후의
	제오절 노국 세력의 남진과 노·일 전쟁	새 문화
	제육절 민중의 자각과 새 운동	43. 대한제국의 말로
	제칠절 대한제국의 말로	최근세 (1910~1945)
	제오장 최근세(1910-1945)	44. 민족의 수난과 반항
	제일절 민족의 수난과 반항	45. 해방과 독립
	제이절 민족의 해방	

(근세사)

맺는말	맺는말
[부록] 역대왕실계보	[부록] 역대왕실계보

이병도의 교과서는 검정 전 총 50개 절에서 검정 후 45개로 바뀌었다. 이는 검정 전 제이편 제삼장의 이절과 삼절이 1개로, 제삼편 제사장의 이절과 삼절이 1개로, 제삼편 제오장의 3개의 절이 1개로, 제사편 제일장의 이절과 삼절이 하나로 통합되었기 때문이다. 그밖에 제사편 제삼장 제일절이 '영·정시대의 문운'에서 '문화의 발전'으로 제목이 변경된 것 외에는 모든 목차가 동일하다. 형식상 변화는 검정 전 서기(西紀)만 사용한 것에 비해 검정 후에는 단기를 쓰고 괄호 안에 서기를 표기한 점이다. 이병도의 교과서에서 검정 전후 가장 큰 변화는 각 장의 끝에 '연습'이 제시된 것이다. 이는 '설문식 교수'를 할 것을 요구한 사회생활과 교수요목의 교수방침을 반영한 것이다. 이병도는 교수요목이 제시한 단위를 따르지 않고, 검정 전 교과서와 거의 동일하게 목차를 구성하고 교과서를 편찬했다. 그런데 유독 각 절의 끝에 '연습'을 추가했다는 것은 이것이 검정 통과를 위해서는 반드시 갖추어져야할 요소였기 때문이다. 동시에 이병도도 '연습'의 필요성을 인정한 것으로 해석할 수 있다. 이는 이병도가 검정 교과서에서 새로운 장을 다음과 같은 설문식 문장으로 시작했던 것에서도 확인할 수 있다.

1. 자연환경: 사람의 생활은 옛날로 올라갈수록 자연의 영향을 많이 받는다. 그러므로 역사 공부에는 먼저 그것을 살펴야 하겠다. 그러면 우리나라의 자연환경은 어떠한가?
5. 북방 제사회의 생활: 위에서는 주로 고조선·낙랑을 중심으로 하여 배웠지만 그 북방시대-부여·고구려·옥저·동예 등의 사회생활은 어떠하였는가?
6. 남방 제 사회의 생활: 다음에는 남방 삼한의 사회생활이 어떠하였던가를 배워보자.
8. 삼국의 정립과 쟁패: 북방의 고구려와 남방의 백제, 신라가 어떻게

발전하여 서로 패(覇)를 다투었는가? 먼저 여·제의 발전과 서북
해안 지대의 뿌리 깊은 중국 세력(군현)의 소멸에 대하여 배워보
자.110)

이병도의 교과서에서도 추가되거나 삭제된 내용 통해 검정 후 교과서의
특징과 검정 기준을 확인할 수 있다. 이병도는 검정 전 '우리 국토'라는 제
목 아래 한반도를 중심으로 국토와 자연환경에 대해 서술했고, 검정 후에
는 '자연환경'이라는 제목 아래 관련 내용을 서술했다. 그런데 한반도의 지
리적 위치에 대한 서술이 검정 후 교과서에서 모두 바뀌었다.

검정 전
발해만과 황해는 마치 이 세 지구(地區)의 지중해, 혹은 내해로 볼 수
있는 것이다. 이 내해의 연안지대는 기후가 따뜻하고 대개 토지가 기름
지고, 인문이 일찍 발달되었다. 즉 이 내해를 중심으로 고금을 통하여
민족의 이동, 문화의 교류가 가장 잦았던 것이다.
압록강과 두만강은 오늘날에는 우리나라와 만주지방을 구별하는 중
요한 국경으로 되어 있지만, 이것이 두 지역을 막는 무슨 큰 천연적 장
애물이 못되는 만큼 옛날에 흔히 한(一) 민족, 한(一)나라 가운데를 흐
르는 내가 되었었다. 따라서 대륙에서 일어나는 파동은 항상 반도에 미
쳐왔던 것이다.111)

검정 후
우리 반도는 대륙을 몸채로, 일본 유구 제 열도를 울타리 혹은 방파
제로 삼아, 마치 큰 내해 속에 들어앉은 것과 같다. (중략) 근세 바다위
로 동점하는 서양 문명과의 접촉에서 뒤떨어진 것도, 이런 위치에 관계
된 것이라 하겠다.(중략)
농업 국민인 만큼 우리 조상들은 평화를 사랑하고, 전통을 중히 여기

---

110) 이병도 교과서(1950), 1, 13, 16, 22쪽.
111) 이병도 교과서(1948), 1~2쪽.

어, 일방 보수적 경향은 있었으나, 꾸준한 힘으로 우리의 민족 사회를 유지 발전시켜 왔던 것이다.(중략)

압록강, 두만강이 우리의 국경선이 되기는 근세조선의 세종 때로부터지만, 옛날 고구려 전성시대에는 요하 이동(以東) 만주 전체가 우리 강토 안에 들었고, 그 이전 고조선 시대에도 일시 요동반도를 차지하였고, 또 부여는 오랫동안 북만에 웅거하였다. 요컨대, 고대 우리 민족의 활동은 만주 방면에도 오래 있었던 것이다.[112]

이병도는 검정 전 발해만과 황해를 한반도의 내해로 보고, 민족의 이동과 문화적 교류가 많았다고 했었다. 하지만 검정 후에는 일본과 유구 열도 사이를 내해로 보았다. 그리고 조선이 대륙의 끝에 위치한 지리적 요인 때문에 서양 문명과의 접촉이 늦었다고 설명했다. 또한 검정 전에는 압록강과 두만강이 한반도와 만주지방을 막는 천연적 장애물이 아니어서, 대륙에서 일어나는 일이 항상 한반도에 영향을 주었다고 했다. 그런데 검정 후에는 세종 때 두 강이 국경선이 되었다고 서술하고, 만주 지방이 고조선·부여·고구려의 영토였음을 추가하였다. 또한 "우리 조상들은 평화를 사랑하며 우리 민족을 유지 발전시켜왔다."는 서술도 추가되었다. 검정 후 교과서는 한(韓)민족이 중국 대륙의 영향 속에서 유지된 것이 아니라, 한반도를 중심으로 한민족의 역량으로 발전해왔다고 서술했다. 이를 통해 식민사관의 타율성을 극복하고자 했을 수도 있다. 하지만 또 다른 식민사관인 지리 결정론에 의지해 한민족이 뒤늦게 서양 문명을 접할 수밖에 없었다고 설명했다.

검정 후에는 삼국의 문화가 일본으로 전래되었다는 내용이 추가되었다. 김성칠이 간단히 한 문장을 추가한 것에 비해 이병도는 '삼국문화의 동류(東流)'라는 소제목을 달고 다음과 같이 서술했다. 이를 통해 우수한 삼국의 문화가 일본으로 전래되었다는 내용의 서술 여부가 검정을 통과하는데 필

---

112) 이병도 교과서(1950), 2~3쪽.

요했음을 알 수 있다. 실제로 교수요목에서는 "일본은 우리나라의 문화를 어떻게 배워가서 이를 어떻게 이용하였는가?"라는 세목을 제시하고, 이에 관해 서술할 것을 요구했다. 이병도가 추가로 서술한 내용은 다음과 같다.

> 왜인 사회와의 교통은 일찍부터 열리어, 일본 구주지방, 출운(出雲) 지방에 건너가 떼를 지어 사는 집단적 이민·식민이 행하기까지 하였다. 3국 시대에는 3국-특히 백제의 사절단 기타 문인·학자·기술자의 도동 (渡東)이 잦아, 그곳 문화 발전에 이바지한 바가 적지 아니하였다. 원래 이 때 일본 문화의 정도는 매우 유치하여, 모든 것을 우리(특히 백제)에 게 의뢰하고 배우지 아니하면 아니 되었다. 한학(漢學)·불교는 물론이 요, 농업기술·양잠 직조 기계의 술(術)과 기타 의약·천문·지리·미술· 공예에 관한 기술을 전해 주었다. 그리하여 3국은 일본의 스승이 되어 그들을 지도하고 계발시키었던 것이다.[113]

또한 이병도는 조선시대 여성에 대해 다음과 같은 서술을 추가했다.

> ◇ 일반문화의 진전에 따라 여류 사회에도 이름난 문인이 많이 나왔 다. 앞서 제2기 말경에는 신사임당·허난설헌·이옥봉·황진이 등 의 천재가 있었지만, 이 때에도 임윤지당·강정일당·김의유당 등 의 문성이 있어 각기 유집을 남기었다. 특히 의유당 김씨는 국문 학에도 놀라운 재분을 나타냈다.
> ◇ 부녀들의 수식(首飾)은 가체란 큰 머리를 하고, 나들이 할 때에는 특히 장옷으로 얼굴을 가리었는데, 가체는 사치스럽다하여 조정 에서 가끔 금지령을 내렸었다.
> ◇ 특히 내의원과 혜민서에는 여의(女醫)를 양성하여 주로 부녀의 병을 보게 하였는데, 대개 침술을 업으로 하였다.[114]

---

113) 이병도 교과서(1950), 44쪽.
114) 이병도 교과서(1950), 159~160, 163쪽.

이병도가 어떤 과정과 목적을 가지고 여성에 대한 서술을 추가했는지는 알 수 없다. 개인적 결정이든, 외부의 요구에 의한 것이든 국사교과서에 여성에 대한 서술이 증가한 것은 역사 발전의 주체에 대한 인식이 확대되었다는 점에서 의미 있는 변화이다. 그 외 "전년에는 선교사의 손으로 배재학당이 설립되었으니, 우리나라 사립학교의 시초이다."라는 서술도 추가되었다.115) 이승만을 비롯한 배재학당 출신들이 해방 직후 많은 활동을 하고 있었기 때문에 이러한 서술이 추가되었을 것이다.

이처럼 검정 후 새롭게 추가된 내용이 있었지만, 검정 전후를 비교했을 때 삭제된 부분을 더 많이 확인할 수 있다. 먼저 불교 관련 내용이 삭제된 것이 눈에 띈다. '연등회와 팔관회'와 '교(敎)와 선(禪)의 구별'은116) 전체 내용이 삭제되었다. '연등회와 팔관회' 내용 중에는 이 행사가 국가와 왕실의 태평 행복을 기원했던 것이었다는 설명뿐 아니라, 다음과 같은 내용도 포함되어 있었다.

> 이 때에는 특히 각 지방장관들이 글을 올리어 하례(賀禮)를 하고 또 송상(宋商) 왜상(倭商)과 동번(東蕃) 동여진(東女眞) 서번(西蕃) 서여진(西女眞) 및 탐라(耽羅)(지금 제주도)의 사절이 와서 방물을 바치고 축하를 올렸다. 그리하여 외국상인들은 이 중동(中冬)팔관을 기회로 하여 각기 물화를 싫고 와서 성히 무역을 하였다.117)

즉, 연등회와 팔관회라는 불교 행사가 단순한 종교 행사가 아니라 국제무역이 이루어졌던 경제적인 역할도 했다는 설명이 있었는데, 그러한 서술 전체가 삭제된 것이다. 그 외에도 불교와 관련된 다음 내용들이 해당 부분 서술에서 빠졌다.

---

115) 이병도 교과서(1950), 183쪽.
116) 이병도 교과서(1948), 101쪽.
117) 이병도 교과서(1948), 65~66쪽.

◇ 그 얼마나 큰 절이었던가를 상상할 수 있다.

◇ 의천은 또 경제방면에도 큰 식견을 가져 주전(鑄錢)의 필요를 말한 일이 있었는데 숙종(15대) 때에 이것이 실현되었었다.

◇ 절과 중은 납세를 면하는 특권이 있는 까닭에 일부러 이를 면하기 위하여 절에 몸을 던지는 자와 토지를 절에 맡기는 자가 생기고 절 자신이 남의 땅을 아울러 간혹 영리를 도모하는데도 있었다.

◇ 불교는 마음을 닦는 정신생활에 관한 종교요 유학은 집과 나라를 다스리는 실제 생활에 관한 교학이라 함은 국초로부터 그 때 일반 고려인의 생각이었다. 즉 불과 유는 사람의 안팎 생활에 절실한 교학이라 하여 서로 원만하고 밀접한 관계를 가져 유자 문인으로서 불교를 좋아하는 자와 승려로서 유학에 겸통한 이가 많았다.

◇ 두 곳(북한산성·남한산성)에는 승장·승병이 있어 지방에서 올라와 교대 입번하였다. 승병은 무예를 단련할 뿐 아니라 부처의 힘으로 나라를 편안케 하도록 기도하는 직책도 있었던 것이다.[118]

　홍왕사가 큰 절이었음을 강조한 것, 의천은 경제 방면에도 식견이 있었다는 점, 승려와 사원에는 면세의 특권이 있었다는 내용, 불교는 마음을 닦는 종교로 유교와 밀접한 관계를 가졌고, 유교를 믿는 사람들 중에도 불교를 좋아하는 사람이 많았다는 사실, 승병이 북한산성과 남한산성을 지켰고 나라를 위해 기도하는 임무도 있었다는 서술 등이 삭제되었다. 이는 교수요목에서 불교에 관해 서술할 것을 직접적으로 요구한 세목이 총 200개 중 "1. 유교와 불교에 대한 국가의 정책은 어떠하였는가?", "2. 배불 정책 후의 불교의 추이는 어떠하였는가?"라는 단 2개 밖에 없었던 것과도 무관하지 않다. 이는 교수요목을 작성했던 사람들이 불교에 큰 관심이 없었거나, 불교에 대한 서술을 가능한 줄이려는 의도가 있었음을 보여준다.

　이병도의 검정 전후 교과서 서술의 변화에서 주목할 것은 고려의 멸망과 조선의 건국에서 토지제도에 대한 부분이다. 검정 전 교과서에서는 고

---

118) 이병도 교과서(1948), 71~73, 154쪽.

려왕조가 쓰러진 이유와 조선 초기 정치와 문화가 발전할 수 있었던 이유를 다음과 같이 설명하였다.

> ◇ 개혁문제 중에 제일 중요한 것이 토지문제였다. 원래 고려에서는 이미 말한바와 같이 전국의 토지를 국유로 하여 원칙적으로 공전 제도를 세웠던 것인데 중엽 이후로 사전이 발달되어 중외의 귀족 호족들은 마음대로 공전을 침탈하여 많은 토지를 겸병하고 사원 에서도 역시 그리하여 사전의 수효가 굉장히 늘어가는 동시에 조 세를 바치지 않는 무리가 많이 생기매 공전제도가 극도로 문란하 여지며 따라서 국가의 재정은 큰 파란을 생하여 모든 경비를 충 족하기 어렵게 되었다. 이 때문에 사전개혁문제가 일어나 개혁파 에서는 마침내 구 귀족계급의 경제적 지주(支柱)인 사전을 일소 케 하는 일방적 승리를 얻게 되니 구 귀족의 세력은 땅에 떨어지 고 그들의 지지하던 왕실도 자연히 쓰러지게 되었다.

> ◇ 전조의 정치와 문화는 너무도 귀족을 위하고 너무도 불교와 미신 을 숭상하여 일반 민중과 실생활을 무시함이 많았다. 이에 거울 하여 새 왕조의 지도자들은 공전제를 세워 귀족의 세력을 덜고 좀 더 민중을 위하고 민의를 중히 여기고 불교와 미신을 누르고 실생활에 필요하고 유익한 정치 문화에 힘을 썼었다. 그리하여 마침내 국력이 길러지고 문물제도의 찬란한 꽃밭을 이루게 되었 다.[119]

검정 전 교과서에서 이병도는 개혁 중에서 제일 중요한 것이 토지개혁 인데, 고려 말 이성계를 비롯한 새 세력은 사전개혁을 성공하여 구 귀족을 물리치고 새로운 왕조를 세울 수 있었다고 했다. 또한 새 왕조의 지도자들 은 공전제를 세워 귀족보다 민중을 위했고, 민중의 실생활에 필요한 정치 문화에 힘을 쏟았기 때문에 국력이 증대하였고 문물제도가 찬란해졌다고

---

119) 이병도 교과서(1948), 100, 114~115쪽.

설명했다. 그런데 검정 후 교과서에는 위의 내용이 모두 삭제되었다. 그리고 '고려 왕실의 최후'에서 "이씨 파의 주장에 의하여 구 귀족의 생활 자원인 사전을 혁파함에 미쳐 그들의 세력은 땅에 떨어지고 말았다."[120]는 짧은 내용으로 서술되었을 뿐이다. 대한민국 정부 수립 후 토지개혁에 대한 논란이 지속되고 있던 상황에서 사전개혁의 필요성과 공전제의 긍정적인 측면이 강조된 위의 서술이 검정 과정에서 삭제되었을 것이다.

조선 후기의 문화에 대한 서술에서도 다소의 차이를 발견할 수 있다. 검정 전에는 "걸인사회에 까지도 이러한 조직체가 있어 두목을 받들고 그 통솔 하에 회합과 행동을 하였다."[121]는 서술이 있었는데 검정 후에는 이 부분이 빠지고 다음과 같이 서술하였다.

> 조선은 지금도 그렇지만 예로부터 결사, 결당과 집회를 즐겨하고 놀이를 좋아하였다. 명절을 따라 여러 가지 유쾌한 놀이가 있었지만, 정초의 '윷놀이', '줄다리기', '널뛰기', 오월단오의 '그네뛰기', 팔월한가위의 '활쏘기', '거북놀이' 등은 가장 유명하였다.[122](1950년, 163쪽)

이는 우리 민족은 최하층 사람들까지도 결사의 자유를 통해 의견을 전달했다는 부분을 삭제하고, 대신 우리 민족이 좋아한 놀이를 소개한 것이다. 이러한 서술의 변화는 생활중심을 강조했던 사회생활과의 특성을 반영한 것일 수도 있겠지만, 해방 직후 각종 단체의 설립으로 혼란스러운 상황에서 학생들이 결사의 자유가 보장되었던 역사를 학습하는 것을 원하지 않았기 때문이기도 할 것이다.

앞서 교수요목에서 최근세에 해당하는 부분의 세목이 전체의 22.6%였음을 보았다. 교수요목은 이 시대에 대한 서술을 늘릴 것을 요구한 것이다.

---

120) 이병도 교과서(1950), 98쪽.
121) 이병도 교과서(1948), 165쪽.
122) 이병도 교과서(1950), 163쪽.

그런데 이병도의 검정 후 교과서에서는 검정 전에는 있었던 '방곡령문제'에 대한 서술 전체가 삭제되었다. 그 내용은 다음과 같다.

> 일반 경제계를 보면 일본 자본주의가 침입하여 일상인의 활약과 그 물화의 유행은 실로 놀랄 정도이었다. 일(日) 물화와 교역되는 우리의 주요한 물화는 오직 곡물뿐이므로, 일상(日商)을 누르기 위하여 고종 26년에 함경도 감사 조병식은 방곡령을 내리어 미곡의 수출을 금하였던바, 일상의 입은 손해가 좀 컸었다. 이로 인하여 일 정부는 아정에 대하여 방곡령의 해제와 14만원의 손해배상을 청구하니 아정은 이듬해에 방곡의 금을 풀고 배상은 여러 해 미룩 미룩 하다가 30년(계사)에 저쪽의 강경한 태도로 할 수 없이 11만원을 물기로 하였다.[123]

즉, 일제의 침략 이전에 일본 상인이 한반도에서 활약하여 일본 물건이 유행하고, 조선 정부가 일본의 요청으로 방곡령을 풀고 피해보상 했다는 내용이 삭제되었다. 이것은 해방 후 일제시대를 극복해야할 상황 속에서 일본의 경제적 침략에 대한 조선 정부의 무능력한 대응을 보여주는 서술이었기 때문에 검정 과정에서 빠졌을 것이다.

동학에 대한 서술에도 일부 변화가 있었다. "동학도가 오합의 무리이기 때문에 실패한 것은 당연하다."는 서술은 동일하다. 하지만 동학에 대한 평가가 "특권 계급에 저항한 농민·노예의 계급 전쟁"에서, "부패한 상류층에 대한 반항운동"으로 바뀌었다. 사상문제가 교과서 검정의 중요 기준이었기 때문에 좌익 사상의 흔적이 남아있는 '계급 전쟁'이라는 표현을 '반항 운동'으로 수정한 것이다. 또한 동학이 도화선이 되어 청일전쟁이 발생하고, 그 결과 내외 정국에 큰 변화가 생겼다는 서술도 빠졌다. 이는 청일전쟁과 정국변화의 원인이 동학이라는 민족 내부 요인이었다는 서술을 삭제한 것이다. 동학과 관련된 검정 전후의 서술은 다음과 같다.

---

123) 이병도 교과서(1948), 185쪽.

동학란

◇ 시대의 움직임은 갈수록 미묘하고 복잡하여 안으론 동학란이란
큰 민란이 일어나고 밖으론 이를 도화선으로 하여 일청이 충돌하
니 그 결과는 내외정국에 큰 변동을 일으키게 되었다.

◇ 동학란은 말하자면 일종의 계급 전쟁으로 주로 농민·노예가 당시
부패한 특권계급에 대하여 폭력적 항거를 보인데 불과한 것이니
본시 오합(烏合)의 무리이므로 실패에 돌아갈 것은 금쳐논 일이
었다.124)

동학과 개혁

동학란은 당시 부패한 상류층에 대한 반항운동이다. 본시 오합(烏合)
의 무리이므로 실패에 돌아갈 것은 금 처 놓은 일이었다.125)

교과서 검정에서 사상적인 측면이 중요한 요소였음을 전제한다면, 독립
운동 서술에서 사회주의와 관련된 내용이 삭제되었을 것은 쉽게 예상할
수 있다. 실제로 다음과 같은 서술이 삭제되었다.

◇ 서기 1914년 7월에 제일차 구주대전이 일어나고 1917년 8월에 서
전(瑞典) 서울 스토크호름에서 만국사회당대회가 열리자 대표를
보내어 조선의 독립을 요망하였으며 그 해 9월 미국 뉴욕에서 약
소민족 25개국회의가 열리자 또 대표를 보내는 등 망명 투사의
운동은 자못 믿음직하였다.

◇ 그동안 사회주의의 지하운동도 눈부시게 전개되어 부분적인 경제
적 투쟁에서 정치운동으로 옮기고 민족주의자와 사회주의자가
합동하여 민족단일 전선으로 신간회 창립을 보게 되어 삼만 여의
회원을 가지게 되었다.126)

---

124) 이병도 교과서(1948), 186~187쪽.
125) 이병도 교과서(1950), 185쪽.
126) 이병도 교과서(1948), 201~203쪽.

　　대한민국 정부가 수립되고 검정을 통과한 교과서만 사용하도록 하는 조치가 있기 전까지, 이병도는 만국사회당대회에 조선의 대표를 보내 독립을 요구하고 민족단일전선으로 신간회가 창립된 사실을 교과서에 서술했었다. 하지만 국사교과서 검정은 이전까지 일반적으로 알고 있던 역사적 사실에 대해서도 사상적 기준을 엄격히 적용했다. 그리고 위의 서술이 삭제된 자리를 "해외에 있던 우리의 광복군과 기타 의사들은 직접으로 연합군과 힘을 아울러 싸웠다."[127)는 내용으로 대체했다. 이는 해방이 연합군의 승리에 따라 부수적으로 주어진 것이 아니라 우리 민족의 참여가 있었고, 이것이 일정한 역할을 했음을 학생들에게 주지시키는 것이다.

　　교과서의 결론에 해당하는 2쪽 분량의 '맺는 말'은 거의 일치한다. 다만 "조선민족"이라는 용어가 "대한민족"으로 바뀌었고, 검정 전 "만일 우리가 대아정신에 의하여 일치단결을 한다면 우리의 독립은 벌써 실현되었고 미소양군도 벌써 물러갔을 것이다."라는 부분에서 밑줄 친 부분이 검정 후 "우리의 통일은 벌써 실현되었을 것이다."로 바뀌었다. 이어지는 "우리 민족의 통일, 국가의 독립을 속히 회복하여 세계무대에 활약해야 할 것이다."라는 서술에서도 밑줄 친 부분이 검정 후 교과서에는 없다. 이는 1950년 5월 15일 수정 검정교과서가 발행되던 시점에 대한민국정부가 수립되었고, 미군이 철수했기 때문일 것이다.

　　이병도의 국사교과서에서 검정 전후 변경된 부분을 정리하면 다음과 같다.

〈표 Ⅴ-13〉 이병도 〈우리나라 생활〉 교과서 검정 전후 변경 내용

추가된 내용	삭제된 내용
총설.1. 자연환경(1950년, 1~2쪽) 2. 우리나라를 부르는 명칭(1950년, 6쪽)	제1편 제1장 우리국토(1948년, 1~2쪽)
10. 삼국 문화의 동류(東流)	
34. 문화의 발전	○ 제3편 제1장 제1절

---

127) 이병도 교과서(1950), 204쪽.

- 일반문화의 진전에 따라 여류 사회에도 이름난 문인이 많이 나왔다. 앞서 제2기 말경에는 신사임당·허난설헌·이옥봉·황진이 등의 천재가 있었지만, 이 때에도 임윤지당·강정일당·김의유당 등의 문성이 있어 각기 유집을 남기었다. 특히 의유당 김씨는 국문학에도 놀라운 재분을 나타냈다. (1950년, 159~160쪽) - 부녀들의 수식(首飾)은 가체란 큰 머리를 하고, 나들이 할 때에는 특히 장옷으로 얼굴을 가리었는데, 가체는 사치스럽다하여 조정에서 가끔 금지령을 내렸었다.(1950년, 163쪽) 특히 내의원과 혜민서에는 여의(女醫)를 양성하여 주로 부녀의 병을 보게 하였는데, 대개 침술을 업으로 하였다.(1950년, 163쪽)	- 7. 연등회와 팔관회-전체 삭제(1948년, 65~66쪽) ○ 제이장 제일절 - 그 얼마나 큰 절이었던가를 상상할 수 있다.(1948년, 71쪽) - 의천은 또 경제방면에도 큰 식견을 가져 주전(鑄錢)의 필요를 말한 일이 있었는데 숙종(15대) 때에 이것이 실현되었었다.(1948년, 71~72쪽) - 절과 중은 납세를 면하는 특권이 있는 까닭에 일부러 이를 면하기 위하여 절에 몸을 던지는 자와 토지를 절에 맡기는 자가 생기고 절 자신이 남의 땅을 아울러 간혹 영리를 도모하는데도 있었다.(1948년, 73쪽) - 불교는 마음을 닦는 정신생활에 관한 종교요 유학은 집과 나라를 다스리는 실제 생활에 관한 교학이라 함은 국초로부터 그 때 일반 고려인의 생각이었다. 즉 불과 유는 사람의 안팎 생활에 절실한 교학이라 하여 서로 원만하고 밀접한 관계를 가져 유자 문인으로서 불교를 좋아하는 자와 승려로서 유학에 겸통한 이가 많았다.(1948년, 73쪽) ○ 제3편 제5장 제1절 - 교(敎)와 선(禪)의 구별 삭제(1948년, 101쪽) ○ 제4편 제2장 제6절 두 곳(북한산성·남한산성)에는 승장·승병이 있어 지방에서 올라와 교대 입번하였다. 승병은 무예를 단련할 뿐 아니라 부처의 힘으로 나라를 편안케 하도록 기도하는 직책도 있었던 것이다.(1948년, 154쪽)
	○ 제3편 제2장 제1절 5. 서경의 시설과 남경의 건치-전체 삭제 (1948년, 77쪽)
22. 고려의 쇠운과 왕실의 몰락 이씨 파의 주장에 의하여 구 귀족의 생활 자원인 사전을 혁파함에 미처 그들의 세력은 땅에 떨어지고 말았다.(1950년, 98쪽)	○ 제3편 제4장 제3절 - 고려 왕조가 쓰러진 이유에 대한 서술 전체 삭제 (1948년, 100쪽) ○ 제4편 제1장 제2절 1. 서설-전체 삭제(공전제 서술)(1948년, 114~115쪽)
34. 문화의 발전 조선은 지금도 그렇지만 예로부터 결사, 결당과 집회를 즐겨하고 놀이를 좋아하였다. 명절을 따라 여러 가지 유쾌한 놀이가 있었지만, 정초의 '윷놀이', '줄다리기', '널뛰기', 오월단오의 '그네뛰기', 팔월한	제4편 제3장 제1절 영·정시대의 문운 조선은 지금도 그렇지만 예로부터 결사, 결당과 집회를 좋아하여 '계'이외에도 별별 명칭을 붙인 단체가 많았다. 걸인사회에 까지도 이러한 조직체가 있어 두목을 받들고 그 통솔 하에 회합과 행동을 하였다.(1948년, 165쪽)

가위의 '활쏘기', '거북놀이' 등은 가장 유명하였다.(1950년, 163쪽)	
39. 복잡한 환경에 쌓임 전년에는 선교사의 손으로 배재학당이 설립되었으니, 우리나라 사립학교의 시초이다.(1950년, 183쪽)	제4편 제4장 제3절 3. 방곡령문제- 전체 삭제(1948년, 185쪽)
40. 동학과 개혁 동학란은 당시 부패한 상류층에 대한 반항운동이다. 본시 오합(烏合)의 무리이므로 실패에 돌아갈 것은 금 처 놓은 일이었다.(1950년, 185쪽)	제4편 제4장 제3절 1.동학란 - 시대의 움직임은 갈수록 미묘하고 복잡하여 안으론 동학란이란 큰 민란이 일어나고 밖으론 이를 도화선으로 하여 일청이 충돌하니 그 결과는 내외정국에 큰 변동을 일으키게 되었다. - 동학란은 말하자면 일종의 계급 전쟁으로 주로 농민·노예가 당시 부패한 특권계급에 대하여 폭력적 항거를 보인데 불과한 것이니 본시 오합(烏合)의 무리이므로 실패에 돌아갈 것은 금처논 일이었다.(1948년, 186~187쪽)
44. 민족의 수난과 반항 드디어 고종의 인산을 계기로 기미(1919년) 3월 1일에 독립운동을 일으키게 되었다.(1950년, 201쪽)	제4편 제5장 제1절 - 드디어 일본정부 귀중양원, 정당수령, 조선총독에게 합병 후 조선인 일반은 일본정치에 복종치 않으며 그 다스림을 받고자 하지 않으니 국권을 보내라는 글을 보내고, 미대통령과 파리강화회의에 대하여는 평화를 기초로 한 새 세계가 건설되려는 오늘날 조선만이 일본의 압박정치 아래 있음을 하소연하기로 하여 일대 독립운동을 일으키게 되었다. (1948년, 201~202쪽)
45. 해방과 독립 - 해외에 있던 우리의 광복군과 기타 의사들은 직접으로 연합군과 힘을 아울러 싸웠다.(1950년, 204쪽) - 대한민국 정부수립 과정 서술 추가 (1950년, 204~205쪽)	제4편 제5장 제1절 - 서기 1914년 7월에 제일차 구주대전이 일어나고 1917년 8월에 서전(瑞典) 서울 스토크호름에서 만국사회당대회가 열리자 대표를 보내어 조선의 독립을 요망하였으며 그 해 9월 미국 뉴욕에서 약소민족 25개국회의가 열리자 또 대표를 보내는 등 망명 투사의 운동은 자못 믿음직하였다. - 그동안 사회주의 지하운동도 눈부시게 전개되어 부분적인 경제적 투쟁에서 정치운동으로 옮기고 민족주의자와 사회주의자가 합동하여 민족단일 전선으로 신간회 창립을 보게 되어 삼만 여의 회원을 가지게 되었다.(1948년, 201~203쪽)

끝으로 이병도의 검정 전후 교과서에서 삽도(揷圖)는 5개가 추가되고, 2개가 변경되었으며, 11개가 삭제되었다. '변하의 모자, 수렵도, 물레와 씨아, 민영환, 한말의 황실' 등 민족의 문화와 한말 민족의 자긍심을 높일 수 있는 것이 추가되었다. 또한 (그림67) 풍속도는 신윤복의 '주사거배(酒肆擧盃)'가 '야금모행(夜禁冒行)'과 '휴기답풍(携妓踏楓)'으로, (그림64)의 민영익·홍영식·유길준·로우스, 현홍택·최·변·서광범 외 3인이 1884년 샌프란시스코(桑港)에서 찍은 사진이 박정양·이완용·이상재·이하영·이채연 외 5인이 등장하는 1887년 주미전권 대신 일행 사진으로 변경되었다. 그리고 '안건의 그림, 조선의 총, 불랑기, 북한산성, 가체, 정주성지, 고종황제 친임장(헤이그 밀사), 망국대신' 삽도가 삭제되었다. 이들 삽도가 삭제된 것은 머리말에서 "삽도는 정확한 출처를 가진 것으로써 하였다"는 것에서 일부 이유를 찾을 수 있다. 검정 전후 교과서에서 삽도와 관련해 눈에 띄는 차이점은 검정 후 교과서에는 삽도에 번호가 없는데, 검정 전 교과서에는 삽도마다 '(그림○○)'으로 번호가 있다는 점이다. 또한 검정 전 교과서 167쪽 (그림62)부터 삽도 번호가 반복되거나 뒤섞여 있다. 이는 앞서 교과서 편찬의 과정에서 살펴본 것처럼 저자는 원고만 쓰고, 삽도는 출판사의 업무였기 때문이다. 즉, 정음사가 다른 교과서에서 사용하던 삽도를 그대로 옮기면서 번호를 수정하지 않은 채 발행했던 것이다. 이런 단순 실수도 확인하지 못할 정도로 국사교과서 발행은 서둘러 진행되었고, 이는 그만큼 국사교과서에 대한 요청이 절박했음을 반증하는 것이다.

〈표 V-14〉 이병도 검정 전후 교과서 삽도 비교

검정이전			검정이후		
제목	유형	쪽	제목	유형	쪽
(그림1)우리 민족의 대 이동선	지도	3쪽	동일	지도	3쪽
(그림2)석기시대의 유물·유적	그림	4쪽	동일	그림	4쪽
(그림3)위씨 조선 시대도	지도	9쪽	동일	지도	8쪽

(그림4)동방 한사군도	지도	10쪽	동일		지도	11쪽
(그림5)한사군 변천도	지도	11쪽	동일		지도	11쪽
(그림6)채화칠협과 거울(낙랑시대출토품)	사진	12쪽	동일		사진	12쪽
(그림7)삼한위치도	지도	15쪽	동일		지도	16쪽
(그림8)고대가옥	그림	17쪽	동일		그림	18쪽
			변한의 모자		그림	18쪽
(그림9)광개토대왕의 능과 능비	그림	22쪽	동일		그림	23쪽
(그림10)고구려 전성시대	지도	23쪽	동일		지도	24쪽
(그림11)신라진흥순경비(북한산)	사진	25쪽	동일		사진	26쪽
(그림12)려수전쟁 당시의 삼국형세도	지도	27쪽	동일		지도	29쪽
(그림13)강서고구려 고분벽화 주작도	그림	36쪽	동일			37쪽
(그림14)평제탑, 쌍영총, 첨성대	그림	37쪽	평제탑, 첨성대		그림	38쪽
			쌍영총		그림	39쪽
(그림15)신라시대의 출토품	사진	38쪽	동일		사진	40쪽
(그림16)고구려 풍속(고분벽화)	그림	40쪽	동일. 수렵도 추가		그림	41쪽
(그림17)삼국의 성곽	그림	42쪽	동일		그림	43쪽
[참고] 구주와 다섯 소경	표	44쪽	동일		표	46쪽
(그림18)신라구주오소경도	지도	45쪽	동일		지도	47쪽
(그림19)발해상경도	지도	47쪽	동일		지도	49쪽
(그림20)불국사	사진	41쪽	동일		사진	52쪽
(그림21)석굴암	사진	51쪽	동일		사진	53쪽
(그림22)김생의 글씨	사진	52쪽	동일		사진	54쪽
(그림23)려초북계성진	지도	61쪽	동일		지도	63쪽
(그림24)고려 십도도	지도	62쪽	동일		지도	64쪽
(그림25)고려 오도양계도	지도	63쪽	동일		지도	65쪽
(그림26)고려 초기의 동아 형세도	지도	66쪽	동일		지도	68쪽
(그림27)개경 약도(황성과 나성)	지도	69쪽	동일		지도	70쪽
(그림28)대각국사 의천과 속장경	그림	72쪽	동일		그림	73쪽
(그림29)고려의 돈	그림	76쪽	동일		그림	77쪽
(그림30)윤관	그림	79쪽	삭제			
17대 인종~21대 희종 연표	연표	85쪽	삭제			
(그림31)금원교체기의 동아	지도	87쪽	동일		지도	86쪽

(그림32)대장경(해인사), 탁본	사진 탁본	90쪽	대장경판(해인사) 탁본 삭제	사진	89쪽
(그림33)원의 정복지	지도	92쪽	동일	지도	91쪽
(그림34)원 압력하의 고려 강역도	지도	93쪽	동일	지도	92쪽
			물레와 씨아	그림	95쪽
(그림35)이제현	그림	102쪽	동일	그림	100쪽
(그림36)정몽주	그림	103쪽	정몽주(그림 바뀜)	그림	101쪽
(그림37)삼국유사와 삼국사기	탁본	104쪽	동일	탁본	102쪽
(그림38)부석사 무량수전	그림	107쪽	동일	그림	104쪽
(그림39)만월대(고려대궐터)	그림	107쪽	동일	그림	104쪽
(그림40)고려의 상감 청자	사진	108쪽	동일	사진	105쪽
(그림41)탄연의 글씨	탁본	109쪽	동일	탁본	106쪽
(그림42)처용무	그림	110쪽	동일	그림	108쪽
(그림43)경성도	지도	113쪽	동일	지도	112쪽
(그림44)앙부·혼의·측우리·간의	그림	116쪽	앙부·혼의·측우자·간 의	그림	113쪽
(그림45)훈민정음	탁본	117쪽	동일	탁본	114쪽
(그림46)육진사군도	지도	111쪽	동일	지도	116쪽
(그림47)원각사탑	사진	112쪽	동일	사진	117쪽
(그림48)성종 때의 활자	사진	120쪽	동일	사진	118쪽
(그림49)이씨조선 초기의 자기	그림	121쪽	동일	그림	119쪽
(그림50)안견의 그림	그림	122쪽	삭제		
(그림51)도도	지도	123쪽	팔도도	지도	123쪽
(그림52)왜군침입도	지도	139쪽	동일	지도	135쪽
(그림52)[128)귀선과 이순신의 글씨	그림	140쪽	동일	그림	136쪽
(그림53)해군 중진도(남해안)	지도	141쪽	동일	지도	137
(그림54)조선의 총	사진	144쪽	삭제		
(그림55)총포	사진	145쪽	총통	그림	141쪽
(그림56)대완구	사진	145쪽	대완구	그림	141쪽
(그림57)비격진천뢰	그림	146쪽	동일	그림	142쪽
(그림58)불랑기	사진	147쪽	삭제		
(그림59)청조 흥기도	지도	150쪽	동일	지도	146쪽

(그림60)북한산성	지도	154쪽	삭제		
(그림61)상평통보	그림	155쪽	동일	그림	151쪽
(그림62)가체	그림	160쪽	삭제		
(그림63)수원성	그림	160쪽	동일	그림	156쪽
(그림64)김정희의 글씨	탁본	162쪽	동일	탁본	158쪽
(그림65)대동여지도	지도	162쪽	동일	지도	158쪽
(그림66)김홍도의 그림	그림	162쪽	동일	그림	158쪽
(그림67)풍속도	그림	164쪽	신혜원의 풍속도 (그림 변경)	그림	162쪽
8도 및 서울 호구표	도표	167쪽	동일	도표	164쪽
(그림62)[129]정주성지	사진	170쪽	삭제		
(그림63)경복궁	사진	174쪽	경복궁 (사진 변경)	사진	171쪽
(그림64)1884년 1884년 甲申 於 桑港	사진	179쪽	특파 주미 전권대신 일행(1887)-사진변경	사진	176쪽
(그림65)우정국(지금 견지동), 김옥균	그림 사진	181쪽	동일	그림 사진	178쪽
(그림47)[130]독립문	그림	190쪽	동일	그림	188쪽
			민영환	그림	191쪽
(그림75)황제의 친임장	그림	197쪽	삭제		
(그림76)망국대신	사진	198쪽	삭제		
			한말의 황실 고종·순종·황태자	사진	197쪽
(그림63)중근열사와 암살직전의 이등	사진	199쪽	동일	사진	199쪽

<우리나라 생활> 교수요목이 발행된 이후 이에 의거해 편찬했다고 밝히고, 검정을 통과한 이병도의 국사교과서에서도 국사교육의 방향이 바뀌었다고 할 수 있는 변화는 없다. 오히려 민족과 문화의 우수성을 부각시키고, 3·1운동과 해방에 있어 민족 내부의 요인에 초점을 두는 등, 민족을 중심

---

128) (그림52) 번호가 중복 사용되었음.
129) (그림62) 부터 다시 번호 매겨짐.
130) 전후 번호와 관계없이 190쪽에 (그림47)이 등장함.

으로 한 서술이 더욱 강화되었다. 무엇보다 "소아 소국을 버리고 대아 대국에 온 정신과 노력을 집중시켜 우리 민족의 통일을 속히 실현"시켜야 하는 국사교육의 근본적인 목적은 그대로 유지되었다.

김성칠, 이병도의 검정 전후 교과서를 비교했을 때 큰 차이점을 발견할 수 없다. 두 저자 모두 검정 전 교과서의 틀을 그대로 유지한 채 도입부에서 '우리나라의 자연환경'과 '우리나라를 부르는 명칭'을 추가했다. 그리고 민족에 대한 부정적 서술을 일부 삭제하고, 민족의 우수성을 드러낼 수 있는 서술과 문화와 생활에 대한 서술이 조금 추가된 정도이다. 김성칠은 검정 전 교과서에서부터 '익힘'을 제시하였고, 이병도의 경우 검정 후 가장 큰 변화가 각 장이 끝날 때마다 '연습'이 추가된 것이다.

앞서 교과서 검정도 1차적으로 문교부 편수국의 과목별 편수관이 주도했음을 살펴보았다. 〈우리나라 생활〉 교과서에 대한 검정도 이들이 주도했을 것이다. 그렇다면 1949년 당시 문교부 국사 담당 편수관이 김성칠, 이병도와 같은 국사학자의 교과서 내용을 검증하고 수정지시를 내린다는 것은 쉽지 않았을 것이다. 그래서 문교 당국에서는 교과서의 전체 구성을 변경하지 않고서도 검정에 필요한 최소한의 요구만을 저자들에 부탁했을 것이고, 저자들은 수용 가능한 부분을 교과서에 반영했을 것이다. 따라서 김성칠, 이병도의 검정 전후 교과서가 크게 바뀌지 않았고, 〈우리나라 생활〉 교수요목이 제시한 단위 구성을 따르지 않았음에도 검정을 통과할 수 있었다.

VI. 한국전쟁기 중등교육 사례 분석
- 숭문고등학교를 중심으로 -

3년간의 한국전쟁은 한국인에게 엄청난 인적·물적·정신적 피해를 주었다. 특히 수많은 사람들과 학생들이 집과 학교를 떠나 피난지로 이동한 상황에서 교육을 지속한다는 것은 힘들었다. 그러나 전쟁이 진행되던 기간에도 한국인들은 피난지에서 교실을 만들고 수업을 했다. 또한 교육법을 개정해 학제를 수정하였고, 교육자치제를 실시[1]하는 등 한국 교육사에 있어 중요한 제도들이 전쟁기간 중에 만들어지고 시행되었다. 학생들은 피난지 노천 학교를 다니며 중학교 입학 국가고사를 보았고, 대학 입시도 멈추지 않았다. 서울에 남은 학생들도 각 지역별 훈육소에 모여 학업을 계속했다. 따라서 한국전쟁 시기의 교육을 이해하기 위한 다양한 연구가 필요하다.[2] 여기서는 한국전쟁 발발 후 수업 재개에 대한 정부 방침과 수업 재개에 있어 가장 문제가 되었던 교사(校舍)[3]와 교과서 문제를 살펴보았다. 또한 중등교육을 받기 위한 첫 관문이라고 할 수 있는 중학교 입학 국가고사에 대해서도 검토했다. 더불어 피난하지 않고 서울에 잔류했던 중등학교 학생들

---

1) 1949년 12월에 공포한 교육법에서 교육자치제의 대원칙을 채용하였고, 1952년 5월 25일 선거를 통해 교육위원을 선출하여 6월 4일 전국에 교육구와 시 교육위원회가 설립되어 교육자치제를 실시하였다.(문교부, 『문교행정』, 대한문교서적주식회사, 1958, 36쪽. 《경향신문》, 1952년 5월 17일.)
2) 한국전쟁기 교육에 대한 연구가 부족함을 지적하며 이 시기 부산지역의 중등교육에 대해 연구한 다음과 같은 논문이 있다. 안경식, 「한국전쟁기 임시수도 부산지역의 피난학교 연구-중등학교를 중심으로-」, 『교육사상연구』 제23권 제3호, 2009. 안경식·박청미·박선영·문미희·최두진, 「한국전쟁기 남한의 교육-임시수도 부산의 중등교육를 중심으로-」, 『한국교육사상연구회 학술논문집』 제42회, 2009.
3) 엄격히 말하면 교사(校舍)는 학교 건물 전체를 뜻하고, 교실(敎室)은 교사 중에서 수업에 쓰이는 방을 의미한다. 하지만 이 책의 Ⅵ장에서는 이를 구분하지 않았다. 그리고 선생님을 의미하는 교사(敎師)는 한자와 병기하여 표기하였다.

에 대한 교육에 관해서도 간략하게 알아보았다. 이러한 검토는 숭문고등학교4)의 사례를 중심으로 진행되었다. 이를 통해 한국전쟁기 중등교육의 모습 중 일부라도 이해할 수 있을 것이다.

1. 한국전쟁의 시작과 중등교육 운영 방침

1950년 3월 문교부는 1949학년도까지의 9월 신학년제를 4월로 조정하기 위해 1950년도에 한하여 6월 1일을 새 학년 시작일로 하였다.5) 따라서 한

---

4) 숭문고등학교는 1906년 4월 1일 서울시 중구 필동에서 경성야학교로 출발하였다. 1910년 4월 1일 경성중등야학교로 그 이름을 바꾸어 중구 남창동 283번지로 이동하였다. 이후 1932년 8월 20일 중구 태평로 2가 364번지로 교사를 이전하였다. 이듬해인 1933년 2월 22일 경성중등공민학교로 이름을 바꾸고 본과, 전수과, 강습과를 두고 주·야간부를 운영하였다. 1937년 3월 23일 학교이름을 경성상업실천학교로 바꾸어 제1부 교사를 금호동에, 2부 교사를 태평로에 두었다. 이후 1945년 5월 30일 경성농상업실천학교로 교명을 바꾸고 주간부에 농업과, 야간부에 상업과를 설치했다. 1946년 5월 8일 미군정청 학무국의 인가를 받아 주간부 농업과를 폐지하고 주·야간부 상업과로 통일한 숭문상업학교로 교명을 변경하였다. 1946년 8월 28일 교명은 다시 숭문상업중학교로 바뀌었다. 이는 주·야간부 상업과를 병설한 6년제 실업중학교였다. 1947년 8월 31일 현재 교사가 있는 마포구 대흥동으로 이전했다. 그리고 1948년 6월 11일 문교부 장관의 허가를 받아 수업연한 6년의 숭문중학교로 마지막 교명을 변경하였다. 이후 1951년 3월 20일 개정된 교육법에 따라 1951년 8월 31일 학칙을 변경하고 중학교 명칭을 숭문중학교로 하고 6학급을 두었으며, 고등학교는 숭문고등학교로 하고 18학급을 두어 명칭과 학제를 개편하였다.(숭문100년사 편찬위원회, 『숭문백년사』, 숭문중고등학교총동문회, 2007, 195~254쪽, 363쪽. 이하 "『숭문백년사』, 쪽수"로 표기함.)(1951년 8월 이전에는 숭문중학교였고 이후에는 숭문중학교·숭문고등학교였지만 본고에서는 시기 구분 없이 숭문고등학교로 표기하였음.)

5) 《서울신문》, 1950년 3월 12일. 서울특별시 교육연구원, 『서울교육사』상, 서울특별시 교육위원회, 1981, 620쪽.(이하 『서울교육사』상, 쪽수로 표기함.) 서울시사편찬위원회, 『서울육백년사』5, 서울특별시, 1995, 896쪽.

국전쟁이 시작되었던 1950년 6월 25일은 학생들이 새 학년 새 학기를 맞아 학교를 다닌 지 한 달이 채 안되었을 때였다.[6] 북한군의 전면공격이 시작된 1950년 6월 25일 백낙준 문교부장관은 비상사태에 관하여 다음과 같은 지령을 각 학교에 내렸다.

◇ 금반 38선에 대비하여 관하 각 학교는 次에 유의할 것
◇ 만일의 경우를 우려하여 학도호국단의 만반 준비태세를 취할 것.
◇ 주야는 물론하고 학교 守衛에 진력하여 수업에 지장 없도록 할 것.
◇ 이적행위에 대한 경계를 엄중하는 동시에 유언비어를 단속할 것.
◇ 일단 유사한 경우에는 군경에 적극 협력할 것.[7]

위의 지령을 보면 전쟁이 시작되었던 6월 25일 당일, 문교부는 수업을 중단하지 말고, 학도호국단은 준비태세를 갖추고 군경에 적극 협력할 것을 지시했다. 또한 학교 내 좌익세력이 북한군에 동조하는 것을 경계하라고 했다. 서울시는 6월 25일에 시내 고급요정, 카페, 빠와 시내 극장의 당분 휴업을 지시했고, 26일부터는 시내 각 초등, 중등 1·2년생, 공민학교, 고등공민학교와 도서관, 서울운동장에서 개최되는 모든 경기대회를 무기한으로 휴학 또는 정지시키는 조치를 내렸다.[8] 문교부도 26일부터 서울시내 각 초등학교와 중등학교 1·2학년은 전부 임시휴학 할 것과, 중등학교 3학년부터 고등 중학, 각 대학은 방위태세를 갖추고 대기할 것을 지시했다.[9] 26일까지 휴교 대상 학교는 초등학교와 중등학교 1·2학년이었다. 서울시 교육국이 모든 학교에 무기휴교를 지시한 것은 6월 27일이었다.[10] 이 지시에 따른 학

---

6) 1952년 4월에 1학기는 4월부터 9월까지, 2학기는 10월부터 익년 3월까지로 확정되었고, 현재의 3월 시작 학기제는 1961년 11월 개정된 것이다.(<교육법 시행령> 대통령령 제633호, 1952년 4월 23일. <교육법 시행령> 각령 제241호, 1961년 11월 1일.)
7) 《민주신보》, 1950년 6월 27일.
8) 《부산일보》, 1950년 6월 27일.
9) 《동아일보》, 1950년 6월 27일.
10) 『서울교육사』상, 601쪽.

교도 있었지만 6월 28일 북한군이 서울에 들어오던 그 순간까지도 계속 수업을 하던 중등학교도 있었다. 28일에도 수업을 하던 한 학교는 "6월 28일 제2교시에 전혀 피난의 대책도 없이 휴교조치를 내렸다."고 했다.11)

경상북도 문교당국은 6월 29일부터 초등학교 학생 전원과 중등학교 3학년 이하의 학생에게 임시 휴학을 지시하는 담화를 발표했다.

> "현하 사태에 조감하여 중요건물에 대한 자체경비 강화의 필요성을 통감하기에 금 29일부터 중등학교는 3학년 이하, 국민학교는 전학생에 대하여 별도 명령이 있을 때까지 임시 휴학을 하게 되는 바, 이는 학도호국단 및 전직원으로 하여금 총동원, 건물 자체의 경비를 강화하여 화재 기타 외부 침입의 불순분자 등의 미연 방지에 만전을 기코자 하는 것이며, 이 휴학은 단시일 내에 복구될 것이니 일반 학부형은 추호도 기우심을 가지지 말고 당국의 방침에 전폭적으로 협조하여 학생으로 하여금 조금도 동요없이 가정에서 자습토록 지도 감독하여 주기 바라는 바입니다."12)

담화에 따르면 지금의 휴학은 임시적이고 단시일 내에 끝날 것이기 때문에 학생들은 집에서 자습하고, 교직원과 학도호국단은 학교 건물을 지키고 있어야 했다. 이후 7월 8일에는 경상남도에서도 중등학교 4학년 이상은 학교에 대기하고 그 이하 하급생은 휴교할 것을 지시했다. 하지만 휴교중인 하급생도 학교 당국에서 소집할 경우 즉시 응할 수 있도록 준비하라고 학부모들에게 요구했다.13) 서울이나 경상북도, 경상남도의 휴교 대상이 초등학교와 중등학교 1.2학년 혹은 3학년까지였던 것은 국민병제에 의하여 17세부터 40세까지의 청장년은 국민병이 될 의무가 있었고,14) 중등학교

---

11) 『서울교육사』상, 620쪽.
12) 《경제신문》, 1950년 6월 29일. 《민주신보》, 1950년 7월 02일.
13) 《민주신보》, 1950년 07월 11일.
14) 《경향신문》, 1950년 10월 15일.

상급생은 학도호국단으로 활동 가능한 대상이었기 때문일 것이다.

부산에서도 7월 8일 초등학교에 대해서만 휴교령을 내렸다. 하지만 6학년 학생은 학교 인근의 교회를 비롯한 적당한 건물장소를 이용하여 될 수 있는 한 계속 수업할 것을 지시했다. 또한 5학년 학생도 원칙적으로는 휴교이지만 가능한 한도 내에서 교체수업 또는 분산수업을 하도록 했다. 더욱이 휴교로 인한 수업 결손과 곧 시작될 여름방학으로 인해 학생들의 학력이 떨어질 것을 염려하며 방학 기간 중에 반일 수업을 실시하여 학력 향상에 힘쓸 복안도 가지고 있다고 발표했다.15) 전쟁이 발발해 서울이 함락된 상황에서도 초등학교 5~6학년 학생에게 수업을 계속할 것을 지시한 것은 이들이 중등학교 입시를 앞둔 수험생이었기 때문이다.

한국전쟁 초기 정부와 각 자치단체의 이와 같은 지침이 실제로 학교에서는 어떻게 전달되고 운영되었는지를 숭문고등학교의 사례를 통해 확인할 수 있다. 다음의 자료는 전쟁 발발 초기의 급박한 상황을 보여준다.

> 서기원 교장과 교직원, 학생들은 라디오 방송과 호외 뉴스에 촉각을 곤두세우고 불안과 초조 속에서도 27일 오전까지 수업을 하고 있었다. 문교부 휴교령에 따라 서기원 교장은 전황이 아군에게 불리하게 전개되고 있음을 직감하고 전세가 호전될 때까지 무기한 휴교령을 내렸다. 그리고 교직원과 학생들의 장래와 신변을 걱정하면서 다시 만날 것과 비상시국일수록 경거망동 하지 않도록 각별히 당부한 후 모였던 교직원들에게 황급히 은행해서 인출해 온 현금으로 3개월치 급료를 미리 지급하고 나머지 현금은 비상금으로 학교 지하실 금고에 숨겨둔 채 27일 휴교에 들어갔다.16)

즉, 1950년 6월 27일에도 학생과 교직원은 정상적으로 등교하여 수업을 했고, 오후가 되어서야 서울시 교육국의 휴교령을 전달받고 휴교에 들어갔

---

15) 《민주신보》, 1950년 7월 11일
16) 『숭문백년사』, 351쪽.

던 것이다. 그리고 하루 뒤인 6월 28일 서울을 점령한 북한군이 모든 학교
를 접수했다. 좌익교원으로 면직되었던 교원, 또는 아직 노출되지 않고 남
로당에 가입하여 암약하던 교원들은 서울을 점령한 북한 당국자에 의해
임명된 교책(校責)을 중심으로 학교 재산을 접수하고 교직원을 통제했다.
그 당시 북한군은 교책 뿐 아니라 교무주임, 교양주임, 서무주임 등 간부급
이외에도 수명의 좌익 교사(敎師)를 학교에 배치했다.[17]

해방 직후 학교 내에서 좌우익의 대립이 일반적 현상이었음은 숭문고의
사례를 통해서도 알 수 있다.

> 해방 후 좌·우익의 갈등은 본교도 예외가 아니었다. 교사와 학생들
> 사이가 좌·우익으로 갈라져 암투와 마찰이 끊이지 않았다. 이 때에는
> 이미 좌익 단체의 세포 조직이 본교에 침투, 암약중이어서 그들은 수시
> 로 학교 뒤 노고산에 모여 활동지침을 모의하기도 하였고 때때로 이를
> 행동으로 나타내기도 하였다. 어느 때에는 한 낮에 국기 계양대에 인공
> 기가 계양된 일도 있었다.
> 6월 28일 인민군의 서울 진입과 동시에 모든 공공기관이 인민군에게
> 접수되었을 때 본교도 마찬가지였다. 이 때 본교는 서울시 인민위원회
> 에서 임명한 이창우(한국전쟁 전 본교 교감)가 교장으로서 교책을 맡고
> 있었다.[18]

한편 좌익운동과 관련되어 퇴학을 당했던 학생들이나, 교내에 잠적하고
있던 좌익 학생들은 교사(敎師)들이나 학우들에게 행패를 부리기도 하였으
며, 학우들에게 의용대에 가담할 것을 강요하기도 했다.[19] 실제로 1949년
11월 25일까지 자수한 남로당 및 민전 산하단체에 가입하였던 학생이 약
300여 명이었는데, 그 중 숭문고 학생도 8명이 포함되어 있었다.[20]

---

17) 『서울교육사』상, 605쪽.
18) 『숭문백년사』, 351~352쪽.
19) 『서울교육사』상, 605쪽.

북한군이 서울을 점령한 후 급히 학교를 떠나야 했던 당시의 상황은 다음과 같은 자료와 증언을 통해 알 수 있다.

학교를 접수한 좌익 학생들이 최우선적으로 지목하고 검거에 혈안이 되었던 사람은 서기원 교장을 비롯하여 민병화, 최기종, 김형빈, 이종필 선생 등 5명이었다. 서기원 교장과 김형빈 선생은 이미 한강을 건너 피난길을 떠난 후였고 최기종, 이종필 선생은 어느 좌익 주동 학생의 사전 제보로 몸을 숨길 수 있었다. 그러나 민병화, 채근식 선생은 죄 없는 우리들을 어떻게 하겠느냐고 학교를 지키다가 불행히도 납북당하여 현재까지 소식을 알 수가 없다.[21]

서기원 교장은 전 교직원과 학생들에게 27일 오후 무기한 휴교령을 내린 후 28일 새벽에 서둘러 피난길에 올랐으나 당시 하나밖에 없었던 한강 다리가 28일 새벽 2시에 폭파되어 강을 건널 수 없었다. 이 때 운 좋게 마포 서강나루터에서 배를 얻어 탈 수가 있어 경성법전 동기인 명순겸 반공검사와 함께 한강을 건너 충남 아산 어느 한적한 사찰에 간신히 몸을 숨길 수 있었다. 그러나 이것도 잠깐이었다. 이내 아산 민청위원장과 남하한 인민군 장교(두 사람은 모두 숭문고 졸업생이었음)에 발각되고 만다. 그들은 "너희들을 총살시킬 터이니 묻힐 땅을 파라"고 하여 두 사람은 무덤을 팠는데 어찌된 일인지 북에서 내려온 인민군 장교는 두 사람을 죽이지 않고 오히려 그 절 주지에게 자기가 돌아올 때까지 잘 모시고 있으라는 부탁까지 하고 떠났다고 한다.[22]

1950년 9월 28일 서울을 되찾은 바로 다음날인 9월 29일 서울시 교육국장은 '공산괴뢰군 퇴거에 관한 긴급대책 실시의 건'이란 공문을 중등학교장 앞으로 발송했다. 주요 내용은 서울시 중등학교의 피해상황을 조사하고

---

20) 《동아일보》, 1949년 11월 30일
21) 『숭문백년사』, 352쪽.
22) 「서연호의 증언」, 『숭문백년사』, 353쪽.

신속히 개교를 준비하라는 것이었다. 그리고 서울시 당국은 10월 16일을 기하여 시내 초·중등학교가 일제히 문을 열도록 조치했다. 그러나 북한군 점령 3개월 동안 파괴된 교사 및 교육시설과 흩어진 교직원의 파악 등이 어려워 즉시 정상수업에 들어갈 수는 없었다.23) 왜냐하면 각 중등학교는 서울시 교육국의 지시에 따라 북한군 점령 하에서의 교직원과 학생의 행적에 대해 조사해서 보고하고, 파괴·소실된 시설을 파악하고, 흐트러진 시설과 제반 장부를 정비해야하는 등 전쟁의 뒷정리로 1개월여의 시간을 보내야했기 때문이다. 백낙준 문교부장관은 1950년 10월 14일 당시 교육현안과 관련된 여러 가지 문제에 대하여 다음과 같은 지시를 내렸다.

> ◇ 학년말 문제에 관하여 : 공비 침범으로 말미암아 금 6월부터 10월까지 수업치 못한 곳이 많으므로 3월 말인 학년말을 8월 말로 연기할 생각이다.
> ◇ 전문 대학 개교에 관하여 : 개교 가능한 학교에서부터 언제든지 개교하여 주기 바란다.
> ◇ 북한교육자 파견에 관하여 : 현재 교원의 재교육과 새로이 교원을 양성할 계획을 하고 있는데 특히 유식 가정부인과 40세 이상 된 인텔리층들의 진출을 요망하여 마지않는다.
> ◇ 학도호국단에 관하여 : 아직 미등록 학생이 많으므로 상세한 그 수는 알 수 없고 당분간 군대 편입은 없을 것 같다. 그러나 국민 병제에 의하여 17세부터 40세까지의 청장년은 국민병이 될 의무가 있으므로 학생들 중에서 군대에 응모하는 것은 절대 환영하는 바이다.24)

이와 같은 문교당국의 방침에 따라 숭문고도 1950년 10월 수업 재개를 위한 준비를 시작했다. 그리고 북한군에 협력한 교직원과 학생을 학교에서

---

23) 『서울교육사』상, 605쪽.
24) 《경향신문》, 1950년 10월 15일.

배제하는 작업이 진행되었는데, 이 과정에서 교사(教師)들 간의 대립이 있었음은 충분히 예상할 수 있다.

1950년 10월 16일 서울시의 각 학교 개교 지시에 따라 본교는 복귀한 서기원 교장, 이무주, 최기종, 이강훈 선생 등과 일부 복귀한 학생들만으로 10월 중순부터 학생 감찰부원들이 주동이 되어 학생 성분검사를 거쳐 등록을 받기 시작했다. 그러나 그 동안의 공산주의자들의 행패와 전화로 인한 물적·인적 피해는 막대한 것이었다. 우선 파괴된 학교시설을 복구하는데 전력을 다함은 물론 서울에 잔류하고 있었던 교직원과 학생들을 대상으로 그들의 부역 사실과 사상 동향을 심사하여 정리하여 갔다. 이러한 과정에서 좌·우익 교사간의 마찰로 학교 분위기가 험악해지기도 하였다.[25]

문교부는 1950년 11월 18일 중앙청 제1회의실에서 각도 문교사회국장 회의를 개최하고 문교행정의 당면한 여러 문제에 대한 지침을 밝혔다. 이 중 중등학교 운영에 관한 임시조치 내용은 다음과 같다.

◇ 교사의 소실 또는 유지재단의 고갈 기타 이유로써 전연 재건 불가능한 경우에는 감독관청의 허가를 얻어 폐교할 수 있다(국민학교는 제외).
◇ 재건의 시일을 요하는 경우에는 일시 휴교할 수 있다. 폐교 또는 일시 휴교 시에는 학생은 적절한 타교에 전교시킨다.
◇ 교사가 일시이전을 요하는 경우에는 국공사립을 막론하고 타 교사를 공동 사용할 수 있고 수 개소의 분교를 설치할 수 있다.
◇ 타 교사를 사용할 때에는 2부 또는 3부 수업을 실시할 수 있다. 그리고 교실시설 등을 고려하여 합동교수 또는 복식교수를 실시하고 학생의 혼성학급을 편성해도 무방하다.
◇ 학생의 통학거리를 조정하기 위하여 국공사립을, 학과별을 막론

---

25) 『숭문백년사』, 353쪽.

하고 지망에 따라 각 학교 전입 등의 문호를 개방한다.[26]

즉, 파괴 정도가 심해 복구가 불가능한 중등학교는 폐교할 수 있지만, 수리가 가능한 학교는 시간이 걸리더라도 수업을 재개할 준비를 하도록 했다. 학교가 복구되기 전까지 해당 학교 학생들은 인근 학교를 이용하거나 2부·3부 수업뿐 아니라 남녀가 함께 모여서라도 학업을 계속할 것을 지시했다. 또한 통학 거리가 멀 경우 인근 학교에 전입할 수 있도록 조치했다. 이처럼 서울 수복 이후 교육 정상화를 위한 문교부의 노력이 있었지만, 1950년 10월 말 중국의 전쟁 개입으로 전세가 불리해지자 11월말 방학에 들어갔던 서울시내 중등학교는 또다시 12월 20일 무기 휴교하였다.[27]

2. 1951년 이후 교육 방침과 피난 학교 운영 실태

1) 1951년 2월 수업 재개

1951년 1·4후퇴 때 서울 시내 중등학교는 방학 중인 상태에서 개학도 못하고 교사(敎師)와 학생은 피난지를 찾아 흩어졌다. 이 때 숭문고등학교도 다시 피난을 떠났다.[28] 문교부는 1951년 1월 7일 부산시청 한 구석에 사무처를 설치하여 종래의 문교 방침을 추진했다.[29] 그리고 1월 18일 문교부 전시대책위원회를 구성했다. 전시대책위원회는 총무·기획·훈련·공작·후생의 5부를 두고 문교부 직원을 적재적소에 분배하여 업무를 원활히 하여 멸공 구국의 과업을 완수하는 것을 목적으로 했다. 1월 19일 백낙준 문

---

26) 《서울신문》, 1950년 11월 20일.
27) 『서울교육사』상, 606쪽.
28) 『숭문백년사』, 353쪽.
29) 한국교육10년사 간행회 편, 『한국교육10년사』, 풍문사, 1960, 47쪽.

교부장관은 "본 위원회는 소정의 기구에조차 유효 적절히 운영하되 특히 문교 산하 각 단체의 총동원을 비롯하여 학도의 전시훈련과 근로 동원을 기획하는 한편 국민의 정신무장 강화에 노력할 것이다."라는 담화를 발표했다.[30]

피난지 부산의 인구는 50만에서 100만으로 증가했고, 따라서 학생 수도 증가했다. 하지만 학생들은 머무를 곳이 없었고, 부산 시내를 돌아다니는 학생들의 풍기가 문란하다는 문제가 제기되었다. 문교부는 학교 개설의 필요성을 잘 알았지만 단시간에 해결할 수 있는 상황은 아니었다. 그래서 서울시 교육국장의 제안으로 경상남도 도청에서 일주일에 하루씩 피난 학생들을 모아 한 시간씩 수양강화(修養講話)를 듣게 했다. 이는 남·여 학생을 구별하여 진행하였기 때문에 격주로 이루어졌다. 한편 피난 학생을 수용하기 위한 영화교실 개설운동도 있었다. 영화교실은 하루에 1~2시간씩 오전에 극장을 교실의 연장으로 삼아 국내 뉴스와 문화영화를 보여주는 것이었다.[31] 하지만 이러한 임시 조치는 피난 중인 학생들을 위한 근본적인 대책이 될 수 없었다.

이윽고 문교부는 1951년 1월 20일 피난 학생은 피난지 소재 각 학교에 등록하게 하여 학업을 계속하고, 피난 교사(教師)는 피난 도에 등록하여 피난 학생을 수용한 학교에 강사로 배정한다는 조치를 취했다.[32] 계속해서 1951년 1월 26일 백낙준 문교부 장관은 다음과 같은 전시교육방침을 밝혔다.

◇ 정기적 교육 : 정기 교육은 현 상태로서는 불가능하다. 생도, 학생

---

30) 백낙준, 『한국교육과 민족정신』, 문교사, 1953, 282쪽.《민주신보》, 1951년 1월 20일.
31) 『서울교육사』상, 610~611쪽.
32) 국방부정훈국 전사편찬위원회, 「국무총리에 제출한 문교부 시정 4년간 업적보고서(발췌)」, 『한국전란 2년지』, 국방부, 1953, 205~207쪽. 백낙준, 앞의 책(1953), 285쪽.

들과 교원들이 다수 일선으로 출정하였기 때문에 교육방침에 근
본적인 일대 변혁을 가져오게 된 것이다. 그러나 2월 10일부터는
전국적으로 일제 개학하기로 결정지었으며 교사시설 등이 없는
난관을 극복하고 임간(林間), 하천 근방, 광장 등 적당한 곳을 선
택하여 수업을 계속할 것이다.

◇ 교재 : 이 전시 하에 있어서 재래의 형식교육을 떠나 필승체제에
즉응하는 실천교육에 치중할 근본방침을 세웠다. 따라서 교재도
연구 개량하여 현재 신 전시독본 편찬 중에 있으며 한편 임기응변
책으로 교재를 만들어서 2월 10일 이내로 아동생도들의 손에 들어
가도록 하겠다.

◇ 학도 동원 : 전화를 입고 소개 피난한 지역의 학생은 현재 각자가
거주하고 있는 지역에 가까운 곳의 학교에 2월 10일 개학일에 전
부 입학의 수속을 해서 등교시킬 것이다.

◇ 학생 등록 : 피난 학생의 정확한 숫자 파악과 일후 대책을 수립하
기 위하여 실시하고 있는 것이며 교원도 배치·봉급지출 등 필요
성에 의하여 등록을 하게하고 있다.33)

결국 문교부는 1951년 2월 10일에 전국 모든 학교가 개학하여 수업할
것을 지시했다. 그리고 문교부에서 전시교재를 만들어 배부할 것이니, 모
든 학생들은 2월 10일까지 현재 거주하는 지역의 인근 학교에 등록하여 학
업을 계속하라고 했다. 즉, 더 이상 학생들을 방치할 수 없었던 문교부는
교실과 교과서도 준비되지 않은 전시 상황이었음에도 불구하고 수업 재개
를 결정한 것이다. 문교부의 방침에 따라 학생들은 나무 사이, 하천 근방,
광장 등 적당한 곳에 모여야 했다.

이러한 문교부의 방침에 따라 그동안 휴교 중에 있었던 부산시내 초·중
등학교가 1951년 2월 10일부터 개학했다.34) 그리고 부산시 학무과는 모든
학생은 1951년 2월 17일부터 19일까지 현 거주지 구역 국민학교에 등록해

---

33) 《민주신보》, 1951년 1월 27일.
34) 《동아일보》, 1951년 2월 10일.

야 하며, 만일 등록하지 않으면 원래 거주지로 돌아가서도 진학 및 수료를 인정하지 않겠다고 공고했다.[35] 이에 따라 1951년 2월 서울사대부중이 보수공원에서 개교한 것을 시작으로 3월, 4월에는 경기중학교를 비롯하여 5~6개교가 각각 용두산, 송도, 범일동의 빈터, 산지 등에 천막교실을 마련하여 개교했다. 이후 5~6월로 접어들면서 학교마다 교직원, 학부형, 학생들의 협력으로 임시 교실을 마련하고 수업을 했다. 이에 따라 1·4후퇴로 각지에 흩어졌던 학생, 교직원이 부산으로 모였다. 그리고 그 수는 날로 늘어나 1951년 10월까지 부산에 개설된 피난 중학교는 약 40개교에 달했다. 처음에는 두 학교 이상이 연합해서 개교했는데, 차츰 학생 수가 증가함에 따라 분리하여 각 학교별로 개교했다.[36] 1951년 중등학교 피난 학생 수용 상황은 다음과 같다.

〈표 Ⅵ-1〉 1951년 중등학교 피난 학생 수용 상황[37]

소재지	중등학교			
	피난학교		분교장	
	학교수	학생수	학교수	학생수
부산시	40	14.129		
거제도	21	3.179		
제주도			1	703
강원도				
대구시	1	2.812		
대전시	1	860		
수원	1	350		
계	64	21.327	1	703

한편 1951년 12월 『자유신문』은 부산 피난 중등학교 실태에 대해 다음과 같이 보도했다.

---

35) 《동아일보》, 1951년 2월 18일.
36) 『서울교육사』상, 607~608쪽.
37) 백낙준, 앞의 책(1953), 286쪽.

　　부산에 자리 잡은 피난중학은 거의 전부가 서울서 내려온 학교이고 춘천만이 한 곳 끼어 있다. 이 피난중학 총수는 49개교이며, 생도 숫자 1만 4,729명이다. 교사는 634명이며 학급 총수가 275학급이며 천막과 판자를 마련한 학급이 165이고 기타는 남의 건물이나 주택을 이용하고 있다. 이 49개교 중에는 두 학교 또는 세 학교가 모여 학급을 편성한 곳도 몇 곳 있어 신제 중학 3년제와 고교 3년의 구별을 두지 않고 옛날 구제 6년제 간판 밑에 모여 있으며, 내용적으로만 중학과 고등학교와는 구별을 두고 있다. 각 중학의 학생 수와 학급 수는 다음과 같다(괄호 안은 학급 편성 수).

　　△경동중 146(6) △서울사범 165(6) △상명여 200(6) △경기중 966(12) △경기상 300(6) △경신·대광중 405(6) △춘천종합중 165(6) △한양공중 287(6) △창덕여중 246(6) △서울중 736(8) △용산중 1,172(14) △진명여중 263(6) △풍문여중 207(6) △수도여중 533(9) △무학여중 476(6) △휘문중 250(6) △여상앙여중 244(6) △성신여중 200(5) △숙명여중 357(6) △보성중앙중 375(6) △선린상 312(6) △경복중 606(11) △성동중 339(6) △경기여중 877(11) △서울·성동·경기 각 공중 460(8) △배재중 251(6) △양정중 202(6) <u>△숭문·한성중 214(6)</u> △중동·대동상·조선전기 210(6) △한영중 162(6) △경성전기 178(11) 이화여중 786(11) △배화여중 279(6) △동덕중 392(6) △동명여중 372(6) △덕성여중 185(6) △정신여중 137(6) △신광여중 83(6) △성대부중 152(6) △동성·계성 299(6)[38]

　　부산에 자리 잡은 피난 중등학교는 대부분 서울에 있던 학교이며, 타 지역의 학교는 춘천종합중학교 뿐이었다. 이들 피난 학교는 천막과 판자로 교실을 만들거나 남의 건물이나 주택을 이용해 수업을 했다. 독립적인 공간을 마련할 수 없었던 두 세 학교가 교실을 공동으로 사용하는 경우도 있었다. 1951년 3월 중학교 3년, 고등학교 3년으로 학제가 변경되었지만 여전히 6년제 중등학교 학제로 운영하며 수업 내용만 구분하기도 했다.

---

38) 《자유신문》, 1951년 12월 17일.

이처럼 전쟁 중에 수업 재개를 결정하고, 피난 학교를 운영했던 당시의 상황에 대해 백낙준 문교부 장관은 다음과 같이 기록했다.

전란으로 인해 학생은 학업에 뜻을 잃어 노두(路頭)에 방황하고 부형은 자녀교육에 열의가 식고 교사는 갈 바를 잡지 못하는 참으로 비참한 환경 속에 있던 것이 1·4 철수 후의 실정이었다. 만일 교실이 없어 이를 이대로 방임한다면 그 국가장래에 미치는 영향의 중대함을 절실히 느낀 문교부는 일대 영단을 내리어 학교 재개의 명령을 내렸다.

이것은 교실이 없으면 공부를 못하고 책이 없으면 공부를 못한다는 관념을 근본적으로 타파하고 노천에서라도 교육하라는 것이었다. 이 대방침을 선포하는 동시에 피난 학생은 그 소재 지방 학교에 등록하여 학업 계속을 권장하였다.

이 노천 수업은 예상 이상으로 주효되어 잃었던 학생과 선생은 서로 만나 혹은 산 앞에서 혹은 해변에서 혹은 추녀 밑에서 혹은 컴컴한 창고 안에서 열심히 공부하게 되었다. 이 눈물 겨운 공부는 우리 민족이의 장래에 새로운 희망을 가져오게 하였고 식었던 부형의 교육열을 소생시키어 부형들의 손으로 가교실 건축 사업이 진행되고 이 결과는 노천수업을 가교실수업으로 화(化)하게 하고 풍우와 한파를 면한 새로운 전시교육을 형성하게 되었다.[39]

1951년 2월 문교부의 수업 재개 조치와 피난 학교의 운영을 통해 한국의 교육열을 확인할 수 있다. 그리고 이러한 모습은 종군기자의 눈에도 각인되었다. 1951년 4월 『New York Times』는 전쟁 중인 남한의 교육 현실에 대해 다음과 같이 보도했다.

교외 어떤 산위에서는 그전에 일본 신사 그늘에서, 어떤 초등학교는 개천 자리에서, 그리고 한 남자 중학교는 산 밑 골짜기에서 각각 수업을 받고 있다. 남한은 어디를 가든지, 정거장에서, 약탈당한 건물 안에

---

39) 백낙준, 앞의 책(1953), 284쪽.

서, 천막 속에서, 그리고 묘지에서 수업을 하고 있다. 교과서 있는 학생
은 교과서를 가지고, 책 없는 학생은 책 없는 대로, 지리·수학·영어·과
학·미술, 그리고 공민 교실로 다시 몰려들고 있다. 여학생은 닭을 치고,
달걀을 팔아서 학교를 돕는다. 안동에서는 학생들이 흙벽돌로 교사 세
채를 이미 건축하였다.40)

　1951년 문교부는 전쟁 목적을 완수하고, 경제를 부흥시키고, 민주국가로
서 굳세게 일어서게 하는 다섯 개의 전시교육 목표와 이를 실천할 아홉 개
의 장학 방침을 다음과 같이 밝혔다.

　　교육 목표
　　첫째로, 우리 교육은 학도로 하여금 혈통과 운명을 같이한 단일 민족
　　의 자각을 공고히 하여 조국통일에 이바지하도록 하여야 한다.
　　둘째로, 국제적으로 약진한 우리 국민의 도리와 임무를 자각케 하여
　　집단안전보장의 정신으로 인류의 공생공영에 공헌하고 세계 평화에
　　기여할 수 있도록 한다.
　　셋째로, 명령에만 복종하는 태도를 버리고 자진하여 자기생활을 자
　　력으로 개척할 수 있도록 하여야한다.
　　넷째로, 학생의 창의와 실천을 숭상하며, 실생활에 즉시 활용할 수
　　있는 교육을 한다.
　　끝으로, 우리나라 고유의 미덕양속을 존중하며, 국민도의를 앙양하도
　　록 하여야 할 것이다.
　　장학 방침
　　첫째, 교육과 생산과 건설을 결부하여 배우는 것이 곧 건설 사업이
　　되도록 한다.
　　둘째, 민주국가 공민으로서 우선 그 자치능력을 양성하기에 힘쓴다.
　　셋째, 이상으로는 졸업할 때 기술인으로 자립할 수 있는 정도에 이르

---

40) 《New York Times》, 1951년 4월 23일.(박상만, 『한국교육사』하, 대한교육연합회,
　　1959, 127쪽 재인용.)

기까지를 목표로 일인일기(一人一技)교육을 추진한다.

넷째, 과학적으로 사물을 처리하고, 합리적으로 생활할 수 있도록 한다.

다섯째, 국민도의의 앙양에 힘쓰되, 특히 책임과 신의를 존중하는 품성장양에 노력하고자 한다.

여섯째, 오늘날 우리나라는 세계 각국인이 와 있어, 특히 청소년의 기풍과 언행에 관하여 깊은 관심을 가지고 있다. 그렇기 때문에 우리는 학도로 하여금 문명국가 국민으로서의 긍지를 높이고, 우리 국민의 미덕들 발휘하도록 힘쓰고자 한다.

일곱째, 고립과 편견을 버리고 자주 독립하여 세계 인류의 자유와 평화에 공헌할 수 있는 세계관을 가지도록 추진하여 보고자 한다.

여덟째, 전시이니만큼 국민생활의 각 방면을 고려하여 보건체육에 특별한 관심을 가지게 하고 질병 예방과 체력 향상에 노력하도록 힘쓴다.

아홉째, 결핍을 극복하고 국산을 애용하고 경제부흥에 적극 노력하도록 힘쓰고자 한다.

이상 말한 방향으로 우리 교육을 추진시키기 위하여 장학진영의 활동을 강화하여, 그 장학실적을 각 시도에서는 매월 관내 장학사항을 월말에 문교부 장학관실에 보고하여주기를 요청한다.[41]

다섯 개의 교육 목표는 해방 직후 문교 당국이 교육정책의 목적으로 제시했던 것으로, 전시 상황에서도 문교정책의 방향이 크게 변하지 않았음을 보여준다. 그리고 그 아래 아홉 개의 장학 방침은 전시 상황이라는 특수성이 교육정책에 반영된 것이다.

1952년 10월 29일 백낙준 문교부장관은 사임하였고, 1952년 10월 30일 김법린 장관이 취임했다. 10월 31일 김법린 문교부 장관은 기자들과의 간담회에서 문교정책의 3가지 기본 방침을 언급했다.

◇ 일제 40년간의 쓰라림에서 벗어난 오늘날 민주건국도상에 있어서

---

41) 박상만, 위의 책(1959), 131~133쪽.

모든 국제적인 연결을 강화해 가는 한편 건국문교정책의 이념을
천명하는 동시 실천할 것
◇ 전시교육과 국방사상의 일층 앙양의 이념에서 전시문교정책을 확
립하는 동시 일선과 후방의 일치단결을 조성하는 전시문화개발
에 치중할 것
◇ 건국문교정책의 측면으로서 과거 일제의 잔재가 아직도 뿌리박고
있는 폐습을 일소하는 방향으로 독자적인 이 나라의 문화의 발전
에 특성을 살리는 한편 도양적인 학문의 기본 토대를 완고히 하
는 모토에서 독립문교정책을 실천할 것[42])

이상에서 살펴본 전시교육방침을 실제로 각 학교에서는 어떻게 받아들
이고 적용했는지 확인하는 작업이 필요하다. 숭문고등학교의 사례는 부산
에서 피난 학교가 만들어지던 초기의 상황을 잘 보여준다.

피난 분교를 말할 때 최기종 선생을 떠올리지 않을 수 없다. 그는 1·
4후퇴 때 부산으로 피난하여 용두산 밑 대청동의 어느 2층집 단칸방에
서 미리 내려온 노모와 함께 세를 들어 살게 되었다. 이 2층 방이 부산
피난 분교를 잉태시키는 요람이었다. 1951년 2월 26일 전시하의 교육특
별조치 요강이 발표되자 최기종 선생은 즉시 문교부에 학교 등록을 마
치고, 4월에 그의 2층 셋집에서 숭문중학교 임시연락사무소 간판을 달
았는데 이것이 부산 피난 분교의 태동이다.
서울에서 피난 내려온 본교 학생들이 소문을 듣고 몇 명이 찾아와 등
록함으로써 학교문을 열 용기를 얻게 되었다. 이 때 최기종 선생은 우
연히 부산 거리에서 동향인 한성중학교 교감 최승택 선생을 만나게 되
었다. 한성중학교는 이미 천막교사 2동을 용두산 공원에 가지고 있었
다. 두 선생은 같은 교육자이고 서울 본교가 이웃에 있다는 지연 등으
로 쉽게 한성중학교 교사에서 합동 수업을 개시하기로 합의를 보고 칸
막이를 하여 교실과 교무실을 만들었다. 그 해 9월 15일 학교 간판이 좌

---

42) 《민주신보》, 1952월 11월 2일.

측에 숭문, 우측에 한성이 나란히 걸리게 되니 이 날짜가 부산 피난 분교의 개교일인 것이다.

개교 당시 교사진은 전임 최기종 선생과 강사 6~7명이고, 학생수는 12명이었다. 1952년 3월에 1회 졸업생 9명을 배출하게 되었다. 이 졸업생들이 서울 숭문중학교 5학년 재학중 피난 내려와서 1951년 9월 1일의 개편된 학제에 의하여 숭문고등학교 1회 졸업생이 된 것이다.[43]

1951년 12명의 학생으로 시작한 숭문고 피난 학교는 1952년 보수동으로 이전했을 때 60~70여 명으로 증가하였고, 1953년 봄에는 1학년 120여 명(2학급), 2학년 50여 명(1학급), 3학년 40여 명(1학급)으로 늘어 전교생이 약 250여 명까지 이르렀다.[44]

2) 교실과 교과서 문제

전시의 모든 악조건을 극복하고 남한 전 지역에서 교육을 실시하는데 있어 곤란하지 않은 것이 없었지만, 그 중에서도 어찌할 수 없는 것이 교실과 교과서 문제였다.[45] 1951년 6월 백낙준 장관은 "우리의 필요는 긴급하다. 우리나라에는 260만의 초등학교 아동, 40만의 중등학생, 1만 5천의 대학생이 교사가 없고, 교과서가 없고, 교사(教師)가 없고, 학구작업에 기초적으로 필요한 것이 없다."며 한국 학교에 대한 원조를 요청했었다.[46] 이 중 교실과 교과서 문제에 대해 검토했다.

---

43) 『숭문백년사』, 354~355쪽.
44) 『숭문백년사』, 356쪽.
45) 《경향신문》, 1951년 7월 15일.
46) 《New York Times》, 1951년 6월 22일(박상만, 위의 책(1959), 128~129쪽 재인용)

① 부족한 교실 문제

해방 이후 미군정 때부터 문교부는 의무교육을 추진했다. 그래서 전쟁이 아니더라도 초등학교 의무교육을 위해서는 교실이 부족한 상태였다. 그런데 전쟁으로 인하여 약 1만 교실이 소실, 파괴됨으로써 초등학교·중등학교를 합하여 약 2만 3천 교실이 부족하여 필요 교실의 절반도 못되는 상황이었다. 따라서 학생들이 공부할 수 있는 교실을 확보하는 것이 가장 긴급한 문제였다.[47]

<표 VI-2> 한국전쟁 전후 중등학교 교실 상황[48]

지역별	전쟁전 교실수	피해 학교수	피해 교실수	동수	연건평
서울시	1,483	78	1,404	234	491,742
전국	4,716	251	2,502	652	529,681
서울시 비율(%)	32	31	56	36	93

전국적으로 4,716개의 중등학교 교실 중 53%에 해당하는 2,502개의 교실이 파괴되었다. 서울의 경우 95%의 중등학교 교실이 피해를 입었는데, 이는 실제로 사용할 수 있는 중등학교 교실이 서울에는 거의 없었음을 말해준다. 부족한 교실 문제를 해결하기 위해 문교부는 1951년 6월 하순 생벽돌건축위원회 조직을 지시하였고, 7월부터 한국 재래식 건물의 구조건축을 학리적(學理的)으로 연구하여 문교부의 건축방침을 결정하였다.[49] 그리고 1951년 9월 중앙학도호국단의 제안으로 교실 건축운동이 전개되었다. 중앙학도호국단은 머지않아 추위가 닥쳐와 야외수업을 계속하지 못할 때를 대비하여 젊은 힘을 모아 진흙과 돌로써 라도 배움집을 짓자고 했다. 이들이 만들고

---

47) 백낙준, 앞의 책(1953), 297쪽.
48) 문교부, 『대한교육연감』, 1953, 22~23쪽.
49) 백낙준, 앞의 책(1953), 297쪽.

자 했던 교실은 최소한 18교실(1교실 20평)을 갖는 표준형으로써 1951년 11
월까지 전국에 144교실을 완성하는 것이 목표였다. 한 건물당 소요되는 비
용 720만 원에 대하여는 중앙학도호국단에서 그 일부를 보조했다.[50] 문교
부에서는 9월 21일에 학도호국단 주최로 교사재건공사에 대한 강습회를 개
최하였고, 생벽돌 교사건축설계서와 시방서를 교부했다. 생벽돌 교사건축
사업은 서울과 제주도를 제외한 8개도의 학도호국단사업으로 추진되었
다.[51] 학도호국단의 교실 건축 운동은 전시 장학방침의 하나였던 일인일기
(一人一技) 교육[52]과 연결되어 진행되었다. 그 결과 1952년 2월까지 경기도
16개, 강원도 19개, 충북 7개, 충남 46개, 경북 18개, 경남 26개 등 총 132개
교실이 건축되었고 32개 교실이 건축 진행 중이었다.[53]

　　하지만 이러한 노력으로 확보할 수 있는 교실은 필요한 수요에 비해 절
대적으로 부족한 것이었다. 따라서 전시 상황에서 교실 건축을 위한 보다
근본적인 대책이 필요했다. 이 때 CAC(Civil Assistace Command, UN 민사
처)가 목재와 못, 시멘트 등의 건축자재를 지원했다. 1952년 1월 당시 신문
에서는 CAC의 원조에 대해 "6·25사변의 전화로 말미암아 배우는 교사를
잃고 한파 부는 산기슭 혹은 전화 입은 막사 속에서 배움을 계속하고 있는
이 나라 학원의 막막한 교육 실정에 드디어 서광의 빛이 양춘의 햇빛과 더
불어 같이 찾아왔다."라고 보도했다.[54] CAC의 지원은 1차 1,000교실, 2차
1,200교실, 3차 3,000교실 분에 해당하는 것이었다.[55] CAC의 지원 계획은

---

50) 《서울신문》, 1951년 9월 11일.
51) 백낙준, 앞의 책(1953), 297쪽.
52) "과거의 암송 암기를 강요하고 이론만을 숭상하는 교육을 일신하고, 체험과 근로
　　를 통하여 학생의 개성에 적합한 기술을 습득시켜, 자주적 생활능력을 배양하고,
　　학행일여(學行一如)의 학풍을 창달하는 동시에, 전재복구 건설사업에 공헌하고
　　자, 중학교 이상 학교에 일인일기교육을 강력히 추진하였다. 이를 위해 1951년 6
　　월에 "일인일기교육실시요령"을 발표하여 일인일기 교육운동을 전개하였다.(백낙
　　준, 앞의 책(1953), 291쪽. 박상만, 앞의 책(1959), 159~160쪽.)
53) 《경향신문》, 1952년 2월 11일.
54) 《민주신보》, 1952년 1월 17일.

지역별로 차이가 있었고, 계획과는 달리 지원이 제 때 이루어지지 않은 것 같다. CAC의 2차 지원 계획은 서울시 180개, 경기도 53개, 경남 156개, 경북 120개, 충북 53개, 충남 63개, 전남 156개, 전북 74개, 강원도 205개, 제주도 26개, 예비 59개였다.[56] 그런데 서울시의 경우 1951년 3월부터 CAC에 교실보수에 필요한 자재원조를 요청하였고, 1952년 7월에 지원해주기로 약속하였으나 1952년 10월까지 건축자재는 지원되지 않았다. 더욱이 지원이 계획되어 있던 자재조차 겨울이 지나고 1953년 3월에나 받을 수 있을 것이라고 했다.[57]

숭문고가 피난지 부산에서 수업을 계속하기 위해서도 가장 중요한 문제는 교실을 확보하는 것이었다. 한성고의 교실을 공동으로 사용하며 수업을 재개하였지만 이는 곧 한계에 부딪혔다. 숭문고가 독자적인 천막교실을 만들던 일화를 통해 피난 학교들이 교실을 만들고 학교를 운영하던 당시의 모습을 확인할 수 있다.

> 숭문과 한성의 정다운 합동 수업도 잠깐이었다. 양교 교사와 학생들 간에 크고 작은 일로 사이가 벌어지기 시작하였고, 한성측도 학생수가 증가하게 됨으로써 교실이 부족하게 되자 숭문을 나가라고 하기에 이르렀다. 한성 천막교사에 더부살이 하던 숭문은 갈 곳이 없었으나 여기서 좌절하지 않고 최기종, 박청명 두 선생은 새 배움의 터를 찾아 그동안 편입생을 지속적으로 받아들여 40~50여 명으로 증가한 학생들을 이끌고 그 해 4월 보수동 공원 언덕에 자리를 잡게 된다. 용두산 기슭에서 보수동으로 교사를 이전하는 과정에서의 애로는 한두 가지가 아니었다. 최·박 두 선생은 학생대표인 윤용성 외 1명의 학생과 함께 학교 부지를

---

55) 국방부정훈국 전사편찬위원회, 앞의 책(1953), 205~207쪽. 《민주신보》, 1952년 12월 16일. 백낙준, 앞의 책(1953), 297쪽.

56) 《민주신보》, 1952년 12월 16일. 2차 지원계획은 1200개 교실이었는데, 시도별 지원계획의 총 합은 1145개 교실이다.

57) 《평화신문》, 1952년 10월 11일.

찾아 보수동 공원을 답사한 후 이곳에 교사를 짓기로 약속을 하였다. 그러나 건축비 마련이 막연하였다. 이 때 최기종 선생의 모친이 시집올 때 가지고 온 결혼반지와 패물을 교사 건축비로 쓰라고 선뜻 내놓았다. 이에 힘을 얻은 두 선생과 전교생들이 혼연일체가 되어 당국의 허락도 받지 않고 공원 언덕을 삽으로 깎아내려 정지작업을 한 후 흙·돌을 넣은 가마니로 축대를 쌓고 천막교실 4개를 만들었다.58)

한국전쟁이 시작된 후 서울을 빼앗기고 뺏는 과정 속에서 수많은 생명이 희생된 1950년 겨울이 끝나기 전에 문교부는 공식적으로 학교 수업의 재개를 지시했다. 그리고 추위와 비를 가릴 수 있는 교실도 없는 노천에서 한국인들은 학교를 운영하였다. 이러한 한국의 교육 현실에 대해 1951년 6월 『New York Times』는 다음과 같이 보도했다.

이전에 초등·중등·고등·대학 등이 쓰고 있던 건물의 대부분은 안심하고 쓸 수 없으리만치 손상되거나 완전히 파괴되지 않았으면, 병영 또는 본부용으로 군에 접수되어 있다. 그러나 일기가 따뜻하여짐에 따라, 집 있는 근처에서 노천교육을 개시하였다. 비가 오면 어린이들은 그 집으로 뛰어 들어간다. … 전란을 당한 나라에서 예기할 수 있는 바와 같이 교과서의 부족은 중대한 문제다. 그러나 어느 시골에 가도 나무 밑에 학생들이 모여 앉아서 나뭇가지에 칠판을 걸고 떨어져가는 책을 나누어 보고 있다. 누더기를 입은 선생이 머리 위에 있는 나뭇가지를 꺾어서 만든 교편으로 가르칠 때, 6명 내지 8명의 학생들이 책 한권을 나누어 보며 암송하기 위하여 그 책을 이리저리 돌리고 있는 광경을 많이 볼 수 있다.59)

겨울이 끝나고 봄이 오면서 노천에 모이는 학생들은 점점 증가했고, 교실 없는 학교가 운영되었다. 노천학교는 점차 천막학교나 판자 학교로 바

---

58) 『숭문백년사』, 355쪽.
59) 《New York Times》, 1951년 6월 8일(박상만, 앞의 책(1959), 127~128쪽 재인용)

뀌었지만 전쟁이 끝날 때까지 학생들을 수용할 수 있는 교실은 절대적으로 부족했다. 1953년 7월 환도를 앞둔 서울의 상황을 통해 이를 확인할 수 있다.

> 사변전 시내의 국민교는 83개소, 중고등학교는 77개교에서 현재 64교가 남아 있다는데 그 중 국민교 17교, 중고등교 16교를 미군기관에서 사용하고 있다 한다. 교육국 학사행정과 통계에 의하면 현재 복귀한 국민교생은 11만 1,560명, 미복귀생 4만 6,932명, 중고등학생은 복귀생이 4만 6,976명이고, 미복귀생은 2만 4,909명에 달하는 바 동 숫자에 비하여 최소한도 약 600교실이 필요한데 이에 대한 신속과 수리비도 전혀 예산이 없어 부심 중에 있다 한다.[60]

② 전시 교과서 발행 상황

1953년 7월 전쟁이 종결될 때까지 학생들은 교실이 있으면 교실에서, 없으면 노천에서라도 모여 수업을 받았고, 학교는 운영되었다. 하지만 학생들이 공부해야할 교과서가 없는 것은 극복하기 힘든 또 하나의 문제였다.

전쟁과 갑작스런 피난 때문에 피난지에서는 교과서·학용품 등을 잃은 채 수업을 재개했다. 그래서 문교부는 전시생활을 지도할 수 있는 초·중등용 12종의 전시교재를 수업 재개 한 달여 만에 제작하였다. 아래의 <표 VI-3>에 있는 초등학교 『전시생활』 1,2학년용, 3,4학년용, 5,6학년용과 중학교용 『전시독본』이 그것이다.[61]

---

60) 《평화신문》, 1953년 7월 7일.
61) 이순욱, 「한국전쟁기 전시독본의 형성 기반과 논리」, 『한국문학논총』제58집, 2011, 435~436쪽. 백낙준, 앞의 책(1959), 299쪽.

〈표 VI-3〉 초·중등학교용 전시교재[62]

구분		1집	2집	3집	인쇄처	초판발행
초등	전시생활 1	비행기	탱크	군함	합동도서 주식회사	1951.3.25
	전시생활 2	싸우는 우리나라	우리는 반드시 이긴다	씩씩한 우리 겨레	합동도서 주식회사	1951.3.25
	전시생활 3	우리나라와 국제 연합	국군과 유엔군은 어떻게 싸우나?	우리도 싸운다	조선교학 도서주식회사	1951.3.6
중등	전시독본	침략자는 누구냐?	자유와 투쟁	겨레를 구원하는 정신	조선교학 도서주식회사	1951.3.6

전시교재는 1951년 7월 10일까지 45만 부를 팜플렛으로 인쇄하여 배부하였고, 교과서의 부족을 느낄 때에 따라 더 발행할 방침이라 했다.[63] 백낙준은 전시교재의 총 발행 부수를 2,638,000부(국기 100,000부 포함)라고 기록했다.[64] 전시교재는 최현배 문교부 편수국장을 비롯한 최병칠, 최태호, 홍웅선 편수관이 중심이 되어 편찬했다.[65] 전시교재는 용지난이 극심했기 때문에 전지 한 장을 접어서 나오는 4·6판 절수에 맞추어 작아졌고, 표지를 본문지(갱지)로 씌운 상태로 발행되었다.[66]

전쟁 중 중등교육의 목적은 "우리들이 당하고 있는 피침(被侵)의 원인과 이 원인의 제거를 위한 수단과 방법을 해결해야 하는 것과, 공산주의 망국 사상을 철저히 제거하여야 한다."는 것이었다.[67] 이러한 교육목적은 중등용 『전시독본』의 제목인 '침략자는 누구인가?', '자유와 투쟁', '겨레를 구원하는 정신'에 잘 나타난다. 그리고 본문 서술도 설명 방식을 통해 국책

---

62) 이종국, 『한국의 교과서 변천사』, 대한교과서주식회사, 2008, 154쪽.
63) 《경향신문》, 1951년 7월 15일.
64) 백낙준, 앞의 책(1953), 299쪽.
65) 홍웅선, 「외솔과 전시교재」, 『교육과정·교과서 소식』창간호, 1996.(허강, 『한국의 검인정 교과서』, 일진사, 2004, 102쪽에서 재인용)
66) 이종국, 앞의 책(2008), 154~155쪽. 초등용 『전시 생활』 9종은 모두 32쪽으로 구성되어 있다.(이순욱, 앞의 논문(2011), 436쪽.)
67) 한국교육십년사 간행회, 앞의 책(1960), 147쪽.

이념을 전달하는 목적의식적 측면이 강했다.[68]

하지만 전시교재만으로 수업을 진행할 수 없었다. 그래서 문교부는 1951년 4월부터 중등학교용 검인정 교과서 재등록을 받고, 각 학교에서 사용할 교과서를 조사하여 출판사에 발행부수를 통지하여 교과서를 발행할 계획을 세웠다.[69] 그리고 1951년 9월 신학기를 기하여 초등학교는 전반적 (21종목)으로 중등학교는 사회생활과를 포함하여 약 5·6종목의 국정교과서를 갱신하기로 결정했다. 하지만 인쇄기[70]와 용지 등의 문제로 교과서를 충분히 발행할 수 없었다. 한편 새로운 교과서가 간행될 때까지의 진공 상태에 대처할 잠정적인 조치로써 기존 교과서의 미비한 점을 보완한 「전시학습 지도요항」을 각 학교에 지시하고 이에 따라 수업을 하도록 했다.[71] 「전시학습 지도요항」에 대해 당시 문교부 편수관이었던 최병칠은 다음과 같이 해설했다.

> 생활중심의 교육이라는 것은 새삼스러운 것은 아닙니다. 우리가 해방 이후 부르짖어 오던 새교육의 이념이 곧 생활 중심의 교육이었던 것입니다. 그러나 오늘날 우리나라의 교육이 얼마만큼 민주주의적으로 개선되었으며, 생활 중심의 방법으로 향상되었느냐 하는 데 대해서는 깊이 생각해볼 필요가 있습니다. 교실이 없고, 교과서가 없고, 더구나 교사까지 부족한 것이 전시 하의 우리 실정이지만, 그렇다고 해서 아무런 의욕도 없이 구태 의연한 기계적 암송 교육을 계속한다면 우리에게는 이 시련에서 벗어나서 빛나는 앞날을 맞이할 기회를 놓치는 결과가 될지도 모를 일입니다. (중략) 그러므로 오늘날의 악조건 밑에 여러 가지로 애로가 있었지만 우리들은 새로운 교육의 이론과 방법을 추진하여

---

68) 이순욱, 앞의 논문(2011), 442쪽.
69) 《부산일보》, 1951년 4월 28일.
70) 전쟁 전에는 3개 회사만 교과서 발행권을 가지고 있었지만, 전쟁이라는 특수 상황 속에서 교과서 인쇄에 경험이 풍부하고 시설이 적당한 회사 11곳을 지정하여 인쇄했다.(박상만, 앞의 책(1959), 171~172쪽.)
71) 《민주신보》, 1951년 5월 26일.

야 하겠습니다.[72]

　문교부에서는 전쟁이라는 급박한 상황이긴 했지만 주입식 교육의 문제점에 대해 인식하고, 이를 생활중심 교육으로 개선하고자 했다. 이는 1951년 문교부에서 발표한 교육 목표와 장학 방침에서도 확인할 수 있다. 생활교육의 실천에 대한 요구는 미군정 문교부의 주요 한국인 관료들이 추진했던 새교육운동의 핵심 사항이었음을 이 책의 앞장에서 살펴보았다. 즉, 해방이 되고 정부가 수립되면서 교육 내용과 방법에 있어 변화를 추구하였고, 이는 한국전쟁이라는 전시 상황에서도 중요한 교육목표로 유지되었다. 하지만 해방 직후의 정치적 혼란과 계속된 전란 속에서 이러한 교육적 목적이 학교 현장에서 실현될 수는 없었다. 이에 대해 "전시 피난 학교에서의 교육은 추상적이며 관념적인 경향이 짙어졌고, 주입식 교육이 무계획하게 행하여졌을 뿐 아니라, 지식으로서의 지식에의 전달에 머물렀다."는 평가가 전쟁이 끝난 이후 교육계 내부에서도 제기되었다.[73] 1952년 10월 3대 문교부 장관에 취임한 김법린이 1953년 1월 신년 기자회견에서 "현재 국민학교·중학교 및 고등학교에서 사용하고 있는 교과서를 비롯한 각 교수요목이 지식본위로 되어 있고, 또한 정도가 높은 등 수다한 결점이 있어 금년도에는 생활본위를 중심으로 하는 새롭고 이상적인 교과과정을 만들고자 한다. 그럼으로 이에 따라 교과서도 전부 새것이 만들어 질 것이다."[74]라고 했다. 해방 직후 아동중심·생활중심 교육을 표방하고 만들어진 교수요목과 교과서가 여전히 지식본위로 되어있었음을 문교부 당국자들도 인정한 것이다. 그리고 생활중심의 새로운 교육과정과 교과서를 다시 만들겠다고 했다.

　전쟁기간 중 발행된 중등학교 용 국정교과서 발행 현황은 다음과 같다.

---

72) 중앙대학교부설 한국교육문제연구소, 『문교사』, 중앙대학교출판부, 1974, 231쪽.
73) 한국교육십년사 간행회, 앞의 책(1960), 148쪽.
74) 《동아일보》, 1953년 1월 3일.

〈표 Ⅵ-4〉 한국전쟁 중 중등학교 국정교과서 발행 현황[75]

구분	1기		2기		부수 계
	종수	부수	종수	부수	
1951년	6	193,000	6	170,465	363,465
1952년	25	444,982	6	392,097	837,079
1953년	15	541,090	3	357,500	898,590

1952년 당시 중등학교 학생 수는 435,112명이었다.[76] 1952년 발행된 837,079권의 교과서는 학생 1인당 2권도 채 안 되는 것이다. 즉, 정부가 발행한 국정교과서는 학생들에게 절대적으로 부족했다. 이처럼 교과서가 크게 모자랐던 가장 큰 이유는 교과서를 인쇄할 종이가 부족했기 때문이다. 교과서 용지난은 해방 이후 계속 된 현상이었다.[77] 1948년 3월 문교부장 오천석은 "필요한 교과서의 17% 밖에 인쇄하지 못하고 있는데, 이것은 순전히 용지난에 기인한 것이므로 근년에는 무역업자와 결탁하여 직접 수입이라도 할 작정이다."라고 말하기도 했다.[78] 실제로 백낙준 문교부 장관은 1951년 6월 13일부터 약 1개월 동안 미국을 방문하여 교육 원조를 요청하는 활동을 하였고, 자유아시아위원회로부터 갱지 1,000톤을 기부받기도 했다.[79] 이 때 기부 받은 갱지[80]로 인쇄된 교과서 표지를 넘기면 한국의 아이들이 자유 속에서 계속 공부할 수 있도록 교과서 용지를 선물로 준 것에 대한 감사의 인사말이 제일 먼저 나온다. 그 내용은 다음과 같다.

---

75) 중앙대학교부설 한국교육문제연구소, 앞의 책(1974), 234쪽.
76) 한국교육십년사 간행회, 앞의 책(1960), 511쪽.
77) 미군정 3년 동안 문교부 편수국에서 발행한 누적 교과서는 총 14,989,269권이었다. 이는 당시 필요량의 국민학교는 5%, 중등학교는 2%에 불과했고, 1학급에 2권 정도 밖에 안 되는 것이었다.(「Summation No.34(1948.7~8)」, 정태수, 『자료집-하』, 294~295쪽. 《조선일보》, 1948년 1월 28일, 2월 4일. 《조선중앙일보》, 1948년 2월 4일.)
78) 《조선일보》, 《서울신문》, 1948년 3월 12일.
79) 《경향신문》, 1951년 8월 15일.
80) 1951년 9월 17일 1차로 550톤, 1951년 10월 17일 2차로 450톤이 제공되었다.(박상만, 앞의 책(1959), 166쪽.)

COMMITTEE FOR A FREE ASIA, INC

This textbook is a gift of the American people-presented through the American committee for a Free Asia to the school children of the Republic of Korea.

The American people firmly believe in human freedom and national independence. Because of this sincere belief they have given the paper for the printing of this and thousands of other school books to the Ministry of Education of the Republic of Korea so that the children of Korea may continue to study in freedom

DR. L. GEORGE PAIK

MINISTER OF EDUCATION

REPUBLIC OF KOREA[81]

또한 국제연합한국재건위원단(운고라)도 1952년 국정교과서 인쇄용지 1,540톤을 문교부에 원조해주었다. 이 용지로 인쇄된 1952년 초등학교 6학년 사회생활과 교과서인 『우리나라의 발달』 맨 뒤페이지에는 영어와 한글로 다음과 같이 감사의 표시를 하였다.[82]

The United Nations Korean Reconstruction Agency donated to the Ministry of Education of the Republic of korea, 1540 tons of paper to print text books for primary and secondary schools in korea for 1952. The paper of this book is printed out of that donation. let us be thankful for this assistance, and determine to prepare ourselves better for the rehabilitation of Korea. L. George Paik Minister of Education Republic of Korea	국제 연합 한국 재건 위원단(운고라)은 한국의 교육을 위항 4285 년도의 국정 교과서 인쇄 용지 1,540톤을 문교부에 기증하였다. 이 책은 그 종이로 박은 것이다. 우리는 이 고마운 원조에 감사하는 마음으로, 한층 더 공부를 열심히 하여, 한국을 재건하는 훌륭한 일군이 되자. 대한 민국 문교 부 장관 백 낙준

---

81) 문교부, 『농작물 육종』, 대한교과서주식회사, 1952.
82) 문교부, 『우리 나라의 발달-사회생활 6-2』, 대한문교서적주식회사, 1952.

이처럼 교과서 문제를 해결하기 위한 문교부의 노력이 있었지만 교과서
는 절대적으로 부족했고 학교 현장에서는 국정이나 검정 교과서를 사용하
기 힘든 상황이었다. 다음은 서울의 한 중등학교 교과서 운영방침인데, 이
를 통해 전시 중등학교의 실제 수업 모습을 엿볼 수 있다.

> 본교 경영방침에 의하여 소위 교과서는 사용하지 않음을 원칙으로
> 하였다. 왜냐하면, 책 자체가 귀한데 책값은 놀라운 고가일 뿐 아니라
> 교직원들의 노력과 창의창안에 기대하려는 바가 있음으로 서다. 일례를
> 들면 학생들에게 무료로 배부되는 일간 "세계소식"이 교과서 대용이 된
> 다. 이것으로 국어, 한문, 사회생활, 보건위생 등 각 방면으로 이용되며,
> 국내 정세의 파악이 되며, 영어 역시 "위크리"를 얻어 산 영어, 현대 움
> 직이는 영어를 가르치며, 동시에 새로운 소식을 배울 수 있다.[83]

즉, 전시 상황에서 교과서는 구하기 힘들었을 뿐 아니라 너무 고가였다.
따라서 재정이 넉넉하지 않은 학교에서 교과서를 구입할 수도 없었고, 학
생들에게 이를 강요할 수도 없었다. 그래서 교사(教師)들이 자체적으로 제
작한 교재를 사용하거나, 무료로 배부되던 소식지나 잡지 등을 활용해 수
업을 했다. 교과서가 고가였던 이유는 전쟁 중이었음에도 불구하고 교과서
발행업자들이 불법 복제와 가격 인상을 통해 개인적인 이익을 취하고 있
었기 때문이다. 고가의 교과서 문제에 대해 당시 신문에서는 다음과 같이
보도했다.

> 신교과서 정가는 업자측의 작년도 국정교과서 가격의 11배 인상 요
> 구에 대하여 9배로 인상시키기로 인가하였다 하는데 이에 의하면 중학
> 1학년용 교과서대는 약 4만 원 정도가 될 것이라 한다.
> 그런데 이 갱신 발간하기로 정식 결정된 이즈음에 와서 일부 악덕업

---

83) 「전시 학교 경영의 실태: 중등부 서울 ○○상업중학교」, (박상만, 앞의 책(1959),
   138~142쪽.)

자들은 나머지 2개월(8월 하기휴가)밖에 사용 못 할 국민학교 국정교과서를 약 10배 인상시킨 가격으로 아동들을 울리며 강매하고 있어 이에 대한 학부형들의 비난이 높아가고 있다. 그런데 문교부에 알아보니 원래 국정교과서의 정가 인상은 문교부의 승인을 얻어야만 인상시킬 수 있다 하는데 문교부로서는 정가 인상에 관한 아무런 승인도 한 일이 없다고 한다.

그뿐만 아니라 관계당국자 말에 의하면 국정교과서는 당시 전부 매진되고 잔부(殘部)도 전연 없다 하며 지금 나오고 있는 것은 출판업자들의 소행으로 국정교과서의 무단 복제인 것이라고 한다. 현행 법규에 있는 세칙을 보면 이러한 범죄를 한 자는 10만 원 이하의 벌금에 처한다고 되어 있는데 이들 악덕업자들은 이 10만 원 벌금쯤은 문제시도 않고 있어 이러한 악질 소행에 대한 방지는 극히 곤란하다고 한다.[84]

위의 보도에 따르면 교과서 발행 업자들은 문교부의 허가도 없이 국정교과서의 정가를 9배로 올렸고, 2개월 밖에 사용할 수 없는 교과서를 정가의 10배에 팔았다. 더욱이 이들 업자들이 고가로 팔았던 교과서는 모두 불법 복제된 것이었다. 하지만 이에 대한 정부의 공식적인 처벌은 벌금 10만 원이 전부여서, 악덕 업자들의 소행을 방지할 수 없었다.

전시교육에 있어 교과서의 결핍이라는 문제를 해결하기 위해 문교부에서는 미국 공보원과 중앙방송국의 협조를 얻어 1951년 6월 18일부터 초·중등학생을 상대로 '라디오학교'를 개시했다. 그리고 각 지구에 배부할 라디오 수신기 500대도 기증받았다.[85] 1951년에는 교사(教師)를 상대로 한 방송만을 매일 오후 11시 45분부터 12시까지 했다. 이 때 교육 뉴스, 시사해설, 교재해설, 학교운영, 교육문답, 수양강화, PTA 등의 내용을 5분씩 방송하였다. 이후 1952년 1월부터는 연속 교육 강좌도 개강하고, 학생을 위한 시간도 개설하도록 추진했다.[86] '라디오학교'의 운영과 교육 내용에 대

---

84) 《민주신보》, 1951년 5월 26일.
85) 《동아일보》, 1951년 6월 8일.

해서는 추가적인 연구가 필요하다.

3) 서울 재수복 이후 훈육소 운영

1951년 3월 14일 서울 재수복 이후 1951년 7월 1일부터 서울시 본청 중심의 행정이 시작되었다. 그리고 서울에 있는 중등학생들 위해 사용 가능한 중등학교 교실에 합동 임시학교인 훈육소를 개설했다.[87] 약 4,000여 명의 서울 잔류 중등학생들은 1951년 8월 25일까지 훈육소에 등록하였다. 돈화문을 중심으로 동부지역 중등학생은 덕수상업중학교에 개설된 훈육소로, 서부지역은 이화여자중학에 개설된 훈육소로 등교했다. 훈육소가 학생들을 확인하고 공식적으로 개소한 것은 1951년 9월 7~8일 경이었다.[88] 이때부터 서울에서도 중등교육이 재개되었다.

1951년 10월 30일 서울에서 중학교 입학 국가고사가 있었다. 이 시험을 통해 서울시내 잔류 초등학교 졸업생 중 2천여 명의 학생이 중학교 입학을 허가받았다. 이 학생들은 11월 15일 오후 2시 서울 시내 중등학교 훈육소에서 입학식을 했다. 그리고 11월 16일부터 서울의 훈육소 학생들도 부산, 대구 등 후방지역에서 운영되고 있던 전시 수업을 받게 되었다. 교과서는 먼저 『전시독본』을 무상으로 분배해주고, 이어 각종 교과서도 부산에서 구하여 무상으로 분배해주기로 했다. 2개로 시작했던 훈육소는 1951년 11월 신입생이 입학할 때 8개로 늘어났다. 신입생이 입학한 지 한 달이 채 되지 않았던 1951년 12월 13일, 서울의 8개 중등 훈육소 학생 1,000여 명은 '영구적 평화 없는 정전반대', '남북통일 없는 정전반대', '한국 민의 없는 정전반대', '개성지구 포기반대', '무기를 우리에게 다오, 우리가 싸우겠다', '평화의 보장을 달라'는 구호를 외치며 정전반대 시가행진을 했다.[89]

---

86) 백낙준, 앞의 책(1953), 291~292쪽.
87) 『서울교육사』상, 611쪽.
88) 《서울신문》, 1951년 9월 1일.

1952년 4월 중학교 신입생이 입학할 당시 서울의 중등 훈육소는 14개로 증가했고, 여기에 약 2만 명의 학생이 소속되어 있었다. 그런데 1952년 5월 부터는 각 학교들이 독자적으로 개교를 할 수 있게 되었다.[90] 그 결과 1952년 10월에는 훈육소가 54개에 이르렀다. 하지만 이들 훈육소 중에는 교실부족으로 인하여 천막 또는 야외수업 해야 하는 학교들이 상당수 있었다. 따라서 겨울을 앞두고 교실문제를 해결하지 못한 훈육소는 겨울 동안 수업을 할 수 없는 상태였다.[91] 그런데 1953년 4월 1일 서울시 교육당국은 훈육소를 해체하고 각기 원교를 개교하라는 조치를 내렸다. 이 때 서울 시내 훈육소는 55개, 학생 수는 중학생 21,900명, 고등학생 12,035명에 달했다. 이 조치 이후 각 학교는 부산 분교·서울 본교 형태로 운영되었고, 각 학교의 교장은 피난지 분교와 서울 본교 간을 왕래하면서 학교를 관리하였다.[92]

숭문고도 학교별 개교가 가능했던 1952년 5월 15일에 서부훈육소 분교 형식으로 훈육소를 개설하여 교육을 재개하였다. 따라서 서울 대흥동에 있던 숭문고에서 교육이 이루어지지 않은 시기는 1951년 1월부터 1952년 5월까지였다.[93] 한국전쟁이 끝나고 숭문고 본교와 분교가 통합하던 과정을 통해 중등학교가 정상화 되는 과정을 확인할 수 있다.

부산 피난 분교가 서울에 복귀하기 전에 서기원 교장과 최기종 분교 교감 사이에 합류에 따른 제반 사항을 숙의하였는데 대부분 원만한 합의가 이루어졌으나 분교 교사의 본교 재임용 문제로 의견이 엇갈리게 되었다. 최 교감은 전시에 피난지 부산에서의 교사들 공로를 인정하여 전원 재임용을 요구하였으나 서교장은 본교의 교사 수급 문제의 어려

89)《자유신문》, 1951년 12월 15일.
90)《서울신문》, 1952년 4월 17일.
91)《평화신문》, 1952년 10월 11일.
92)『서울교육사』상, 611~612쪽.
93)『숭문백년사』, 360~361쪽.

움을 들어 최기종 선생을 비롯하여 박청명, 오일화, 서원용, 박희열 선생 등 5명만을 재임용하였다.

또한 부산 분교 전교생 250여 명 중 150여 명은 부산에 잔류를 희망하여 낙양고등학교 및 본인 희망 학교로 전학하였고, 나머지 100여 명은 서울 본교로 복귀, 합류하였다. 실제로 부산 피난 분교의 일부 교사와 연고지가 부산인 학생들은 서울 본교로의 복귀를 반대하면서 학교의 독립운영을 주장하였고, 그 가능성도 있었다. 그 때의 재정 형편은 서울 본교보다 부산 피난 분교가 오히려 나은 상태였고 학교 모습도 제법 갖추어져 있었기 때문이다. 그러나 서기원 교장의 설득으로 최기종 교감을 비롯한 4명의 교사와 100여 명의 학생은 서울 본교에 완전 복귀하였다. 그리고 1953년 9월 1일 부산 분교는 폐쇄되었다.[94]

1953년 7월 휴전이후 1953년 9월 1일자로 부산의 숭문고 분교는 폐쇄되었다. 본교와 분교의 통합과정에서 재학생의 소속과, 교원 재임용 문제 등이 있었지만, 서울 본교로 복귀를 희망했던 학생들과 일부 교사(教師)는 돌아왔다. 전쟁의 흔적을 지울 수는 없었지만 서울 마포구 대흥동 숭문고 교정에 교사(教師)와 학생이 다시 모임으로써 학교의 기능은 회복되었다.

3. 중학교 입학 국가고사 실시

전쟁 중이던 1951년 중등교육에 있어 주목해야할 사건은 중학교 입학 국가고사가 실시되었다는 점이다. 1951년 7월 31일 남한의 수복 지구 전역에 한국 교육사상 일찍이 보지 못했던 국가고사가 실시되었다.[95] 이때 전투 관

---

94) 『숭문백년사』, 361, 367쪽.
95) 1951년 3월에 3년제 중학교와 3년제 고등학교의 새로운 학제가 공포되었고, 따라서 학제 개편이 끝나는 9월 이후에 중학교 입학시험을 보자는 것이 다수의 의견이었다. 하지만 백낙준 장관이 9월 안에 대하여 정면으로 반대하였다. 그는 한국

계로 시험을 실시하지 못한 경기도에서는 9월 30일, 서울시는 10월 30일에 추가 실시되었다. 1951년 중학교 입학 국가고사에 응시한 학생은 총 101,495명으로 전쟁 전의 초등학교 6학년 재적자 총수의 약 26%에 해당한다. 이 응시자 중 약 82%의 학생이 고사 성적순으로 중학교에 입학했다.[96]

국가고사란 전국이 일제히 동일한 날짜에 동일한 고사 문제로, 도별·지역별로 실력고사를 실시하여, 수험자에게 도 고사위원장이 성적 증명서를 교부한 후, 학생이 입학하고자 하는 학교에 성적 증명서를 제출하여, 학교로 하여금 성적순으로 선발하게 하는 제도였다.[97] 결론부터 말하자면 이 제도는 한국전쟁 중이던 1951~1953년까지 3년간만 시행되고 폐지되었다. 일찍이 박상만은 중학교 입학 국가고사의 8가지 장점과 해결해야할 문제점 3가지를 지적하기도 했다.[98] 또한 함종규는 이 제도가 1958년부터 추진

특유의 7·8월 혹서 중에 입학시험을 준비시킨다는 것은 너무나 가혹한 일일뿐더러, 학동 보건상으로나 국가 장래를 위하여 우려될 일이니 학동들에게 충분한 휴양을 주기 위하여, 졸업기인 7월 중에 고사를 실시하자는 것이었다. 이에 대해 모든 국·과장은 이 7월안의 타당성을 수긍하였고 고사일이 결정되었다.(박상만, 앞의 책(1959), 198~199쪽.)

96) 백낙준, 앞의 책(1953), 287~288쪽. 한국교육십년사 간행회, 앞의 책(1960), 144쪽. 응시자는 전쟁 전 남한의 국민학교 6학년 재적자 총수 389,360명의 약 25%, 고사 실시지역 6학년 재적자 수의 약 26%에 해당 한다. 1951년 7월 응시자만 본다면 남자가 72,030명으로 78.6%, 여자가 19,644명으로 21.4%였다. 응시자 연령은 최저 11세부터 최고 20세까지 9년간의 연령차를 가진 학생들이 동일한 기준에 의하여 시험을 보았고, 의무교육 학령에 해당하는 학생은 겨우 60% 정도였다. 40% 정도는 연령 부족 또는 연령 초과한 학생이었다.(박상만, 위의 책(1959), 213~214쪽.)

97) 박상만, 위의 책(1959), 199쪽.

98) "첫째, 교사와 선발을 분리시키기 때문에 학교 개편 전에 실시할 수 있다. 둘째, 지역 단위로 실시하기 때문에 피난 학생과 원주학생을 동일하게 다룰 수 있다. 셋째, 학생들의 거주지 근처에서 고사를 실시하게 되므로 고사장 왕복에 소요되는 경비를 절약할 수 있다. 넷째, 국가에서 출제하느니만큼 수업진도의 차에 유의하여 현실에 맞고 교육적인 고사문제를 작성할 수 있다. 다섯째, 성적증명서는 한 장씩 교부하게 되므로 입학 등록 때에 이중지원을 없애서 입학경쟁을 완화할 수 있다. 여섯째, 고사정적을 시나 군에서 공개하는 관계로 입학자 선발 때 성적순으

된 "중학교 입학 공동출제와 박정희 정권에서 시행된 각종 국가고시의 선험(先驗)을 이루었음은 주지의 사실이다."고 평가하기도 했다.99)

전쟁 중이었음에도 1951년 7월 31일 중학교 입학 국가고사일이 다가오자 초등학교 6학년 학생들이 무리한 과외수업을 받느라 건강이 악화되고 있다는 신문 보도가 나왔다.

수험을 앞두고 시내 각 국민학교에서는 기어코 입학하려는 아동들과 한 사람이라고 더 입학시키려는 선생들이 연일 과외수업을 실시하고 있는데 이 과외수업은 아동들의 보건적인 면에서 2, 3년 전부터 중지되고 있음에도 불구하고 의연 계속되고 있다는 것으로 금년과 같이 전란으로 인하여 소국민들의 영양이 시원치 못한데다가 교사마저 없어 혹은 노천에서 혹은 연기와 습기로 찬 공장 주변에서 공부를 계속하고 있으므로 심한 데에서는 졸도까지 한 사실이 있어 그 취지는 찬동할 수 있어도 실지적인 제반 문제는 이를 조속히 중지할 것이 요청되고 있다.

동인교 6년 김창길 모 담
밤이면 늦도록 자습서와 씨름을 하고 아침 새벽부터 등교합니다. 저녁에는 보통 10시가 넘어야 귀가하게 되니 집을 나갈 때 점심·저녁 먹을 것을 준비해서 나가기는 합니다만 "더워서 물만 먹히지 밥은 먹고 싶지가 않아요"하고 가져간 밥을 그대로 돌려오는 날이 흔히 있습니다. 요새는 보기에 딱할 만큼 얼굴색이 못해지고 저녁에는 때때로 현기가

로 선발하게 되어 소위 부정입학을 방지할 수 있다. 일곱째, 성적증명서를 1년간 전국 통용으로 하였기 때문에 전란으로 인한 거주지 이동에 별로 영향을 받지 않는다. 여덟째, 성적증명서에 원주학생과 피난학생을 구별하여 피난학생만은 별도 선발하여 각 지방 중학교에 위탁 수용하는 관계로 입학 선발기의 혼란을 방지할 수 있다. 한편 첫째, 고사문제의 비밀 누설을 방지하는 것. 둘째, 치안이 확보되지 않은 지방의 고사문제 수송의 안전을 기하는 것. 셋째, 전국적으로 채점의 공정을 기하는 것 등의 난점을 가진 제도였다."(박상만, 위의 책(1959), 199~200쪽.)
99) 함종규, 「한국 중·고등학교 입시제도 변천에 관한 연구」, 『논문집』21호, 1981, 84~85쪽.

난다고 신음을 하나 좀 쉬도록 하려면 모의시험에 떨어지면 수험도 해
보지 못한다고 하니 부모 된 입장에서 어떡하면 좋을지 학교 당국에서
는 양분을 잘 취해주라는 지시도 있으나 계란 한 개에도 700~800원이니
그저 한심할 뿐입니다.[100]

이와 같은 중학교 입시 열기에 대해 도학무국에서는 중학교 입학의 좁
은 문이 해결되지 않는 이상 어쩔 수 없는 현상이라고 했다. 또한 과외는
학교보다는 학생들이 더욱 희망해서 이루어지고 있으며, 당국에서는 가능
한 과외를 중지하도록 지시하겠다고 말할 뿐이었다. 효원여자중학교 교장
은 과외수업이 상급학교 진학 후 반드시 효과를 나타내는 것은 아니라고
지적했다. 그리고 학생들의 건강 상태 부진이 무리한 과외수업에서 비롯된
다며 당국의 강력한 대책을 요구하기도 했다. 반면 삼덕 국민학교 교장은
아동들에게도 무리가 되나 한 사람이라도 더 많이 우수한 아동을 진학시
키기 위하여 과외수업을 하는 것은 어쩔 수 없다며, 피곤한 아동들을 보양
해 주는 수밖에 없다고 했다.[101]

중학교 입학 국가고사 방침을 정한 3개월 후, 요항을 세상에 발표한지
50여일 만에 사회의 이목을 끌고 교육계의 관심을 집중한 국가고사는 실
시되었다. 하지만 학생들의 성적이 발표된 후 중학교 지원과 선발이 진행
되면서 국가고사가 중학교의 우열을 조장하는 제도라는 문제가 제기되었
다. 왜냐하면 문교부에서는 중학교를 전기와 후기로 나누어 전기에 탈락한
학생들을 위해 2차로 다른 학교에 지원할 수 있는 기회를 주었기 때문이
다. 이 때 경기중·경동중·서울중·경복중·용산중 및 경기여중·수도여중·숙
명여중·진명여중 등 소위 일류급에 속하는 학교와 이류급에 속하는 기타
학교는 대부분이 전기를, 균명·동명·한성중학 등 15학교에서는 후기를 희
망하였다. 이렇게 되면 시험성적이 우수한 학생들은 일류학교에 입학하고,

---

100)《대구매일신문》, 1951년 7월 10일.
101)《대구매일신문》, 1951년 7월 10일.

성적이 낮은 학생들만 삼류학교에 모이게 된다는 것이 학부모들의 주장이
었다.102) 하지만 이에 대한 문교부의 대책은 없었고, 학부모들의 걱정은
현실이 되었다. 즉, 중학교 입학을 준비했던 대부분의 학생이 일류학교에
만 지원해서 대다수의 다른 학교들은 모집정원을 채우지 못하거나 혹은
단 1명의 지원자도 없는 학교가 있었다. 다음 기사는 전후기 모집 방법과
성적순 입학이라는 방식의 문제점을 잘 보여준다.

> 현재 수 삼교를 제외하고 학생 모집정원이 차지 못한 학교나 혹은 한
> 명의 학생의 지원도 없는 47개소 피난중학교에서는 생도가 없음으로써
> 폐문하지 않으면 안 되는 난국을 타개하려는 뜻에서 수 삼교가 서로 연
> 합하여 연합강의제를 채택하거나 혹은 보결생을 신규로 모집해서 공석
> 을 채워보려는 안타깝고도 괴이한 방책을 쓰고 있는데, 이러한 현상은
> 비록 일시적인 현상이라고 낙관하기보다는 앞으로 우리나라 교육계에
> 큰 혹을 만드는 일이 되지 않을까 우려되는 것이 있다.103)

결국 국가고사와 성적순 입학이라는 입시방법은 학교 간 우열의 차이를
더욱 뚜렷하게 하는 측면이 있었다. 이러한 상황에 직면한 서울시 교육국
당사자는 "내년부터는 학생들이 국가시험에 응시하되 그 성적을 비밀로 하
여 우수한 학생이 한 학교로 집중하는 폐단을 없이 해보겠다."고 했다.104)
그런데 중학교 입학 허가를 받아도 학생과 학부모들은 학비 문제를 해
결해야했다. 문교부에서는 중학교 입학 국가고사와 함께 입학징수금 한계
도 공립은 입학금 3,000원, 수업료 4개월분 1만 원, 사립은 입학금 1,000원,
수업료 4개월분 1만 4,000원으로 규제했다. 그리고 최소한도의 사친회비 4
개월분 외는 어떠한 명목의 금품이라도 일절 금지했다. 하지만 1951년 9월
합격자를 발표한 중학교 측에서는 최하 15만원에서 최고 30만원에 이르기

---

102) 《서울신문》, 1951년 9월 7일.
103) 《서울신문》, 1951년 9월 25일.
104) 《서울신문》, 1951년 9월 25일.

까지 각종 명목을 붙여 거액의 입학 수속금을 강요했다. 실제로 시내 모 여중의 총 입학금은 15만원이었는데, 여기에는 입학금 3,000원, 수업료 4개월분 1만 원, 학도호국단비 4개월분 2,000원, 사친회비 4개월분 2만 원, 교과서대 3만 원, 천막·궤상·걸상, 기타로써 8만 5,000원의 기부금이 포함되었다. 중학교 측에서는 정부의 특별한 보조가 없는 상태에서 학교를 운영하기 위해서는 이 정도의 금액 징수는 필요하다는 입장이었다. 결국 형편이 어려운 학부모들에게 중학교 입학금을 납부하는 것은 큰 부담이었다.[105]

1952년은 4월부터 학년 초가 시작됨에 따라 각 학교의 수업은 3월말로 끝나고 입학시험은 4월 초에 시행되었다. 중학교 입학시험은 1951년과 같이 국가시험에 의하여 실시하고, 개정된 교육법에 의하여 분리 개편된 고등학교의 입학시험과 각 대학의 입학시험은 학교 자체에서 실시했다.[106] 중학교 입시에서는 학교 우열화의 문제를 해결하기 위한 대책이 만들어졌다. 1952년 4월 21~23일까지 부산 시내 남성여중에서 전국 각도 장학관회의가 개최되어 중학교 입시 방법 일부를 변경했다. 변경 내용은 중학교 입학 국가고사와 성적발표 전에 지원학교에 등록을 먼저 하는 것이었다. 그 밖의 방침은 종전과 동일했다. 이에 따라 원서접수는 3월 10일부터 15일까지 6일간 진행되었고, 4월 1일 국가고사를 실시했다. 지원 학교 등록은 4월 4일부터 8일까지였고, 성적발표는 4월 10일에 했다. 이후 4월 15일에 합격자를 발표하고 4월 17일에 입학식을 했다.[107]

1952년 4월 1일 시행된 중학교 입학시험에서 서울시 행정구역 내의 학교에 지원한 응시자는 모두 중학교에 진학할 수 있었다. 왜냐하면 서울시내 70여 개 남녀 중학교 모집인원이 약 1만 6,000명이었는데, 국가고사 응시자가 이보다 적었기 때문이다. 이는 전쟁이 끝나지 않은 상황에서 생활고를 겪고 있던 학생과 학부모들 중 상당수가 중학교 진학을 포기했기 때

---

105) 《민주신보》, 1951년 9월 12일.
106) 《자유신문》, 1952년 1월 31일.
107) 《민주신보》, 1952년 2월 23일.

문이었다.108)

전쟁 기간 중에 첫 시행된 중학교 입학 국가고사는 시행착오를 거치며 정착되는 듯 보였다. 하지만 1953년 1월 문교행정의 최고자문기관인 중앙교육위원회는 국가고사를 폐지하고 각 학교단위로 학생을 선발할 것을 문교부장관에게 건의했다. 중앙교육위원회에서 국가고사를 반대한 이유는 '국가고사는 새로운 교육이념에 배치된다.', '국가고사의 계속은 중학교 교직원에 대한 불신임 관념을 고정화시킨다.', '입학시험시행 권한은 교장에게 있다는 교육법을 무시하는 것으로서 이는 교장의 권한을 박탈한다.'는 것 등이었다.109) 하지만 중앙교육위원회가 폐지를 주장했던 시점은 1953년 중학교 입학 국가고사가 1개월 여 밖에 남지 않은 때였다. 결국 문교부는 종전의 시험제도를 그대로 지속하기로 결정하고, 다만 그 명칭은 연합고사로 변경했다. 그리고 1953년 3월 7일 연합고사를 실시하였다. 그런데 1953년 입시가 마무리 된 이후인 5월 28일, 이번에는 문교부에서 중앙교육위원회에 중학교 입학 국가고사 폐지를 건의하였고, 중앙교육위원회는 이 안을 통과시켰다. 불과 4개월 전까지만 해도 중앙교육위원회의 권고를 따르지 않고 국가고사 유지를 결정했던 문교부가 국가고사 폐지를 건의한 것이다. 문교부의 이러한 정책결정에 대해 당시 언론은 "갈팡질팡 문교행정!! 연합고사 중등교는 폐지"라고 하며 부정적인 평가를 내렸다.110) 또한 문교부의 모호한 태도와 의도를 비판하며 다음과 같이 보도하기도 했다.

> 문교부의 조령모개하는 부동적 문교행정에 대하여 일반에서는 비난의 소리가 자못 높아가고 있다. 동 중학교 입학 연합고사제 폐지에 대하여 문교부에서는 그 폐지 이유를 명백히 천명하지 않고 우선 폐지하기로 결정하고 나서 폐지이유(구실)를 찾으려고 하는 태도에는 더욱 놀라

---

108) 《조선일보》, 1952년 4월 9일.
109) 《동아일보》, 1953년 1월 18일.
110) 《동아일보》, 1953년 5월 30일.

지 않을 수 없는 것이다. 동 연합고사 제도에 대하여서는 지난 2월 중앙
교육위원회에서도 폐지하는 것이 타당하다고 폐지결의를 하였으나 문
교부에서는 전기 위원회의 결의를 일축하고 연합고사제를 실시하였던
것인데 이번 돌연 정당한 이유 천명도 없이 폐지제안을 하였던 것이다.
　그런데 동 국가고사제는 학교당국이나 특히 학부형들로부터는 입학
의 공정을 기한다는 점에서 많은 찬동을 받았을 뿐더러 많은 성과를 거
두어 왔던 것이다.
　이와 같은 실정에도 불구하고 문교부에서는 이번 돌연 무엇 때문에
어째서 폐지한다는 이유 성명도 없이 폐지를 결정하고 다만 "교육법에
의한 교육자에게 적법 정신을 앙양하기 위함이라"고 간단히 말하고 있
는 것이다. 그런데 적법정신이라 함은 학교장의 권한을 의미하는 것으
로 해석되는 것이다. 이와 같은 문교부 당국의 모호한 태도와 조령모개
하는 정책은 결국 일반의 분격을 사고 있는 것이다.[111]

　즉, 학부모들이 납득할만한 이유를 제시하지도 않고 국가고사 폐지를
발표한 문교부에 대한 비난이 일어났다. 문교부가 제시한 '적법 정신의 앙
양'이라는 것도 결국 학교장의 권한만을 강화시키는 것으로, 국가고사를
통해 문교부가 추구하고자 했던 중학교 입시에서의 공정성 확보와는 거리
가 멀다는 것이 당시 일반 국민들의 시각이었다. 다음 기사를 통해 일반
국민들이 국가고사를 지지했던 이유와 국가고사 폐지가 발표된 이유에 대
해서 알 수 있다.

　내년도부터 중등교 입학지원 아동에 대한 국가고시제를 전면적으로
없애버리겠다는 문교부 방침에 대하여 이는 다분히 독선적인 요소가
내포되고 있는 악책이라고 하여 국민교육계를 비롯한 대다수 학부형들
의 여론은 물 끓 듯하다. 이렇게 걷잡을 수 없는 실망의 그림자를 숨길
수는 없는 대다수 국민 특히 근로 무산 가정에 있어서는 공평한 실력주
의를 목적으로 한 바 국가고시제의 의도를 지난 2년 동안 열렬히 지지

---

111) 《서울신문》, 1953년 6월 1일.

해 왔던 것이다.

그 첫째 이유로는 종전의 중등교 자유시험제가 빚어낸 허다한 나쁜 버릇을 그나마 방지해 주었다고 믿었기 때문이다. 즉 부자와 권력층이 제멋대로 날뛰어 학교측을 억압, 또는 교원과 결탁 정실입학을 함부로 시켜온 폐단 및 입학 부담금의 과중한 징수 등은 돈 없고 세력 없는 집의 우수한 아동들로 하여금 언제나 슬픔의 거리에서 헤매이게 했던 것이다. 그리고 국민교의 새 교육 내용과는 자칫하면 거리가 먼 각 중등교 측의 시험내용과 방법으로 인하여 국민교 교사 및 수험아동들이 받는 정신적 육체적 고통은 이루 헤아릴 수 없었던 것이다. 특히 숨 가쁜 전시 하의 여러 가지 곤란한 환경은 전 문교장관 백낙준씨로 하여금 획기적인 국가고시제 단행을 촉진시켰던 것이다. 그런데 현 김문교장관은 왜 국가고시제를 헌신짝 버리듯 했던가. 소식통이 전하는 바에 의하면 대다수가 중고등교 이상의 교육계에 종사하고 있고 백문교장관시대부터 중등교 국가고시제를 맹렬히 비난해온 중앙교육위원의 부단의 압력을 받은 소치라고도 하며 또한 각 대학 측에서 반대하는 대학입학 지원 학도에 대한 국가고시제 실시안을 문교부 안대로 기어이 관철시키기 위해서 중등교 국가고시제를 희생시킬 수밖에 없었던 것이라고도 지적되고 있는 것이다.[112]

이처럼 중학교 입학 국가고사 폐지에 대한 여론이 좋지 않자 문교부는 "앞으로 반년이상의 시일이 있는 만큼 너무 초조히 생각할 성질의 것이 아님을 명백히 하고, 일반이 연합고사제도를 찬동한다면 연합고사제의 장점을 살려서 국가고사가 아닐지라도 도별 연합고사와 같은 것을 구상 중에 있다."고 하였다.[113] 중학교 입시 방법에 대한 논란은 전쟁이 끝난 후에도 계속되었다.[114] 결국 1954년 2월 18일 이승만 대통령이 중학교 이상 각 학

---

112) 《민주신보》, 1953년 6월 2일.
113) 《부산일보》, 1953년 6월 4일.
114) 전쟁이 끝나고 1953년 12월 연합고사제를 기준으로 하고 각 중학교에서 필답고사를 보고 이를 가산하는 방법으로 신입생을 선발하게 하는 입시요강이 발표되었다.(《동아일보》, 1953년 12월 24일.)

교의 입시는 선택의 자유제를 실시하라는 특별 유시(諭示)를 내림으로써 학교 단위의 입시로 결론지어졌다.[115]

중학교 입학 국가고사는 백낙준 장관에 의해 계획되고 실천된 정책이었고, 후임 김법린 장관은 국가고사를 폐지하는 정책을 추진했다. 전쟁이 끝난 후에도 허증수 문교부 차관은 국가고사를 추진할 것을 언명하였고, 백두진 국무총리는 국가고사의 시정을 약속했다.[116] 이들이 왜 중학교 입시 방법을 놓고 대립했는지에 대해서는 당시 국가정책의 방향과 정치적 상황 등과 연계하여 좀 더 깊은 연구가 필요하다. 하지만 입시 제도를 둘러싼 학생과 학부모, 학교와 교육 당국의 대립과 이에 대한 언론의 보도, 그리고 이러한 상황에 대한 정치권의 대응 방법이 낯설지는 않다.

중등교육에 있어 대학 입시를 위한 준비는 전시상황이라고 예외는 아니었다. 앞서 전쟁 기간 중 중학교 입시는 국가고사제였지만 고등학교 입시는 학교 자체적으로 진행되었음을 살펴보았다. 따라서 각 고등학교는 대학 입학시험의 주요 과목이었던 영어, 수학의 시험성적을 기준으로 신입생을 선발했다. 그리고 고등학교 수업도 영어와 수학이 중심이었고, 학교에 따라서는 대학입학시험 문제집만으로 수업이 진행되는 곳도 있었다.[117]

1952년 4월 8일 서울에서 대학입학시험이 있었다. 당시 신문에서는 "미 증유의 전란 속에서 입술에 밥풀칠하기도 어려운 이때이니 더욱이 자녀를 대학까지 진학시키는 것은 상당한 문제이요, 더구나 이것이 서울 잔류시민의 자제일진대 더한층 어려운 일이지만 향학심에 불타는 청춘의 정열과 만난을 극복하여 자녀의 뒤를 거두는 부모의 성의는 결코 굴하지 않았다." 고 보도하였다. 당시 서울에서 대입 시험에 지원한 학생은 350명 정도였는데, 이 중 여자가 약 160명이었다. 그런데 여자 지원자들이 여대가 아니라 국립대학에 주로 지원하여 숙명여대는 지원자가 1명밖에 없어 시험 일자

---

115) 한국교육십년사 간행회, 앞의 책(1960), 27쪽.
116) 함종규, 앞의 논문(1981), 86쪽.
117) 함종규, 『한국교육과정변천사연구』, 숙명여자대학교 출판부, 1976, 222쪽.

를 연기하였고, 동덕여대는 시험장소조차 구할 수 없었다고 한다. 그런데 서울에서 시험을 보고 합격한 학생들은 부산에서 운영되고 있던 피난 학교로 입학해야했다.[118)

전시 부산 피난 학교에서의 입학과 수업이 대학 입시를 중심으로 운영되었음은 숭문고등학교의 사례에서도 확인할 수 있다.

> 학교 당국은 보수동에 자리를 잡으면서 우수한 학생 확보를 위해 장학제도를 두었고 1·2·3학년 편·입학은 영어·수학 시험 성적으로 선발하였다. 학생들의 학력 배양을 위해서 김성한, 박동묘, 오일환, 서원용, 박성배, 박희열 선생 등을 초빙하여 국어, 영어, 수학, 역사, 지리, 사회, 독어, 고문, 생물, 물리, 화학 등을 가르쳤고 매주 시험을 보도록 함은 물론 학교 기강을 바로 잡기 위하여 무단결석 3일 이상이면 퇴학을 시키기도 하였다. 이렇게 사제간에 똘똘 뭉쳐 배전의 노력을 아끼지 않은 결과 1953년도에는 70여 명의 졸업생을 배출하기에 이르렀다.[119)

즉, 숭문고도 영어·수학 성적순으로 학생을 선발하였고, 학생들의 학력 향상을 위해 매주 시험을 보았다. 1952년 여름, 정부에서 숭문고에 2천만 원 상당의 쌀을 배급해주었다. 숭문고는 이를 현금화하여 학교 운영비로 사용했는데, 제일 먼저 한 일이 대학 입학 성적을 높이기 위해 고3 전용의 큰 목조건물 1동을 지은 것이었다.[120) 고등학교에 입학한 학생들의 목적도 대학 진학이었음은 1953년에 졸업한 학생들의 현황을 통해서 확인할 수 있다. 즉, 휴전협상 중이긴 했지만 숭문고 졸업생의 90%에 해당하는 63명이 대학 진학을 희망했고, 단 7명만이 취업으로 진로를 결정했다.

---

118) 《조선일보》, 1952년 4월 9일.
119) 『숭문백년사』, 356쪽.
120) 『숭문백년사』, 356쪽.

〈표 VI-5〉 1953년 숭문고 졸업생 대학 입학 지원 상황[121]

서울대	연희대	부산대	동국대	수산대	전북대	사관학교	해양대	신학대	성균관대	취업	계
30	10	7	6	5	1	1	1	1	1	7	70

전쟁이 계속되고 서울을 빼앗기고 뺏는 과정이 반복되는 상황 속에서도 교육은 멈추지 않았다. 지식전달과 암기위주의 주입식 교육을 극복하고, 생활중심 교육을 실시하겠다는 전시교육목표도 발표되었다. 하지만 전시에도 자녀들을 상급학교로 진학시키고자 하는 학부모의 교육열은 식지 않았고, 진학률을 높이기 위한 초·중등학교의 입시 교육도 변하지 않았다. 결국 전쟁 중에도 한국의 학생들은 교실 없는 노천학교에서, 때로는 천막과 판자로 만든 교실에서 영어와 수학을 중심으로 상급학교 진학을 준비해야 했다. 그리고 전쟁이 끝나고 4차 산업혁명의 시대라는 현재까지도 한국의 학생들은 입시 교육에서 벗어나지 못하고 있다. 즉, 입시제도와 시험과목 등의 변화가 이전 시대와는 다른 단절의 모습을 보이기도 했다. 하지만 소위 일류학교라고 평가받는 상급학교에 진학하기 위한 중등교육의 모습은 해방 이후 지금까지 연속되고 있다.

---

121) 『숭문백년사』, 358쪽.

VII. 결 론

일제말기의 국사교육은 국가를 위해 헌신하고 자신의 생명조차 바칠 수 있는 실천적인 황국신민을 연성하기 위한 도구로 활용되었다. 1945년 해방은 일제에 의해 계획되고 활용되었던 왜곡된 국사교육을 정치권력으로부터 분리시켜 정상화할 수 있었던 기회였다. 하지만 해방 직후 설치된 미군정은 남한에 미국식 민주주의 국가를 건설한다는 목표를 가지고 있었다. 그리고 교육을 통해 민주주의를 이해시키고 습득하게 하는 정책을 수립했다. 해방된 한국의 교육이 또 다시 정치적 목적을 달성하기 위한 수단으로 이용된 것이다.

　미군정은 자신들이 세운 교육정책을 실현하기 위해 일본식 교육제도를 미국식으로 대체하려고 했지만, 교육제도의 급격한 변화를 원하지는 않았다. 오히려 일제시대의 중앙집권적 교육체제를 그대로 유지했다. 그러한 교육체제가 미군정의 교육정책을 보다 효율적으로 운영할 수 있었기 때문이다. 그런데 미군정 실시 1년 만에 초·중등 교육과정에 큰 변화가 생겼다. 그것은 다름 아닌 사회생활과의 도입이었다. 미군정은 미국식 민주주의 국가를 건설할 수 있는 가장 적합한 교과가 사회생활과라고 확신했다. 사회생활과는 듀이의 교육사상을 바탕으로 한 미국 진보주의 교육의 결과물로 아동중심·생활중심의 교육을 추구했다. 오천석을 비롯해 듀이의 교육사상을 따랐던 한국 교육자들은 사회생활과 도입에 적극적이었다. 반면 국사학계를 비롯해 사회생활과에 통합되는 역사·지리 분야의 관련자들은 이에 반대하거나 적어도 서두르지는 않았다. 여러 논란이 있었지만 새 학년 새 학기가 시작되던 1946년 9월에 사회생활과는 교육과정에 포함되었다. 즉, 미군정이 계획했던 민주주의 국가 건설을 위한 교육정책이 수립된 것이다.

해방 직후 이와 같은 교육정책이 수립될 수 있었던 것은 듀이의 진보적 교육사상을 추종했던 오천석을 비롯한 한국인 교육자들의 적극적인 참여가 있었기 때문이었다.

그러나 해방 직후 한국에서 사회생활과에 대해 알고 있는 사람은 많지 않았다. 그래서 이 새로운 교과를 교육 현장에서 가르칠 수 있는 교사가 거의 없었고, 학생들을 교육할 관련 교재나 교과서도 없었다. 미군정은 이러한 기본적인 문제를 해결한 후에야 비로소 자신들이 사회생활과를 통해 이루고자 했던 목표를 달성할 수 있었다. 하지만 서울대 사범대학 사회생활과에서조차 사회생활과 교사 양성은 준비되지 않았다. 이는 경성사범대학과 경성여자사범대학 사학과(역사과)를 명칭만 사회생활과로 변경하여 출발했기 때문이다. 또한 국사교과서의 편찬 지침이 될 사회생활과 교수요목은 초등학교가 1947년 1월에, 중등학교는 1948년 12월에야 공식적으로 발표되었다. 이는 미군정기가 끝날 때까지 문교부의 지침에 따른 중등학교용 사회생활과 교과서는 발행될 수 없었음을 말해준다. 사회생활과가 학교 현장에 보급될 수 있도록 가장 활발하게 활동했어야 할 문교부 편수국 편수관들조차 사회생활과에 대해 피상적으로 이해하고 있었을 뿐이다. 그런 상태에서 편수관들은 자신의 담당 과목별로 주어진 업무를 진행하였다. 해방 후 1년 만에 미군정의 정책적 의지로 사회생활과는 도입되었지만, 문교 당국의 실무자들 뿐 아니라 교사들은 이를 받아들일 준비가 되어있지 않았다. 해방 직후 사회생활과가 남한 사회에서 정착되지 못했던 이유는 사회생활과를 이해하지 못하고, 민주적이지 않았던 교사들 때문이 아니라, 너무도 성급하게 사회생활과를 도입하고 이를 강제했던 정책 결정 그 자체 때문이었다.

해방 직후 문교부에서는 사회생활과를 교육 현장에 보급하고자 했다. 그래서 사회생활과의 목적, 성격, 교수 방침, 교육 내용에 대한 지침인 교수요목을 만들었다. 교수요목 작성은 문교부 편수국의 책임이었다. 하지만 편수국에는 과목별로 한 두 명의 편수관이 있었을 뿐이고, 이들이 교수요목 작성에만 모든 시간을 쏟을 수는 없었다. 따라서 과목별로 교수요목제정위원회를 구성하고, 편수국 편수관들과 위원회의 위원들이 교수요목을 만들었다. 교수요목제정위원회와 관련된 1차 사료가 아직까지 거의 발굴되지 않아서 위원회 구성과 성격을 명확히 확인할 수는 없다. 다만 해방 직후 만들어진 최초의 교수요목을 수정하기 위해 1950년 6월 2일 제정된 <교수요목제정심의회 규정>과 미군정 문서 그리고 당시 편수관들의 증언들을 종합했을 때, 교수요목은 문교부 편수관들이 초안을 작성했고 교수요목제정위원회는 이를 심사하는 기능을 가졌던 것으로 보인다. 미군정기 문교부 편수국은 총 20권의 교수요목집을 만들 계획이었다. 하지만 1948년 12월 <중학교 사회생활과 교수요목집>이 12번째로 발행된 것임을 고려했을 때, 미군정기에 완성된 교수요목은 최대 11과목에 관한 것이었다.

완성된 사회생활과 교수요목은 통합교과라는 도입 취지와는 달리 분과적으로 작성되었다. 우선 모델로 삼았던 콜로라도 주 사회생활과 교육과정 자체가 분과적으로 구성되어 있었다. 콜로라도 주 초등학교 사회생활과 교육과정은 4학년까지만 통합교과로 구성했고, 그 이상의 학년은 아직 계획 중이라고 명시했다. 콜로라도 주 중등학교 사회생활과 교육과정도 통합적으로 만들어지지 않았다. 콜로라도 주에서조차 완성하지 못했던 통합 사회생활과 교육과정을 해방 직후 남한에서 단시간에 만든다는 것은 처음부터 불가능한 일이었다.

초·중등학교 사회생활과 교수요목에는 도입부에 사회생활과의 성격과 목적, 그리고 교수방침이 제시되어 있다. 교수방침에 아동중심·생활중심으로 내용을 구성하고, 단위(Unit)를 중심으로 가르치며, 문제 제시를 통해 학생들의 이해와 탐구능력을 기를 것을 요구했다. 이것은 사회생활과의 특성이 반영된 것이다. 하지만 사회생활과 학습의 궁극적 목적이 성실 유능한 국민을 만드는 것이라고 했다. 학생과 학생의 생활이 아니라 여전히 국가가 중심인 교과였던 것이다.

　교수요목이 완성되면 이에 의거하여 교과서를 편찬하고 발행해야 하는데, 해방 직후 교과서 발행은 험난한 과정이었다. 먼저 교과서를 쓸 수 있는 저자들이 많지 않았고, 교과서 원고가 작성되어도 이를 인쇄할 용지가 절대적으로 부족했다. 더욱이 인쇄된 교과서조차 전국적으로 배포할 수 없는 열악한 환경이었다. 따라서 해방 직후 학생들은 일상적인 교과서 부재 상태에서 학습을 이어갈 수밖에 없었다.

　초등학교 1~3학년의 사회생활과는 가정과 학교에서 시작해 고장으로 확대되고, 세계의 사회생활을 학습하는 것으로 구성되었다. 이는 아동중심·생활중심의 교육 방침이 적용된 학년별 교육 내용이다. 하지만 초등학교는 4학년부터 중등학교는 전학년이 지리·역사·공민이 과목 명칭만 달라졌을 뿐 각각의 교과서가 독립적으로 편찬되었고, 과목별로 수업을 진행하도록 주당 시수가 배정되었다. 중학교 사회생활과 역사부분은 1학년 <이웃나라 생활>, 2학년 <먼 나라 생활>, 3학년 <우리나라 생활>로 구성되었는데, 이는 각각 동양사, 서양사, 국사에 해당하는 것이다. 역사부분 교수요목은 단위와 항목, 세목으로 구성되었고, 세목은 설문식으로 서술되었다. '자연환경'을 설명하는 것으로 시작해서 '우리의 사명'으로 마무리하는 구성도 3개 학년 교수요목이 동일하다. 중등학교 사회생활과 역사부분 교수요목 작성에 일정한 형식적 틀이 있었음을 알 수 있다.

　해방 직후 국사교육에 대한 열기는 대단했다. 하지만 당시의 정치적 상황과 축적되지 못한 국사 연구 때문에 국사교육의 방향은 혼란한 상태였다. 더욱이 사회생활과에 포함된 국사과의 위치를 정하고, 국사 교수법에 대한 합의를 이끌어 내는 것은 더욱 힘들었다. 이러한 상황 때문에 중등학교 국사교육의 지침이 될 사회생활과 교수요목은 미군정이 끝나고 대한민국 정부가 수립된 후에야 발표되었다. 그런데 해방 직후 국사교육의 문제점을 지적하며 국사교육의 중요성을 역설했던 국사학자는 국사교육을 민족의 발전을 위한 것으로 규정했고, 사회생활과 도입을 주장했던 문교부 관리도 국사교육은 흥국의 사명을 가진 것이라고 했다. 따라서 중등학교 사회생활과 <우리나라 생활> 교수요목이 생활과 문화에 대한 서술을 늘릴 것을 요구하고 설문형 세목으로 구성되기는 했지만, 교수요목 전체의 중심은 학생이 아니라 민족과 국가가 될 수밖에 없었다. <우리나라 생활> 교수요목은 '민족의 사명'을 자각하는 것으로 국사학습을 마무리 하도록 했고, 민족의 통일을 위해 단결하는 것을 국사교육의 궁극적 목적으로 제시하였다. 무엇보다 교수요목의 모든 세목이 설문식으로 제시된 것과 달리, 마지막 항목만은 단정적으로 명시되어 있다. 즉, '민족의 사명과 자각'은 학생들이 생각하고 토론해서 결정할 것이 아니라 반드시 습득하고 실천해할 것이었다. 또한 교수요목에는 학생들에게 민족의 자주정신을 함양시키고, 민족 문화의 전승 발전을 고조시켜 민족의 완전 자주독립에 이바지 하도록 하는 것이 역사를 가르칠 때 주의해야할 사항임도 명시되어 있다.

1949년 검정을 통과한 <우리나라 생활> 교과서 중 교수요목이 제시한 단위와 항목을 따른 것은 신석호의 교과서가 유일했다. 이는 <이웃나라 생활>, <먼 나라 생활> 교과서 편찬자들이 교수요목에 따라 교과서를 다시 써서 검정을 받았던 것과는 다른 모습이었다. <우리나라 생활> 교과서 저자들은 자신이 이미 발행했던 교과서가 있으면 그것을 그대로 유지했고, 혹은 자신의 개설서를 바탕으로 <우리나라 생활> 교과서를 편찬했다. 적어도 <우리나라 생활> 교과서는 교수요목에 제시된 단위와 항목을 준수했는지의 여부가 검정에 있어 반드시 지켜야할 사항은 아니었다. 그런데 검정을 통과한 국사교과서의 공통점도 있다. 교과서 도입부에서 '우리나라의 자연환경'과 '우리나라를 부르는 명칭'에 대해 설명하고, 결론에 '민족의 사명'을 서술한 것과, 각 단위나 항목이 끝날 때 문제를 제시한 것이다. 이러한 형식적인 공통점보다 해방 직후 발행된 국사교과서에서 주목해야 할 점은 국사교육의 목적을 민족과 국가의 발전을 위한 것으로 설정하고 있다는 점이다.

검정 전후 국사교과서에서 서술 상 일부 차이점을 찾을 수 있는데, 그것도 민족의 우수성을 강조하는 부분이 추가되거나, 민족의 부정적인 면을 삭제하는 것이었다. 1949년 3월 발표된 <교과서 검정 요령>에서 내용적인 측면의 검정 기준 첫 번째가 "민주주의 민족교육 이념에 부합하는가"였다. 이는 해방 직후 국사 교수요목을 작성했던 사람들, 교과서 검정 기준을 만들고 교과서 검정을 진행했던 사람들, 그리고 국사교과서를 편찬했던 저자들이 적어도 해방 직후 국사교육의 목적에 대해서는 동의하고 있었음을 보여준다. 이들이 국사교육을 통해 이루고자 했던 궁극적인 목적은 민족통일과 세계로 뻗어갈 국가발전에 이바지 할 수 있는 국민을 양성하는 것이었다. 여기서 국민이란 국가(대아)를 위해 개인(소아)을 버릴 수 있는 '민족1', '민족2'……의 또 다른 이름이었다. 해방 직후 발행된 국사교과서는 일본민족과 일본국가가 차지하고 있던 자리를 한국민족과 한국국가가 대신했을 뿐이다. 즉, 해방을 전후 한 시기의 국사교육을 살펴보았을 때, 국사교육의 내용은 단절되었지만 국가를 위한 국사교육이라는 틀은 연속되었다. 그리고 해방 후 검정제와 국정제라는 교과서 발행체제의 변화와는 크게 관계없이 민족을 주체로 한 국사교과서 서술은 현재까지 유지되고 있다. 이는 국사교육과 국사교과서가 가진 운명일지도 모른다. 하지만 모든 구성원에게 동일한 가치를 가지고, 똑같은 이익을 보장하는 민족과 국가는 존재하지 않는다. 역사는 시간과 공간 그리고 사람에 따라 늘 그 해석이 바뀐다. 시간과 공간과 사람을 초월한 민족에 의한 역사와 역사해석에서 벗어나 다양한 시각에서 국사를 바라볼 수 있게 하는 국사교육이 필요하다. 이를 위해 국사 연구자뿐 아니라 동양사와 서양사 분야의 학자와 학교 현장에서 국사교육을 실행하고 있는 교사, 국사 교육과정을 만들고 이를 평가하는 정부의 관료 등 국사교육과 관련된 모든 사람들이 소통하며 국사교육의 방향을 새롭게 수립하려는 노력이 절실히 요구된다.

이 책에서는 해방 직후 사회생활과의 도입과 그 속에 포함되어 진행된 국사교육의 지침이 될 교수요목, 중등학교 검정 국사교과서 <우리나라 생활>이 발행되는 과정, 그리고 교과서의 내용을 검토했다. 이를 통해 교육정책과 교육현장의 괴리, 이로 인해 발생했던 문제점들을 확인할 수 있었다. 그런데 이러한 문제는 오늘날 한국 교육계에서도 여전히 현재 진행형이고, 특히 국사교육과 관련된 논란은 더욱 확산되고 있다. 이는 정치나 경제와 관련된 정책들이 교육정책에 영향을 끼치고 있기 때문이다. 국가 정책이 서로 분리될 수는 없겠지만 교육정책이 정치·경제 정책으로부터 최대한 독립적으로 계획되고, 정치·경제 정책들이 교육정책을 뒷받침하는 구조가 될 때 산적한 교육계의 문제는 근본적인 해결이 가능할 것이다. 물론 교육정책을 수립하는 과정에 교육 현장의 요구를 충분히 반영한다는 전제는 지켜져야 한다. 그렇지 않다면 교육정책은 정치·경제적 변화에 따라 수시로 변하게 될 것이고, 교육 현장은 새로운 교육정책을 쫓아가느라 바쁠 것이다. 이러한 현상이 반복되면 교육 현장은 새로운 정책을 쫓아가는 척 흉내만 내거나 거부하는 상황에 이를 것이다. 이 때 교육정책 입안자들은 교육 현장의 적극적이지 못한 태도를 문제점으로 지적할 것이다. 그렇게 상호간의 불신은 깊어져왔다. 교육 현장의 구성원들에게 환영받고, 이들이 적극적으로 실천할 수 있는 교육정책을 만들어야한다. 그리고 학생들을 위한 국사교육이 무엇인지에 대한 진정성 있는 고민이 필요하다.

국사교육은 국가와 권력의 도구가 아니라 그 자체로서 학생들에게 의미 있는 교육이 되어야 한다. 일제시대부터 해방 이후 지금까지 국사교육은 국가와 권력으로부터 자유롭지 못했다. 국사교육은 그 특성상 정치권력으로부터 완전히 벗어날 수는 없을 것이다. 그리고 국사교과서는 언제나 당시의 정치적 상황에 영향을 받아왔다. 그것이 국사교육의 본질이고 목적이라고 생각하는 사람들이 국가와 권력을 유지한다면 국사교육과 국사교과서의 변화는 쉽지 않을 것이다. 그렇다면 교육현장의 교사들은 국사교육과 교과서의 정치성을 인식하고, 이를 학생들에게 이해시키는 데 시간을 좀 더 할애해야 할 것이다. 즉, 학생들이 국사교육과 국사교과서의 정치성을 인식하게하고, 그 이해의 바탕위에 국사를 활용할 수 있는 능력을 길러주는 것이 국사교육의 정치성으로부터 학생들을 자유롭게 하는 보다 현실적인 방안이 될 수 있다.

참고문헌

1. 자료

(1) 신문·잡지
《경제신문》,《경향신문》,《국제신문》,《노력인민》,《대구매일신문》,《독립신보》,《동아일보》,《매일신보》,《민주신보》,《부산일보》,《새한민보》,《서울신문》,《자유신문》,《조선인민보》,《조선일보》,《조선중앙일보》,《중앙신문》,《청년해방일보》,《평화신문》,《한성일보》,《해방일보》

『개벽』,『과학전선』,『교과서연구』,『교육』,『무궁화』,『문화창조』,『민성』,『민주경찰』,『민주조선』,『법정』,『사회과교육』,『새교육』,『생활문화』,『서북학회월보』,『선봉』,『신교육건설』,『신동아』,『신생』,『신세대』,『신천지』,『아동교육』,『역사교육』,『영남교육』,『인민』,『인민과학』,『주보건설』,『조선교육』,『朝鮮の教育研究』,『학술』,『혁명』

(2) 자료집
국방부정훈국 전사편찬위원회,『한국전란 2년지』, 국방부, 1953.
국사편찬위원회,『자료대한민국사』, 국사편찬위원회, 1968.
김국태 역,『해방 3년과 미국 I-미국의 대한정책 1945~1948』, 돌베개, 1984.
김남식·이정식·한홍구,『한국현대사자료총서(1945~1948)』, 돌베개, 1896.
『주한미군사(HUSAFIK)』Ⅳ, 돌베개, 1988.
이길상,『미군정 활동보고서』1~6, 원주문화사, 1990.
한림대학교 아시아문화연구소,『주한미군정보일지』, 한림대학교 아시아문화연구소, 1990.
이길상,『미군정청 관보』1~4, 원주문화사, 1991.
정태수,『미군정기 한국교육사자료집』상·하, 홍지원, 1992.
정용욱 편,『해방직후 정치사회사자료집』, 다락방, 1992.
이길상 편,『해방전후사자료집』I·Ⅱ, 원주문화사, 1992.
신복룡,『한국분단사자료집』, 원주문화사, 1992.
정용욱·이길상 편,『해방전후 미국의 대한정책사 자료집』, 다락방, 1995.

이길상·오만석 공편, 『한국교육사료집성-미군정기편』Ⅰ·Ⅱ·Ⅲ, 한국정신문화연
　　구원, 1997.
정병준『한국현대사자료집성(미군정기군정단·군정중대문서)』47집, 국사편찬위원
　　회, 2000.
한국정신문화연구원 편, 『해방 전후 미국의 「대한인식」자료』, 선인, 2001.
국사편찬위원회, 『한국교육정책자료』1, 극동디엔씨, 2001.
이길상·오만석 공편,『한국교육사료집성-현대편』Ⅰ~Ⅳ, 선인, 2002.

(3) 개인문집 및 회고록
김성칠 지음·정병준 해제, 『역사 앞에서』, 창비, 2009.
김활란, 『그 빛 속의 작은 생명』, 이화여자대학 출판부, 1975.
백낙준, 『한국교육과 민족정신』, 한국교육문화협회, 1954.
설의식, 『독립전야』, 새한민보사, 1948.
손진태, 『손진태선생 전집』1~6, 태학사, 1981.
신석호, 『신석호전집』상중하, 신서원, 1996.
심태진, 『석운교육론집』, 우성문화사, 1981.
오천석, 『오천석교육사상문집』1~10, 광명출판사, 1975.
　　　「군정문교의 증언-①②③④」, 『새교육』213~216, 1972.
윤치호 지음·윤경남 옮김, 『(국역) 좌옹 윤치호 서한집』, 호산문화, 1995.
이범석, 『사실의 전부를 기술한다』, 희망출판사, 1966.
이병도, 『두계잡필』, 일조각, 1956.
이인영, 『학산이인영전집』1~4, 국학자료원, 1998.
인촌기념회 편, 『인촌김성수의 애족사상과 그 실천』, 동아일보사, 1982.
조동걸, 『우사 조동걸 저술전집』1~20, 역사공간, 2010.
장리욱, 『나의 회고록』, 샘터출판사, 1975.
정일형, 『오직 한 길로』, 을지서적, 1991.
조병옥, 『나의 회고록』, 민교사, 1959.
조윤제, 『도남잡식』, 을유문화사, 1964.
최승만, 『나의 회고록』, 인하대학교출판부, 1985.
최병칠, 『교육과 인생』, 문천사, 1972.
최현배, 『나라사랑의 길』, 정음사, 1958.
한국교육과정·교과서연구회편, 『편수의 뒤안길』1~3, 대한교과서식회사, 1991,
　　1995, 2000.

황의돈, 『해원문고』, 동국대학교출판부, 1961.

핸리. S. 트루만·손세일 역, 『시련을 극복한 평화-트루만 회고록』, 대림출판사, 1973.

(4) 교과서·개설서 및 교육관련 저서 및 자료

군정청 문교부, 『초중등학교 각과 교수요목집(3) 국민학교 산수과, 중학교 수학과』, 조선교학도서주식회사, 1946.

_____, 『초중등학교 각과 교수요목집(4) 국민학교 사회생활과』, 조선교학 도서주식회사, 1947.

문교부, 『교수요목집: 중학교 사회생활과』, 조선교학도서주식회사, 1948.

_____, 『대한미국교육개황』, 1950

_____, 『문교개관』, 대한문교서적주식회사. 1958.

_____, 『문교통계요람』, 1963.

문교부 조사기획과, 『문교행정개황』, 조선교학주식회사, 1947.

문교부 편수국, 『편수시보』 제1호, 조선서적주식인쇄회사, 1950.

State of Colorado Department of Education, 『Course of Study for Elementary School』, 1942.

Department of Education The State of Colorado, 『Course of Study for Secondary Schools: Social Studies』, 1940.

군정청 문교부, 『초등 국사교본-경기도학무과 임시교재연구회』, 한양서적도매공 사, 1946.

_____, 『국사교본-진단학회편』, 조선교학도서주식회사, 1946.

문교부, 『초등사회생활과 우리나라의 발달 6-1』, 조선교학주식회사, 1948.

_____, 『초등사회생활과 우리나라의 발달 6-2』, 대한문교서적주식회사, 1949.

_____, 『전시생활 1·2』, 합동도서주식회사, 1951.

_____, 『전시생활 3』, 조선교학도서주식회사, 1951.

_____, 『전시독본』, 조선교학도서주식회사, 1951.

_____, 『농작물 육종』, 대한교과서주식회사, 1952.

경성대학교조선사연구회, 『조선사개설』, 홍문서관.(1946년 8월 15일자 손진태의 序)

김상기·김일출·김성칠, 『신동양사』, 동지사, 1948.

김상기, 『중등사회생활과 이웃나라의 생활(역사)』, 동지사, 1950.

김성칠, 『조선역사』, 서울금융조합연합회, 1946.

_____, 『고쳐 쓴 조선역사』, 조선금융조합연합회, 1948.

_____, 『중등 조선사』, 정음사, 1948.

_____, 『사회생활과 우리나라 생활(역사부분)』, 정음사, 1949.

노도양, 『동양사개설』, 동화출판사, 1947

_____, 『사회생활과용 중등서양사』, 동방문화사, 1947.

사공환·이동윤, 『중등사회생활과용 중등서양사』, 동방문화사, 1948.

손진태, 『한국민족사개론』, 을유문화사, 1948.

_____, 『국사대요』, 을유문화사, 1949.

_____, 『중등국사(대한민족사)』, 을유문화사, 1947

_____, 『우리나라 생활(대한민족사)』, 을유문화사, 1950.

신동엽, 『(사회생활과) 참고 조선역사:상고사』1.2, 대웅출판, 1946. 1947.

_____, 『국사첫걸음』, 금룡도서주식회사, 1946.

신석호, 『우리나라의 생활(국사부분)』, 동방문화사, 1948.

유홍렬, 『한국문화사』, 양문당, 1950.

_____, 『우리나라 역사』, 조문사, 1949.

_____, 『중등사회생활과 우리나라 역사』, 조문사, 1953.

이병도, 『조선사대관』, 동지사, 1948.

_____, 『새국사교본』, 동지사, 1948.

_____, 『우리나라의 생활(역사)』, 동지사, 1950.

이인영, 『국사요론』, 금룡도서주식회사, 1950.

_____, 『우리나라 역사(신국사)』, 박문출판사, 1949.

_____, 『우리나라 생활』, 금룡도서주식회사, 1952.

이준하·이원학, 『중등사회생활-세계각국의 발전- 구라파편』, 창인사, 1947.

이해남, 『먼 나라 생활(역사부분)』, 탐구당서점, 1949.

조의설, 『중등사회생활과 먼 나라의 생활(역사)』, 동지사, 1949.

초등교재편찬위원회, 『어린이 국사』상권, 조련문화부판, 1946.

최남선, 『국민조선역사』, 동명사, 1945.

_____, 『쉽고 빠른 조선역사』, 동명사, 1946.

_____, 『수정판 중등국사』, 동명사, 1948.

_____, 『우리나라 역사』, 민중서관, 1952.

황의돈, 『증정4판 중등조선역사』, 삼중당, 1946.

군정청 문교부, 『민주주의 교육법』, 조선교학도서주식회사, 1946.

오천석, 『민주주의 교육의 건설』, 국제문화공회, 1946.

윤재천 역편, 『미국 교육소개 사회생활과 교육(1945년판)』, 민주교육연구회, 1946.

윤재천, 『신교육서설』, 조선교육연구회, 1946.

이상선, 『사회생활과의 이론과 실제』, 금룡도서문구주식회사, 1946,

허현, 『사회생활과 해설』, 제일출판사, 1946.

조선교육연구회, 『조선교육-제1회 민주교육연구강습회속기록-』제1집, 문화당, 1946.

이상선, 『종합교육과 단위교수-사회생활과 교육의 기초이념』, 동심사, 1947.

존 듀이 저·최병칠 역, 『민주주의와 교육』, 연구사, 1947.

최병칠 외, 『민주주의 민주교육론』, 동심사, 1949.

미국어린이교육협회 편, 성내운 역, 『사회생활과 교수지침』, 교육문화협회, 1949.

최병칠, 『새교육사전』, 홍지사, 1952

2. 연구 문헌

(1) 단행본

강길수, 『교육행정-한국교육행정 민주화의 기초』, 풍국학원, 1957.

교육과정·교과서연구회, 『한국교과교육과정의 변천-중학교』, 대한교과서주식회사, 1990.

국립중앙도서관, 『한국 교과서 목록: 1945~1979』, 1979.

국사편찬위원회, 『한국사』 52, 탐구당문화사, 2002.

국사편찬위원회, 『미국소재 한국사 자료 조사보고 II 』, 국사편찬위원회, 2002.

교육진흥연구회·박용진, 『한국 교과서의 내적 체제 변천에 관한 연구』, 교육인적자원부, 2007.

그란트 미드, 안종철 옮김, 『주한미군정 연구』, 공동체, 1993.

김기석 외, 『한국교육 100년-학제 및 인구통계적 변천』, 서울대학교 사범대학 교육연구소 한국교육사고, 1995.

김동구, 『미군정기의 교육』, 문음사, 1995.

김석준, 『미군정 시대의 국가와 행정』, 이화여자대학교 출판부, 1996.

김성열, 『인촌 김성수-인촌김성수의 사상과 일화』, 동아일보사, 1985.

김용일, 『미군정하의 교육정책 연구-교육정치학적 접근』, 고려대학교 민족문화연구소, 1999.

김인회, 『교육과 민중문화』, 한길사, 1983.

김한종, 『역사교육과정과 교과서 연구』, 선인, 2006.

_____, 『역사교육으로 읽는 한국근현대사』, 책과함께, 2013.

김흥수, 『한국역사교육사』, 대한교과서주식회사, 1992.

대한교련30년사편찬위원회, 『대한교련30년사』, 대한교육연합회, 1977.

데이비드 콩드, 『분단과 미국』 1·2, 사계절, 1988.

동국대학교사학회, 『황의돈선생고희기념 사학논총』, 동국대학교출판부, 1960.

듀이, 최병칠 역, 『민주주의와 교육』, 연구사, 1947.

리차드 D. 로빈슨·정미옥 옮김, 『미국의 배반(Korea: Betrayal of a Nation)』, 과학
         과사상, 1988.

리처드 E. 라우터 백·국제신문 출판부 옮김, 『한국미군정사』, 돌베개, 1983.

민주주의민족전선, 『조선해방연보』, 문우인서관, 1946.

방기중, 『한국근현대사상사연구:1930·40년대 백남운의 학문과 정치경제사상』, 역
         사비평사, 1992.

박인덕, 『구월원숭이』, 인덕대학, 2007.

브루스 커밍스 외, 『분단전후의 현대사』, 일월서각, 1983

브루스 커밍스·김주환 옮김, 『한국전쟁의 기원』상·하, 청사, 1986.

브루스 커밍스·박의경 역, 『한국전쟁과 한미관계』, 청사, 1987.

서울대학교 사범대학 30년사 편찬위원회, 『서울대학교 사범대학 30년사-민주교육
         의 요람』, 서울대학교 사범대학, 1976.

서울대학교사범대학 50년사 편찬위원회, 『서울대학교 사범대학 50년사』, 서울대
         학교 사범대학, 1996.

서울대학교 사범대학 사회교육과 50년사 편찬위원회, 『서울대학교 사범대학 사회
         교육과 50년사』, 1997.

서울시사편찬위원회, 『서울육백년사』5, 서울특별시, 1995.

서울신문사, 『주한미군 30년』, 행림출판사, 1979.

서울특별시교육회, 『대한교육연감』, 1953.

서울특별시 교육연구원, 『서울교육사』상, 서울특별시 교육위원회, 1981.

송건호, 『한국 현대사의 빛과 그늘』-송건호 전집 5, 한길사, 2002.

송남헌, 『해방3년사:1945-1948』 Ⅰ·Ⅱ, 까치, 1985.

송덕수, 『광복교육 50년-미군정기편』, 대한교원공제회 교원복지신보사, 1996.

손인수, 『미군정과 교육정책』, 민영사, 1992.

송춘영, 『역사교육의 이론과 실제』, 형설출판사, 1999.

숭문100년사 편찬위원회, 『숭문백년사』, 숭문중고등학교총동문회, 2007.

신복룡·김원덕 옮김,『한국분단보고서』상·하, 풀빛, 1992.

심지연,『한국현대정당론』, 창작과 비평, 1984.

안종철,『미국 선교사와 한미관계(1931~1948)』, 한국기독교 역사연구소, 2010.

역사과60년사 편찬위원회,『서울대학교 사범대학 역사과 60년사』, 역사넷, 2008.

오욱환·최정실,『미군 점령시대의 한국 교육: 사실과 해석』, 지식산업사, 1993.

오천석,『한국신교육사』하, 광명출판사, 1975.

유봉호,『한국교육과정사 연구』, 교학연구사, 1992.

윤세철교수정년기념 역사학논총간행위원회,『역사교육의 방향과 국사교육』, 솔,
　　　2001.

윤종혁,『한국과 일본의 학제 변천과정 비교연구』, 한국학술정보, 2008.

윤치호·김상태 편역,『윤치호 일기 1916~1943』, 역사비평사, 2001.

이경섭,『한국현대교육과정사연구(상)』, 교육과학사, 1997.

이기백,『민족과 역사』, 일조각, 1971.

＿＿＿,『한국사학의 방향』, 일조각, 1978.

이길상,『미군정하에서의 진보적 민주주의 교육운동』, 교육과학사, 1999.

＿＿＿,『20세기 한국교육사』, 집문당, 2007.

이동원·조성남,『미군정기의 사회 이동』, 이화여자대학교 출판부, 1997.

이만열,『한국근현대역사학의 흐름』, 푸른역사, 2007.

이응호,『미군정기의 한글운동사』, 성청사, 1974.

이종국,『한국의 교과서 변천사』, 대한교과서주식회사, 2008.

이혜영 외,『한국 근대 학교교육 100년사연구(Ⅱ):일제시대의 학교교육』, 한국교
　　　육개발원, 1997.

E.H Wilds저·이종수 역,『현대교육사조』, 청구출판사, 1952.

장규식,『일제하 한국 기독교민족주의 연구』, 혜안, 2001.

정두희,『하나의 역사, 두 개의 역사학』, 소나무, 2001.

정용욱,『해방 전후 미국의 대한정책-과도정부 구상과 중간파 정책을 중심으로-』,
　　　서울대 학교출판부, 2003.

정병준,『한국전쟁』, 돌베개, 2006.

정재철,『일제의 대한국식민지교육정책사』, 일지사, 1985.

정태수,『광복3년 한국교육법제사』, 예지각, 1995.

제임스 I. 매트레이·구대열 옮김,『한반도의 분단과 미국:미국의 대한정책,
　　　1941~1950』, 을유문화사, 1989.

조동걸,『한국근대사학사』, 于史 趙東杰 저술전집14. 역사공간, 2010.

_____,『한국현대사학사』, 于史 趙東杰 저술전집15, 역사공간, 2010.

조상원,『책과 30년』, 현암사, 1974.

조선출판문화협회,『출판대람』, 1949.

조순승,『한국분단사』, 형성사, 1982.

중앙대학교부설 한국교육문제연구소,『문교사』, 중앙대학교출판부, 1974.

진덕규,『권력과 지식인:해방정국에서 정치적 지식인의 참여논리』, 지식산업사, 2011.

차경수,『현대의 사회과교육』, 학문사, 1996.

차조일,『사회과 교육과 공민교육』, 한국학술정보, 2012.

최병칠 외,『민주주의 민족교육론』, 동심사, 1949.

치암신석호선생 기념사업회,『신석호박사 탄생 100주년 기념사업지』, 수서원, 2007.

한국교육과정·교과서연구회『인물로 본 편수사』, 대한교과서주식회사, 1999.

한국교육사고 편,『서울대학교 사범대학 50년 구술자료집(1)』, 서울대학교 사범대학, 1999.

한국교과서연구재단,『한국편수사연구』1, 한국교과서연구재단, 2000.

한국교육10년사 간행회 편,『한국교육10년사』, 풍문사, 1960.

한국기독교사회문제연구소 편,『교육과 사회』, 민중사, 1983.

한국법제연구회,『미군정법령총람-국문판』, 한국법제연구회, 1971.

한국정신문화연구원 편,『해방 전후사 사료연구Ⅱ』, 선인, 2002.

한국출판문화협회,『한국교과서목록(개화기~1963)』, 문양사, 1990

한글학회,『앉으나 서나 겨레 생각』, 한글학회, 1993.

한기언,『사회생활과 교육』, 재동문화사, 1960.

_____,『한국교육사』, 박영사, 1963.

한준상·김학성,『현대한국교육의 인식』, 청아출판사, 1990.

한종하·이양우·안희천,『한국의 교과서 변천사』, 한국교육개발원, 1982.

한철호 역,『미국의 대한 정책:1834~1950』, 한림대학교 아시아문화연구소, 1998.

함종규,『한국교육과정 변천사 연구』, 숙명여자대학교 출판부, 1976.

_____,『미군정시대의 교육과 교육과정』, 한국교육개발원, 1984.

후지이 다케시,『파시즘과 제3세계주의 사이에서』, 역사비평사, 2012.

허대영,『오천석과 미군정기 교육정책』, 한국학술정보, 2009.

허강,『한국의 검인정 교과서』, 일진사, 2004.

____,『한국의 교육과정·교과서사 연표』, 일진사, 2010.

홍웅선,『광복후의 신교육운동』, 대한교과서주식회사, 1991.

_____,『새교육과정의 이론적 기저』, 배영사, 1992.

(2) 연구 논문

강경호, 「국어과 교육의 변천에 관한 연구」, 건국대학교 대학원 박사학위논문, 1988.

강우철, 「교과과정과 교과서-중학교 국사교과서에의 제언-」,『역사교육』1, 1956.

_____, 「한국 사회과 교육의 30년」,『사회과교육』10, 1977.

강용옥, 「사회과 교육에서의 발문 전략 적용 실태 분석」,『시민교육연구』제30집, 2000.

강일국, 「미군정기 한국 중등교육 연구」, 서울대학교 석사학위논문, 1994.

關英子, 「군정 하에 있어서 한국인의 교육재건 노력」,『해방 후 한국의 교육개혁-미군정기를 중심으로』, 한국연구원, 1987.

구희진, 「일제강점 후반기(1930~1945) '황민화'교육론」,『한국근현대의 민족문제와 신국가 건설』, 지식산업사, 1997.

권오현, 「임시 역사교과용도서 조사위원회의 활동과 황국신민화 역사교육」,『역사교육논집』Vo.30, 2003.

_____, 「중등학교 역사교과서 연구와 개발, 60년의 역사」,『사회과교육연구』Vo.l12, No.1, 2005.

_____, 「황국신민화 교육정책과 역사교육의 변화」,『사회과교육연구』제18권 제4호, 2011.

김경숙, 「미군정기 교육운동」, 서울대학교 석사학위 논문, 1989.

김광운·정병준, 「『주한미군 정치고문 문서』해제」,『대한민국사자료집(주한미군 정치고문문서1)(1945.8~1946.2』18집, 1994.

김길상, 「교육시론」,『학술』1. 1946.

김보림, 「일제하 중등학교 국민과의 도입과 '국사'(일본사) 교육」,『역사교육논집』50. 2013.

김봉석, 「『초등 국사교본』의 특징과 역사 인식」,『사회과교육』제47권 1호, 2008.

김상태, 「1920~1930년대 동우회·흥업구락부 연구」,『한국사론』28, 1992.

김상훈, 「해방 직후 반공 교육과 국사교과서에서 사회주의 관련 서술 삭제」,『역사연구』35, 2018.

_____, 「해방 직후 한국사 교과서 발행과 삼국 통일에 관산 서술 검토」,『한국고대사탐구』제29호, 2018.

김성자, 「교육과정 개발에서 '중립성'과 '전문성'-사회과 통합논의를 중심으로-」,

『역사교육』98, 2006.

김성준, 「학산 이인영의 역사의식」, 『국사관논총』84, 1999.

_____, 「학산 이인영 선생과의 만남」, 『학산 이인영의 학문과 실천』, 학산연구회, 2001.

김수자, 「미군정기(1945~1948)통치기구와 관료임용정책」, 이화여자대학교 대학원 사학과 석사논문, 1994.

김용만, 「한국사회과 교육의 변천과 전망」, 『사회과교육』, 20, 1987.

김용섭, 「우리 나라 근대 역사학의 발달」, 『문학과 지성』, 1971년 여름호.

김용일, 「미군정하의 교육정책 연구」, 고려대학교 대학원 박사학위논문, 1994.

_____, 「미군정기 조선교육심의회에 관한 교육정치학적 고찰」, 『교육문제연구』 6, 1994.

김재원, 「진단학회 50년 회고: 광복에서 오늘까지」, 『진단학보』57, 1984.

김준석, 「해방전후 이인영의 '새로운 역사학'」, 『학산 이인영의 학문과 실천』, 학 산연구회, 2001.

김창수, 「해원 황의돈론」, 『새교육』233, 1974.

김용만, 「한국 사회과 교육의 변천과 전망」, 『사회과교육』20, 1987.

김태웅, 「신국가건설기 교과서 정책과 운용의 실제」, 『역사교육』88, 2003.

김한종, 「해방이후 국사교과서의 변천과 지배이데올로기」, 『역사비평』15, 1991.

_____, 「미국 사회과 교육의 변천과 역사교육」, 『역사교육』54, 1993.

_____, 「신국가건설기 교육계 인맥과 이념적 성향」, 『역사교육』88, 2003.

김형찬, 「교과서 난에 대한 일고찰」, 『민성』, 4권 6호, 1948.

김환균, 「내가 만난 사람-리처드 로빈슨.1~3」, 『온라인 미디어 오늘: 교양 PD의 세상보기』, 2004.

김활란, 「조선 재생과 농촌교육」, 『신동아』, 1932.

남경희, 「일본의 초기사회과의 성격과 실천고찰」, 『사회과교육』제46권 3호, 2007.

稻葉繼雄, 「미군정하에 있어서 언어정책의 전개」, 『해방후 한국의 교육개혁-미군 정기를 중심으로』, 한국연구원, 1987.

리처드 E. 라우터백·국제신문사 출판부 옮김, 『한국미군정사』, 돌베개, 1984.

Richard E. Gross, 「미국 사회과 교육의 행로」, 『역사교육』58, 1995.

마미화, 「미군정기 사회과의 도입과 성격 연구」, 서울대학교 대학원 사회교육과 석사학위논문, 1991.

민병덕, 「한국 현대 교과서 출판의 발자취-한국 교과서 출판사(현대편)」, 『교과서 연구』제8호, 1990.

박광희, 「한국사회과의 성립배경과 그 과정 변천에 관한 연구」, 서울대학교 석사
학위논문, 1965.

박남수, 「초기 "사회생활과 교수요목"의 편성 논리」, 『사회과교육학연구』 제3호,
1999.

_____, 「초기 사회생활과 교수요목에 영향을 끼친 미국 근대 교육과정의 구조와
특징」, 『사회과교육연구』 제17권 제1호, 2010.

_____, 「초기 사회과에서의 문제해결학습의 수용과 그 한계」, 『사회과교육연구』
제17권 제2호, 2010.

박영석, 「해원 황의돈의 민족주의 사학」, 『산운사학』 1, 1985.

방선주, 「미군정기의 정보자료: 유형 및 의미」, 『한국현대사와 미군정』, 한림대학
교 아시아문화연구소, 1991.

박정옥, 「교수요목기 '우리나라 생활'의 내용 구성과 국사교육론」, 한국교원대학
교 교육대학원 석사학위논문, 2011.

박지숙, 「교수요목기 국사교육의 계열성과 그 의의」, 동국대학교 대학원 석사학
위논문, 2018.

박진동, 「교수요목에 의거한 '먼나라 역사'교과서의 발간과 그 구성」, 『역사교육』
137, 2016.

_____, 「해방후 역사교과서 발행제도의 추이」, 『역사교육』 91, 2004.

_____, 「한국의 교원 양성 체제의 성립과 국사교육의 신구성:1945~1954」, 서울대
학교 박사학위 논문, 2004.

_____, 「교수요목에 의거한 '이웃나라 역사'교과서의 발간과 그 구성」, 『역사교
육』 106, 2008.

박찬표, 「한국의 국가형성:반공체제 수립과 자유민주주의의 제도화, 1945~48」, 고
려대 정외과 박사학위논문, 1995.

박현옥, 「일제하 역사교과서와 식민지 지배 이데올로기-『보통학교 국사』와 『초등
국사』를 중심으로」, 『중앙사론』 25집, 2007.

박환이, 「국민학교 사회과 교육 목표의 변천」, 『사회과교육』 10, 1977.

방선주, 「미 군정기 정보자료: 유형 및 의미」, 『한국현대사와 미군정』, 한림대학
교 아시아문화연구소, 1991.

보성중학교사회생활과, 「사회생활과관계 교과서에 비판과 요망」, 『신천지』, 1946
년 12월호.

사공환, 「사회생활과로 본 국사교육」, 『조선교육』 제1권 제5호, 1947.

설의식, 「군정에 대한 나의 제언」, 『신천지』 제2권 제2호, 1947.

_____, 「문교정책의 기조」, 『신교육건설』제2호, 1947.

성내운, 「분단시대 교육 이념의 변천 과정」, 『교육과 사회』, 민중사, 1983.

_____, 「교과통합과 신교수법」, 『조선교육』 제1권 제7호, 1947.

손병노, 「미국 사회과 교육계의 근황: 교육과정 논쟁」, 『초등사회과교육』제9집, 1997.

_____, 「1916년 NEA 사회과 보고서의 이념적 성향」, 『사회과학교육연구』제10호, 2009.

손인수·정재철·한기언, 「좌담: 한국교육 30년 그 교육사적 조명」, 『새교육』262, 1976.

손정목, 「미 군정기(1945~48) 인사행정의 실제에 관한 연구」, 『한국의 사회와 역사』, 일지사, 1991.

손진태, 「국사교육의 기본적 제문제」, 『조선교육』1권 2호, 1947.

_____, 「국사교육 건설에 대한 구상-신민족주의국사교유육의 제창」, 『새교육』2, 1948.

송춘영, 「사회생활과 교수요목의 분석적 연구」, 『대구교육대학교 논문집』35, 2000.

신경림, 「내가 받은 한국사 교육: 50대 잃어버린 국사시간 12년」, 『역사비평』15, 1991.

신명애, 「미군정기 조선교육심의회에 관한 연구」, 한국교원대학교 대학원 석사학위논문 1998.

신석호, 「6·25와 우리 민족의 방향」, 『최고회의보』9, 1962.

신진균, 「조선의 교육혁신에 관하여」, 『과학전선』제1호, 1946.

심승구, 「해원 황의돈의 역사학 연구」, 『북악논총』9, 1991.

심태진, 「사회생활과교육론」, 『조선교육』제1집, 1946.

심태진, 「학습지도법개론-사회생활과를 중심으로-」, 『민주주의 민족교육론』, 동심사, 1949.

阿部洋, 「미군정기에 있어서 미국의 대한 교육정책」, 『해방후 한국의 교육개혁-미군정기를 중심으로』, 한국연구원, 1987.

안경식, 「한국전쟁기 임시수도 부산지역의 피난학교 연구-중등학교를 중심으로-」, 『교육사상연구』 제23권 제3호, 2009.

안경식·박청미·박선영·문미희·최두진, 「한국전쟁기 남한의 교육-임시수도 부산의 중등교육를 중심으로-」, 『한국교육사상연구회 학술논문집』 제42회, 2009.

안호상, 「민주교육철학론」, 『조선교육』1집, 1946.

_____, 「민족교육을 외치노라」, 『새교육』창간호, 1948.

양동주, 「해방 후 좌익운동과 민주주의민족전선」, 『해방전후사의 인식』3, 한길사, 1988.

양정현, 「국사교과서 고대사서술에서 민족, 국가 인식의 변천」, 『한국고대사연구』 52, 2008.

_____, 「역사교육에서 민족주의를 둘러싼 최근 논의-당위·과잉·폐기의 스팩트럼-」, 『역사교육』95, 2005.

에버설, 「민주주의 교육론」, 『조선교육』제1집, 1946.

오연주, 「미국의 초기 사회과 전통에서 Harold Rugg의 교육이념 및 실천 노력의 위상 탐색」, 『시민교육연구』 제38권 3호, 2006.

오천석, 「교육의 목표를 무엇에-투자사업으로의 교육」, 『신생』, 1932.

_____, 「세계교육사조의 동향」, 『신동아』, 1933.

_____, 「『조선교육』에 부치는 글」, 『조선교육』 2권 1호, 1948.

_____, 「듀이의 교육사상과 한국의 교육」, 『민주교육을 지향하여』, 광명출판사, 1975.

유승렬, 「국사교과서 개편의 문제점과 개선방향」, 『역사교육』76, 2000.

유억겸, 「남조선교육개황」, 『민주경찰』1권 2호, 1947.

_____, 「『조선교육』의 장래가 다행하기를」, 『조선교육』1권 1호, 1947.

유홍렬, 「진단학회와 나」, 『진단학보』57, 1984.

유희원, 「미군정기 교육주도세력의 한계와 교육개혁시도의 한계」, 연세대학교 대학원 석사학위논문, 1986.

윤양모, 「사회생활과이전:활동과제고찰」, 『조선교육』1권 6호, 1947.

윤재천, 「학교경영의 민주화」, 『조선교육』1권 1호, 1947.

윤종문, 「미군정 초기 한국학생의 미국파견 정책과 그 성격」, 『한국근현대사연구』 63, 2012.

이강훈, 「해방직후(1945-1949) '새교육운동'과 '생활교육'론」, 서울대학교석사학위 논문, 2001.

_____, 「신국가건설기 '새교육운동'과 '생활교육'론」, 『역사교육』 88, 2003.

이광린, 「잊을 수 없는 스승의 은덕」, 『학산이인영전집』4, 국학자료원, 1998,

이광호, 「미군정의 교육정책」, 『해방전후사의 인식』2, 한길사, 1985.

_____, 「미군정기 공교육체제 형성과정과 민족교육의 성격변화」, 『교육과학연구』 창간호, 1987.

이경섭, 「미국에서의 교육과정구성이론의 발전」, 『교육과정연구』제2집, 1975.

이경호, 「미·일 사회과 성립배경 및 그 논리에 관한 연구」, 『시민교육연구』27, 1998.

이경훈, 「대담: 교과서 출판 원로들에게 듣는다」, 『교과서연구』제9, 10호, 1991.

이근무, 「정비반복으로 일관한 20년-출판20년사」, 『출판문화』, 1966년 7·8월호.

이기백, 「신민족주의사관과 식민주의사관」, 『문학과 지성』, 1973년 가을호.

이길상, 「미군정시대 연구에 있어 "준비부족론"의 문제점」, 『정신문화연구』, 13권 2호, 1990.

_____, 「한국 현대교육의 전체주의적·반민족적 성격-그 역사적 기초와 미국」, 『한국교육 사학』13, 1991.

_____, 「미군정의 국가적 성격과 교육정책」, 『정신문화연구』15권 2호, 1992.

_____, 「진보주의 교육사상 비판」, 『한국의 교육과 윤리』2, 1993.

_____, 「해방직후 교육민주화 운동과 국가권력」, 『한국의 교육과 윤리』4, 1995.

_____, 「해방 전후의 여론과 교육」, 『정신문화연구』21권 3호, 1998.

_____, 「미군정기 교육연구와 『주한미군사』의 사료적 가치」, 『주한미군정사와 미군정기 연구』, 백산서당, 2002.

이동원, 「한국 초기 사회과 이념 논쟁-해방 직후 교육이념 논쟁을 중심으로」, 『초등사회과교육』13, 2001.

이만규, 「건국교육에 관하여」, 『인민과학』제1호, 1946.

_____, 「임정수립과 교육정책」, 『개벽』제75호, 1947.

이명희, 「신국가건설기 교육과정의 성격」, 『역사교육』88, 2003.

이범직, 「한국사 연구와 국사교육의 방향」, 『역사교육의 방향과 국사교육』, 솔, 2001.

이병희, 「중·고등학교 국사교육 편제와 내용의 계열화」, 『한국사론』31, 2001.

이상록, 「미군정기 새교육운동과 국민학교 규율 연구」, 『역사와 현실』35, 2000.

이상선, 「사회생활과의 계획적 실천」, 『신교육건설』 1, 1947.

_____, 「민주주의 민족교육의 현재와 장래」, 『민주주의 민족교육론』, 동심사, 1949.

_____, 「사회생활과에 있어서의 역사교육」, 『역사교육』1, 1956.

이숙경, 「미군정기 민주화의 성격과 민주주의 교육이념의 한계」, 이화여자대학교 대학원 석사학위 논문, 1982.

이순욱, 「한국전쟁기 전시독본의 형성 기반과 논리」, 『한국문학논총』제58집, 2011.

이승곤, 「근현대 국사 교과서 비교」, 『사회과교육연구』7호, 2000.

이임조, 「교육의 민주화」, 『조선교육』1권 3호, 1947.

이종국, 「미군정기 및 교수 요목기의 교과과정과 교과용 도서 편찬」, 『한국편수사연구』1, 한국교과서연구재단, 2000.

이종일, 「미국 사회과 성립 변천에 대한 지식사회학적 접근」, 『사회과교육』34, 2001.

이진석, 「해방 후 한국사회과의 성립과정과 그 성격에 관한 연구」, 서울대학교 박사학위 논문, 1992.

＿＿＿, 「한국과 일본의 미군정 초기 교육정책과 사회과 도입에 관한 연구」, 『시민교육연구』32권 2호, 2003.

이찬, 「사회과 교육의 도입과 변천과정 및 전망」, 『사회과교육』5, 1971.

임태수, 「국사교육의 실제이론」, 『조선교육』1권 5호, 1947.

장만영, 「출판20년의 궤적」, 『출판문화』, 1965년 2월호.

장영민, 「해방 직후 정부 수립 이전의 역사서와 역사교과서」, 『국사관논총』100, 2002.

장신, 「조선총독부 학무국 편집과와 교과서 편찬」, 『역사문제연구』16, 2006.

전명기, 「미군정기 교수요목 연구」, 『논문집』3, 한국정신문화연구원 대학원, 1988.

정병준, 「남한진주를 전후한 주한미군의 대한정보와 초기점령정책의 수립」, 『사학연구』제51호, 1996.

＿＿＿, 「주한 미24군단의 대한 군정계획과 군정중대·군정단」, 『한국현대사자료집성(미군정기군정단·군정중대문서)』47집, 국사편찬위원회, 2000.

정선영, 「21세기로의 전환과 역사교육의 방향」, 『역사교육의 방향과 국사교육』, 솔, 2001.

정용욱, 「미군정의 임정관계 보고서」, 『역사비평』가을호, 1993.

정일형, 「해방 후 인사행정의 실제」. 『법정』1, 1946.

정주현, 「미군정기 사회생활과(Social Studies)의 도입과정에 관한 연구」, 이화여자대학교 교육대학원 석사학위논문, 1993.

정태수, 「미군정기 한국교육행정의 기구와 요원의 연구-미국측 사료를 중심으로-」, 『교육행정학연구』 Vol.6, No.8, 1988.

정혜미, 「Harold Rugg 사회과 교과서의 구조와 논리」, 한국교원대학교 대학원 석사논문, 2008.

조풍연, 「(출판시감)중등교과서문제-'교과서협회'신설에 기대함」, 『민성』, 4권 6호, 1948.

존 메릴, 「미국의 한국 점령 정책」, 『한국현대사와 미군정』, 한림대학교 아시아문화연구소, 1991.

진단학회, 「휘보」, 『진단학보』15, 1947.

_____, 「진단학회 50년 일지」, 『진단학보』57, 1984.

차조일·모경환·강대현, 「한국초기 사회과의 교과서 제도 분석-미군정기와 정부수
    립기를 중심으로」, 『시민교육연구』제44권 1호, 2012.

최규동, 「창간을 축하함」, 『조선교육』1권 1호, 1947.

최상훈, 「역사과 교육과정의 재고」, 『역사교육의 방향과 국사교육』, 솔, 2001.

_____, 「역사과 교육과정 60년의 변천과 진로」, 『사회과교육연구』12권 2호, 2005.

최영해, 「출판계의 회고와 전망」, 『출판문화』제7집, 조선출판문화협회, 1949.

최원형, 「미군정기의 교육과정 개혁」, 『교육사회학탐구』1, 교육과학사, 1987.

최용규, 「사회과교육사 연구의 동향과 과제」, 『사회과교육연구』8, 2001.

최현배, 「교과서는 자유정신으로」, 『자유신문』7호, 1945.

최현배, 「우리말을 깨끗이 하자」, 『신천지』, 1947.

콜코·콜코, 「미국과 한국의 해방」, 『한국 현대사의 재조명』, 돌베개, 1982.

한기언, 「한국 사회과 교육의 진로」, 『사회과교육』2, 1964.

_____, 「외솔의 교육사관」, 『나라사랑』22, 1976.

_____, 「한국의 사회과교육」, 『한일사회과(공민)교육 심포지움 보고서』, 1991.

한성진, 「미군정기 한국 교육엘리트에 관한 연구」, 연세대학교 교육학과 석사학
    위논문, 1986.

한용진, 「전후 일본교육의 민주화 과정에 관한 고찰(1)-미군정 초기점령교육정책
    을 중심으로」, 『안암교육학연구』제2권 1호, 1996.

_____, 「전후 일본교육의 민주화 과정에 관한 고찰(2)-교육사절단 활동과 교육기
    본법 제정을 중심으로」, 『안암교육학연구』제3권 1호, 1997.

함종규, 「한국 중·고등학교 입시제도 변천에 관한 연구」, 『논문집』21호, 1981.

허강, 「우리나라 교과서 연표」, 『교과서 연구』18,19,20, 1994.

허강 외, 「한국 검인정교과서 변천에 관한 연구」, 한국교과서연구재단, 2002.

홍웅선, 「외솔 선생과 편수국」, 『나라사랑』18, 1975.

_____, 「미군정 초기의 민주주의 교육」, 『교육혁신의 방성과 진로』, 교육과학사,
    1991

_____, 「미군정하 사회생활과 출현의 경위」, 『교육학연구』30권 1호, 1992.

_____, 「최초의 사회생활과 교수 요목의 특징」, 『한국교육』19, 1992.

_____, 「외솔과 편수국」, 『나라사랑』89, 1994.

_____, 「편수국의 위상(1945~1955)」, 『교과서 연구』제26호, 1996.

홍이섭, 「역사와 교육」, 『역사교육』1, 1956.

稻葉繼雄,「解放後 韓國敎育の再建に盡した人々」,『韓』 28號, 1974.

Byung Hun. Nam,「Educational reorganization in South Korea under the United States army military government, 1945-1948」,Thesis(Ph.D.)-Univ. of Pittsburgh, 1962.

Henry H. Em,「Civil Affairs Training and the U.S. Military Government in Korea」, B. Cumings ed, *Chicago Occasional Papers on Korea, select paper volume No.6*, The Center for East Asian Studies, 1991, The University of Chicago, Chicago, Illinois.

찾아보기

김상훈

부산에서 태어나고 자랐다. 서강대학교 사학과를 졸업하고 LG카드(현. 신한카드)에서 근무했었다. 서강대학교 교육대학원에서 역사교육학을 전공하면서 풀무농업고등기술학교 환경농업전공부 역사 강사도 했었다. 석사 과정을 마치면서부터 현재까지 숭문고등학교에서 역사를 가르치고 있다. 역사를 공부하며 역사를 가르치는 꿈을 이루기 위해 서강대학교 대학원에 진학하여 한국사 전공으로 문학박사학위를 받았다. 최근에는 서강대학교 CORE 사업단, 트랜스내셔널인문학연구소와 함께 중등학교에서 인문학 교육을 실현하고 이를 지역 사회에 확산하는 데 관심을 가지고 활동하고 있다.

논문으로 「한국전쟁기 서울의 학생과 학교」(2019), 「해방 직후 반공 교육과 국사교과서에서 사회주의 관련 서술 삭제」(2018), 「해방 직후 한국사 교과서 발행과 삼국통일에 관한 서술 검토」(2018), 「해방 직후 중등학교 국사교육에 있어 민족운동에 대한 인식」(2015), 「미군정기 교육정책 수립과 한국인의 역할」(2015), 「해방 전후 중등 교육과정의 변화」(2015), 「한국전쟁기 중등교육의 여러 모습」(2015), 「해방 후 사회생활과의 도입과 역사교육의 방향」(2014), 「1791년 진산사건의 정치성 검토」(2012), 「韓國人の起源に關する中高生の意識と『國史』敎科書との關係」(2012), 「한국인의 기원에 관한 중·고등학생들의 의식과 『국사』 교과서의 관계」(2010) 등이 있다.

해방 직후 국사교육 연구

초판 1쇄 발행 | 2018년 04월 09일
초판 2쇄 발행 | 2019년 07월 15일

지 은 이   김상훈

발 행 인   한정희
발 행 처   경인문화사
편   집   유지혜 김지선 한명진
마 케 팅   전병관 하재일 유인순
출 판 번 호   제406-1973-000003호
주   소   경기도 파주시 회동길 445-1 경인빌딩 B동 4층
전   화   031-955-9300 팩   스   031-955-9310
홈 페 이 지   www.kyunginp.co.kr
이 메 일   kyungin@kyunginp.co.kr

ISBN   978-89-499-4736-5 93910
값 32,000원